_____ 님이
꿈꾸는 직장 생활,

엑셀 × 챗GPT와 함께
시행착오 없이
빨리 갈 수 있도록
함께 할게요.

공여사들의 엑셀 혁명
with 챗GPT

지은이 공여사들

공대 나온 여자 사람(들). 최소노력/최대효율/극단적 실용주의를 추구한다. 37만 구독자를 보유한 유튜브 채널 〈공여사들〉에서 직장인 엑셀 팁 영상을 올리며 많은 직장인의 엑셀 고충을 '조져 부셔'줬다. 대기업 L사 핵심인재 출신으로, 대기업 10년 짬(에서 나오는) 바(이브)를 바탕으로 해 시행착오 없이 빨리 일잘러가 되는 방법을 안내한다. 저서로는 부장님들이 더 좋아하는 신입사원 책 《눈치껏 못 배웁니다. 일센스》가 있다.

유튜브 youtube.com/@공여사들
홈페이지 gongysd.com
인스타그램 @gongysd
스레드 @gongysd

암기 NO! 복잡 NO! 압도적 실용성 YES! 실무 엑셀 기본기 + 챗GPT 활용법!

공여사들의 엑셀 혁명 with 챗GPT

초판 1쇄 발행 2025년 3월 31일
초판 2쇄 발행 2025년 5월 16일

지은이 공여사들 / **펴낸이** 전태호
펴낸곳 한빛미디어(주) / **주소** 서울특별시 서대문구 연희로2길 62 한빛미디어(주) IT출판1부
전화 02-325-5544 / **팩스** 02-336-7124
등록 1999년 6월 24일 제25100-2017-000058호 / **ISBN** 979-11-6921-350-9 13000

총괄 배윤미 / **책임편집** 장용희 / **기획·편집** 진명규
표지·본문 디자인 나침반
영업마케팅 송경석, 김형진, 장경환, 조유미, 한종진, 이행은, 김선아, 고광일, 성화정, 김한솔 / **제작** 박성우, 김정우

이 책에 대한 의견이나 오탈자 및 잘못된 내용은 출판사 홈페이지나 아래 이메일로 알려주십시오.
파본은 구매처에서 교환하실 수 있습니다. 책값은 뒤표지에 표시되어 있습니다.

홈페이지 www.hanbit.co.kr / **이메일** ask@hanbit.co.kr

Published by HANBIT Media, Inc. Printed in Korea
Copyright © 2025 공여사들 & HANBIT Media, Inc.
이 책의 저작권은 공여사들과 한빛미디어(주)에 있습니다.
저작권법에 의해 보호를 받는 저작물이므로 무단 복제 및 무단 전재를 금합니다.

지금 하지 않으면 할 수 없는 일이 있습니다.
책으로 펴내고 싶은 아이디어나 원고를 이메일(writer@hanbit.co.kr)로 보내주세요.
한빛미디어(주)는 여러분의 소중한 경험과 지식을 기다리고 있습니다.

공여사들의 엑셀 혁명
with 챗GPT

공여사들 지음

NO PAIN, YES GAIN!

암기 NO! 복잡 NO! 압도적 실용성 YES!
실무 엑셀 기본기 + 챗GPT 활용법!

한빛미디어

쏟아지는 찬사, 한번 보실래요? - 수강생 후기

공여사들의 엑셀 강의를 들은 수강생분들의 소중한 후기입니다.
공여사들의 엑셀 콘텐츠가 왜 좋은지 만나보세요!

박**님

공여사님 덕분에 엑셀 바보 탈출했어요. 정말 '엑셀 하나도 모른다'라고 가정하고 진행하는 게 느껴질 만큼 왕기초부터 천천히 또박또박, 친절하게 반복적으로 가르쳐주셔서 너무 좋았어요. 인턴 붙고 엑셀을 하나도 할 줄 몰라서 첫 출근만 생각하면 심장이 두근두근거렸는데 마음을 가라앉힐 수 있었어요.

이**님

첫 직장 입사를 앞두고 엑셀에 대한 지식이 전혀 없어 수강하게 됐습니다. 정말 쌩기초부터 단축키 하나하나까지 배울 수 있어서 초보자에게 맞춤이었고, 실전에 하나하나씩 적용해보는 재미도 있어서 너무 좋아요!

성*님

딱딱한 느낌이 아니라 지인이 옆에서 알려주는 것같이 친근해요. 바로 업무에 활용할 수 있는 실용성까지 만족합니다.

신** 님

직무가 바뀌고 덜컥 엑셀을 배워야 해서 눈앞이 캄캄했으나, 공여사들 덕에 점점 시력(?)을 찾아가고 있습니다. 정말 감사합니다.

서** 님

'입사 전 가장 잘한 선택=공여사들 엑셀 강의 들은 것'이라고 할 정도로 도움이 많이 됐습니다! 컴활은 커녕 엑셀의 'ㅇ'도 몰라도 이해하는 데 무리가 없어요. 완전 추천합니다!

김** 님

정말 신세계입니다. 이렇게 쉽게 익힐 수 있는 걸 못 해서 낑낑댔구나 싶었어요. 누가 이렇게 컴맹도 이해할 수 있게 쉽게 알려주겠어요. 눈을 뜬 기분이에요.

나* 님

직장 생활 오래 했지만 사실 엑셀 초보라서 민망할 때가 종종 있고, 숨어서 네이버 검색해보곤 하는 N년차 직장인이었는데요. 왜 이제서야 봤지 싶을 정도로 정말 엑기스만 꽉꽉 넣어주신 것 같아요.

이 책이 왜 '혁명'이냐면요! - 이 책의 구성

PART 01 인간의 영역

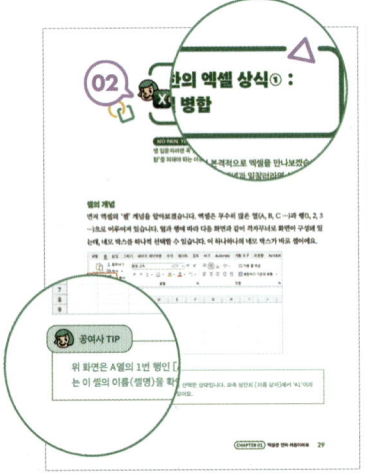

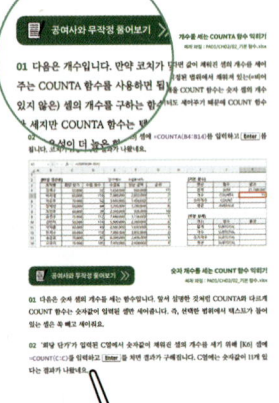

아무리 챗GPT가 잘났대도 실무 엑셀의 기본은 알아야 해요. PART 01에서는 진짜 실무 엑셀에 필요한 '최소한의 엑셀 상식' 14개를 배울 거예요.

다양한 실습을 해보면서, 깨알같이 알아둬야 하는 내용은 TIP으로 안내할게요!

책을 읽다 궁금할 법한 내용, 같이 알아두면 좋은 깨알 팁 등은 헤드폰 딱 끼고, CS 상담원 느낌으로다가 속 시원하게 알려드릴 거예요!

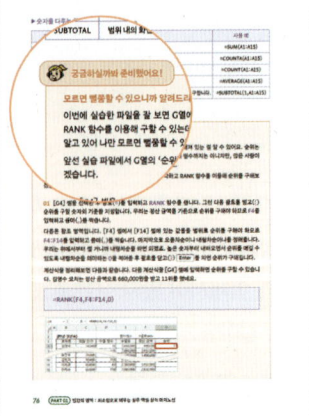

6 이 책이 왜 '혁명'이냐면요!

PART 02 챗GPT의 영역

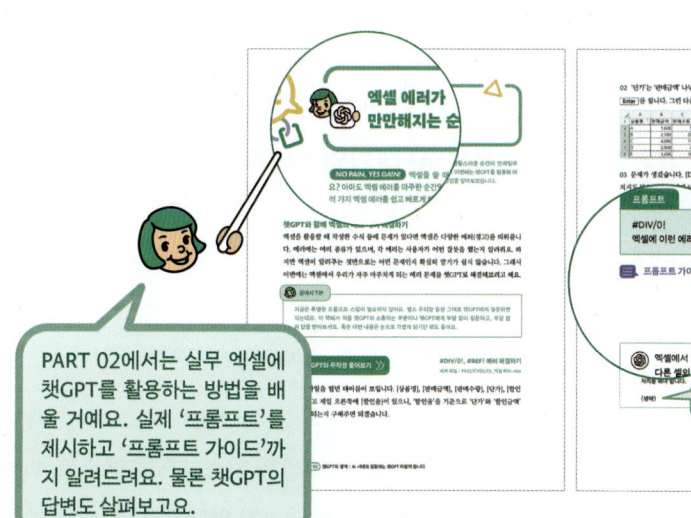

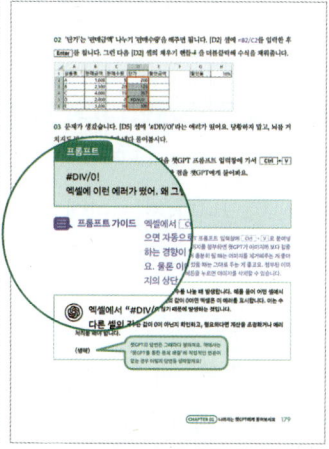

PART 02에서는 실무 엑셀에 챗GPT를 활용하는 방법을 배울 거예요. 실제 '프롬프트'를 제시하고 '프롬프트 가이드'까지 알려드려요. 물론 챗GPT의 답변도 살펴보고요.

다양한 업무 상황별 문제들로 챗GPT가 없을 때는 배울 엄두도 못 냈던 복잡한 수식 짜기, 매크로 짜기, 데이터 분석하기 등 말 그대로 실무 엑셀에 혁명이 될 내용들을 배울 거예요.

각 PART 끝에는 핵심 내용을 깔끔하게 정리해서 배운 내용을 완벽하게 내 것으로 만들 수 있게 할 거예요!

이 책의 구성 **7**

엑셀은 최소한으로 배우고,
나머지는 챗GPT로 해결해요!

공여사들을 소개합니다(37만 엑셀 유튜버+대기업 L사 핵심인재 출신)

안녕하세요? 공대 나온 여자 사람들, 그중에서도 엑셀을 전문으로 알려드리는 공여사들의 김과장👩‍💼입니다(저는 이대표 👩‍💼, 저는 오대리👩‍💼입니다). 아마 이 책을 집어드신 여러분은 '엑셀 배우긴 해야겠는데 요즘 알 만한 사람들은 다 쓴다는 AI의 버프를 받아보면 어떨까? 좀 더 쉽게 갈 수 있지 않을까?' 하는 호기심이 든 분들일 거예요.

결론부터 말씀드리면 오케이(OK)입니다. 이 책은 일잘러의 필수 스킬이라고 하는 '엑셀'을 처음 배우는 사람들이 시작부터 생성 AI의 도움을 받아 '엑셀은 최소한으로 배우고, 나머지는 챗GPT로 해결하자'는 취지로 쓰인 책이에요(확 구미가 당기지 않나요?).

자, 그럼 본론으로 들어가기 전에 제 소개를 먼저 할게요. 저는 국내 굴지의 대기업에서 10년 차까지 근무하다가 지금은 퇴사 후 '공여사들'이라는 브랜드로 사업을 영위하고 있는데요. 임직원 1만 명 규모의 큰 회사에서 일하며 신입 사원들이 선배들에게 털리는 모습을 보면서 늘 답답한 마음이 들었고, 그들에게 필요한 정보를 유튜브에 콘텐츠로 올리면서 지금의 '공여사들'이 되었답니다.

제 첫 번째 책 《눈치껏 못 배웁니다, 일센스》는 이메일 작성법부터 엑셀 기본기까지, 친절한 선배 공여사들의 직장인 팁 모음집을 주제로 많은 신입 사원과 부장님들의 마음을 홀리기도 했는데요. 그중에서도 찐 실무 엑셀 스킬이 그렇게 좋았는지 후속작에 대한 요구를 끊임없이 받아온 겁니다.

그럼에도 제가 엑셀 책을 더 내지 않았던 이유는 정말이지 실무 엑셀은 너무 뻔해서 가장 기본적인 함수와 기능만 알아둬도 주구장창 써먹을 수 있고 '80% 이상'의 엑셀 문제를 해결할 수 있기 때문인데요. 놀랍게도 이 얘기가 챗GPT의 화려한 등장 이후로 틀린 얘기가 돼버

렸어요. '80% 이상'이 아니라 엑셀로 안 되는 것 빼고는 '다' 해결할 수 있는 시대가 됐죠.

그럼에도 아직 AI를 부정하는 의견들이 우리 주변을 둘러싸고 있기 때문에 '진짜 챗GPT로 엑셀이 돼?' 하고 의심 가는 부분이 있을 겁니다. 그러니 챗GPT에 관한 한 가지 중요한 오해를 풀고 넘어가보도록 할게요.

챗GPT는 거짓말을 하니까 쓸모없다?

챗GPT 초기 모델인 GPT-3.5에서는 '세종대왕 시대 맥북 던짐 사건'에 대해 물으면 마치 그런 사건이 있었던 것처럼 설명해주는데, 요즘 모델에서는 이런 한계가 꽤 극복된 상태임에도 불구하고 여전히 '할루시네이션(환각 증상)'에 대한 리스크는 남아 있습니다. 그렇다면 아무리 챗GPT가 똑똑해도 실무에, 특히 논리가 중요한 엑셀 문제 해결에 쓰기엔 리스크가 있는 것 아닐까요?

아직도 주변의 많은 사람들이 챗GPT를 대화형 인공지능 검색 서비스 정도로 생각하는데요. 챗GPT의 'GPT'에 담긴 속뜻을 알면 '할루시네이션'이라는 단점을 상쇄하고도 남는 더 큰 장점을 실무에 활용할 수 있을 겁니다.

> **GPT에 담긴 숨은 뜻**
> - **Generative(생성하는)** : 다음에 올 적절한 단어를 통계적·확률적으로 예측하여 생성한다.
> - **Pre-trained(사전 훈련된)** : 사전에 학습된 방대한 지식에 기반하여 답을 내어준다.
> - **Transformer(변환기)** : 프로그래밍 언어가 아닌 '사람의 말'을 이해하고 사람처럼 답을 내어준다.

Generative(생성하는)

먼저 Generative(생성하는)입니다. 챗GPT가 답변할 때 다음에 올 적절한 단어를 통계적으로, 확률적으로 예측하여 생성한다는 뜻인데요. 이 제너러티브 속성 때문에 우리가 포털 사이트에 검색할 때처럼 천편일률적인, 딱 정해진 답을 받게 되는 게 아니라 매번 질문할 때마다 확률값에 의해 다른 답을 받아볼 수 있는 거예요. 하필이면 그 답이 틀릴 수도 있고요.

아무리 전 세계의 수많은 데이터를 학습한 AI라지만, '세종대왕 시대 맥북 던짐 사건'처럼 너무 당연하게 질문하면, 챗GPT도 착각하여 얼굴색 하나 안 변하고 뻔뻔하게 그 사건에 대해 아는 것처럼 답을 내어주는 것도 같은 이유입니다(물론 이 정도의 할루시네이션은 최신 버전의 GPT 모델에서는 잘 나타나지 않습니다).

반면에 챗GPT에게 나의 건강 상태에 대해 구체적으로 서술한 다음, "저칼로리 식단으로 다이어트하고 싶어"라고 한다면, 챗GPT가 이미 알고 있는 지식에 내 건강 상태 정보를 첨가하여 확률적으로, 통계적으로 더 적절한 답을 내어줄 수 있겠죠. 오답을 걱정하기보다는 정답을 받기 위한 노력이 필요하겠습니다.

Pre-trained(사전 훈련된)

두 번째는 Pre-trained(사전 훈련된)입니다. 챗GPT는 '이미 학습해둔 수많은 데이터를 기반으로' 확률적으로, 통계적으로 맞는 답을 예측하여 결과로 내어주는데요. 이 때문에 항상 정답은 아닐지언정 보편적으로 맞는 답을 내어주게 됩니다. 다만 그 보편적인 답에서 딱 나에게 맞는 정답에 가까워지려면 질문을 잘해야겠죠(책에서는 이를 '프롬프트 스킬'이라고 부르고 있어요).

따라서 실무에서 챗GPT를 활용해야 하는 우리는 챗GPT가 한 번에 답을 안 내어줬다고 해서 실망할 게 아니라, 이전 질문에 이어 구체적이고 분명한 다음 질문을 하고, 챗GPT로부터 정답에 가까운 답변을 이끌어낼 줄 알아야겠습니다.

Transformer(변환기)

마지막은 Transformer(변환기)입니다. 개발자가 아닌 이상 코딩을 하는 건 거의 불가능하죠. 이전까지 AI도 그런 영역이었어요. '코딩알못'이 감히 범접할 수 없는, 그런 미지의 세계. 그런데 챗GPT는 우리가 평소 사용하는 말하기 습관 그대로 질문해도 다 알아들어요. 굳이 프로그래밍 언어를 배우지 않더라도 자연어 그대로 쓸 수 있다는 게 챗GPT의 가장 큰 메리트입니다. 그러니 우리는 이 'T'에 감사하며, 원래 같았으면 닿지도 못했을 AI를, 챗GPT를 통해 맘껏 누려야 하겠습니다.

자, 우리는 이제 챗GPT에 숨겨진 속뜻을 모조리 알았습니다. 제너러티브(G) 속성 때문에 내놓는 답이 틀릴 수 있다는 점, 그럼에도 프리트레인드(P) 속성으로 사전에 학습된 방대한 지식으로부터 보편적인 답을 받아낼 수 있고, 질문을 잘하면 더 괜찮은 답도 받아낼 수 있다는 점, 마지막으로 트랜스포머(T) 속성 때문에 우리가 굳이 코딩을 할 줄 몰라도, 평상시 사용하던 언어 습관 그대로 AI라는 진보한 기술을 누리고 일상에 적용할 수 있다는 점이죠. 어때요? 챗GPT 안 쓸 이유가 없지 않나요? 챗GPT를 틀렸다고 무시하는 반대 세력은 속으로 무시해주세요. 우리만 빨리, 쉽게 가면 경쟁에서 유리합니다.

엑셀에서도 챗GPT가 필수인 이유

그렇다면 엑셀에서도 챗GPT가 필수일까요? 네, 그렇습니다. 더 정확하게 말하면, '사람은 엑셀의 기본만 딱 익히고, 나머지는 챗GPT한테 맡기자!'입니다. 사실 회사에서 쓰는 엑셀은 너무 뻔해서 맨날 쓰는 기능과 함수만 알아도 직장인 엑셀의 80%는 해결되는데요. 이 80% 문제를 해결하고자 그때마다 챗GPT한테 물어보고 앉아 있을 순 없으니까 구구단 외우듯이 엑셀의 기본 기능을 깔끔하게 익혀두고, 나머지 20% 어려운 문제는 챗GPT를 통해 해결하는 과정을 이 책을 통해 보다 현실성 있게 보여드리려고 해요.

그럼 각설하고, 직장인 엑셀에서 80%나 되는 문제 상황들과 이 문제들을 해결하는 방법부터 알아볼까요?

직장인 엑셀의 뻔한 문제 3가지

첫 번째로, 우리가 회사에서 만나게 되는 엑셀 데이터는 여기저기 흩어져 있어서 여러 시스템에서 내려받은 데이터를 한데 모아줘야 하는데요. 이때 쓰는 함수가 VLOOKUP입니다.

두 번째로, 우리가 회사에서 다루는 데이터는 정말 지저분합니다. 누가 만들었는지, 어디서 다운로드 받았는지도 모를 데이터예요. 따라서 데이터를 있는 그대로 쓸 수가 없죠. 그래서 이 Raw데이터를 가공하는 과정을 거쳐야 하는데, 이때 쓰는 함수들도 크게 몇 가지로 정해져 있어요.

마지막으로 우리가 회사에서 다루는 데이터는 너무 방대해요. 이 방대한 데이터를 그대로 가져다 바쁜 상사에게 보고했다가는 "너 대체 무슨 말을 하는 거니, 이걸 나보고 보라고 가져온 거니"라고 욕을 먹을 거예요. 그래서 이 방대한 데이터를 짧은 인사이트 한 줄, 또는 표 하나로 요약해서 보고해야 하는데, 데이터를 요약·집계하는 방법 역시도 엑셀에서 마우스 클릭 몇 번이면 될 정도로 아주 간단한 기능으로 해결할 수 있어요.

이 3가지 케이스는 우리가 회사 다니면서 밥 먹듯이 겪게 되는 문제들이에요. 매번 이걸 챗GPT한테 물어보는 건 너무 시간 낭비예요. 다시 한번 말하지만, 직장인 엑셀은 너무 뻔해요. 제가 이 책에서 알려드리는 함수와 기능들만 제대로 익혀놓으면 챗GPT 없이도 업무에서 겪게 되는 80% 이상의 문제 상황은 해결돼요.

엑셀에 챗GPT가 필요해지는 순간

그러나 나머지 20%가 문제예요. 가령 엑셀 수식으로는 해결되지 않는 문제들이에요. 예를 들어 하나의 시트에 연간 데이터가 들어 있을 때 이 데이터들을 다시 월별 시트로 쪼개주는 작업은 수식으로 짜기가 매우 불편해요.

또 주소 데이터에서 시군구, 읍면동을 쪼개는 텍스트 패턴 찾기 문제 역시 수식을 매우 복잡하게 짜야 하거나, 어떤 케이스는 패턴이 일정치 않아서 수식으로 해결이 안 되는 경우가 있죠.

단순 집계가 아닌 데이터 분석 업무도 마찬가지예요. 예를 들어서 '비 오는 날은 우리 상품을 구매하지 않더라', '날씨가 맑은 날은 더 많은 돈을 지불하는 경향이 있더라'와 같은 분석 과제 말이죠.

이런 유형의 문제들은 엑셀만 가지고는 쉽게 풀 수 없는 문제예요. 보통은 VBA(Visual Basic for Applications)라고 하는 엑셀 내 프로그래밍 언어를 통해 구현해야 하는데, 여기부터는 개발의 영역이라 챗GPT가 나오기 전까지는 저도 사실 쉽게 손댈 수 없는 영역이었어요. 개발자가 아니라서요.

그러나 앞서 우리가 살펴본 GPT의 특성을 생각해본다면 우리는 챗GPT에게 이런 20% 상황의 문제 해결을 기대해볼 수 있습니다. 전 세계의 수많은 데이터를 학습한 챗GPT가 이를 모를 리 없거든요. 질문만 잘 한다면 정답을 내어줄 거고요.

'인간의 영역', '챗GPT의 영역' 2개 PART로 구성된 이 책은요!

이 책은 엑셀을 처음 시작하는 사람이 엑셀을 배우는 김에 챗GPT 활용법까지 터득해서 시간을 덜 들이고도 빨리 엑셀 무적이 되는 방법을 제시합니다. 쉽게 말해 80%에 해당하는 엑셀 문제는 너무 잦고 뻔하니 인간이 직접 학습해서 터득하고, 해결하기 어려운 나머지 20% 문제는 챗GPT한테 맡기는 방법을 알려드린다는 거예요.

이를 위해 이 책은 2개 PART로 구성했습니다. **PART 01 인간의 영역 : 최소한으로 배우는 실무 엑셀 상식 마지노선**에서는 실무 엑셀에 필요한 기초 개념을 익히고, **PART 02 챗GPT의 영역 : AI 시대의 일잘러는 챗GPT 이렇게 씁니다**에서는 챗GPT를 활용해 어려운 업무 상황을 해결하는 방법을 익혀볼 거예요.

혼란한 AI 시대, 어디까지가 인간이 알아야 하는 영역이고 어디까지가 챗GPT에게 도움을 구해야 하는 영역인지 헷갈리기 마련입니다. 여러분은 고민할 필요 없이 제가 딱 정해드리는 기준으로 인간의 영역과 챗GPT의 영역을 구분해 엑셀을 효율적으로 배우면 됩니다.

이 책을 읽으면요!

 Before
- 엑셀을 어떻게 시작할지 막막하다.
- 챗GPT 들어는 봤지만 나랑 동떨어진 이야기다.
- AI를 모르면 도태될까 봐 불안하다.

 After
- AI가 받쳐주니 엑셀이 만만하다!
- 챗GPT로 할 수 있는 일들이 너무 많다!
- AI 시대 선두 주자가 된 것 같다!

이 책을 읽고 나면 그저 막막했던 엑셀과 챗GPT가 만만해져 그냥 일잘러도 아닌 AI 시대, '챗GPT를 적극 활용하는 일잘러'가 된 것 같다고 스스로 느낄 수 있을 겁니다.

이 책을 선택한 여러분은 이미 이 세상이 AI로 인해 엄청나게 빠른 속도로 변해가고 있다는 것을 알아차린 분들이라고 생각합니다. 챗GPT를 엑셀에 활용해서 일잘러가 되는 방법에 대한 기대감도 클 것으로 생각하고요. 이런 여러분의 기대에 부응하여 '인간의 영역', '챗GPT의 영역'으로 나눈 2개 파트를 통해 AI 시대에 무적이 되는 실무 엑셀 마스터 과정을 이제부터 본격적으로 시작해보겠습니다. 같이 가보시죠!

> ★ **잠깐만요! – 일러두기 & 예제 파일 이용 방법**
>
> 1. 책에 쓰인 엑셀 버전은 마이크로소프트 365 버전입니다. 그러나 대부분의 내용을 엑셀 모든 버전에서 학습할 수 있습니다.
>
> 2. 예제 파일은 아래 링크에서 다운로드 할 수 있습니다.
>   🔗 www.hanbit.co.kr/src/11350

목차

쏟아지는 찬사, 한번 보실래요? – 수강생 후기 · 4
이 책이 왜 '혁명'이냐면요! – 이 책의 구성 · 6
프롤로그 · 8
잠깐만요! – 일러두기 & 예제 파일 이용 방법 · 13

PART 01 인간의 영역 : 최소한으로 배우는 실무 엑셀 상식 마지노선

CHAPTER 01 | 엑셀은 진짜 처음이에요
–엑셀 기본기 익히기

01 챗GPT가 잘났대도 엑셀, 기본은 합시다 · 22
02  셀, 셀 병합 · 29
03  입력 방식, 참조 · 35
04 값의 표시 형식 · 42

CHAPTER 02 | 엑셀이랑 조금 더 친해져봐요
–엑셀 기본기 더하기

01 최소한의 엑셀 상식④ 절대 참조 · 58
02 최소한의 엑셀 상식⑤ 숫자를 다루는 함수들 · 68

03 **최소한의 엑셀 상식 ⑥** 텍스트를 다루는 함수들 · 78
04 **최소한의 엑셀 상식 ⑦** 날짜와 시간을 다루는 함수들 · 91

CHAPTER 03 | 직장인이 진짜 쓰는 엑셀을 만나봐요
－주요 함수로 데이터 정리·요약·집계하기

01 **최소한의 엑셀 상식 ⑧** 데이터 정리의 핵심! [IF] · 100
02 **최소한의 엑셀 상식 ⑨** 직장인의 숙명! 여러 테이블 하나로 합치기 [VLOOKUP] · 105
03 **최소한의 엑셀 상식 ⑩** 원하는 값만 세어주는 [COUNTIF] · 110
04 **최소한의 엑셀 상식 ⑪** 원하는 값만 더해주는 [SUMIF] · 114

CHAPTER 04 | 직장인 엑셀의 치트키를 장착해요
－피벗 테이블로 보고서 완성하기

01 **최소한의 엑셀 상식 ⑫** 빠르게 보고서를 작성하는 [피벗 테이블] · 124
02 **최소한의 엑셀 상식 ⑬** 지저분한 데이터로 보고서 완성하기 · 138
03 **최소한의 엑셀 상식 ⑭** 흩어져 있는 데이터로 보고서 완성하기 · 150

✺ PART 01 핵심 내용 공여사들이 딱 알려드림! · 162

PART 02
챗GPT의 영역 : AI 시대의 일잘러는 챗GPT 이렇게 씁니다

CHAPTER 01 | 나머지는 챗GPT에게 물어보세요
–엑셀의 추가 스킬 장착하기

01 AI 시대, 챗GPT로 어떻게 엑셀을 마스터할까? · 170

02 엑셀 에러가 만만해지는 순간 · 178

03 챗GPT로 일잘러의 엑셀 스킬을 훔치는 방법 · 188

04 절대 외울 필요가 없는 잘 안 쓰는 함수들 · 200

05 챗GPT로 신규 함수를 빠르게 익히는 방법 · 207

06 한눈에 들어오는 '차트'도 뚝딱 · 215

CHAPTER 02 | 국어만 잘해도 복잡한 수식이 뚝딱
–업무 상황별 수식 작성 스킬 장착하기

01 우리는 살면서 이미 챗GPT 프롬프트 스킬을 통달했다 · 228

02 엑셀에 특화된 프롬프트 스킬 1! 2! 3! · 231

03 `경영기획팀` 만든 사람도 헷갈리는 KPI 등급 매기기 · 237

04 `인사팀` 근태관리표에서 그 어렵다는 초과근무 시간 구하기 · 245

05 `영업팀` 지저분한 주소 데이터 정제하기 · 255

06 `생산팀` 영업일 기준으로 생산 리드타임 KPI 산출하기 · 261

07 `자재팀` 발주명을 기준으로 자재코드 분류하기 · 266

08 `총무팀` 시트명을 기준으로 원하는 값 불러오기 · 272

CHAPTER 03 | 문과생도 날로 먹는 매크로 짜기
-수식으로 안 되는 엑셀 노가다 작업 매크로로 해결하기

01 수작업 노가다는 확실히 매크로 짜는 게 낫습니다 · 284
02 경영기획팀 조직별로 제출한 시트 하나로 취합하기 · 294
03 영업팀 통으로 된 데이터 월별로 쪼개기 · 300
04 인사팀 인사기록카드 양식 일괄 채우기 · 310
05 생산팀 KPI 실적 구간에 따라 신호등 칠하기 · 324
06 총무팀 비용 증빙 서류 이미지 파일명 일괄 수정하기 · 332

BONUS CHAPTER 04 | 시간은 없고 데이터는 더럽게 많을 때
-GPTs로 데이터 분석하기

01 처음 보는 Raw데이터에서 인사이트 뽑기 · 346
02 데이터 분석으로 법인카드 오사용 건 찾고 경비 처리 가이드 만들기 · 361

✹ PART 02 핵심 내용 공여사들이 딱 알려드림! · 368

에필로그 · 370
찾아보기 · 372

PART 01

인간의 영역 : 최소한으로 배우는 실무 엑셀 상식 마지노선

CHAPTER 01

엑셀은 진짜 처음이에요
- 엑셀 기본기 익히기

01 챗GPT가 잘났대도 엑셀, 기본은 합시다

NO PAIN, YES GAIN! 우리 손에 챗GPT라는 강력한 무기가 쥐어졌습니다. 그럼에도 우리는 더 빠르고 효율적인 일 처리를 위해 최소한의 엑셀 상식만큼은 알아둘 필요가 있는데요. 왜 그런지 함께 살펴볼까요?

챗GPT라는 막강한 도구가 등장해 이전처럼 엑셀을 죽자고 달려들어 배울 필요가 없어졌습니다. 엑셀을 최소한으로 배우고 나머지는 챗GPT에게 위임하면 되거든요. 그러나 엑셀을 처음 써보는 분들은 그 최소한이라는 기준을 잡기가 어려울 거예요. 그래서 제가 대기업 L사에서 수년 동안 구르며 체득한 실무 엑셀 상식 마지노선을 최소한으로 딱 정해드리고자 합니다.

그전에 우선, AI 시대에도 우리가 엑셀을 배워야 하는 이유는 무엇일까요? 본격적으로 엑셀 상식을 알아보기 전에 우리가 왜 최소한의 엑셀 개념은 익혀야 하는지 짚고 가겠습니다.

계산기 vs 구구단

질문 하나 할게요. 9×9는 몇인가요? 혹시 계산기를 꺼낸 분 있나요? 아마 없을 텐데요. 9×9는 우리가 어렸을 때 질리도록 외워서 까먹으려야 까먹을 수 없는 산수예요. 9×9=81 하고 바로 튀어나와 버리는데 계산기를 꺼내들 필요가 없는 거죠. 아무리 계산기가 나보다 정확하대도요.

엑셀을 활용할 때도 마찬가지예요. 오른쪽 페이지의 엑셀 화면을 봅시다. 각 셀에 1부터 15까지 숫자값이 들어 있어요. 이 15개 셀의 값을 모두 더하려면 어떻게 해야 할까요? [E2] 셀을 선택한 후 등호(=)를 입력하고 인수들의 합을 구하는 **SUM** 함수를 씁니다. 그런 다음 괄호를 열고(() [B2] 셀부터 [B16] 셀까지 더할 거라고 범위(**B2:B16**)를 지정합니다. 그런 다음 괄호를 닫고()) Enter 를 치면 지정된 15개 셀 값이 모두 더해집니다.

계산식을 정리해보면 다음과 같습니다. 다음 계산식을 [E2] 셀에 입력하면 120이라는 합계가 구해져요.

```
=SUM(B2:B16)
```

글로는 조금 복잡하게 느껴질 수 있지만, 실무 엑셀 문제 중에서도 가장 간단한 케이스예요. 그런데 이 문제를 챗GPT로 해결한다고 생각해볼게요. 먼저 15개 값이 있는 [B2:B16] 셀 범위를 드래그해서 Ctrl + C 로 복사한 후 챗GPT로 가서 프롬프트에 Ctrl + V 로 붙여넣기 하고, 'B2 셀에서 B16 셀까지'라는 범위를 직접 언급하면서 이 범위의 값을 모두 더해주는 수식을 짜달라고 요청해야 해요.

챗GPT는 평상시 우리말 습관 그대로 질문해도 전 세계의 수많은 데이터를 학습했기 때문에 확률적으로, 통계적으로 맞는 답을 내어주거든요. 실제로도 챗GPT는 이 질문에 =SUM(B2:B16)라는 정확한 수식을 결과로 내뱉습니다. 그럼 우리는 이 수식을 복사해 엑셀 화면으로 가서 [E2] 셀에 붙여넣을 거예요.

챗GPT가 너무 똑똑해서 감탄했나요? 그런데 문제는 이 정도의 수식을 쓰는 일이 직장인 엑셀에서 밥 먹듯 자주 일어난다는 거예요. 이때마다 셀을 복사한 다음 챗GPT한테 붙여넣고 있을 수는 없지요. 저라면 SUM 함수 세 글자 외우고 말겠습니다.

이게 바로 우리가 최소한의 엑셀 상식은 알아둬야 하는 이유입니다. 우리 초등학생 때 선

선생님께 혼나가면서 구구단 9단까지 머리 아프게 외웠잖아요? 그때 외워놓지 않았으면 한 평생 곱할 일이 있을 때마다 계산기를 꺼내며 고통받았을 거예요.

우리가 PART 01에서 배우게 될 실무 엑셀 상식 마지노선이 바로 그런 느낌이에요. '구구단'을 외웠던 것처럼 최소한으로 배워두면, 주구장창 써먹을 수 있어요.

팀장님이 신입 사원 2명에게 15개 셀을 더한 값을 뽑아오라고 했다고 해봅시다. 성실맨 '영수'는 바로 SUM 함수를 써서 합계를 구했고, 꾀돌이 '상철'은 챗GPT에게 질문해 수식을 받은 다음 엑셀 창에 그 수식을 넣어 동일한 합계값을 구했습니다.

팀장님이 역시 우리 팀 얼리어답터는 다르다며 '상철'을 칭찬할까요? 그렇지 않습니다. 팀장 입장에서 '상철'은 사람의 지식으로 간단히 해결할 수 있는 문제를 굳이 챗GPT한테 물음으로써 멀리 돌아간 격인데요. '팀장이 9×9를 묻자 상철은 계산기를 꺼내들었다' 정도로 정리해볼 수 있겠네요. 계산기가 있어도 구구단은 외운다. 아무리 AI 시대라고 한들, 엑셀 기본만큼은 꼭 배워야 하는 이유입니다.

블랙박스와 쉬운 함수

챗GPT가 있어도 엑셀 기본 상식은 꼭 배워야 하는 두 번째 이유를 살펴볼게요. 다음 화면을 보면 [판매 개수]와 [상품 단가] 열이 나와 있습니다.

	A	B	C	D	E	F	G
1							
2		판매 개수	상품 단가			블랙박스	
3		1	200			쉬운 함수	
4		2	250				
5		3	120				
6		4	390				
7		5	220				

200원짜리는 1개, 250원짜리는 2개, 120원짜리는 3개, 390원짜리는 4개, 220원짜리는 5개 팔렸어요. 이때 부장님이 묻습니다. "총판매 금액이 얼마니?"

사실 이럴 때 쓰는 SUMPRODUCT라는 함수가 있어요. [판매 개수] 열과 [상품 단가] 열을 각각 지정해주면 우리가 원하는 값, 그러니까 (1×200)+(2×250)+(3×120)+(4×390)+(5×220)를 구해주는 함수예요.

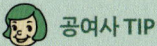

> **공여사 TIP**
>
> 지금 SUMPRODUCT 함수를 배우는 것이 중요한 게 아니므로 이어지는 내용은 눈으로만 읽어보며 이해하면 됩니다.

자 그럼 SUMPRODUCT 함수를 사용해 필요한 값을 구해보겠습니다. [G2] 셀을 클릭한 후 등호(=)를 입력하고 **SUMPRODUCT** 함수를 씁니다. 이어서 괄호를 열고(() [B3] 셀부터 [B7] 셀 범위(**B3:B7**)를 지정해줍니다. 이어서 콤마(,)를 찍고 [C3] 셀부터 [C7] 셀 범위(**C3:C7**)를 지정해줍니다. 이제 괄호를 닫고()) Enter 를 치면 값이 구해집니다.

계산식을 정리해보면 다음과 같습니다. 다음 계산식을 [G2] 셀에 입력하면 3720이라는 값이 구해져요.

> =SUMPRODUCT(B3:B7,C3:C7)

	A	B	C	D	E	F	G
1							
2		판매 개수	상품 단가			블랙박스	3720
3		1	200			쉬운 함수	
4		2	250				
5		3	120				
6		4	390				
7		5	220				

복잡하게 느껴지나요? 이걸 엑셀에서 곱셈과 덧셈으로 구하려면 수식이 훨씬 더 복잡하고 지저분해져요. 5개니까 할만해 보이지 개수가 늘어나면 수식도 그만큼 길어지고요. 그러니까 SUMPRODUCT는 실무에서 쓰기에 충분히 매력적인 함수가 맞습니다. 그런데 아이러니하게도 저는 실무를 할 때 SUMPRODUCT를 한 번도 써본 적이 없어요. 왜냐고요?

직장인 엑셀의 핵심은 '협업'이에요. 내가 만든 엑셀 파일을 나 혼자 보는 게 아니라 남과 공유해서 소통해요. 개중엔 엑셀을 못하는 사람도 섞여 있고요. 조직 특성상 위로 갈수록 실무를 놓기 때문에 엑셀을 전혀 할 줄 모르는 상사도 종종 보게 됩니다.

그런데 SUM, AVERAGE 같은 함수는 따로 설명해주지 않아도 이름을 보면 어떤 함수인지 대충 알 수 있어요. 반면 SUMPRODUCT는 감이 잘 안 오죠.

만일 상무님이 이 건에 대해 보고를 받다가 아무리 봐도 결과가 이상하다며 엑셀 파일 Raw데이터를 열어보라고 했다고 해봅시다. "이거 제대로 곱해서 더한 거 맞아? 파일 열어 봐봐"

큰일입니다. 상무님이 SUMPRODUCT를 모르는 눈치입니다. "네, 이 함수가요. 각 열에 있는 값들을 서로 곱해서 모두 더해주는 함수인데요…" 구구절절, 스스로가 안쓰러워집니다.

쉽게 가봅시다

이번엔 SUMPRODUCT 함수를 쓰지 않고 이렇게 해볼게요. 먼저 D열에 '판매액'을 따로 계산합니다. [D3] 셀을 클릭한 다음 '판매 개수'와 '상품 단가'를 곱하는 수식 =B3*C3을 입력하고 Enter 를 칩니다. 판매액이 구해지면 [D3] 셀의 오른쪽 아래에 있는 채우기 핸들 을 더블클릭해 나머지 판매액도 구해줍니다.

A	B	C	D	E	F	G
	판매 개수	상품 단가	판매액		블랙박스	3720
	1	200	200		쉬운 함수	
	2	250	500			
	3	120	360			
	4	390	1560			
	5	220	1100			

> **공여사 TIP**
>
> [D3] 셀에 입력한 수식을 채우기 핸들로 자동 채우기 하면 나머지 셀에도 동일한 수식이 적용돼요. 다만 참조하고 있던 셀은 B3*C3에서 B4*C4 … B7*C7로 바뀌는데, '상대 참조'라는 개념 때문이에요. 상대 참조는 38페이지에서 자세히 설명할게요.

자, 그럼 이제 [G3] 셀에 D열 판매액의 합계를 구하기 위해 SUM 함수를 사용할 수 있는데요. [G3] 셀에 다음 수식을 입력하고 Enter 를 치면, SUMPRODUCT를 썼을 때와 동일하게 3720이라는 값이 구해집니다.

=SUM(D3:D7)

G3		× ✓ fx	=SUM(D3:D7)			
	A	B	C	D	E	F	G
1							
2		판매 개수	상품 단가	판매액		블랙박스	3720
3		1	200	200		쉬운 함수	3720
4		2	250	500			
5		3	120	360			
6		4	390	1560			
7		5	220	1100			

상무님이 "제대로 구한 거야?"라고 물어봤을 때 [G3] 셀의 수식을 보여주기만 하면, 알아서 '이 구간을 더했겠거니' 이해하게 됩니다. 이게 SUM과 SUMPRODUCT의 차이예요. SUM은 굳이 설명하지 않아도 어떤 함수인지 알지만, SUMPRODUCT는 어떤 과정을 통해 결괏값이 구해졌는지 알 수 없어요. 블랙박스에 가려진 셈이죠. 내가 SUMPRODUCT 함수의 개념을 정확히 알고 썼다면 그나마 낫지만, 챗GPT가 SUMPRODUCT 함수를 알려줬다고 해서 그대로 갖다 쓰면 설명력이 떨어져 문제가 될 수 있어요.

반대로 누구나 알아들을 수 있는 쉬운 함수를 쓴다면 어떨까요? 지금까지 살펴본 것처럼 내가 직접 설명할 필요도 없고, 자료를 공유받은 사람이 수식을 열어보고 알아서 판단할 거예요. 엑셀에서 어려운 함수, 고급 기능 알아봤자 일절 쓸모없는 이유입니다.

> **공여사 TIP**
>
> 실무에서는 반드시 설명력을 가져야 한다는 점 명심하세요. 실무를 잘한다는 건 상사가 내가 정리한 결과물을 보고 추가 질문 없이 한방에 통과시키는 거예요. 나조차도 이해할 수 없거나 남에게 설명하기 힘든 개념을 보고서에 써간다면 상사는 나를 피곤한 사람으로 인식할 거예요. 하나하나 물으면서 보고서를 읽어나가야 하니까요. 아무리 챗GPT가 엑셀 문제를 잘 풀어줬대도 그게 얼추 맞는지 틀린지는 인식할 수 있는 최소한의 엑셀 상식은 알아둬야겠습니다.

챗GPT가 있어도 최소한의 엑셀 상식은 알고 가자

우리는 PART 01에서 실무 엑셀 상식 마지노선을 최소한으로 배울 겁니다. 물론 AI는 우리가 생각하는 것보다 훨씬 똑똑해서 웬만한 엑셀 문제는 척척 풀어주겠지만, 당장 한시가 급한데 SUM 함수 따위를 챗GPT한테 물어보고 있을 수는 없으니까요. 그래서 실무 엑셀의 기본을 익히되, 고급 함수나 기능 같은 건 배워봤자 남들이 못 알아먹기 때문에 실무에서 쓸 수가 없으니 최소한으로 배우자는 거예요.

PART 01의 CHAPTER 01~02에서는 엑셀을 처음 쓰는 사람들이 꼭 알아야 할 실무 엑셀 기초를, CHAPTER 03~04에서는 직장인이라면 필연적으로 쓸 수밖에 없는 실무 엑셀의 핵심 기본기를 배울 겁니다. 따라서 PART 01을 마치고 나면 여러분 머릿속에 직장인 엑셀에 대한 기본 개념이 딱 잡힐 거예요.

자, 그럼 '계산기, 구구단, 블랙박스' 3가지를 기억하면서 이제 본격적으로 엑셀을 만나보겠습니다.

최소한의 엑셀 상식① : 셀, 셀 병합

NO PAIN, YES GAIN! 지금부터 본격적으로 엑셀을 만나보겠습니다. 엑셀 입문자라면 꼭 알고 가야 하는 '셀'의 개념과 일잘러라면 실무에서 '셀 병합'을 피해야 하는 이유를 알아볼게요!

셀의 개념

먼저 엑셀의 '셀' 개념을 알아보겠습니다. 엑셀은 무수히 많은 열(A, B, C …)과 행(1, 2, 3 …)으로 이루어져 있습니다. 열과 행에 따라 다음 화면과 같이 격자무늬로 화면이 구성돼 있는데, 네모 박스를 하나씩 선택할 수 있습니다. 이 하나하나의 네모 박스가 바로 셀이에요.

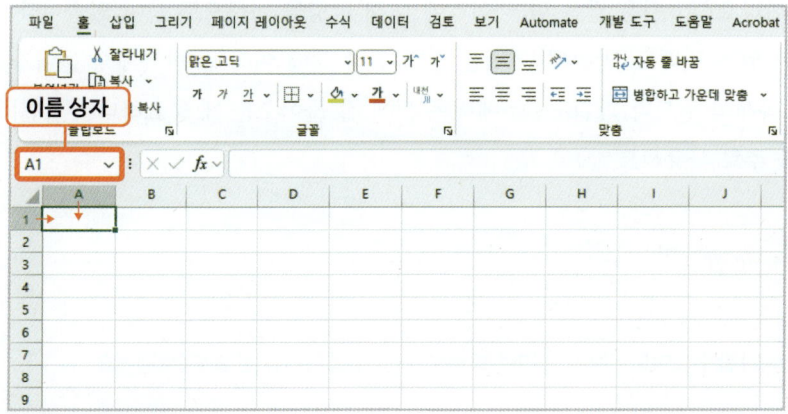

> 🧑 **공여사 TIP**
>
> 위 화면은 A열의 1번 행인 [A1] 셀을 선택한 상태입니다. 좌측 상단의 [이름 상자]에서 'A1'이라는 이 셀의 이름(셀명)을 확인할 수 있어요.

CHAPTER 01 엑셀은 진짜 처음이에요

셀 병합

엑셀이 워드나 파워포인트와 다른 점은 셀 안에 값을 입력한다는 점이에요. 워드나 파워포인트는 그 문서 자체가 보고서이기 때문에 시각적으로 예쁘게, 내용이 잘 표현되도록 꾸미는 게 중요한데요. 엑셀은 상대적으로 '예쁘게 꾸미기'보다는 '빠르고 정확한 계산'이 더 중요합니다. 다음 화면의 [1번]과 [2번]의 차이를 살펴볼까요?

[1번]					[2번]			
팀명	이름	직급	인사평가		팀명	이름	직급	인사평가
개발팀	손민수	사원	B		개발팀	손민수	사원	B
	박지훈	부장	D		개발팀	박지훈	부장	D
	장서아	대리	C		개발팀	장서아	대리	C
	우주희	과장	A		개발팀	우주희	과장	A
마케팅팀	김서영	사원	B		마케팅팀	김서영	사원	B
	조은별	부장	D		마케팅팀	조은별	부장	D
	남지은	대리	C		마케팅팀	남지은	대리	C
	심우찬	과장	B		마케팅팀	심우찬	과장	B
영업팀	김진우	대리	A		영업팀	김진우	대리	A
	이하늘	사원	C		영업팀	이하늘	사원	C
	정동훈	사원	B		영업팀	정동훈	사원	B

어떤 차이가 보이나요? [1번]은 같은 팀 데이터에 대해 팀명을 기준으로 묶여 있습니다. '셀 병합'이 되어 있는 건데요. 반면에 [2번]은 팀명이 각 셀에 여러 번 반복해서 들어가 있습니다. 보고 목적의 워드나 파워포인트에서는 눈에 잘 들어오는 게 중요하니까 [1번] 형태의 테이블을 주로 사용해요.

> **궁금하실까봐 준비했어요!**
>
> **셀 병합하는 방법**
>
> 셀 병합은 간단하게 할 수 있어요. 위에서 본 [2번]의 팀명 [개발팀]을 [1번]처럼 셀 병합해볼게요.
>
> **01** [개발팀]이라고 적혀 있는 셀을 모두 마우스로 드래그해 선택합니다.
>
> | [2번] | | | |
> |---|---|---|---|
> | 팀명 | 이름 | 직급 | 인사평가 |
> | 개발팀 | 손민수 | 사원 | B |
> | 개발팀 | 박지훈 | 부장 | D |
> | 개발팀 | 장서아 | 대리 | C |
> | 개발팀 | 우주희 | 과장 | A |
> | 마케팅팀 | 김서영 | 사원 | B |
> | 마케팅팀 | 조은별 | 부장 | D |

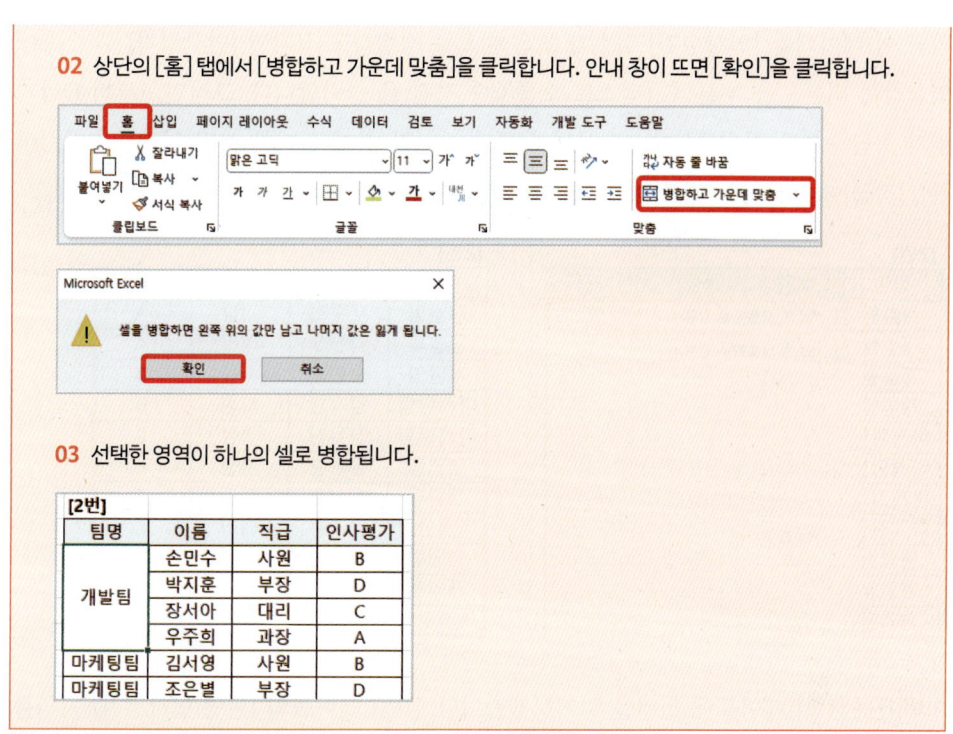

그런데 엑셀에서는 특별한 목적이 없다면 셀 병합을 절대 쓰지 않는 게 바람직한데요. 그럼에도 실무에서 셀 병합을 자주 써야 한다면 다음을 꼭 숙지하세요.

셀 병합을 하면 안 되는 이유

셀 병합이 되지 않은 [2번] 테이블의 [팀명:인사평가] 범위를 드래그해 지정하고 Ctrl + Shift + L 을 누르면 필터가 걸립니다.

만약 이 데이터를 [인사평가] 점수가 높은 순으로 정렬하고 싶다면 [인사평가] 셀 우측에 역삼각형 버튼▼을 누른 후 [텍스트 오름차순 정렬]을 클릭합니다. 그러면 A부터 D까지 평가 등급순으로 정렬되는데, [인사평가]뿐만 아니라 함께 필터가 걸려 있는 [팀명], [이름], [직급]에 해당하는 행도 평가 등급과 함께 순서가 조정되었습니다.

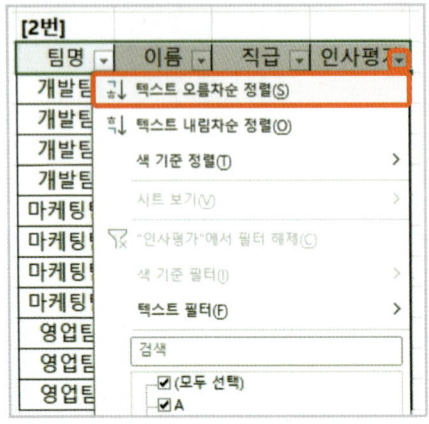

이번에는 [1번] 테이블에 필터를 걸어보겠습니다. [1번] 테이블의 [팀명:인사평가] 범위를 드래그해 지정하고 Ctrl + Shift + L 을 누릅니다.

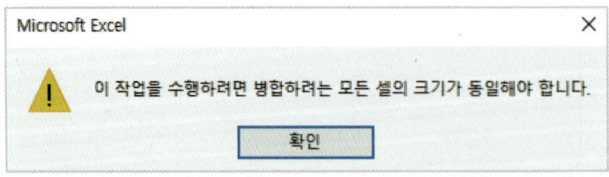

앞서 적용한 것과 똑같이 [인사평가]가 높은 순으로 보기 위해 [인사평가] 셀 우측에 역삼각형 버튼▼을 누른 후 [텍스트 오름차순 정렬]을 클릭합니다. 그러면 다음과 같은 에러 메시지 창이 뜨는데요. 범위 안에 병합된 셀이 들어 있어 정렬할 수 없다는 뜻입니다.

이처럼 우리가 엑셀에서 무언가를 하려는데 셀 병합이 끼어 있으면 끝도 없이 이런 문제가 발생해요. 엑셀의 모든 데이터는 '셀' 단위로 행동하기 때문에 취급도 똑같이 '셀' 단위로 해줘야 합니다. 그러니 셀 병합은 보고서처럼 딱 보여주기 위한 용도가 아니라면 쓰지 않는 것을 권장합니다. 살짝 과장하면 셀 병합을 쓴다는 것 자체가 "나 엑셀 못해요~"라고 티 내는 것과 마찬가지예요. 엑셀이 열과 행으로 된 셀 단위로 구분 지어서 계산을 해주고 반복 작업을 쉽게 해주는 프로그램이기 때문에 열과 행으로 구분할 수 없게 값을 뭉뚱그려버리는 셀 병합은 웬만하면 참아주세요.

 궁금하실까봐 준비했어요!

셀 병합 해제하는 방법

셀 병합은 간단하게 해제할 수 있어요. 앞에서 본 [1번]의 팀명 [개발팀]을 [2번]처럼 각각의 셀에 표시 해볼게요.

01 [개발팀]이라고 적혀 있는 셀을 선택합니다.

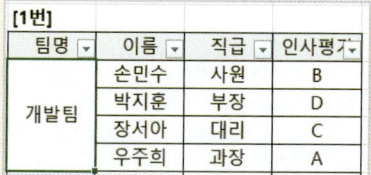

02 상단의 [홈] 탭에서 [병합하고 가운데 맞춤]을 클릭합니다.

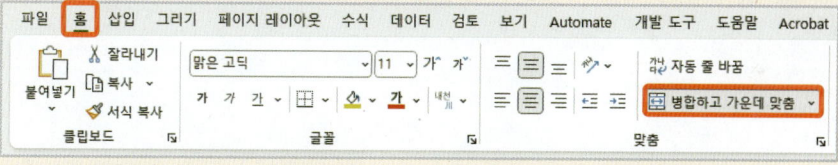

03 병합이 해제된 것을 확인할 수 있습니다.

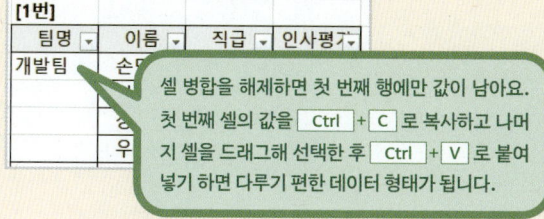

셀 병합을 해제하면 첫 번째 행에만 값이 남아요. 첫 번째 셀의 값을 Ctrl + C 로 복사하고 나머지 셀을 드래그해 선택한 후 Ctrl + V 로 붙여넣기 하면 다루기 편한 데이터 형태가 됩니다.

엑셀은 꾸미기 위한 도구가 아니다

지금까지 셀의 개념과 셀 병합을 알아봤습니다. 셀은 행과 열의 조합으로 이뤄져 있어 해당 위치의 셀 값을 불러와 간편하게 계산할 수 있게 해주는데요. 셀 병합을 하게 되면 그런 엑셀의 장점을 누릴 수 없게 만들기 때문에 추천하지 않았어요.

물론 셀 병합을 하지 않으면 "똑같은 말이 여러 칸에 반복되고 너무 안 예쁜데 어떡해요?"라고 할 수 있습니다. 그러나 엑셀은 원래 꾸미기 위한 도구가 아닙니다. 그러니 셀을 노랗게 칠하고, 셀 병합을 해서 예쁘게 보이려고 하는 욕심은 살짝 내려놓고 엑셀에서 우리가 진짜 해야 하는 데이터 가공, 집계, 분석 등의 일을 해보자고요.

최소한의 엑셀 상식② : 입력 방식, 참조

NO PAIN, YES GAIN! 엑셀에서 각 셀에 내용을 입력하는 방식은 '값'을 입력하거나 '수식'을 입력하는 2가지예요. 셀에 내용을 입력하는 2가지 방법부터 다른 셀에 입력한 내용을 불러오는 '참조'의 개념까지 알아볼게요.

입력 방식

값 입력

값 입력은 어렵지 않아요. 상무님이 갑자기 직원들 생일을 챙겨줘야겠다며 생일을 취합해 오랍니다. 우리 조직 인원이 얼마 안 돼서 한 명씩 자리 찾아다니며 묻습니다. "생일이 언제예요?"

아래와 같은 양식을 만들어 [팀명], [이름], [직급], 마지막으로 [생일] 열에 해당하는 내용을 순서대로 받아 적습니다. 이게 엑셀의 기본적인 값 입력 방식입니다.

팀명	이름	직급	생일
개발팀	손민수	사원	1월 28일
개발팀	박지훈	부장	4월 9일
개발팀	장서아	대리	5월 15일
개발팀	우주희	과장	

여기서 [생일] 란에는 1/28, 4/9, 5/15와 같이 적으면 알아서 날짜처럼 양식이 바뀌기도 하는데요. 엑셀에 입력한 값은 숫자, 텍스트, 날짜/시간값으로 취급되는데, 값을 입력할 때는 크게 개의치 않고 우리가 생각하는 그대로 셀에 입력해주면 됩니다.

> 🧑 **공여사 TIP**
>
> 엑셀은 날짜와 시간을 숫자와 마찬가지로 처리해요. 이 내용은 51~53 페이지에서 자세히 설명할게요.

수식 입력

그런데 값만 입력할 거면 엑셀을 쓸 이유가 없어요. 워드나 파워포인트가 훨씬 쉽고 예쁘니까요. 우리가 엑셀을 써야 하는 진짜 이유는 수식을 써먹기 위해서인데요. 수식은 간단히 말해 계산식을 입력해주는 겁니다.

공여사와 무작정 풀어보기

수식 입력으로 간단한 사칙 연산하기
예제 파일 : PA01/CH01/01_사칙 연산.xlsx

01 엑셀은 사칙 연산이 가능합니다. 직접 실습하며 익혀볼게요. 예제 파일을 열면 다음 화면을 확인할 수 있습니다.

	A	B	C	D	E
1					
2		연산자	값1	값2	결과
3		+	65	14	
4		-			
5		*			
6		/			

'연산자'란 엑셀에서 계산식을 작성할 때 특정한 역할을 하는 기호를 말해요. +(덧셈), -(뺄셈), *(곱셈), 나눗셈(/) 등은 사칙 연산을 할 때 필요한 연산자인데, 이를 '산술 연산자'라고 불러요.

> **공여사 TIP**
> 지금부터는 직접 실습도 해볼 거예요. 실습에 필요한 예제 파일은 www.hanbit.co.kr/src/11350 에서 다운로드할 수 있습니다.

02 차근차근 계산해봅시다. 65와 14를 더하고 싶다면 [E3] 셀에 =65+14를 입력하고 Enter 를 칩니다. 뺄셈은 [E4] 셀에 =32-94, 곱셈은 [E5] 셀에 =68*75, 나눗셈은 [E6] 셀에 =50/5를 입력하고 Enter 를 칩니다. [E3:E6] 범위에 다음과 같은 결과가 나옵니다.

	A	B	C	D	E
1					
2		연산자	값1	값2	결과
3		+	65	14	79
4		-	32	94	-62
5		*	68	75	5,100
6		/	50	5	10

이게 바로 엑셀에서 수식의 개념입니다. 이렇게 계산기처럼 사칙 연산은 물론, 뒤에서 배우게 될 다양한 함수들도 사용할 수 있습니다. 그러나 이 정도의 기능만으로 계산기를 이길 수는 없겠죠? 엑셀을 쓰는 진짜 이유는 다음과 같아요.

만약 [C6] 셀의 나눠지는 값이 50이 아니라 500이었다고 하면 입력해놓은 수식에서 50을 500으로 수정해줘야 해요. 값이 바뀔 때마다 수정해줘야 한다면 너무 번거롭고 귀찮아집니다.

그래서 엑셀에서는 보통 이렇게 숫자값을 일일이 입력해서 계산하지 않고, 셀 위치로부터 값을 불러와서 그 값을 계산하게 만드는데요. 예를 들면 아래와 같습니다.

03 [E6] 셀의 수식을 다음과 같이 변경합니다.

> =C6/D6

	A	B	C	D	E
1					
2		연산자	값1	값2	결과
3		+	65	14	79
4		-	32	94	-62
5		*	68	75	5,100
6		/	50	5	10

04 수식이 변경된 상태에서 [C6] 셀의 값을 50에서 500으로 바꿔봅니다. 결과가 알아서 100으로 바뀝니다.

	A	B	C	D	E
1					
2		연산자	값1	값2	결과
3		+	65	14	79
4		-	32	94	-62
5		*	68	75	5,100
6		/	500	5	100

05 이번에는 [D6] 셀의 값을 5에서 **50**으로 바꿔봅니다. 결과가 알아서 10으로 바뀝니다.

	A	B	C	D	E
1					
2		연산자	값1	값2	결과
3		+	65	14	79
4		-	32	94	-62
5		*	68	75	5,100
6		/	500	50	10

이렇게 엑셀에서 수식을 입력할 때 값을 직접 넣어주는 방법도 있지만, 수식 안에 셀명(C6, D6 등)을 적어주면 그 셀의 값을 불러와 계산할 수도 있습니다.

참조(feat. 상대 참조)

앞서 살펴본 것처럼 특정 셀 위치에 있는 값을 불러오는 것을 '참조'라고 합니다. 특정 셀 안에 든 값이 바뀌어도 결괏값이 자동으로 변경되기 때문에 일일이 수식을 수정할 필요가 없어 매우 편리하죠. 바로 이 참조 때문에 우리가 실무에서 엑셀을 쓸 수밖에 없는 건데요. 참조의 개념을 완벽하게 이해하기 위해 사례 하나를 더 살펴보겠습니다.

공여사와 무작정 풀어보기 〉〉 **매출 증가율 구하기로 참조 개념 이해하기**
예제 파일 : PA01/CH01/02_상대 참조.xlsx

01 예제 파일을 열면 '전월매출'과 '당월매출'이 나와 있습니다. 이를 바탕으로 '매출 증가율'을 구해보겠습니다.

	A	B	C	D	E
1					
2		[매출 증가율]			
3		상품명	전월매출	당월매출	증가율
4		A	313,000	382,000	
5		B	177,000	168,000	
6		C	809,000	922,000	
7		D	972,000	962,000	
8		E	348,000	299,000	
9		F	121,000	134,000	
10		G	176,000	148,000	
11		H	393,000	424,000	
12		I	174,000	167,000	
13		J	273,000	235,000	
14		K	849,000	773,000	

02 '전월매출' 대비 '당월매출'의 증가율은 이번 달 실적에서 지난달 실적을 빼고, 그 뺀 값을 다시 전월매출로 나눠주면 됩니다. 이에 해당하는 수식을 적어볼게요. 'A' 상품의 증가율을 구하려면 [E4] 셀에 다음 수식을 입력하고 Enter 를 칩니다.

=(D4-C4)/C4

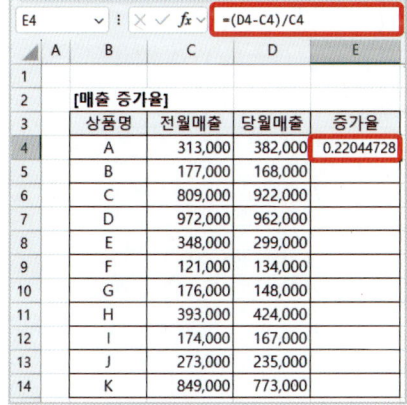

수식을 입력할 때 'D4', 'C4' 등의 셀 위치는 직접 키보드로 입력할 수도 있지만, 보통은 마우스로 해당 셀을 클릭하거나, 키보드 방향키를 활용하여 해당하는 셀로 이동해서 선택합니다.

03 결과를 통해 'A' 상품의 증가율은 22%라는 것을 알 수 있습니다. 소수점으로 표시되면 지저분해 보이니 [E4] 셀을 선택하고 상단 [홈] 탭에서 퍼센트 모양의 [백분율 스타일 %]을 클릭합니다.

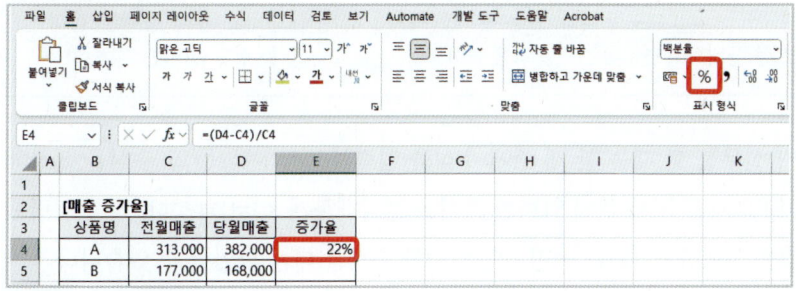

공여사 TIP

표시 형식은 셀에 저장된 데이터를 다른 모양으로 볼 수 있게 만들어주는 기능이에요. 표시 형식의 개념은 심플하지만 종종 우리를 힘들게 만들기 때문에 개념을 잘 익혀두는 걸 추천해요. 이에 관한 자세한 내용은 42페이지에서 설명할게요.

04 자, 이제 'B~K'에 해당하는 상품의 증가율도 구해보겠습니다. 구해야 하는 증가율이 10개나 남았는데 하나하나 수식을 써야 할까요? 진짜 실무에서는 이것보다 데이터양이 훨씬 클 텐데 하나하나 수식을 입력할 수는 없을 거예요.

05 수식을 입력해둔 [E4] 셀의 우측 하단에 표시되는 채우기 핸들➕을 더블클릭해봅니다. 그러면 증가율이 자동으로 모두 구해진 것을 확인할 수 있습니다.

	A	B	C	D	E
1					
2		[매출 증가율]			
3		상품명	전월매출	당월매출	증가율
4		A	313,000	382,000	22%
5		B	177,000	168,000	
6		C	809,000	922,000	
7		D	972,000	962,000	
8		E	348,000	299,000	
9		F	121,000	134,000	
10		G	176,000	148,000	
11		H	393,000	424,000	
12		I	174,000	167,000	
13		J	273,000	235,000	
14		K	849,000	773,000	

더블클릭

	A	B	C	D	E
1					
2		[매출 증가율]			
3		상품명	전월매출	당월매출	증가율
4		A	313,000	382,000	22%
5		B	177,000	168,000	-5%
6		C	809,000	922,000	14%
7		D	972,000	962,000	-1%
8		E	348,000	299,000	-14%
9		F	121,000	134,000	11%
10		G	176,000	148,000	-16%
11		H	393,000	424,000	8%
12		I	174,000	167,000	-4%
13		J	273,000	235,000	-14%
14		K	849,000	773,000	-9%

> **공여사 TIP**
>
> 셀에 수식을 복사할 때는 채우기 핸들➕을 클릭하고 수식을 복사할 부분까지 드래그해도 됩니다. 혹은 첫 셀의 수식을 복사(Ctrl + C)하고 해당하는 영역만큼 셀을 마우스로 드래그해 지정한 후 붙여넣기(Ctrl + V) 해도 됩니다. 또는 첫 셀을 복사(Ctrl + C)하고 Shift 를 누른 상태에서 마지막 셀을 클릭하여 연달아 선택한 다음 붙여넣기(Ctrl + V) 할 수도 있어요.

06 보통 우리가 실무를 할 때는 한 개 셀에 수식을 입력하고 그 이하는 그 수식을 복사해 재사용합니다. 제일 처음 [E4] 셀에 입력한 수식을 생각해볼게요. **=(D4-C4)/C4**를 입력했는데요. [E4] 셀을 선택하고 F2 를 눌러보면 입력한 수식을 다시 확인할 수 있습니다.

	A	B	C	D	E
1					
2		[매출 증가율]			
3		상품명	전월매출	당월매출	증가율
4		A	313,000	382,000	=(D4-C4)/C4
5		B	177,000	168,000	

07 이번에는 바로 아래에 있는 [E5] 셀을 선택하고 F2 를 눌러봅니다. 그랬더니 C4, D4 를 참조하던 수식이 C5, D5를 참조하는 것으로 바뀐 것을 확인할 수 있습니다. [E14] 셀까지 모두 F2 를 눌러보면 수식에서 참조하는 셀 위치가 모두 바뀌어 있는 것을 알 수 있습니다.

	A	B	C	D	E
1					
2		[매출 증가율]			
3		상품명	전월매출	당월매출	증가율
4		A	313,000	382,000	22%
5		B	177,000	168,000	=(D5-C5)/C5

이게 바로 참조, 그중에서도 '상대 참조'의 개념입니다. 수식이 들어 있는 셀이 한 칸 아래로 이동하면 그 안에서 참조하고 있는 셀도 한 칸 아래로 이동한다는 거예요(위아래뿐만 아니라 왼쪽 오른쪽으로 이동하는 경우도 마찬가지로 그 안에서 참조하고 있던 셀 위치가 그 방향으로 한 칸씩 이동합니다).

이 참조의 개념 때문에 엑셀을 활용할 때 첫 셀의 수식만 완벽하게 작성하면 그다음에는 똑같은 수식을 복사해 재사용할 수 있는 건데요. 엑셀을 잘하면 업무 효율이 올라갈 수밖에 없는 이유입니다.

> **공여사 TIP**
>
> 참조에는 '상대 참조' 말고도 '절대 참조'라는 아주 중요한 개념이 더 등장해요. 절대 참조에 대한 자세한 내용은 58페이지에서 설명할게요.

 최소한의 엑셀 상식③ : 값의 표시 형식

> **NO PAIN, YES GAIN!** 1을 입력했는데 1900-01-01이 나온다!? 회사에서 엑셀을 할 때 내가 입력한 값과 다른 값이 화면에 표시돼서 당황한 적 있으시죠? 셀의 표시 형식 때문이에요. 이번에는 뭇 직장인들을 당황스럽게 만든 표시 형식에 대해 알아보겠습니다. 중요한 개념이니 차근차근 자세하게 알아볼게요!

셀 서식(쉼표 스타일)

엑셀을 처음 시작하는 사람이 가장 먼저 좌절하는 지점이 '표시 형식'인데요. 엑셀에서는 똑같은 값을 입력해도 우리 눈으로 보기에 다른 결과가 출력되기도 합니다. 따라서 엑셀을 사용하는 사람이라면 이 표시 형식을 꼭 알아둬야 해요. 간단히 살펴보겠습니다. 다음 화면과 같이 [B2] 셀에 300000이라는 숫자가 입력돼 있습니다. 이 숫자를 다르게 표시해보겠습니다.

상단의 [홈] 탭에서 [표시 형식]의 [쉼표 스타일]을 클릭합니다. 그러면 천 단위로 끊어 읽기가 적용됩니다.

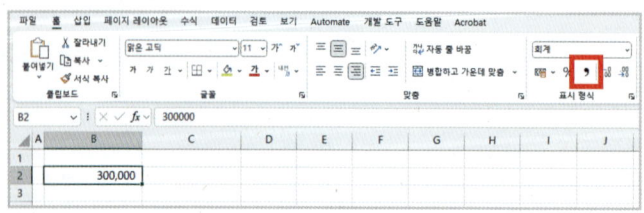

그런데 뒤쪽을 잘 보면 띄어쓰기(공백)가 생긴 걸 알 수 있어요. 그러나 이 값을 편집하려고 [B2] 셀을 선택한 다음 F2 를 누르거나 더블클릭해보면 쉼표나 띄어쓰기는 어디에도 보이지 않습니다.

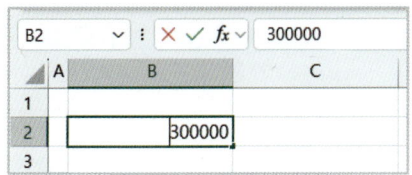

Esc 를 누르고 [B2] 셀이 선택된 상태에서 Ctrl + 1 을 눌러보면 [셀 서식] 창이 뜹니다. 이제 [B2] 셀에 설정된 표시 형식을 확인하기 위해 [사용자 지정]을 눌러주세요. 그러면 굉장히 복잡한 형식이 눈에 띕니다.

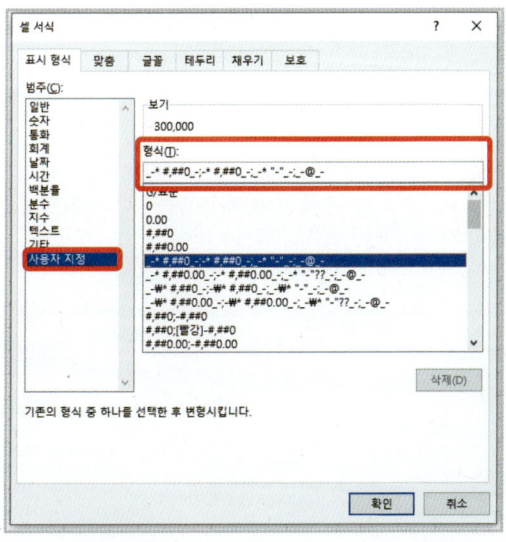

흡사 암호 같기도 한데, 실제로 저 문자 하나하나에는 많은 의미가 담겨 있습니다. 지금 단계에서 꼭 알아야 할 내용은 아니라, 우선 [취소]를 클릭해 [셀 서식] 창을 닫아줄게요.

여기서 중요한 것은 이렇게 숫자 뒤에 띄어쓰기가 들어가 있으면 나중에 파워포인트, 워드와 같은 공간으로 표를 복사해갈 때 매 칸마다 띄어쓰기가 붙는 바람에 일일이 띄어쓰기를 지워줘야 하는 수고가 뒤따른다는 거예요. 따라서 천 단위 표시 형식을 적용할 때는 되도록 상단에서 쉼표 스타일 , 을 바로 클릭하기보다는 Ctrl + Shift + 1 을 눌러 간단한 숫자 표시 형식으로 바꿔주는 것을 추천합니다.

다음 화면처럼 [B2] 셀을 선택한 다음 Ctrl + Shift + 1 을 누르면 숫자 뒤에 따라붙던 띄어쓰기는 사라지고 천 단위 끊어 읽기만 적용된 것을 확인할 수 있습니다.

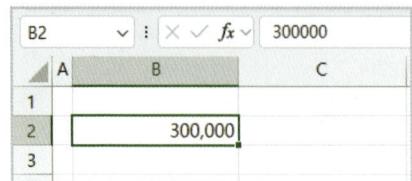

다시 [B2] 셀이 선택된 상태에서 Ctrl + 1 을 눌러봅니다. [셀 서식] 창이 뜨면 [B2] 셀에 설정된 표시 형식을 확인하기 위해 [사용자 지정]을 선택합니다. 그러면 #,##0이라는 단순한 형식이 적용돼 있는 것을 알 수 있습니다.

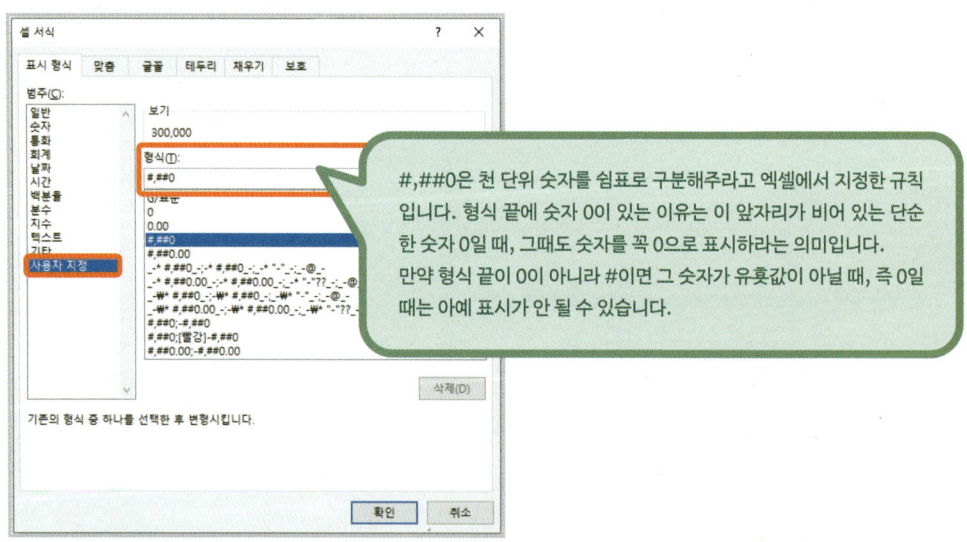

#,##0은 천 단위 숫자를 쉼표로 구분해주라고 엑셀에서 지정한 규칙입니다. 형식 끝에 숫자 0이 있는 이유는 이 앞자리가 비어 있는 단순한 숫자 0일 때, 그때도 숫자를 꼭 0으로 표시하라는 의미입니다. 만약 형식 끝이 0이 아니라 #이면 그 숫자가 유효값이 아닐 때, 즉 0일 때는 아예 표시가 안 될 수 있습니다.

> **공여사 TIP**
>
> 회사에서는 숫자를 쉽게 읽기 위해 천 단위로 끊어 읽는 경우가 많아요. 추후 외부로 값을 붙여넣기 할 때 문제가 되지 않도록 천 단위로 구분할 때는 Ctrl + Shift + 1 단축키를 누르는 것을 다시 한번 추천해요! 단, 1 을 누를 때는 키보드 상단의 숫자 키패드를 사용하세요.

셀 서식(소수점 자릿수 줄임/늘림)

이번에는 오른쪽 페이지의 화면과 같이 [B2:D2] 범위 셀에 각각 1.1, 175.4, 175.5라는 숫자가 입력돼 있습니다.

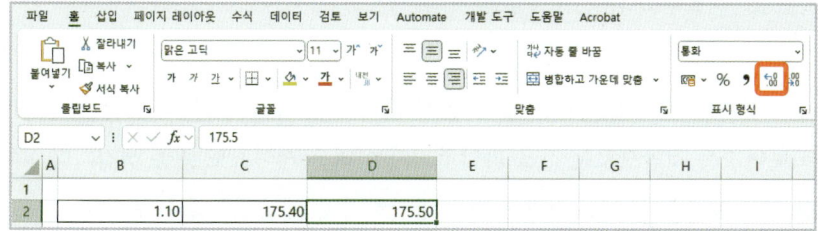

[B2] 셀을 선택한 후 상단의 [홈] 탭에서 [표시 형식]의 [자릿수 늘림]을 클릭하면 1.10이 됩니다. [C2] 셀, [D3] 셀도 마찬가지로 작업하면 각각 175.40, 175.50이 됩니다.

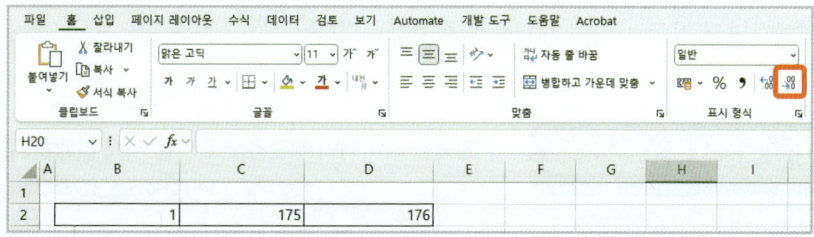

반대로 [자릿수 줄임]을 클릭하면 [B2:D2]의 값은 각각 1, 175, 176이 됩니다. 실제로 값이 변한 건 아니고 겉보기에만 반올림된 값으로 표시되어 소수점이 늘어나거나 줄어든 것처럼 보이는 거예요.

이어지는 화면과 같이 [B2:D2] 셀을 각각 클릭해 수식 입력줄을 보면 셀에 들어 있는 값은 여전히 1.1, 175.4, 175.5로 변함이 없죠?

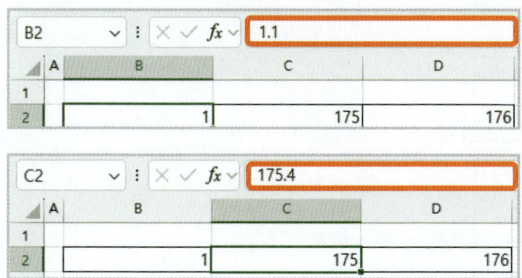

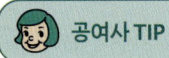

> **공여사 TIP**
>
> 엑셀에서는 셀에 지정된 서식(=표시 형식)에 따라 눈에 보이는 값이 달라질 수 있기 때문에 보이는 것이 정확한 값이 아닐 수 있다는 점을 항상 염두에 두세요.

지금까지 살펴본 것처럼 셀에 보여지는 값은 실제 값이 아닐 수도 있고, 다양한 셀 서식 옵션이 있어서 보여지는 것만으로는 값을 파악하기가 어려운 케이스도 종종 생깁니다. 따라서 엑셀을 쓸 때는 눈으로 보이는 것만 가지고 판단하지 않는 습관을 들여주세요.

자동 서식

이번에는 자동 서식의 개념을 알아보겠습니다. 우리가 엑셀을 쓸 때 종종 답답한 순간들이 있는데 바로 자동 서식 때문입니다. 지금부터는 개념이 살짝 복잡해지니 예제 파일에 하나하나 입력해보면서 자동 서식의 개념을 알아보겠습니다.

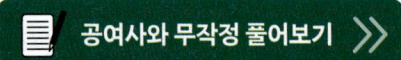 **입력한 데이터의 결괏값으로 자동 서식 이해하기**
예제 파일 : PA01/CH01/03_셀 서식.xlsx

01 예제 파일을 열면 다음과 같은 화면을 확인힐 수 있습니다. B열에 적힌 대로 C열에 입력했을 때 어떤 결괏값이 나오는지 확인해보겠습니다.

	A	B	C
1			
2		[자동 서식]	
3		입력값	결괏값
4		512	
5		970512	
6		97/05/12	
7		5/12	
8		5-12	
9		5:12	
10		5시 12분	

02 제가 B열에 미리 적어놓은 값을 그대로 C열에 따라 적으면 다음과 같은 결괏값이 나올 거예요.

A	B	C
1		
2	[자동 서식]	
3	입력값	결괏값
4	512	512
5	970512	970512
6	97/05/12	1997-05-12
7	5/12	05월 12일
8	5-12	05월 12일
9	5:12	5:12
10	5시 12분	5시 12분

03 C열의 결괏값을 하나하나 살펴보겠습니다. 먼저 [C4] 셀은 그냥 숫자 512로 엑셀이 인식했습니다. 상단의 [홈] 탭에서 [표시 형식]을 보면 [일반]으로 돼 있는 걸 확인할 수 있어요.

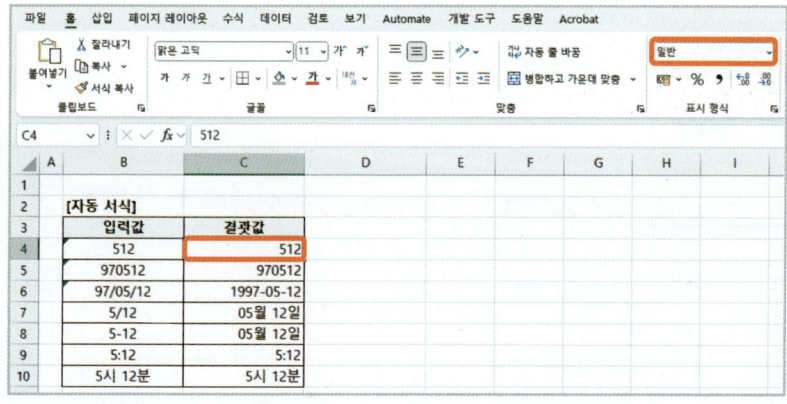

04 [C5] 셀에 입력한 970512도 우리 눈에는 생년월일로 보이지만 엑셀에서는 그냥 숫자로 인식할 뿐입니다.

05 [C6] 셀에 입력한 97/05/12는 1997-05-12라는 날짜 형식으로 바뀌어서 뜬금없는 결괏값이 출력됩니다. 보이기만 그런 게 아닐까 하고 위를 봤더니 수식 입력줄에도 '1997-05-12'라고 돼 있고, [홈] 탭에 [표시 형식]도 [날짜]로 바뀌어 있습니다.

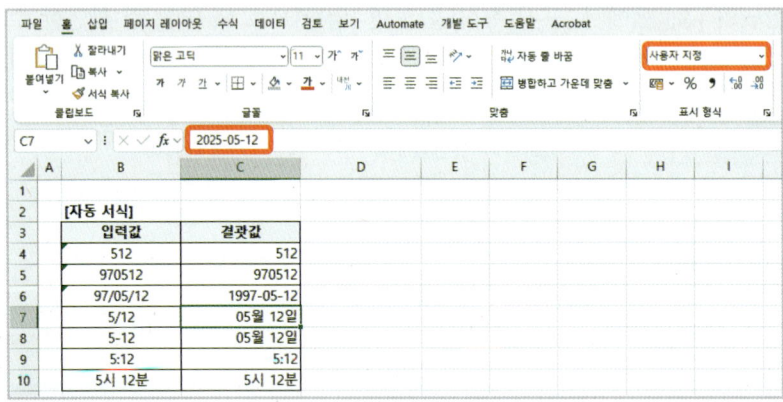

06 [C7] 셀에 입력한 5/12는 05월 12일이라는 결괏값이 나왔습니다. 같은 날짜인데 [C6] 셀에서 본 것과는 또 좀 다릅니다. [C7] 셀을 클릭해 수식 입력줄을 보니 '2025-05-12'라고 돼 있고, [홈] 탭에 [표시 형식]도 [사용자 지정]으로 바뀐 것을 확인할 수 있습니다.

> **공여사 TIP**
>
> 엑셀은 연, 월, 일에 해당하는 숫자를 슬래시(/)나 하이픈(-)으로 구분해 입력하면 알아서 날짜 값으로 인식해요. 다만, 연도를 생략하면 올해 연도 날짜가 자동으로 입력되고 표시 형식은 mm월 dd일 형식으로 나와요. 만약 [C7] 셀의 표시 형식을 [C6] 셀처럼 yyyy-mm-dd 형태로 표시하고 싶다면 [C7] 셀을 클릭한 다음 상단의 [홈] 탭에서 [표시 형식]을 [간단한 날짜]로 바꿔주면 돼요. 해당 칸 오른쪽에 있는 역삼각형▼을 누르면 나타나는 목록에서 [간단한 날짜]를 선택해주세요.

07 [C8] 셀에 입력한 5-12도 [C7] 셀과 마찬가지로 엑셀이 날짜로 인식해 표시 형식을 바꿨습니다.

08 [C9] 셀에 입력한 5:12는 결괏값이 그대로 나왔습니다. 그러나 수식 입력줄을 보니 '5:12:00 AM'이라는 시간으로 바뀐 것을 확인할 수 있습니다.

09 [C10] 셀에 입력한 5시 12분도 결괏값이 그대로 나왔습니다. 그러나 수식 입력줄을 보니 [C10] 셀도 [C9] 셀과 마찬가지로 '5:12:00 AM'이라는 시간으로 바뀐 것을 확인할 수 있습니다.

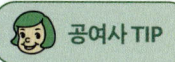

	A	B	C
1			
2		[자동 서식]	
3		입력값	결괏값
4		512	512
5		970512	970512
6		97/05/12	1997-05-12
7		5/12	05월 12일
8		5-12	05월 12일
9		5:12	5:12
10		5시 12분	5시 12분

지금까지 직접 값을 입력해보고 그에 따른 결괏값이 어떻게 출력되는지 살펴봤습니다. 기억해야 하는 점은 우리가 입력한 값과 엑셀이 인식하는 값이 다를 수 있고, 실제로 같은 값도 여러 표시 형식으로 나타날 수 있다는 점입니다.

> **공여사 TIP**
>
> 만약 이렇게 값이 자동으로 달라지는 것을 막고 싶다면, 셀에 값을 입력하기 전에 상단 [홈] 탭의 [표시 형식]을 [일반]에서 [텍스트]로 변경해주면 됩니다. 이 방법은 참고만 해두세요!

표시 형식(숫자/날짜/시간)

이번에는 똑같은 값에 대해서 표시 형식만 달라졌을 때 어떤 결과가 나오는지 눈으로 살펴보겠습니다. 이번에도 직접 실습해보면서 표시 형식의 개념을 알아볼게요. 마저 힘내서 같이 가봅시다.

공여사와 무작정 풀어보기

입력된 데이터 형식 바꿔보며 표시 형식 이해하기

예제 파일 : PA01/CH01/03_셀 서식.xlsx

01 앞서 실습한 것과 동일한 예제 파일에서 [표시 형식] 시트를 클릭하면 다음과 같은 화면을 확인할 수 있어요.

A	B	C	D	E
	[표시 형식]			
	일반	숫자	날짜	시간
	1	1	1	1
	2	2	2	2
	3	3	3	3
	46000	46000	46000	46000
	46001	46001	46001	46001
	46002	46002	46002	46002
	1.5	1.5	1.5	1.5
	46000.5	46000.5	46000.5	46000.5
	46000.25	46000.25	46000.25	46000.25
	46000.75	46000.75	46000.75	46000.75
	46001.75	46001.75	46001.75	46001.75

02 먼저 C열의 '숫자'를 보겠습니다. 엑셀에서 표시 형식은 기본적으로 [일반]으로 지정돼 있는데요. 표시 형식이 [일반]으로 지정된 셀에 숫자를 입력하면 알아서 숫자로 인식합니다. 그래서 숫자값은 굳이 표시 형식을 수정할 필요가 없습니다.

03 다음으로 D열의 '날짜'를 보겠습니다. [D4:D14] 영역을 드래그해 선택하고 [홈] 탭에서 [표시 형식]을 [간단한 날짜]로 지정합니다.

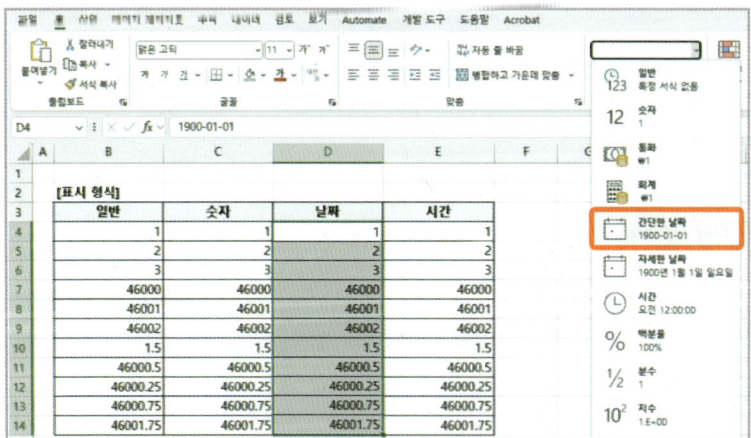

04 그러면 다음 화면과 같이 D열의 표시 형식이 변경돼요.

	A	B	C	D	E
2		[표시 형식]			
3		일반	숫자	날짜	시간
4		1	1	1900-01-01	1
5		2	2	1900-01-02	2
6		3	3	1900-01-03	3
7		46000	46000	2025-12-09	46000
8		46001	46001	2025-12-10	46001
9		46002	46002	2025-12-11	46002
10		1.5	1.5	1900-01-01	1.5
11		46000.5	46000.5	2025-12-09	46000.5
12		46000.25	46000.25	2025-12-09	46000.25
13		46000.75	46000.75	2025-12-09	46000.75
14		46001.75	46001.75	2025-12-10	46001.75

05 뭔가 이상합니다. 숫자 1은 1900년 1월 1일, 숫자 2는 1900년 1월 2일 그리고 46000은 2025년 12월 9일, 46001은 2025년 12월 10일, 46002는 2025년 12월 11일이 됐습니다.

 궁금하실까봐 준비했어요!

엑셀에서 날짜의 의미

우리가 생각하기에 날짜는 연, 월, 일에 해당하는 숫자를 하이픈(-)이나 슬래시(/)로 구분해 입력한 값인데요. 사실 엑셀에서 취급하는 날짜는 숫자나 마찬가지예요. 눈으로 보이기에만 사람 눈에 익숙한 날짜로 표시하는 거지, 실제 '날짜'라는 개념은 존재하지 않습니다.

다만, 엑셀이 인식하는 날짜의 정체를 알고 있으면 엑셀을 하면서 마주하는 다양한 표시 형식 문제에 아무렇지 않은 듯 자연스럽게 대응할 수 있어요.

가장 기본적인 이해는 '날짜는 1900년 1월 1일을 기점으로 +1씩 증가한 값을 일대일로 매칭'해 두었다는 사실이에요. 즉, 1900년 1월 1일은 숫자 1, 1900년 1월 2일은 숫자 2, 1900년 1월 3일은 숫자 3 …과 같은 식으로 하나씩 증가합니다. 이렇게 연번으로 증가하는 숫자이기 때문에 일련번호(Serial Number)라고도 해요.

우리가 엑셀을 하다가 멀쩡한 날짜값이 갑자기 45,000~46,000 등의 숫자로 바뀌어 있는 게 바로 이 때문입니다. 따라서 이런 값이 뜬금없이 등장하더라도 우리는 당황하지 않고 상단 [홈] 탭의 표시 형식을 [간단한 날짜] 등으로 바꿔주기만 하면 되겠습니다.

다만, **04** 과정에서 살펴본 것처럼 소수점 아래 값은 날짜에 영향을 주지 않아요. 더 정확하게는 숫자 1이 24시간에 해당하기 때문에 숫자 1.5는 1900년 1월 1일의 정오(낮 12시)를 뜻해요. 그래서 보통은 날짜+시간을 합친 값은 직원들의 출퇴근 시간 관리 자료와 같은 근태 관리 데이터에 사용하고, 그 외에는 날짜(정수 부분)와 시간(소수점 아랫부분)을 따로 취급하는 게 일반적입니다.

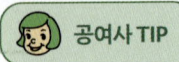 **공여사 TIP**

회사에서 엑셀을 하다가 숫자 1을 입력했는데 1900년 1월 1일이 나와서 당황한 적 있으시죠? 앞에서 설명했듯 셀 서식이 날짜로 지정된 상태에서 값을 입력해서 그렇답니다. 해당 값을 숫자 1로 보여지게 하기 위해서는 셀 서식을 [숫자]로 바꿔주세요.

06 다음으로 E열의 '시간'을 보겠습니다. [E4:E14] 범위를 드래그해 지정하고 [홈] 탭에서 [표시 형식]을 [시간]으로 지정합니다.

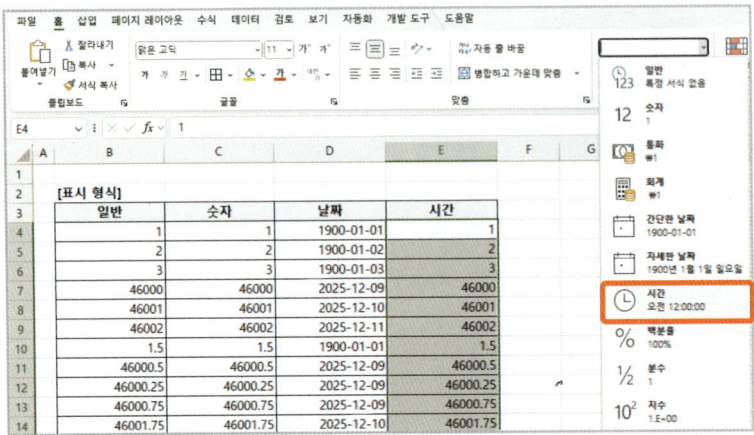

07 그러면 다음 화면과 같이 E열의 표시 형식이 변경됩니다.

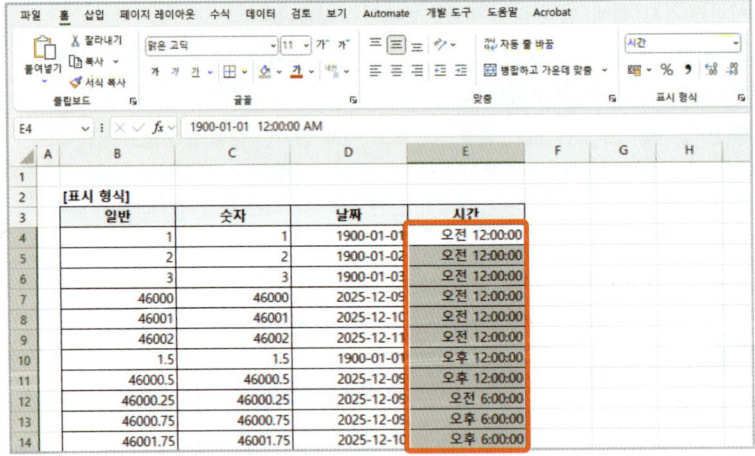

08 변경된 값을 잘 살펴봅시다. 소수점이 없는 값인 셀들은 모두 오전 12시, 그러니까 그 날의 시작 시간인 0시가 되었습니다. 그런데 '.5'였던 값은 오후 12시로, '.25'였던 값은 오전 6시로, '.75'였던 값은 오후 6시로 바뀐 것을 확인할 수 있습니다.

 궁금하실까봐 준비했어요!

엑셀에서 시간의 의미

앞서 엑셀에서 날짜는 1900년 1월 1일을 기점으로 1씩 증가한 값이 일대일로 대응된 결과라고 했습니다. 결과적으로 하루가 숫자 1이기 때문에, 숫자 1은 시간으로 환산했을 때 24시간을 의미합니다. 따라서 0.5는 12시간, 0.25는 6시간을 뜻해요.

따라서 정수값 뒤에 붙은 소수점 아래 숫자는 정수값에 해당하는 날짜의 특정 시간을 의미해요. 다만 날짜+시간을 함께 붙여 쓰지 않고, 시간으로만 표시하게 되면 날짜는 쏙 빼고 '오전 00시', '오후 00시'와 같은 결과를 얻을 수 있습니다.

그래서 **07** 과정에서도 원래 있던 날짜값은 온데간데없이 사라지고, 오전 12:00:00, 오후 12:00:00, 오후 6:00:00과 같은 시간값만 남아 있는 걸 확인할 수 있어요.

특히 46000.5는 실제로는 2025년 12월 9일의 오후 12시와 매칭되는데, 표시 형식을 [시간]으로 지정하니 시간값만 표시해서 오후 12시로 보여주고 있습니다. '.25'는 오전 6시, '.75'는 오후 6시, 그다음 날의 '.75'도 똑같이 오후 6시로 표시가 되고 있습니다. 복잡하게 느껴질 수 있지만 시간은 아래의 원형 다이어그램으로 생각해보면 어렵지 않게 이해할 수 있어요.

앞선 실습을 통해서는 '.25', '.5', '.75'와 같이 딱 떨어지는 예시를 봤는데, '.35(오전 8시 24분)' 같은 값도 있을 수 있다는 점을 참고하면 좋아요.

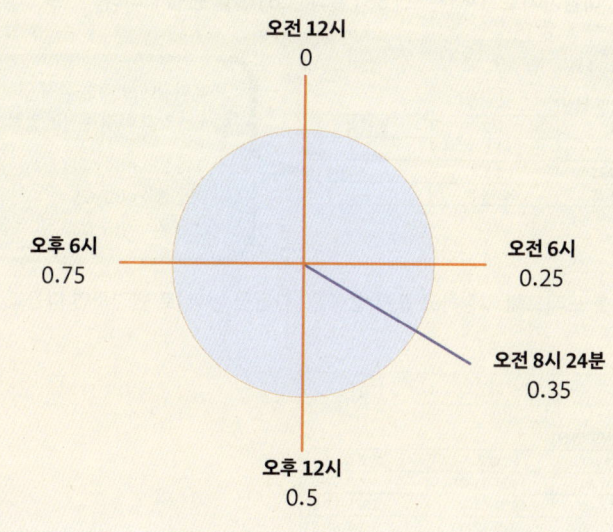

표시 형식, 딱 3가지만 기억하자

표시 형식(셀 서식)을 배우고 나니 머리가 복잡하고 실무 엑셀이 막막해지나요? 다 잊고 아래 3가지만 기억해주세요.

- 엑셀에서 날짜는 사실은 숫자다.
- 그런데 하필 날짜라는 표시 형식을 지정하는 순간 우리 눈에 날짜처럼 보이는 것뿐이다.
- 그리고 그 숫자는 1900년 1월 1일을 숫자 1로 해서 하루에 1씩 증가한 값이다(숫자 1이 24시간이므로, 소수점 아래는 시간값을 나타낸다).

지금까지 값의 표시 형식에 대해서 알아봤습니다. 표시 형식을 모르면 우리가 생각한 값과 전혀 다른 값이 출력돼서 엑셀이랑 사이가 자꾸만 멀어지게 됩니다. 그러니 이 책을 읽은 여러분은 엑셀에서 '실제 값'과 '표시 형식'이 다를 수 있다는 것만큼은 꼭 알아두길 바랄게요.

궁금하실까봐 준비했어요!

날짜/시간값의 연산

엑셀에서 날짜와 시간은 표시 형식에 불과하고 실제로는 숫자나 마찬가지라고 설명했는데요. 날짜와 시간이 숫자라는 건 더하기, 빼기 등의 연산이 가능하다는 얘기가 됩니다.

다음 화면을 볼게요. [D4] 셀은 [B4] 셀과 [C4] 셀을 더한 값이고, [D5] 셀은 [B5] 셀과 [C5] 셀을 뺀 값입니다. 마찬가지로 [D6] 셀도 [B6] 셀과 [C6] 셀을 뺀 값입니다.

A	B	C	D
	[날짜/시간의 연산]		
	값1	값2	결괏값
	1	1.5	2.5
	46000.25	1.5	45998.75
	46001.75	46000.5	1.25

36페이지에서 배운 사칙 연산처럼 [D4:D6] 셀에는 각각 아래 수식이 입력돼 있어요.
- [D4] 셀 : =B4+C4
- [D5] 셀 : =B5-C5
- [D6] 셀 : =B6-C6

[B4:D6] 범위를 드래그해 지정하고 표시 형식을 [간단한 날짜]로 변경하면 다음과 같은 값이 나옵니다.

A	B	C	D
	[날짜/시간의 연산]		
	값1	값2	결괏값
	1900-01-01	1900-01-01	1900-01-02
	2025-12-09	1900-01-01	2025-12-07
	2025-12-10	2025-12-09	1900-01-01

[D4] 셀의 결괏값만 대표로 간단하게 살펴보겠습니다. 1900년 1월 2일이 나왔네요. 1900년 1월 1일에 1900년 1월 1일을 더하면 연, 월, 일 숫자값을 각각 더해서 3800년 2월 2일이 나와야 할 것 같지만 실제로는 1이라는 값과 1.5라는 값을 더한 결과인 2.5에 해당하는 날짜(1900년 1월 2일)가 표시됩니다.

소수점 아래 '.5'가 있기 때문에 그날의 오후 12시를 뜻하겠지만, 여기서는 표시 형식을 날짜로 지정해줬기 때문에 날짜까지만 표시되고 있습니다.

CHAPTER 02

엑셀이랑 조금 더 친해져봐요
-엑셀 기본기 더하기

최소한의 엑셀 상식④ : 절대 참조

NO PAIN, YES GAIN! 앞서 우리는 참조의 개념 중 가장 기본적인 동작인 '상대 참조'를 배웠어요. 이때 상대 참조와 대비되는 '절대 참조'도 있다고 했는데요. 이번에는 일잘러의 한 끗 차를 만드는 절대 참조에 대해서 배워볼게요.

절대 참조

상대 참조는 셀의 수식을 다른 셀로 옮길 때, 참조하고 있던 셀의 위치도 똑같이 따라서 움직이는 것을 말하는데요. 실무를 하다 보면 참조하는 셀 위치가 따라서 이동하는 게 능사는 아니라는 걸 깨닫는 순간이 옵니다.

가령 '올해 물가인상률이 3%다'라고 했을 때 3%라는 값은 [A1] 셀에 넣어두고, 물가인상률이 필요한 수식(예를 들면, 올해 물가=작년 물가×물가인상률)은 항상 [A1] 셀을 참조하도록 걸어주고 싶은 거죠. 이때 작년 물가가 여러 행에 걸쳐 있다고 해서 물가인상률도 여러 행에 걸쳐서 넣어두는 건 비효율이에요.

이런 경우에는 수식을 다른 셀에 붙여넣더라도 항상 [A1] 셀을 참조하도록 '$A$1'과 같은 식으로 셀명을 입력하는데, 이렇게 참조하는 위치를 고정시키는 것을 '절대 참조'라고 합니다. 이번 CHAPTER에서 배우게 될 다양한 함수를 활용해 수식을 작성할 때 상대 참조만큼이나 절대 참조 역시 중요하니 직접 실습해보며 개념을 익혀볼게요.

 공여사 TIP

앞서 배운 상대 참조의 개념이 가물가물하다면 38페이지를 참고하세요.

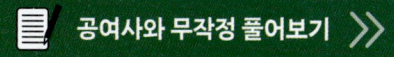 **조정 단가 구하기로 절대 참조 개념 이해하기**

예제 파일 : PA01/CH02/01_절대 참조.xlsx

01 예제 파일을 열면 단가 조정 표가 있습니다. '상품'마다 '현재 단가'가 나와 있는데 '인상률'의 변화에 따른 '조정 단가'를 구하는 작업을 해보겠습니다.

02 '조정 단가'를 구하려면 '현재 단가'에 '인상률'을 곱하면 됩니다. [D4] 셀에 =C4*105%를 입력한 후 Enter 를 칩니다. [D4] 셀의 채우기 핸들 ■ 을 더블클릭해 수식을 복사하면 조정 단가를 모두 구할 수 있습니다.

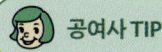 **공여사 TIP**

앞서 배운 대로 상대 참조의 개념이 적용돼 수식을 복사해서 아래쪽 셀에 붙여넣으면, 수식이 옮겨 간 만큼 참조하고 있던 '현재 단가' 값도 하나씩 아래로 이동하면서 참조 위치가 달라집니다. 상대 참조의 원리에 따라 우리가 원하는 값들이 자동으로 계산되는 것이죠.

03 그런데 여기서 문제가 하나 생깁니다. 갑자기 위에서 회사가 힘들다고 인상률을 5%가 아니라 10%로 조정하래요. 그러면 수식이 입력된 첫 셀인 [D4] 셀을 더블클릭하고 105%를 110%로 수정한 후 다시 [D4] 셀의 채우기 핸들 을 더블클릭해 수정된 수식을 복사해줍니다.

	A	B	C	D	E	F
1						
2		[단가 조정]				
3		상품명	현재 단가	조정 단가		인상률
4		A	2,200	2420		10%
5		B	1,100	1210		
6		C	1,200	1320		
7		D	2,000	2200		
8		E	2,800	3080		
9		F	1,100	1210		
10		G	2,900	3190		
11		H	2,400	2640		
12		I	1,000	1100		
13		J	2,900	3190		
14		K	1,500	1650		

D4 셀 수식: =C4*110%

04 그런데 또 한 번 문제가 생겼습니다. 상사가 변덕이 심한지 10%가 아니라 7%로 바꾸라고 합니다. 그러면 03 과정을 반복해 수식을 또 수정해줘야 하는데 인상률이 바뀔 때마다 이러고 있을 수는 없겠죠.

05 이럴 때 필요한 게 절대 참조입니다. 보통은 기준이 되는 정보가 특정 셀에 위치해 있고, 그 셀의 값을 불러온다고 할 때 절대 참조를 써요.

06 [D4] 셀을 더블클릭하고 인상률을 참조하도록 수식을 =C4*(1+F4)로 수정한 후 Enter 를 칩니다. [D4] 셀의 채우기 핸들 을 더블클릭해 수식을 마저 채워줍니다. '조정 단가' 값이 주르륵 수정됩니다.

> 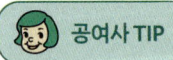 **공여사 TIP**
> 1이라는 숫자 대신 100%를 써서 수식을 =C4*(100%+F4)로 적을 수도 있어요.

D4		▼	:	× ✓	fx ✓	=C4*(1+F4)	
	A	B	C	D	E	F	
1							
2		[단가 조정]					
3		상품명	현재 단가	조정 단가		인상률	
4		A	2,200	2354		7%	
5		B	1,100	1100			
6		C	1,200	1200			
7		D	2,000	2000			
8		E	2,800	2800			
9		F	1,100	1100			
10		G	2,900	2900			
11		H	2,400	2400			
12		I	1,000	1000			
13		J	2,900	2900			
14		K	1,500	1500			

07 결과가 좀 이상합니다. [D4] 셀은 정확한 값이 나왔지만 [D5] 셀부터 [D14] 셀은 왼쪽의 현재 단가와 동일한 결과가 나왔습니다. 무엇이 문제일까요? ↓방향키로 [D5] 셀부터 [D14] 셀까지 하나하나 이동해가면서 F2 를 눌러 확인해보니, [D4] 셀에서는 [F4] 셀을 참조하던 게 한 칸씩 아래로 내려가면서 [F5] 셀, [F6] 셀, [F7] 셀 ⋯ [F14] 셀을 참조하는 것으로 바뀌었습니다. 즉, 상대 참조가 적용된 것이죠.

08 이건 우리가 원하는 결과가 아니에요. 다시 [D4] 셀을 더블클릭하거나 F2 를 눌러 수식을 수정해볼게요. 수식 안의 F4 부분에 입력 커서를 갖다 두고, F4 를 누릅니다. F4의 F열과 4행 표시에 각각 달러 표시가 붙어 $F$4로 바뀌는데, 여기서 Enter 를 치면 [F4] 셀에 절대 참조가 적용됩니다.

IF		▼	:	× ✓	fx ✓	=C4*(1+$F$4)	
	A	B	C	D	E	F	
1							
2		[단가 조정]					
3		상품명	현재 단가	조정 단가		인상률	
4		A	2,200	=C4*(1+$F$4)		7%	
5		B	1,100				
6				1200			
		E	2,800				
9		F	1,100	1100			
10		G	2,900	2900			
11		H	2,400	2400			
12		I	1,000	1000			
13		J	2,900	2900			
14		K	1,500	1500			

09 $F$4는 이 셀의 수식을 복사해서 다른 셀에 붙여넣더라도 참조하는 셀의 위치를 [F4] 셀 그대로 고정시키겠다는 뜻이에요. 이제 [D4] 셀의 채우기 핸들을 더블클릭해 수식을 아래쪽에도 복사해줍니다. '조정 단가'가 제대로 구해지는 걸 확인할 수 있습니다.

	A	B	C	D	E	F
1						
2		[단가 조정]				
3		상품명	현재 단가	조정 단가		인상률
4		A	2,200	2354		7%
5		B	1,100	1177		
6		C	1,200	1284		
7		D	2,000	2140		
8		E	2,800	2996		
9		F	1,100	1177		
10		G	2,900	3103		
11		H	2,400	2568		
12		I	1,000	1070		
13		J	2,900	3103		
14		K	1,500	1605		

[D5] 셀부터 [D14] 셀까지 차례대로 더블클릭하거나 F2 를 눌러 확인해보면 매 수식마다 $F$4 셀로 고정되어 참조되고 있는 걸 확인할 수 있어요.

10 이제 상사가 암만 인상률에 변덕을 부려도 모든 셀에서 고정적으로 참조하고 있는 [F4] 셀의 값만 바꿔주면 자동으로 조정 단가가 계산됩니다. 예시로 [F4] 셀의 인상률을 9%로 수정하고 Enter 를 쳐볼게요. 조정 단가가 자동으로 바뀌는 것을 확인할 수 있습니다.

	A	B	C	D	E	F
1						
2		[단가 조정]				
3		상품명	현재 단가	조정 단가		인상률
4		A	2,200	2398		9%
5		B	1,100	1199		
6		C	1,200	1308		
7		D	2,000	2180		
8		E	2,800	3052		
9		F	1,100	1199		
10		G	2,900	3161		
11		H	2,400	2616		
12		I	1,000	1090		
13		J	2,900	3161		
14		K	1,500	1635		

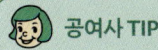

> **공여사 TIP**
>
> D열의 '조정 단가'가 천 단위로 구분돼 있지 않아 상사가 보기에 불편할 수 있어요. 이럴 때는 앞에서 배운 내용(44페이지)을 활용해보세요. [D4:D14] 범위를 드래그해 선택하고 Ctrl + Shift + 1 을 누르면 천 단위로 쉼표가 찍혀 숫자 읽기가 쉬워집니다.

지금까지 절대 참조의 개념을 익혀봤습니다. 상대 참조는 그 자체로 똑같은 수식을 여러 셀에 반복 재사용하게 함으로써 효율을 높여주지만, 반대의 개념인 절대 참조 역시도 고정 값을 늘 참조하게 함으로써 또 한 번 효율을 올려줍니다. 회사에서 이쁨받는 일잘러가 되려면 이 2가지를 실무에 적절하게 활용할 줄 알아야겠습니다.

절대 참조 실전(feat. 혼합 참조)

절대 참조는 업무에서 중요한 개념이므로 실습을 하나 더 진행해보겠습니다. 이번 실습을 통해 '혼합 참조'의 개념도 추가로 익혀볼게요.

📋 **공여사와 무작정 풀어보기** ≫

매출 구하기로 절대 참조 실전 연습하기
예제 파일 : PA01/CH02/01_절대 참조.xlsx

01 앞서 활용한 예제 파일의 [실전] 시트를 클릭하면 다음과 같은 화면이 나옵니다. 앞서 살펴본 시트와 거의 동일한데 '판매 수량'이 추가됐고, '현재 매출'과 '예상 매출'을 적도록 테이블이 구성돼 있습니다.

	A	B	C	D	E	F	G	H	I
1									
2		[단가 조정]							
3		상품명	판매 수량	현재 단가	조정 단가	현재 매출	예상 매출		인상률
4		A	210	2,200	2,420				10%
5		B	850	1,100	1,210				
6		C	550	1,200	1,320				
7		D	120	2,000	2,200				
8		E	30	2,800	3,080				
9		F	750	1,100	1,210				
10		G	170	2,900	3,190				
11		H	300	2,400	2,640				
12		I	600	1,000	1,100				
13		J	500	2,900	3,190				
14		K	840	1,500	1,650				

02 '현재 매출'은 '현재 단가'와 '판매 수량'을 곱해서 구할 수 있습니다. [F4] 셀에 **=D4*C4**를 입력하고 Enter 를 친 후 [F4] 셀의 채우기 핸들 ╋ 을 더블클릭해 나머지 셀에도 수식을 채워줍니다.

A	B	C	D	E	F	G	H	I
	[단가 조정]							
	상품명	판매 수량	현재 단가	조정 단가	현재 매출	예상 매출		인상률
	A	210	2,200	2,420	462000			10%
	B	850	1,100	1,210	935000			
	C	550	1,200	1,320	660000			
	D	120	2,000	2,200	240000			
	E	30	2,800	3,080	84000			
	F	750	1,100	1,210	825000			
	G	170	2,900	3,190	493000			
	H	300	2,400	2,640	720000			
	I	600	1,000	1,100	600000			
	J	500	2,900	3,190	1450000			
	K	840	1,500	1,650	1260000			

03 이번에는 '예상 매출'을 구해보겠습니다. '예상 매출'은 '조정 단가'와 '판매 수량'을 곱해서 구할 수 있습니다. '현재 매출'과 크게 수식이 다르지 않을 테니 [F4] 셀의 수식을 [G4] 셀에 그대로 재사용해볼게요. [F4] 셀에서 채우기 핸들 ╋ 을 클릭해 [G4] 셀까지 드래그해 줍니다.

04 [G4] 셀을 더블클릭해 수식을 확인해봅니다. [F4]에서 D4, C4를 참조하던 수식이 한 칸 오른쪽으로 옮겨오면서, 참조하고 있던 셀도 각각 한 칸씩 오른쪽으로 넘어와 E4, D4로 변한 것을 알 수 있습니다(D4 → E4, C4 → D4).

A	B	C	D	E	F	G	H	I
	[단가 조정]							
	상품명	판매 수량	현재 단가	조정 단가	현재 매출	예상 매출		인상률
	A	210	2,200	2,420	462000	=E4*D4		10%
	B	850	1,100	1,210	935000			
	C	550	1,200	1,320	660000			
	D	120	2,000	2,200	240000			
	E	30	2,800	3,080	84000			
	F	750	1,100	1,210	825000			
	G	170	2,900	3,190	493000			
	H	300	2,400	2,640	720000			
	I	600	1,000	1,100	600000			
	J	500	2,900	3,190	1450000			
	K	840	1,500	1,650	1260000			

05 그런데 예상 매출을 구하려면 조정 단가와 판매 수량을 곱해야겠죠? 단가는 현재 단가(D4)에서 조정 단가(E4)로 넘어오는 게 맞는데, 판매 수량까지 따라서 넘어왔네요.

06 다시 [F4] 셀을 더블클릭해 '판매 수량'에 해당하는 C4 부분에 입력 커서를 두고 F4 를 눌러 절대 참조를 걸어줄게요.

	A	B	C	D	E	F	G	H	I
1									
2	[단가 조정]								
3		상품명	판매 수량	현재 단가	조정 단가	현재 매출	예상 매출		인상률
4		A	210	2,200	2,420	=D4*$C$4	5324000		10%
5		B	850	1,100	1,210				
6		C	550	1,200	1,320	660000			
7		D	120	2,000	2,200	240000			
8		E	30	2,800	3,080	84000			
9		F	750	1,100	1,210	825000			
10		G	170	2,900	3,190	493000			
11		H	300	2,400	2,640	720000			
12		I	600	1,000	1,100	600000			
13		J	500	2,900	3,190	1450000			
14		K	840	1,500	1,650	1260000			

07 생각해봅시다. [C4] 셀을 절대 참조하면 C열도 고정하고($C) 4행도 고정합니다($4). 그런데 우리가 고정하고자 하는 건 C열(판매 수량)이지 4행은 아니거든요. [F4] 셀부터 [F14] 셀까지 같은 수식을 재사용함으로써 현재 매출을 구하고, 같은 수식을 [G4] 셀부터 [G14] 셀에서도 또 한 번 재사용하려는 거예요. 그러면 수식에서 참조하는 위치가 항상 4행으로 고정되어서는 안 되겠죠.

08 이때는 F4 를 한 번 더 눌러줍니다. 그러면 $C$4가 C$4로 바뀌면서 4행만 고정이 됩니다. 우리가 원하는 건 반대였죠? 수식이 옮겨가도 C열은 고정하고 참조하는 행만 따라서 움직이길 바라는 상황입니다.

	A	B	C	D	E	F	G	H	I
1									
2	[단가 조정]								
3		상품명	판매 수량	현재 단가	조정 단가	현재 매출	예상 매출		인상률
4		A	210	2,200	2,420	=D4*C$4	5324000		10%
5		B	850	1,100	1,210				
6		C	550	1,200	1,320	660000			
7		D	120	2,000	2,200	240000			
8		E	30	2,800	3,080	84000			
9		F	750	1,100	1,210	825000			
10		G	170	2,900	3,190	493000			
11		H	300	2,400	2,640	720000			
12		I	600	1,000	1,100	600000			
13		J	500	2,900	3,190	1450000			
14		K	840	1,500	1,650	1260000			

09 이어서 F4 를 한 번 더 눌러줍니다. $C4 형태로 변하면서 4행은 고정이 풀리고 C열만 고정이 됩니다. 이제 바라던 대로 C열만 고정됐으니 Enter 를 쳐서 수식을 적용합니다.

10 이제 [F4] 셀의 채우기 핸들을 더블클릭해 F열에 자동 채우기를 해줍니다. '현재 매출' 값이 정상적으로 구해집니다.

11 이번엔 [F4] 셀의 채우기 핸들을 [G4] 셀까지 드래그해줍니다. 우선 첫 번째 예상 매출 값까지는 잘 나오네요.

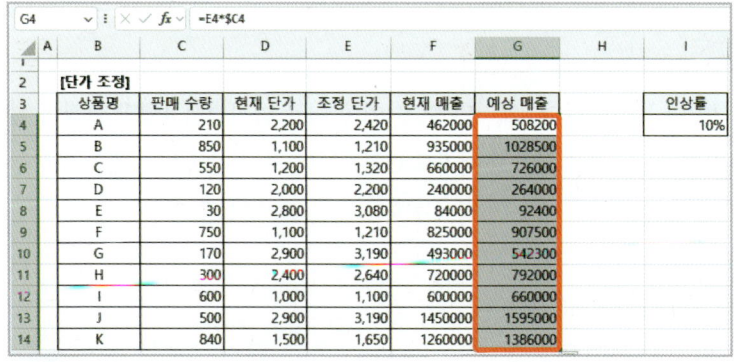

12 이어서 [G4] 셀의 채우기 핸들을 더블클릭해 G열에 같은 수식을 마저 채워줍니다. 예상 매출 값이 전체적으로 잘 구해진 것을 확인할 수 있어요.

	A	B	C	D	E	F	G	H	I
1									
2		[단가 조정]							
3		상품명	판매 수량	현재 단가	조정 단가	현재 매출	예상 매출		인상률
4		A	210	2,200	2,420	462000	508200		10%
5		B	850	1,100	1,210	935000	1028500		
6		C	550	1,200	1,320	660000	726000		
7		D	120	2,000	2,200	240000	264000		
8		E	30	2,800	3,080	84000	92400		
9		F	750	1,100	1,210	825000	907500		
10		G	170	2,900	3,190	493000	542300		
11		H	300	2,400	2,640	720000	792000		
12		I	600	1,000	1,100	600000	660000		
13		J	500	2,900	3,190	1450000	1595000		
14		K	840	1,500	1,650	1260000	1386000		

> **공여사 TIP**
>
> 이번에도 [F4:G14] 범위를 드래그해 지정하고 Ctrl + Shift + 1 을 눌러 천 단위로 구분해 표를 보기 좋게 완성해보세요.

지금까지 절대 참조(feat. 혼합 참조)의 개념을 살펴봤습니다. 우리가 이어서 배울 함수를 쓸 때도, 뒤에서 챗GPT를 활용해 엑셀 문제를 해결할 때도 참조의 활용은 계속해서 등장할 테니 이 개념을 꼭 기억해주세요.

> 궁금하실까봐 준비했어요!

상대 참조, 절대 참조, 혼합 참조

이번 실습에서 혼합 참조의 개념까지 알아봤어요. 셀의 수식을 복사해 다른 셀에 붙여넣었을 때 참조하고 있던 셀의 위치가 바뀌면 '상대 참조', 바뀌지 않으면 '절대 참조', 행/열 중 하나만 바뀌면 '혼합 참조'라고 부릅니다. 셀 참조 방식을 변경하려면 이번 실습에서 했던 것처럼 해당 셀 위치에 커서를 두고 F4 를 눌러주면 되는데요. 수식을 입력할 때 처음부터 셀 선택 후에 바로 F4 를 눌러줘도 됩니다. 물론 행과 열 앞에 $ 기호를 직접 입력해도 되고요.

A1처럼 아무것도 걸려 있지 않은 기본 상태(=상대 참조)에서 F4 를 누르면 절대 참조($A$1)로 바뀌고, 절대 참조에서 F4 를 누르면 행이 고정된 혼합 참조(A$1)로 바뀌며, 다시 한번 F4 를 누르면 열이 고정된 혼합 참조($A1)로 바뀝니다. 열 고정 혼합 참조에서 F4 를 누르면 다시 처음으로 돌아가는 순환 구조예요. 이 순서는 F4 를 누를 때마다 즉각적으로 눈에 보이는 모습이라 굳이 외울 필요는 없습니다.

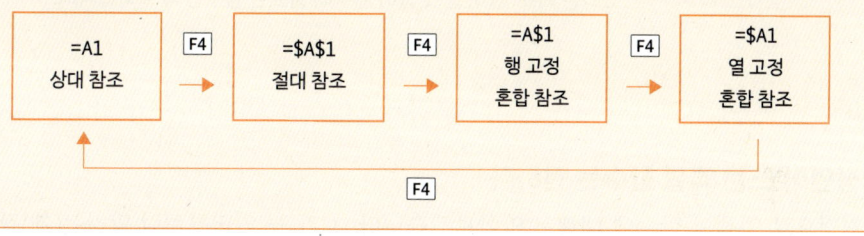

02 최소한의 엑셀 상식⑤ : 숫자를 다루는 함수들

NO PAIN, YES GAIN! 이번에는 우리가 엑셀을 할 때 반드시 알고 있어야 하는 기본 함수들을 배울 거예요. 그중에서도 숫자를 다루는 함수들인데요. 버전에 따라 다르지만 엑셀에는 함수가 500여 개 제공된다고 해요. 너무 많죠? 하지만 걱정할 필요가 없는 게, 우리가 회사에서 다루게 될 엑셀 데이터는 너무 뻔해서 쓰는 함수는 거기서 거기예요. 맨날 쓰는 함수가 다 정해져 있다는 거죠. 돌아갈 것 없이 실무에 필요한 함수만 딱 알아봅시다.

직장인이 쓰는 엑셀 함수는 뻔하다

본격적으로 엑셀의 함수에 대해서 알아보겠습니다. 제가 늘 입버릇처럼 말하는 게 직장인 엑셀은 너무 뻔해서 맨날 쓰는 함수와 기능 몇 개만 알아둬도 회사에서 만나는 엑셀 문제의 80%는 해결할 수 있다는 건데요. 앞서 여러 번 말했듯 나머지 20%의 특별한 상황은 우리가 PART 02에서 배우게 될 챗GPT를 활용하면 어렵지 않게 해결할 수 있어요. 즉, 20%의 특별한 상황을 위해 엑셀이 제공하는 함수를 모두 알 필요가 없다는 겁니다.

회사에서 다루는 엑셀 데이터는 숫자 데이터, 텍스트 데이터, 날짜/시간 데이터 3가지밖에 없어요. 그래서 이번 CHAPTER에서는 숫자, 텍스트, 날짜/시간 데이터들을 다루는 기본 함수들을 배워보려고 합니다.

이 책은 직장인을 위한 책이지만 회사 자료만 가지고 실습하면 재미없으니까 이번에는 PT샵 정산표를 가지고 숫자를 다루는 기본 함수를 익혀볼게요. 사실 PT샵 정산표지만 회사에서 쓰는 정산표와 동일해요.

그럼 이제 본론으로 들어가서 진짜 기본이 되는 숫자를 다루는 엑셀 함수들을 하나하나 살펴보겠습니다.

> **공여사 TIP**
>
> 아래부터 이어지는 실습은 기본 함수.xlsx 예제 파일 하나를 가지고 쭉쭉 이어서 진행하면 됩니다.

공여사와 무작정 풀어보기

합계를 구하는 SUM 함수 익히기
예제 파일 : PA01/CH02/02_기본 함수.xlsx

01 먼저 합계입니다. 합계를 구하는 SUM 함수는 앞서 CHAPTER 01에서 봐서 익숙하죠? 이름만 들어도 마치 더할 것 같은!, 익숙하고 반가운 SUM 함수로 '정산 금액'의 합계를 구해볼게요.

02 예제 파일의 [K4] 셀에 **=SUM(F4:F14)**를 입력하고 `Enter`를 치면 정산 금액의 합계가 구해집니다. 21,788,000원이라는 결과가 나왔네요.

> **공여사 TIP**
>
> F4:F14 범위를 지정할 땐 키보드로 일일이 입력하지 않고 마우스로 드래그해서 선택하면 편하다는 걸 잊지 말아주세요.

A	B	C	D	E	F	G	H	I	J	K
	[PT샵 정산표]			단가*횟수	수업료*40%			[기본 함수]		
	코치명	회당 단가	수업 횟수	수업료	정산 금액	순위		연산	함수	결과
	김영수	50,000	33	1,650,000	660,000	11		합계	SUM	21,788,000
	박지영	60,000	118	7,080,000	2,832,000	2		개수	COUNTA	
	이준호	70,000	52	3,640,000	1,456,000	7		숫자개수	COUNT	
	정혜진	50,000	64	3,200,000	1,280,000	8		평균	AVERAGE	
	최민호	60,000	39	2,340,000	936,000	10				
	유진우	70,000	112	7,840,000	3,136,000	1		[부분 집계]		
	김민지	50,000	118	5,900,000	2,360,000	6		연산	함수	결과
	이지훈	60,000	43	2,580,000	1,032,000	9		합계	SUBTOTAL	
	한지수	60,000	118	7,080,000	2,832,000	2		개수	SUBTOTAL	
	송준호	70,000	87	6,090,000	2,436,000	5		숫자개수	SUBTOTAL	
	오유미	70,000	101	7,070,000	2,828,000	4		평균	SUBTOTAL	

개수를 세는 COUNTA 함수 익히기

> 공여사와 무작정 풀어보기

예제 파일 : PA01/CH02/02_기본 함수.xlsx

01 다음은 개수입니다. 만약 코치가 몇 명인지 궁금하다면 값이 채워진 셀의 개수를 세어주는 COUNTA 함수를 사용하면 됩니다. 이 함수는 지정된 범위에서 채워져 있는(=비어 있지 않은) 셀의 개수를 구하는 함수입니다. 이어서 배울 COUNT 함수는 숫자 셀의 개수만 세지만 COUNTA 함수는 텍스트가 포함된 데이터도 세어주기 때문에 COUNT 함수보다 활용성이 더 높은 함수예요.

02 코치가 총 몇 명인지 세기 위해 [K5] 셀에 **=COUNTA(B4:B14)**를 입력하고 Enter 를 칩니다. 코치가 11명이라는 결과가 나왔네요.

A	B	C	D	E	F	G	H	I	J	K
1										
2	[PT샵 정산표]			단가*횟수	수업료*40%			[기본 함수]		
3	코치명	회당 단가	수업 횟수	수업료	정산 금액	순위		연산	함수	결과
4	김영수	50,000	33	1,650,000	660,000	11		합계	SUM	21,788,000
5	박지영	60,000	118	7,080,000	2,832,000	2		개수	COUNTA	11
6	이준호	70,000	52	3,640,000	1,456,000	7		숫자개수	COUNT	
7	정혜진	50,000	64	3,200,000	1,280,000	8		평균	AVERAGE	
8	최민호	60,000	39	2,340,000	936,000	10				
9	유진우	70,000	112	7,840,000	3,136,000	1		[부분 집계]		
10	김민지	50,000	118	5,900,000	2,360,000	6		연산	함수	결과
11	이지훈	60,000	43	2,580,000	1,032,000	9		합계	SUBTOTAL	
12	한지수	60,000	118	7,080,000	2,832,000	2		개수	SUBTOTAL	
13	송준호	70,000	87	6,090,000	2,436,000	5		숫자개수	SUBTOTAL	
14	오유미	70,000	101	7,070,000	2,828,000	4		평균	SUBTOTAL	

숫자 개수를 세는 COUNT 함수 익히기

> 공여사와 무작정 풀어보기

예제 파일 : PA01/CH02/02_기본 함수.xlsx

01 다음은 숫자 셀의 개수를 세는 함수입니다. 앞서 설명한 것처럼 COUNTA와 다르게 COUNT 함수는 숫자값이 입력된 셀만 세어줍니다. 즉, 선택한 범위에서 텍스트가 들어 있는 셀은 쏙 빼고 세어줘요.

02 '회당 단가'가 입력된 C열에서 숫자값이 채워진 셀의 개수를 세기 위해 [K6] 셀에 **=COUNT(C:C)**를 입력하고 Enter 를 치면 결과가 구해집니다. C열에는 숫자값이 11개 있다는 결과가 나왔네요.

	A	B	C	D	E	F	G	H	I	J	K
1											
2		[PT샵 정산표]			단가*횟수	수업료*40%			[기본 함수]		
3		코치명	회당 단가	수업 횟수	수업료	정산 금액	순위		연산	함수	결과
4		김영수	50,000	33	1,650,000	660,000	11		합계	SUM	21,788,000
5		박지영	60,000	118	7,080,000	2,832,000	2		개수	COUNTA	11
6		이준호	70,000	52	3,640,000	1,456,000	7		숫자개수	COUNT	11
7		정혜진	50,000	64	3,200,000	1,280,000	8		평균	AVERAGE	
8		최민호	60,000	39	2,340,000	936,000	10				
9		유진우	70,000	112	7,840,000	3,136,000	1		[부분 집계]		
10		김민지	50,000	118	5,900,000	2,360,000	6		연산	함수	결과
11		이지훈	60,000	43	2,580,000	1,032,000	9		합계	SUBTOTAL	
12		한지수	60,000	118	7,080,000	2,832,000	2		개수	SUBTOTAL	
13		송준호	70,000	87	6,090,000	2,436,000	5		숫자개수	SUBTOTAL	
14		오유미	70,000	101	7,070,000	2,828,000	4		평균	SUBTOTAL	

 공여사 TIP

이번 수식에서는 C열 전체를 범위(C:C)로 지정해봤어요. [C3] 셀의 '회당 단가'는 텍스트 데이터이기 때문에, COUNT 함수가 이 부분을 제외하고 숫자값이 있는 셀 11개를 세어준 건데요. 범위를 섬세하게 지정하는 것보다 C열로 한번에 통쳐서 지정하면 업무 효율이 오르겠죠?

공여사와 무작정 풀어보기

평균을 구하는 AVERAGE 함수 익히기

예제 파일 : PA01/CH02/02_기본 함수.xlsx

01 다음은 평균입니다. 평균을 구하는 AVERAGE 함수로 F열 '정산 금액'의 평균값을 구해볼게요.

02 평균을 구하기 위해 [K7] 셀에 **=AVERAGE(F4:F14)**를 입력하고 Enter 를 치면 결과가 구해집니다. 평균으로 1,980,727원이라는 결과가 나왔네요.

	A	B	C	D	E	F	G	H	I	J	K
1											
2		[PT샵 정산표]			단가*횟수	수업료*40%			[기본함수]		
3		코치명	회당 단가	수업 횟수	수업료	정산 금액	순위		연산	함수	결과
4		김영수	50,000	33	1,650,000	660,000	11		합계	SUM	21,788,000
5		박지영	60,000	118	7,080,000	2,832,000	2		개수	COUNTA	11
6		이준호	70,000	52	3,640,000	1,456,000	7		숫자개수	COUNT	11
7		정혜진	50,000	64	3,200,000	1,280,000	8		평균	AVERAGE	1,980,727
8		최민호	60,000	39	2,340,000	936,000	10				
9		유진우	70,000	112	7,840,000	3,136,000	1		[부분집계]		
10		김민지	50,000	118	5,900,000	2,360,000	6		연산	함수	결과
11		이지훈	60,000	43	2,580,000	1,032,000	9		합계	SUBTOTAL	
12		한지수	60,000	118	7,080,000	2,832,000	2		개수	SUBTOTAL	
13		송준호	70,000	87	6,090,000	2,436,000	5		숫자개수	SUBTOTAL	
14		오유미	70,000	101	7,070,000	2,828,000	4		평균	SUBTOTAL	

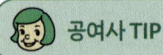

> **공여사 TIP**
>
> 선택한 범위 안에 텍스트 셀이 들어 있어도 AVERAGE 함수는 숫자 셀만 취급하고 계산해줘요. 따라서 앞서 사용한 수식에서 범위를 F4:F14가 아니라 F열 전체(F:F)로 지정해도 평균은 동일하게 1,980,727로 구해집니다.

공여사와 무작정 풀어보기 >> 화면에 보이는 셀만 집계하는 SUBTOTAL 함수 익히기

예제 파일 : PA01/CH02/02_기본 함수.xlsx

여기서 재밌는 함수 하나를 알고 갈게요. 화면에 보이는 셀만 집계하는 SUBTOTAL 함수인데요. 자주 쓰는 함수는 아니지만, 나름 요긴하게 쓰는 실무 상황들이 있어서 이참에 알아두면 좋습니다.

01 실무를 하다 보면 원하는 데이터만 걸러 보기 위해 필터를 자주 쓰는데요. 데이터 영역 내의 아무 셀이나 하나 선택하고 Ctrl + Shift + L 을 누르면 해당 테이블의 첫 번째 행에 필터가 일괄로 적용됩니다.

02 이 테이블에서 단가가 50,000원인 코치들의 실적을 보고 싶으면 [회당 단가] 열([C3] 셀)에서 펼침 버튼을 눌러주세요. 이어서 [(모두 선택)]을 클릭해 모두 선택을 취소한 다음 [50,000]을 선택하고 [확인]을 누릅니다.

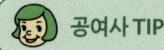

> **공여사 TIP**
> 자동 필터로 일부 항목만 선택하면 테이블이 접히면서 옆에 있는 테이블이 숨겨질 수 있어요. 따라서 **02** 과정을 진행하기 전에 실습 파일에서 [부분 집계]가 있는 부분인 [I9:K14] 범위를 드래그한 후 Ctrl + X 를 눌러 잘라내기 합니다. 이어서 [I16] 셀을 선택하고 Ctrl + V 를 눌러 잘라내기 한 내용을 붙여넣기 해줍니다.

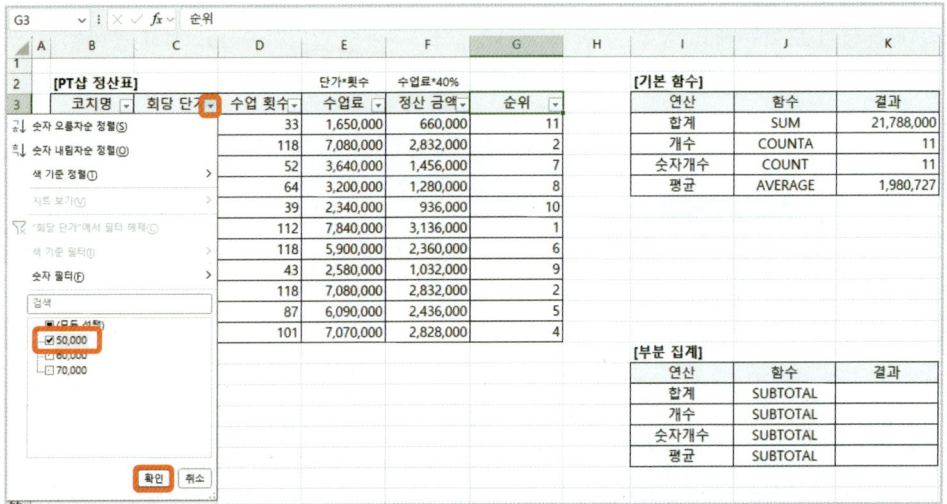

03 이제 회당 단가가 50,000원인 트레이너의 데이터만 보여집니다.

CHAPTER 02 엑셀이랑 조금 더 친해져봐요 **73**

04 지금 우리 눈에 보이는 해당 영역에 대해서만 집계를 하고 싶을 때 쓰는 게 바로 SUBTOTAL 함수입니다.

05 먼저 우리 눈에 보이는 F열의 '정산 금액'을 합계로 구해볼까요? [K18] 셀을 선택한 후 등호(=)를 입력하고 **SUBTOTAL** 함수를 씁니다. 그런 다음 괄호를 열고(() 어떤 함수를 쓸지 지정합니다. 툴 팁으로 1(AVERAGE), 2(COUNT), 3(COUNTA) … 9(SUM) 등의 집계 옵션이 보이는데요. 우리는 합계(SUM) 값을 구해줄 거니까 **9**라고 적고 콤마(,)를 찍습니다.

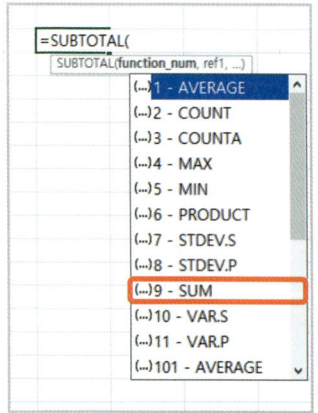

다음은 참조 영역입니다. F열 범위의 합계를 구하기 위해 F열(**F:F**)을 선택합니다. 마지막으로 괄호를 닫고()) Enter 를 치면 필터 걸린 영역에 대한 합계가 구해집니다.

계산식을 정리해보면 다음과 같습니다. 다음 계산식을 [K18] 셀에 입력하면 부분 합계를 구할 수 있는데, 결과는 4,300,000이 나오네요.

> **=SUBTOTAL(9,F:F)**

06 이번에는 눈에 보이는 영역 중 값이 채워진 셀의 개수(COUNTA)만 구해보겠습니다. [K19] 셀에 **=SUBTOTAL(3,F:F)**를 입력하고 Enter 를 칩니다. 결과로 5가 나오는 것을 확인할 수 있습니다.

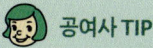

공여사 TIP

앞서 값이 채워진 셀의 개수를 세는 함수가 COUNTA라고 했죠? 이 때문에 이번 SUBTOTAL에서 집계 옵션을 COUNTA에 해당하는 3으로 바꿔준 겁니다(**05** 과정 참고). 만약 필터 걸린 영역에서 숫자 셀의 개수를 셀 때는 집계 옵션을 COUNT에 해당하는 2로, 평균을 구할 때는 AVERAGE에 해당하는 1로 바꿔주면 되겠죠?

07 이어서 필터 걸린 영역에 대해 '숫자 셀의 개수'와 '정산 금액의 평균'을 구하려면 [K20] 셀, [K21] 셀에 각각 **=SUBTOTAL(2,F:F)**, **=SUBTOTAL(1,F:F)**를 입력해주세요. 회당 단가가 50,000원인 트레이너가 몇 명인지(숫자 셀의 개수), 그들의 정산 금액 평균은 얼마인지 구할 수 있습니다.

공여사 TIP

만약 회당 단가가 70,000원인 트레이너들의 통계를 보고 싶다면, [회당 단가] 열에서 펼침 버튼 ▼을 눌러 70,000에만 필터를 걸어줍니다. 그러면 부분 집계 값도 자동으로 변경돼요. PT샵 대표가 트레이너들을 모아놓고 다 같이 회의하는 자리에서 이런 엑셀 파일을 띄워놓고 필터 걸어가며 부분 집계 값을 살펴보는 상황에서 매우 유용하겠죠?

지금까지 실무 엑셀에서 자주 쓰게 될 '숫자'를 다루는 기본 함수들을 알아봤어요. SUM, COUNTA, COUNT, AVERAGE와 같은 집계 함수 외에도 필터 걸린 영역에 대해서만 부분 집계 값을 구해주는 SUBTOTAL 함수까지 알아봤습니다. 숫자를 다루는 기본 함수들을 다음 페이지에 표로 싹 정리해두었으니 잘 참고하여 업무에 활용해주세요.

▶ 숫자를 다루는 함수들

함수	설명	사용 예
SUM	범위 내 숫자 셀에 대한 합계를 구합니다.	=SUM(A1:A15)
COUNTA	범위 내 값이 채워진 셀의 개수를 구합니다.	=COUNTA(A1:A15)
COUNT	범위 내 숫자 셀의 개수를 구합니다.	=COUNT(A1:A15)
AVERAGE	범위 내 숫자 셀에 대한 평균을 구합니다.	=AVERAGE(A1:A15)
SUBTOTAL	범위 내의 화면에 표시된 셀만 지정한 함수 번호로 집계한 값을 구합니다.	=SUBTOTAL(1,A1:A15)

 궁금하실까봐 준비했어요!

모르면 뻘쭘할 수 있으니까 알려드리는 RANK 함수

이번에 실습한 파일을 잘 보면 G열에 코치들의 '순위' 값이 구해져 있는 걸 알 수 있어요. 순위는 RANK 함수를 이용해 구할 수 있는데요. RANK 함수는 업무에 필수까지는 아니지만, 많은 사람이 알고 있어 나만 모르면 뻘쭘할 수 있으니 간단히 알아볼게요.

앞선 실습 파일에서 G열의 '순위' 값이 비어 있다고 생각하고 RANK 함수를 이용해 순위를 구해보겠습니다.

01 [G4] 셀을 선택한 후 등호(=)를 입력하고 RANK 함수를 씁니다. 그런 다음 괄호를 열고(() 순위를 구할 숫자의 기준을 지정합니다. 우리는 정산 금액을 기준으로 순위를 구해야 하므로 F4를 입력하고 콤마(,)를 찍습니다.

다음은 참조 영역입니다. [F4] 셀에서 [F14] 셀에 있는 값들을 범위로 순위를 구해야 하므로 F4:F14를 입력하고 콤마(,)를 찍습니다. 마지막으로 오름차순이냐 내림차순이냐를 정해줍니다. 우리는 위에서부터 셀 거니까 내림차순을 하면 되겠죠. 높은 숫자부터 내려오면서 순위를 매길 수 있도록 내림차순을 의미하는 0을 적어준 후 괄호를 닫고()) Enter 를 치면 순위가 구해집니다.

계산식을 정리해보면 다음과 같습니다. 다음 계산식을 [G4] 셀에 입력하면 순위를 구할 수 있습니다. 김영수 코치는 정산 금액으로 660,000원을 받고 11위를 했네요.

=RANK(F4,F4:F14,0)

02 입력한 수식을 붙여넣기 하기 전에 생각해봅시다. =RANK(F4,F4:F14,0) 수식에서 바뀌면 안 되는 부분은 어디일까요? 바로 F4:F14 부분입니다. [G4] 셀을 더블클릭한 후 F4:F14 부분을 마우스로 드래그하고 F4 를 눌러 앞서 58페이지에서 배운 절대 참조를 적용합니다.

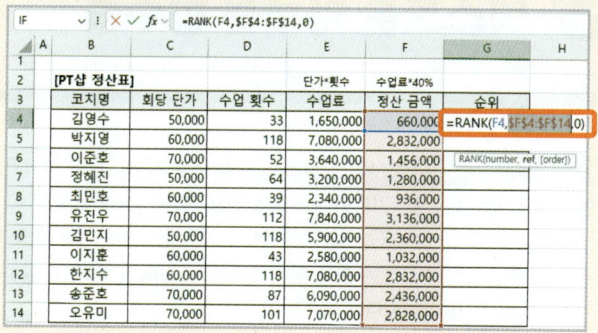

03 Enter 를 쳐서 수식을 입력하고 [G4] 셀의 채우기 핸들을 더블클릭해 수식을 복사하면 순위가 모두 구해집니다.

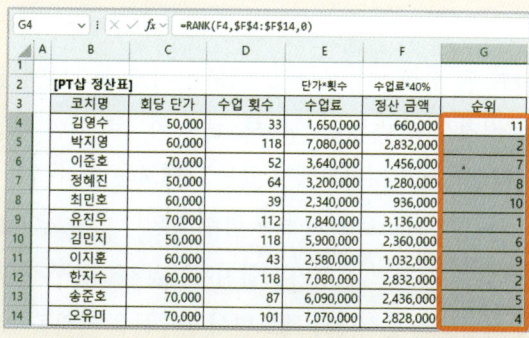

이상으로 RANK 함수까지 추가로 알아봤습니다. RANK 함수는 실무에서 자주 쓰는 함수는 아니지만 줄 세우는 작업이 필요할 때 종종 사용하니 참고해주세요.

03 최소한의 엑셀 상식 ⑥ : 텍스트를 다루는 함수들

NO PAIN, YES GAIN! 회사에서 일하다 보면 너무 지저분해서 처리하기 곤란한 텍스트 데이터들을 많이 만나게 되는데요. 이번에는 텍스트를 다루는 엑셀 기본 함수들을 살펴볼게요. 앞서 살펴본 숫자를 다루는 함수들과 마찬가지로 맨날 쓰는 텍스트 함수들도 실무에서는 다 정해져 있으니, 실무에 필요한 함수들만 딱 알아봅시다.

지저분한 텍스트에 쫄지 말자

우리가 직장에서 텍스트 데이터를 다룰 때 겪게 되는 문제는 대부분 사내 시스템에서 내려받은 데이터를 아무런 가공 작업을 거치지 않고 있는 그대로, 날로 먹으려 해서 발생하는 거예요. 텍스트 데이터는 워낙 자유도가 높고 지저분해서 있는 그대로는 쓸 수 없어요. 반드시 우리 입맛에 맞게 가공해줘야 하는데, 텍스트를 다루는 함수가 워낙 다양하다 보니 지레 겁부터 먹게 됩니다. 텍스트를 다루는 함수는 '쪼개기', '합치기', '찾기', '바꾸기' 딱 4가지만 기억하면 됩니다. 지금부터 이 작업들을 순서대로 해보면서 함수들을 익혀볼게요.

> **공여사 TIP**
>
> 이어지는 실습은 기본 함수(텍스트).xlsx 예제 파일 하나를 가지고 쭉쭉 이어서 진행하면 됩니다.

텍스트를 '쪼개는' 함수 익히기
예제 파일 : PA01/CH02/03_기본 함수(텍스트).xlsx

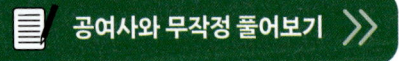

01 예제 파일을 열고 먼저 '텍스트 쪼개기' 함수들을 알아보겠습니다. LEFT 함수부터 살펴볼 건데요. LEFT 함수는 말 그대로 왼쪽의 특정 글자들을 잘라서 가져오는 함수예요. 정확하게는 왼쪽 N글자를 가져오는 함수죠.

02 [D3] 셀을 보면 '서울시 강남구'라는 값이 있습니다. 텍스트로 된 주소 데이터는 보통 시군구, 읍면동 단위로 쪼개는데요. 이번에는 '서울시'라는 값만 가져와볼게요.

	A	B	C	D	E
1					
2		구분	함수	값	결과
3		쪼개기	LEFT	서울시 강남구	
4			RIGHT	173cm	
5			MID	970520-1234567	
6			LEN	가나다 abc	

03 [E3] 셀을 클릭한 후 등호(=)를 입력하고 **LEFT** 함수를 씁니다. 그런 다음 괄호를 열면 (()) `LEFT(text, [num_chars])`라는 툴 팁이 뜨는데요. 불러올 텍스트 셀(**D3**)을 지정한 후 콤마(,)를 찍습니다. 그다음 characters의 number, 즉 왼쪽에서 불러올 문자의 개수를 적어요. 왼쪽 세 글자를 따오기 위해 **3**을 적은 다음 괄호를 닫고()) Enter 를 칩니다.

수식을 정리하면 다음과 같습니다. 다음 수식을 [E3] 셀에 입력하면 '서울시'가 나옵니다.

```
=LEFT(D3,3)
```

	A	B	C	D	E
1					
2		구분	함수	값	결과
3		쪼개기	LEFT	서울시 강남구	서울시
4			RIGHT	173cm	
5			MID	970520-1234567	
6			LEN	가나다 abc	

> 🧑‍💼 **공여사 TIP**
>
> 엑셀에는 사용할 함수를 쓰고 괄호를 열면 '툴 팁'이 표시돼요. 어떤 인수를 작성해나가면 되는지 알려주는 요소인데요. 앞서 SUBTOTAL 함수를 쓸 때도 툴 팁의 도움을 받았었죠. 이렇게 툴 팁이 나오기 때문에 엑셀 함수의 인수를 하나하나 외울 필요가 전혀 없어요. 실무에서 함수를 쓸 때 툴 팁을 참고하며 업무를 진행하면 편하답니다.
>
> 나아가 엑셀에는 자동 완성 기능이 있어 수식을 입력할 때 굳이 괄호를 닫지 않아도 Enter 를 치면 웬만한 수식은 알아서 입력돼요. 예를 들어 **=LEFT(D3,3**까지 입력하고 Enter 를 치면 괄호 닫기())가 자동으로 들어가 수식이 완성돼요. 따라서 간단한 수식을 입력할 때는 괄호를 마저 닫지 않고 바로 Enter 를 쳐도 됩니다.

04 이번에는 RIGHT 함수입니다. 오른쪽 글자를 불러오는 함수라는 느낌이 오죠? [D4] 셀의 '173cm'에서 뒷부분의 'cm'라는 값만 가져와볼게요. [D4] 셀에서 오른쪽 두 글자를 따오기 위해 다음 수식을 [E4] 셀에 입력해줍니다. 'cm'라는 값이 나옵니다.

=RIGHT(D4,2)

구분	함수	값	결과
쪼개기	LEFT	서울시 강남구	서울시
	RIGHT	173cm	cm
	MID	970520-1234567	
	LEN	가나다 abc	

05 이번에는 MID 함수입니다. 중간에 있는 글자를 따오는 함수인데요. [D5] 셀을 보면 주민등록번호가 있습니다. 왼쪽 여섯 자리는 생년월일이고, 일곱 번째 자리는 하이픈, 여덟 번째가 성별을 뜻하는 값이죠. 따라서 이 값으로부터 성별을 구하려면 중간에 있는 값을 따와야 합니다.

06 [E5] 셀을 클릭한 후 등호(=)를 입력하고 MID 함수를 씁니다. 그런 다음 괄호를 열면 (()) MID(text, start_num, num_chars) 라는 툴 팁이 뜨는데요. 불러올 텍스트 셀(D5)을 지정한 후 콤마(,) 8 콤마(,) 1을 순서대로 적어준 다음 괄호를 닫고()) Enter 를 칩니다. 8번째 글자부터 1글자를 불러오겠다는 뜻이에요.

수식을 정리하면 다음과 같습니다. 다음 수식을 [E5] 셀에 입력하면 성별에 해당하는 여덟 번째 글자인 '1'이 나와요.

=MID(D5,8,1)

구분	함수	값	결과
쪼개기	LEFT	서울시 강남구	서울시
	RIGHT	173cm	cm
	MID	970520-1234567	1
	LEN	가나다 abc	

07 이번에는 LEN 함수입니다. Length의 줄임말로, 셀에 든 텍스트의 길이를 구해주는 함수인데요. [D6] 셀을 보면 '가나다 abc'라는 값이 있습니다. 다음 수식을 [E6] 셀에 입력하고 Enter 를 치면 '7'이라는 값이 나와요. [D6] 셀에 문자가 7개 있다는 뜻이에요.

```
=LEN(D6)
```

구분	함수	값	결과
쪼개기	LEFT	서울시 강남구	서울시
	RIGHT	173cm	cm
	MID	970520-1234567	1
	LEN	가나다 abc	7

> **공여사 TIP**
>
> 언뜻 보면 [D6] 셀에 '가나다', 'abc'가 있으니 6이 나올 것 같은데 7이 나왔죠? LEN 함수는 띄어쓰기로 사용된 공백도 하나의 문자로 취급합니다.

지금까지 텍스트 데이터를 쪼개는 함수들을 알아봤는데요. 다음으로 여러 텍스트를 하나로 합치는 함수들을 알아볼게요.

공여사와 무작정 풀어보기

텍스트를 '합치는' 함수 익히기
예제 파일 : PA01/CH02/03_기본 함수(텍스트).xlsx

01 먼저 CONCATENATE 함수입니다. 여러 텍스트를 하나로 합쳐서 표현하고자 할 때 쓰는 함수인데요. [D7:D9] 범위에 흩어져 있는 '서울시', '강남구', '역삼동'을 [E7] 셀에 하나로 합쳐볼게요.

02 [E7] 셀을 클릭한 후 등호(=)를 입력하고 CONCATENATE 함수를 씁니다. 그런 다음 괄호를 열면(() CONCATENATE(text1, [text2], ...) 라는 툴 팁이 나오는데요. 인수로 결합할 텍스트를 하나씩 적어주면 되겠죠? 우리는 셀 안에 든 값을 불러오기 위해 각 셀을 하나씩 마우스로 선택하면서 사이사이에 콤마(,)를 찍어줍니다. **D7,D8,D9**라고 입력됐다면 마지막으로 괄호를 닫고()) Enter 를 칩니다.

수식을 정리하면 다음과 같습니다. 다음 수식을 [E7] 셀에 입력하면 각 텍스트가 하나로 결합된 것을 볼 수 있어요.

=CONCATENATE(D7,D8,D9)

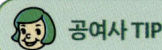 공여사 TIP

CONCATENATE 함수는 꽤 길죠? concate까지 입력하면 같은 문자로 시작하는 함수가 하나밖에 안 남는데요. Tab 을 누르면 함수가 자동으로 입력돼요.

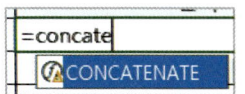

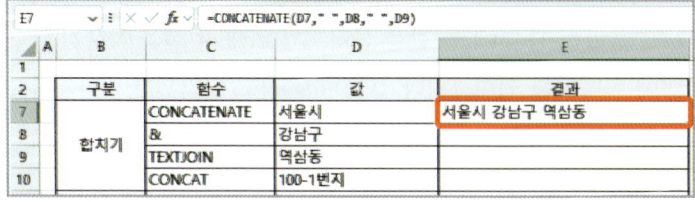

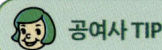 공여사 TIP

앞서 실습한 3~6행은 숨기기 처리를 해줬어요. 좌측의 행 번호 영역에서 숨기고 싶은 행을 마우스로 드래그해 선택한 다음 마우스 우클릭-[숨기기]를 누르면 선택한 행이 숨김 처리돼요. 숨기기를 취소할 때는 숨겨진 행을 마우스 우클릭하고 [숨기기 취소]를 해주면 됩니다. 사실 실무에서는 숨기기를 하는 경우가 많지 않지만 행을 숨길 수 있다는 점도 참고해주세요.

03 원하는 값들이 잘 합쳐졌지만 띄어쓰기가 없어 어색하죠? 이럴 때는 [E7] 셀의 수식을 다음과 같이 수정해주세요.

=CONCATENATE(D7," ",D8," ",D9)

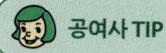
공여사 TIP

이처럼 텍스트가 들어 있는 셀을 참조해서 그 안에 든 텍스트를 불러오는 것 외에도, 큰따옴표("")
안에 직접 텍스트를 입력해서 넣어줄 수 있는데요. 만약에 [D7] 셀에 '서울시'라는 값이 들어 있지
않다면 =CONCATENATE("서울시"," ",D8," ",D9)와 같이 수식을 수정할 수 있을 거예요.

04 CONCATENATE 함수가 복잡하게 느껴지나요? 이 함수와 동일한 결과를 주는 기능이 있어요. 연결 연산자 '&'인데요. 방법은 간단합니다. 합치고 싶은 값이 있는 셀들을 &으로 연결만 해주면 돼요. [E8] 셀에 다음 수식을 입력하면 '서울시강남구역삼동'이 결과로 나옵니다.

> =D7&D8&D9

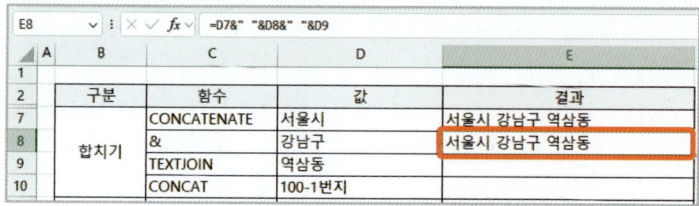

05 이번에도 띄어쓰기를 넣어줘야겠죠? [E8] 셀의 수식을 다음과 같이 수정해볼게요.

> =D7&" "&D8&" "&D9

실무에서는 텍스트를 하나로 합칠 때 CONCATENATE 함수와 & 연산자를 가장 많이 쓰는데요. 직관적이고 쓰기 쉽다는 장점이 있지만 텍스트 간에 띄어쓰기나 콤마, 슬래시 등의 기호를 반복적으로 넣는다고 했을 땐 수식 작성이 까다로워집니다. 이런 경우에 쓸 수 있는 TEXTJOIN 함수까지 알아볼게요.

TEXTJOIN 함수는 텍스트를 합쳐주되, 텍스트 사이에 공통으로 넣어줄 문자를 추가로 지정할 수 있어요. 보통은 띄어쓰기, 콤마, 슬래시 같은 구분 기호를 넣어줍니다. 게다가 CONCATENATE 함수나 & 연산자와는 다르게 합쳐줄 텍스트를 연속된 범위로 지정할 수 있다는 장점도 있어요.

> **공여사 TIP**
>
> TEXTJOIN 함수는 엑셀 2019 이상 버전에서만 쓸 수 있어요.

06 [D7] 셀부터 [D9] 셀까지 연달아 들어 있는 주소 값을 다시 하나로 합쳐볼게요. [E9] 셀을 클릭한 후 등호(=)를 입력하고 TEXTJOIN 함수를 씁니다. 그런 다음 괄호를 열면(`(`) `TEXTJOIN(delimiter, ignore_empty, text1, ...)` 라는 툴 팁이 나오는데요. 가장 먼저 delimiter(구분자)를 입력합니다. 우리는 주소 사이에 띄어쓰기를 넣고 싶으니까 " "를 입력하고 콤마(,)를 찍습니다.

ignore_empty는 말 그대로 '비어 있을 때 무시할 거냐'를 정해주는 옵션인데요. 합쳐줄 텍스트 중에 공란(빈 셀)이 있을 때까지 출력해버리면 불필요한 구분자만 달랑 남게 되니까 보통은 빈 셀은 무시하겠다는 뜻으로 TRUE를 입력합니다. 그런 다음 다시 콤마(,)를 찍고 합쳐줄 텍스트가 들어 있는 범위(D7:D9)를 지정해주세요. 마지막으로 괄호를 닫고 (`)`) Enter 를 칩니다.

수식을 정리하면 다음과 같습니다. 다음 수식을 [E9] 셀에 입력하면 CONCATENATE 함수나 & 연산자를 썼을 때와 동일한 결과가 나옵니다.

=TEXTJOIN(" ",TRUE,D7:D9)

구분	함수	값	결과
합치기	CONCATENATE	서울시	서울시 강남구 역삼동
	&	강남구	서울시 강남구 역삼동
	TEXTJOIN	역삼동	서울시 강남구 역삼동
	CONCAT	100-1번지	

마지막으로 CONCAT 함수를 알아볼게요. TEXTJOIN 함수와 마찬가지로 합쳐줄 텍스트 셀을 범위로 지정할 수 있어 간편한 함수인데요. 다만 TEXTJOIN의 delimiter, ignore_empty 인수가 없고, 합쳐줄 텍스트 범위만 딱 입력하면 된다는 장점이 있어요.

> **공여사 TIP**
>
> CONCAT 함수도 엑셀 2019 이상 버전에서만 쓸 수 있어요.

07 [E10] 셀을 클릭한 후 등호(=)를 입력하고 CONCAT 함수를 씁니다. 그런 다음 괄호를 열면(() CONCAT(text1, ...) 라는 툴 팁이 나오는데요. 하나로 합쳐줄 텍스트 셀을 선택해주면 되겠죠? 이번에도 마찬가지로 범위로 지정할게요. 마우스로 드래그해 선택(D7:D10)한 다음 괄호를 닫고()) Enter 를 칩니다.

수식을 정리하면 다음과 같습니다. 다음 수식을 [E10] 셀에 입력하면 모든 주소 값이 합쳐진 것을 확인할 수 있어요.

> =CONCAT(D7:D10)

> **공여사 TIP**
>
> 주소 사이사이에 띄어쓰기를 넣고 싶다면 CONCAT이 아닌 TEXTJOIN 함수를 써야겠죠?

지금까지 텍스트를 합치는 함수들을 알아봤습니다. 상황에 따라 필요한 함수를 쓰면 되는데, 엑셀 2019 버전 이상부터 사용 가능한 TEXTJOIN, CONCAT 함수보다는 CONCATENATE 함수나 & 연산자 활용을 추천할게요. 앞서 강조했듯 실무의 핵심은 협업인데 내가 만든 파일을 공유받는 사람의 엑셀 버전이 낮다면 TEXTJOIN, CONCAT 함수로 작업한 파일을 보는 데 문제가 생기기 때문이에요.

다음으로 텍스트를 찾는 함수들을 알아보겠습니다.

공여사와 무작정 풀어보기

텍스트를 '찾는' 함수 익히기
예제 파일 : PA01/CH02/03_기본 함수(텍스트).xlsx

01 먼저 FIND 함수입니다. FIND 함수는 셀에 저장된 데이터에서 특정 문자의 위치를 찾을 수 있는 함수예요.

02 예제 파일의 [D11:D12] 셀을 보면 '김영호/과장', '남궁민수/사원'이라고 적혀 있습니다. 여기서 직급을 빼고 이름만 불러오고 싶을 때 LEFT 함수를 쓰면 되겠죠? 그런데 왼쪽에서부터 몇 글자를 불러올지 애매합니다. 김영호는 왼쪽 세 글자, 남궁민수는 왼쪽 네 글자를 불러와야 하죠.

	A	B	C	D	E
1					
2		구분	함수	값	결과
11		찾기	FIND	김영호/과장	
12			SEARCH	남궁민수/사원	

03 하지만 괜찮습니다. 우리에겐 슬래시(/)의 위치를 구하는 FIND라는 함수가 있거든요. [D11] 셀에서는 네 번째(4), [D12] 셀에서는 다섯 번째(5)가 슬래시(/)의 위치입니다.

04 이걸 수식으로 구해볼게요. [E11] 셀에 등호(=)를 입력하고 **FIND** 함수를 씁니다. 그런 다음 괄호를 열면(() FIND(find_text, within_text, [start_num]) 라는 툴 팁이 나오는데요. 먼저 find_text 자리에는 어떤 텍스트를 찾을지 적어줍니다. 슬래시(/)라는 텍스트를 찾아줄 거니까 큰따옴표를 포함해 **"/"**라고 쓰면 되겠죠. 다음으로 within_text, 어떤 셀에 들어 있는지 적어줍니다. 왼쪽 셀(**D11**)을 선택해요. 대괄호로 된 [start_num]는 생략할 수 있으니 생략합니다. 끝으로 괄호를 닫고()) Enter 를 칩니다. 수식을 정리하면 다음과 같습니다. 다음 수식을 [E11] 셀에 입력하면 슬래시(/) 위치인 '4'라는 결과가 나옵니다.

=FIND("/",D11)

	A	B	C	D	E
E11			fx	=FIND("/",D11)		
1						
2		구분	함수	값		결과
11		찾기	FIND	김영호/과장		4

이번에는 SEARCH 함수입니다. FIND와 기능이 동일하지만, SEARCH 함수는 대소문자를 구분하지 않을 때 쓰는 함수예요. 즉, 우리가 영어를 찾을 게 아니라면 FIND 함수 하나만 익혀두면 된다는 뜻이겠죠?

05 SEARCH 함수는 FIND 함수와 인수 구성이 같기 때문에 [E12] 셀에 다음 수식을 입력하면 '5'라는 결과가 나오는 것을 확인할 수 있습니다. [E12] 셀에서 슬래시(/)가 다섯 번째(5)에 오기 때문에 이런 값을 반환해줬습니다.

=SEARCH("/",D12)

구분	함수	값	결과
찾기	FIND	김영호/과장	4
	SEARCH	남궁민수/사원	5

자, 이제 마지막으로 텍스트를 바꾸는 함수들을 알아보겠습니다.

공여사와 무작정 풀어보기

텍스트를 '바꾸는' 함수 익히기
예제 파일 : PA01/CH02/03_기본 함수(텍스트).xlsx

01 실무를 하다 보면 특정 글자를 다른 글자로 치환해야 하는 경우가 자주 생깁니다. 우리나라 주소 데이터에서 가장 흔히 볼 수 있는 케이스인, '서울특별시 강남구'의 '특별시'를 '시'로 치환하여 '서울시'로 바꿔볼게요.

02 이 작업은 SUBSTITUTE 함수를 이용합니다. [E13] 셀에 등호(=)를 입력하고 **SUBSTITUTE** 함수를 씁니다. 그런 다음 괄호를 열면(() SUBSTITUTE(text, old_text, new_text, [instance_num]) 라는 툴 팁이 나오는데요. 얼핏 보고 해석해봐도 text 중에서 old_text를 new_text로 바꿔주겠다는 함수 같죠?

먼저 값을 수정할 셀(**D13**)을 선택합니다. 그런 다음 콤마(,)를 찍고 바꾸고 싶은 값을 큰따옴표 안에 씁니다. **"특별시"** 가 되겠죠. 다시 콤마(,)를 찍고 이번에는 대체할 문자를 큰따옴표 안에 씁니다. **"시"** 가 되겠죠. 마지막 인수 [instance_num]는 생략이 가능하기 때문에 괄호를 닫고()) Enter 를 칩니다.

수식을 정리하면 다음과 같습니다. 다음 수식을 [E13] 셀에 입력하면 '서울특별시 강남구'가 '서울시 강남구'로 변경된 것을 확인할 수 있어요.

=SUBSTITUTE(D13,"특별시","시")

구분	함수	값	결과
바꾸기	SUBSTITUTE	서울특별시 강남구	서울시 강남구
	REPLACE	서울특별시 강남구	
	TRIM	서울시 강남구	

이번에는 REPLACE 함수입니다. SUBSTITUTE 함수와 기능은 비슷하지만, 사용하는 방식이 조금 다른데요. 지정한 텍스트의 N번째부터 K개 글자를 다른 값으로 바꿔주는 함수예요. 이번에는 REPLACE 함수를 활용해 마찬가지로 '서울특별시'를 '서울시'로 바꿔보겠습니다.

03 [E14] 셀에 등호(=)를 입력하고 **REPLACE** 함수를 씁니다. 그런 다음 괄호를 열면(()) REPLACE(old_text, start_num, num_chars, new_text) 라는 툴 팁이 나오는데요. 이번에는 old_text에 대해서 시작 지점(start_num)과 몇 글자를 불러올지(num_chars)를 정해주면 새 텍스트 (new_text)로 바꿔주는 모양입니다.

바꿀 텍스트가 들어 있는 기존 셀(**D14**)을 선택한 다음 콤마(,)를 찍고 몇 번째 글자부터 바꿀지 적어줍니다. '서울특별시 강남구'에서 세 번째 글자부터 바꿔줘야 하니 3을 적어요. 다시 콤마(,)를 찍고 그 위치로부터 총 몇 글자를 바꿀지 적어줄게요. '특별'이라는 두 글자를 바꿔야 하니 2를 적은 다음 콤마(,)를 찍고 바꿀 문자로 공란("")을 적습니다. 즉, '특별'이라는 글자를 없애겠단 뜻이죠. 마지막으로 괄호를 닫고()) [Enter]를 칩니다.

수식을 정리하면 다음과 같습니다. 다음 수식을 [E14] 셀에 입력하면 '서울특별시'가 '서울시'로 변경된 것을 확인할 수 있어요.

=REPLACE(D14,3,2,"")

	A	B	C	D	E
2		구분	함수	값	결과
13		바꾸기	SUBSTITUTE	서울특별시 강남구	서울시 강남구
14			REPLACE	서울특별시 강남구	서울시 강남구
15			TRIM	서울시 강남구	

이번에는 TRIM 함수입니다. 불필요한 띄어쓰기를 삭제하는 함수인데요. 실무에서 자주 쓰는 함수는 아니지만 불필요하게 삽입된 공백 문자열(띄어쓰기)이 있을 경우 깔끔하게 정돈할 때 쓰기 좋은 함수예요.

04 [D15] 셀을 보면 '서울시' 앞에 불필요한 띄어쓰기가 들어가 있고, '서울시'와 '강남구' 사이에는 띄어쓰기가 두 번 들어가 있어요. 이러면 텍스트를 찾거나 다른 텍스트로 대체할 때 결과가 제대로 안 나오는 일이 꼭 생길 거예요. 그래서 엑셀에서는 텍스트 맨 앞, 맨 뒤의 띄어쓰기는 없애주고, 텍스트 사이에 들어간 2개 이상의 띄어쓰기는 1개로 대체해주는 TRIM 함수를 제공하는 거예요.

05 [E15] 셀에 등호(=)를 입력하고 **TRIM** 함수를 씁니다. 그런 다음 괄호를 열면(() TRIM(text) 라는 툴 팁이 나오는데요. 인수 구성이 매우 간단하죠? 불필요한 공백을 없애줄 텍스트 셀인 **D15** 셀을 선택합니다. 이어서 괄호를 닫고()) Enter 를 칩니다.

수식을 정리하면 다음과 같습니다. 다음 수식을 [E15] 셀에 입력하면 신경 쓰이던 띄어쓰기가 깔끔하게 정리된 것을 확인할 수 있어요.

=TRIM(D15)

	A	B	C	D	E
2		구분	함수	값	결과
13		바꾸기	SUBSTITUTE	서울특별시 강남구	서울시 강남구
14			REPLACE	서울특별시 강남구	서울시 강남구
15			TRIM	서울시 강남구	서울시 강남구

지금까지 텍스트를 다루는 기본 함수들을 배워봤어요. 다음 페이지에 표로 정리해두었으니 잘 참고하여 업무에 활용해주세요. 13개 기본 함수 중에서도 회색으로 색칠해둔 4개를 제외한 9개 함수는 실무에서 특히 자주 쓰게 될 테니 꼭 익혀두길 바랄게요.

▶ 텍스트를 다루는 함수들

구분	함수	설명
쪼개기	LEFT	값의 왼쪽에서부터 오른쪽 방향으로 지정된 문자 개수만큼 반환합니다.
	RIGHT	값의 오른쪽에서 왼쪽 방향으로 지정된 문자 개수만큼 반환합니다.
	MID	값의 왼쪽 N번째 위치부터 지정된 문자 개수만큼 반환합니다.
	LEN	전체 텍스트의 길이(문자 개수)를 반환합니다.
합치기	CONCATENATE	인수로 입력한 모든 텍스트를 하나로 이어 붙입니다.
	&(연산자)	입력한 텍스트를 하나로 이어 붙입니다.
	TEXTJOIN	인수로 입력한 모든 텍스트를 하나로 이어 붙이되, 텍스트 사이에 쉼표(,) 슬래시(/) 등의 구분자(Delimiter)를 넣어줍니다.
	CONCAT	인수로 입력한 모든 텍스트를 하나로 이어 붙입니다(단, 범위로 지정 가능).
찾기	FIND	특정 텍스트 안에 찾는 텍스트가 몇 번째 위치에 오는지 반환합니다(영문 대소문자 구분).
	SEARCH	특정 텍스트 안에 찾는 텍스트가 몇 번째 위치에 오는지 반환합니다(영문 대소문자 구분 안 함).
바꾸기	SUBSTITUTE	특정 텍스트 안에 바꿀 텍스트를 찾아 새 텍스트로 대체합니다.
	REPLACE	특정 텍스트의 N번째 글자부터 K개 글자를 새 텍스트로 대체합니다.
	TRIM	텍스트의 불필요한 띄어쓰기를 없애줍니다(맨 앞, 맨 뒤 공백은 삭제, 중간의 2개 이상 띄어쓰기는 1개로 대체).

04 최소한의 엑셀 상식 ⑦ : 날짜와 시간을 다루는 함수들

NO PAIN, YES GAIN! 이번에는 날짜와 시간을 다루는 기본 함수들을 익혀볼게요. 다행히도 날짜, 시간에 관한 함수들은 굉장히 직관적인 편이라 기본 개념만 잘 익혀놓으면 업무에 쉽게 써먹을 수 있을 거예요.

날짜 기본 함수

날짜를 다루는 기본 함수들은 다음과 같이 정리할 수 있습니다. 어렵지 않으니 가벼운 마음으로 하나하나 살펴볼게요.

TODAY 함수

TODAY 함수는 '오늘 날짜'를 구하는 함수입니다. 셀에 **=TODAY()**를 입력하면 오늘 날짜(예를 들어 2025-01-01)가 결과로 나옵니다.

 공여사 TIP

TODAY 함수는 인수가 따로 없지만 반드시 괄호를 열고 닫아야 결과가 나온다는 점을 기억하세요.

YEAR/MONTH/DAY 함수

YEAR 함수는 '연도'를 구하는 함수입니다. [A1] 셀에 2025-01-01이라는 날짜 데이터가 입력돼 있다고 가정해볼게요. 이때 연도 값을 구할 셀에 **=YEAR(A1)**를 입력하면 2025가 결과로 나옵니다.

MONTH 함수는 '월'을 구하는 함수입니다. 마찬가지로 [A1] 셀에 2025-01-01이라는 날짜 데이터가 입력돼 있을 때 월 값을 구할 셀에 **=MONTH(A1)**를 입력하면 1이 결과로 나옵니다.

DAY 함수는 '일'을 구하는 함수입니다. [A1] 셀에 2025-01-01이라는 날짜 데이터가 입력
돼 있을 때 일 값을 구할 셀에 **=DAY(A1)**를 입력하면 1이 결과로 나옵니다.

DATE 함수

날짜를 연/월/일로 쪼갤 수 있다면 흩어져 있는 연/월/일을 합칠 수도 있겠죠? 이럴 때
DATE 함수를 씁니다. 만약 [A1] 셀에 2025 [A2] 셀에 1 [A3] 셀에 1이라는 날짜 데이터가
입력돼 있을 때 연/월/일을 구할 셀에 **=DATE(A1,A2,A3)**를 입력하면 2025-01-01이 결과
로 나옵니다.

WEEKDAY 함수

WEEKDAY 함수는 '요일'을 구하는 함수입니다. 만약 [A1] 셀에 2025-01-01이라는 날짜
데이터가 입력돼 있을 때 요일을 구할 셀에 **=WEEKDAY(A1,2)**를 입력하면 3이 결과로 나
옵니다. 2025년 1월 1일이 수요일이기 때문에 월요일부터 세 번째 요일이라는 뜻에서 3이
출력되는 거예요.

> **공여사 TIP**
>
> WEEKDAY 함수의 두 번째 인수는 요일을 셀 때 해당 주의 첫 번째 요일을 무슨 요일로 할지 정해주
> 는 값이에요. 첫 번째 인수 입력 후 콤마(,)를 찍으면 엑셀이 여러 인수 값을 제안해주는데, 실무에
> 서는 우리 눈에 가장 익숙한 2번 타입을 주로 사용해요. 월요일부터 일요일까지 1~7로 매기는 방식
> 이죠.
>
>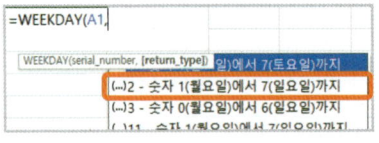

WEEKNUM 함수

WEEKNUM 함수는 '주차'를 구하는 함수입니다. 이번 주차가 1년 52주 중에서 몇 번
째 주차인지 구하는 건데요. 이 함수는 실무에서 정말 자주 쓰니 잘 알아두는 게 좋아
요. 만약 [A1] 셀에 2025-01-01이라는 날짜 데이터가 입력돼 있을 때 주차를 구할 셀에
=WEEKNUM(A1,2)를 입력하면 1이 결과로 나옵니다. 2025년 1월 1일이 1년 중 1주차이기
때문에 1이 출력되는 거예요.

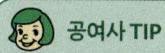 공여사 TIP

WEEKNUM 함수의 두 번째 인수도 무슨 요일을 시작 요일로 할지 정해주는 값인데요. 회사에서 업무상 월요일을 한 주의 시작으로 본다면 2를 입력해주면 됩니다.

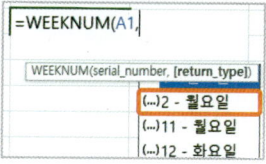

시간 기본 함수

시간을 다루는 기본 함수들은 다음과 같이 정리할 수 있습니다. 날짜 기본 함수처럼 어렵지 않으니 가벼운 마음으로 하나하나 살펴볼게요.

NOW 함수

NOW 함수는 '현재 날짜'와 '시간'을 구하는 함수입니다. 셀에 **=NOW()** 를 입력하면 현재 날짜와 시간(예를 들어 2025-01-01 13:15)이 결과로 나옵니다.

 공여사 TIP

NOW 함수도 TODAY 함수처럼 인수가 따로 없지만 반드시 괄호를 열고 닫아야 결과가 나온다는 점을 기억하세요.

HOUR/MINUTE/SECOND 함수

HOUR 함수는 '시'를 구하는 함수입니다. [A1] 셀에 2025-01-01 13:15이라는 시간 데이터가 입력돼 있다고 가정해볼게요. 이때 시 값을 구할 셀에 **=HOUR(A1)** 를 입력하면 13이 결과로 나옵니다.

MINUTE 함수는 '분'을 구하는 함수입니다. 마찬가지로 [A1] 셀에 2025-01-01 13:15라는 시간 데이터가 입력돼 있을 때 분 값을 구할 셀에 **=MINUTE(A1)** 를 입력하면 15가 결과로 나옵니다.

SECOND는 '초'를 구하는 함수입니다. [A1] 셀에 2025-01-01 13:15라는 날짜 데이터가 입력돼 있을 때 초 값을 구할 셀에 =SECOND(A1)를 입력하면 수식을 입력한 순간에 해당하는 초가 결과로 나옵니다.

TIME 함수

TIME 함수는 흩어져 있는 시/분/초를 합칠 때 사용하는 함수입니다. 만약 [A1] 셀(시)에 13, [A2] 셀(분)에 15, [A3] 셀(초)에 40이라는 날짜 데이터가 입력돼 있을 때 시간 값을 구할 셀에 =TIME(A1,A2,A3)를 입력하면 1:15:40 PM이 결과로 나옵니다.

> **공여사 TIP**
> 시간을 표시하는 표시 형식은 날짜를 포함하는 등 원하는 대로 바꿀 수 있어요. 표시 형식을 변경하는 방법은 49페이지에서 배운 내용을 참고해보세요.

지금까지 날짜/시간을 다루는 기본 함수들을 알아봤습니다. 함수명에 따라 직관적으로 결과가 나와서 이해하기 어렵지 않았죠? 이제 실전 문제로 넘어가볼게요. 직접 실습해보며 더 완벽하게 이해해보자고요.

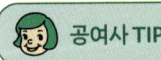

근태관리표로 날짜/시간을 다루는 함수 이해하기
예제 파일 : PA01/CH02/04_기본 함수(날짜, 시간).xlsx

01 예제 파일을 열면 '근태관리표'를 확인할 수 있습니다. 인사총무님에 소속된 사람들이 수로 보게 되는 표인데, 이 근태관리표를 가지고 직원들이 제시간에 출근했는지, 정시 퇴근했는지, 야근은 얼마나 했는지 등을 판별할 수 있을 거예요. 이런 작업을 할 때 앞에서 배운 날짜/시간을 다루는 함수들이 쓰입니다.

	A	B	C	D	E	F	G	H	I
1									
2		[근태관리표]							
3		사번	이름	일자	출근시각	퇴근시각			
4		2016101	이지은	2024-05-01	8:43	18:17			
5		2023102	박지훈	2024-05-01	9:06	18:47			
6		2019103	최지연	2024-05-01	8:55	18:34			
7		2017104	정승현	2024-05-01	8:49	18:51			
8		2011105	홍석현	2024-05-01	8:27	19:13			

02 주어진 데이터를 바탕으로 직원들의 출퇴근 시간 통계를 내는 등의 작업을 하기 위해 월(0000-00), 시간(출근), 시간(퇴근) 값을 구해보겠습니다.

03 [G3], [H3], [I3] 셀에 각각 **월(0000-00)**, **시간(출근)**, **시간(퇴근)**를 컬럼명으로 적습니다.

04 먼저 '월' 값을 구해보겠습니다. [G4] 셀에 다음 수식을 입력하고 Enter 를 칩니다.

> =YEAR(D4)&"-"&MONTH(D4)

▶ **수식 뜯어보기** YEAR 함수와 MONTH 함수로 [D4] 셀에 있는 연, 월 값을 각각 뽑은 다음 연결 연산자 &을 활용해 그사이를 하이픈(-)으로 연결하겠다는 뜻이에요. 그러면 0000-00 형식으로 결과를 받을 수 있어요.

05 엑셀이 0을 멋대로 날려버려 2024-05가 아니라 2024-5로 결과가 나왔습니다. 05로 표시하기 위해 [G4] 셀의 수식을 다음과 같이 수정합니다.

> =YEAR(D4)&"-"&**TEXT**(MONTH(D4),"00")

▶ **수식 뜯어보기** TEXT 함수는 셀 값을 지정한 서식 코드에 맞게 변환하는 함수예요. "00"은 한 자리 숫자도 맨 앞에 0을 두어서 두 자리로 표시하겠다는 뜻이죠. 여기서 TEXT 함수를 잘 익혀두면, 같은 문제를 =TEXT(D4,"yyyy-mm")처럼 더 간단하게 풀 수 있답니다.

06 다음으로 출근 시간과 퇴근 시간을 구해보겠습니다. [H4] 셀과 [I4] 셀에 다음 수식을 입력하면 각각 8, 18이라는 결과가 나옵니다.

> **[H4] 셀 : =HOUR(E4)**
>
> **[I4] 셀 : =HOUR(F4)**

07 구해야 하는 값을 모두 구했으니 [G4:I4] 범위를 드래그한 후 선택한 영역 맨 끝의 채우기 핸들을 더블클릭해 수식을 맨 마지막까지 자동 채우기 해줄게요. 마지막 행인 118행까지 결과가 잘 구해진 것을 확인할 수 있습니다.

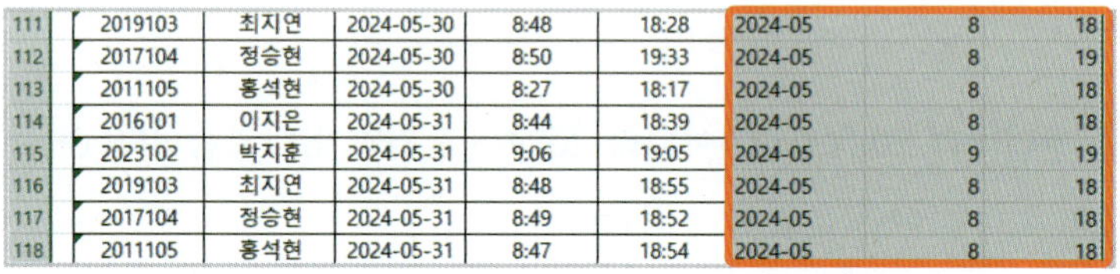

08 서식이 비어 있으니 새로 서식을 정해줄게요. [G3:I3] 범위를 드래그하고 Ctrl + Shift + ↓ 를 눌러 세일 아래 행까지 범위를 지정합니다. 그런 다음 상단 [홈] 탭의 [모든 테두리⊞]를 클릭합니다. 정렬도 [가운데 맞춤≡]을 클릭해 원래 있던 데이터들과 보기 좋게 맞춰 작업을 마무리할게요.

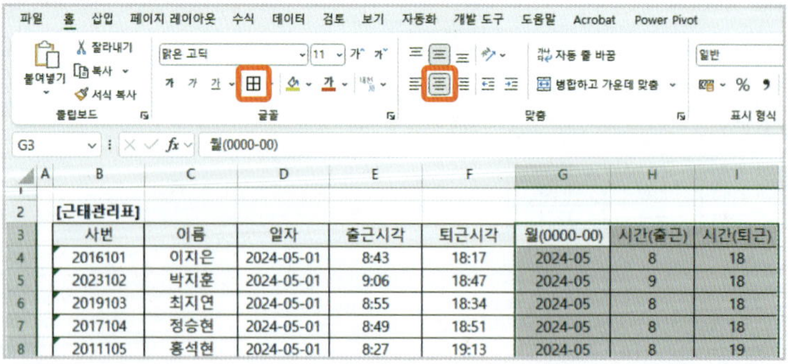

96 **PART 01** 인간의 영역 : 최소한으로 배우는 실무 엑셀 상식 마지노선

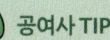

> **공여사 TIP**
>
> 이번 실습으로 살펴본 데이터에는 특별한 조건이 없지만 실제 업무에서는 이 직원이 반차인지, 연차인지 등에 따라 특정 출근 시간을 지각으로 볼 수 없는 등 더 디테일한 작업이 수반될 거예요.

이렇게 날짜/시간을 다루는 함수들까지 알아봤습니다. 함수 자체는 직관적이지만 막상 실무에서 쓸 때는 텍스트만큼이나 복잡하게 느껴질 수 있어서 실전처럼 연습해두는 게 중요해요. 날짜/시간을 다루는 함수들도 다음과 같이 표로 정리해두었으니 잘 참고하여 이번 실습 파일에 항목을 직접 추가해 다양한 값을 구해보며 충분히 연습해보세요.

▶ 날짜/시간을 다루는 함수들

구분	함수	설명
날짜	TODAY	오늘 날짜를 반환합니다. (ex. yyyy-mm-dd)
	YEAR	날짜값에서 '연도'를 의미하는 값을 반환합니다.
	MONTH	날짜값에서 '월'을 의미하는 값을 반환합니다.
	DAY	날짜값에서 '일'을 의미하는 값을 반환합니다.
	DATE	연/월/일의 값을 각각 받아 엑셀에서 취급하는 날짜값으로 전환합니다.
	WEEKDAY	날짜값의 요일 인덱스 번호를 반환합니다.
	WEEKNUM	일년 중 날짜가 속한 주가 몇 주차인지 반환합니다.
시간	NOW	날짜를 포함한 현재 시간을 반환합니다. (ex. yyyy-mm-dd hh:mm)
	HOUR	시간값에서 '시'를 의미하는 값을 반환합니다.
	MINUTE	시간값에서 '분'을 의미하는 값을 반환합니다.
	SECOND	시간값에서 '초'를 의미하는 값을 반환합니다.
	TIME	시/분/초의 값을 각각 받아 엑셀에서 취급하는 시간값으로 전환합니다.

CHAPTER 03

직장인이 진짜 쓰는 엑셀을 만나봐요
-주요 함수로 데이터 정리·요약·집계하기

01 최소한의 엑셀 상식⑧ : 데이터 정리의 핵심! [IF]

NO PAIN, YES GAIN! 이제부터는 본격적인 직장인 엑셀의 세계입니다. 이전까지 배운 내용이 엑셀을 쓰는 사람이라면 '누구나' 알아야 할 기초 개념이었다면 이제부터는 '직장인'이라면 실무에서 꼭 겪게 될 문제 상황들을 극복하는 방법들을 다뤄볼 거예요. 먼저 IF 함수부터 알아보겠습니다.

IF 함수 : 만약 ~라면 A를, 아니면 B를!

IF 함수는 조건식이 있을 때 그 값이 참이면 A를, 거짓이면 B를 출력하는 함수입니다. 이번 CHAPTER부터 나오는 함수들은 이전 함수보다 복잡하게 느껴질 수 있으니 시작부터 딱 개념을 잡아주고 갈게요.

◆ **IF 함수**
첫 번째 인수에 넣어준 조건식이 TRUE(참)일 때 두 번째 인수 값을, FALSE(거짓)일 때 세 번째 인수 값을 반환해요.

· **IF 함수 형식**
 =IF(Logical_test, [Value_if_true], [Value_if_false])
 =IF(조건식, 조건식이 참일 때 값, 거짓일 때 값)

· **사용 예시**
 =IF(A1=1, "O", "X")
 ➡ [A1] 셀의 값이 1이라면 "O"를, 아니라면 "X"를 반환합니다.

 공여사 TIP

앞선 CHAPTER에서 말했듯 Logical_test, [Value_if_true], [Value_if_false] 등 인수는 절대 외울 필요가 없어요. 수식을 작성할 때 엑셀이 툴 팁으로 알려주기 때문이죠.

IF 함수는 단순히 값이 같을 때뿐만 아니라 크다, 작다, 크거나 작다 등 숫자의 크기 비교도 가능해요. 표로 깔끔하게 정리해드릴 테니 잘 살펴보세요.

구분	설명	사용 예시	결과
=	같다	=IF(1=2,"O","X")	X
>	크다	=IF(1>2,"O","X")	X
<	작다	=IF(1<2,"O","X")	O
>=	크거나 같다	=IF(1>=2,"O","X")	X
<=	작거나 같다	=IF(1<=2,"O","X")	O
<>	다르다	=IF(1<>2,"O","X")	O
OR	둘 중 하나만 참이어도 참이다	=IF(OR(1=1,1=2),"O","X")	O
AND	둘 다 참이어야 참이다	=IF(AND(1=1,1=2),"O","X")	X

IF 함수의 기본 개념을 살펴봤으니 실무에서 IF 함수를 어떻게 쓰는지 살펴볼게요.

> 📋 **공여사와 무작정 풀어보기** ≫

근태관리표로 IF 함수 이해하기
예제 파일 : PA01/CH03/01_IF 함수.xlsx

01 예제 파일을 열면 '근태관리표'가 나옵니다. 앞서 우리가 날짜/시간을 다루는 함수를 배울 때 썼던 표인데, 이때 구해둔 '기준월', '출근시간', '퇴근시간'도 잘 정리돼 있네요.

02 그러면 미리 구해둔 '출근시간'을 바탕으로 J열의 '지각여부' 값을 구해보겠습니다. 이 회사의 출근 시간이 9시라고 한다면, H열의 값이 9보다 크거나 같으면 9시 이후에 출근한 게 되니까 지각이 되겠죠? 지각이라면 'Y'를 아니라면 'N'을 표시해볼게요. [J4] 셀에 다음 수식을 입력하고 Enter 를 칩니다.

=IF(H4>=9,"Y","N")

▶ **수식 뜯어보기** [H4] 셀의 값이 9보다 크거나 같으면 "Y"를, 아니면 "N"을 반환하라는 의미예요.

	A	B	C	D	E	F	G	H	I	J	K	L	M
1													
2		[근태관리표]											
3		사번	이름	일자	출근시각	퇴근시각	기준월	출근시간	퇴근시간	지각여부	초과근무여부	초과근무시간	주말근무여부
4		2016101	이지은	2024-05-01	8:43	18:17	2024-05	8	18	N			
5		2023102	박지훈	2024-05-01	9:06	18:47	2024-05	9	18				
6		2019103	최지연	2024-05-01	8:55	18:34	2024-05	8	18				
7		2017104	정승현	2024-05-01	8:49	21:51	2024-05	8	21				
8		2011105	홍석원	2024-05-01	8:27	19:13	2024-05	8	19				

03 이번에는 '초과근무여부'를 구해보겠습니다. 이 회사의 퇴근 시간이 18시라고 한다면 저녁 시간 1시간을 쳐서 퇴근 시간이 20시 이상이어야 초과근무에 해당할 거예요. 그렇다면 I열의 값이 20보다 크거나 같으면 20시 이후에 퇴근한 게 되니까 초과근무겠죠? 초과근무를 했다면 'Y'를, 아니라면 'N'을 표시해볼게요. [K4] 셀에 다음 수식을 입력하고 Enter 를 칩니다.

=IF(I4>=20,"Y","N")

➡ **수식 뜯어보기** [I4] 셀의 값이 20보다 크거나 같으면 "Y"를, 아니면 "N"을 반환하라는 의미예요.

	A	B	C	D	E	F	G	H	I	J	K	L	M
1													
2		[근태관리표]											
3		사번	이름	일자	출근시각	퇴근시각	기준월	출근시간	퇴근시간	지각여부	초과근무여부	초과근무시간	주말근무여부
4		2016101	이지은	2024-05-01	8:43	18:17	2024-05	8	18	N	N		
5		2023102	박지훈	2024-05-01	9:06	18:47	2024-05	9	18				
6		2019103	최지연	2024-05-01	8:55	18:34	2024-05	8	18				
7		2017104	정승현	2024-05-01	8:49	21:51	2024-05	8	21				
8		2011105	홍석현	2024-05-01	8:27	19:13	2024-05	8	19				

04 이어서 '초과근무시간'도 구해보겠습니다. [L4] 셀에 다음 수식을 입력하고 Enter 를 칩니다.

=IF(K4="Y",I4-19,0)

➡ **수식 뜯어보기** 초과근무여부를 보여주는 [K4] 셀의 값이 "Y"라면 [I4] 셀의 퇴근시간 값에서 19(저녁 시간 1시간을 추가로 제외)를 뺀 값을 내놓고, [K4] 셀의 값이 "Y"가 아니라면 0을 내놓으라는 뜻이에요.

	A	B	C	D	E	F	G	H	I	J	K	L	M
1													
2		[근태관리표]											
3		사번	이름	일자	출근시각	퇴근시각	기준월	출근시간	퇴근시간	지각여부	초과근무여부	초과근무시간	주말근무여부
4		2016101	이지은	2024-05-01	8:43	18:17	2024-05	8	18	N	N	0	
5		2023102	박지훈	2024-05-01	9:06	18:47	2024-05	9	18				
6		2019103	최지연	2024-05-01	8:55	18:34	2024-05	8	18				
7		2017104	정승현	2024-05-01	8:49	21:51	2024-05	8	21				
8		2011105	홍석현	2024-05-01	8:27	19:13	2024-05	8	19				

05 마지막으로 '주말근무여부'를 구해보겠습니다. [M4] 셀에 다음 수식을 입력하고 Enter 를 칩니다.

=IF(WEEKDAY(D4,2)>=6,"Y","N")

▶ **수식 뜯어보기** 92페이지에서 배운 WEEKDAY 함수를 써서 먼저 요일 값을 구해줘요. 1~7이 월요일~일요일이 되니까, 6 이상이라면 주말 근무를 한 게 되겠죠? 그랬을 때 요일 값이 6보다 크거나 같으면 "Y"를 내놓고, 아니라면 "N"을 내놓으라는 뜻이에요.

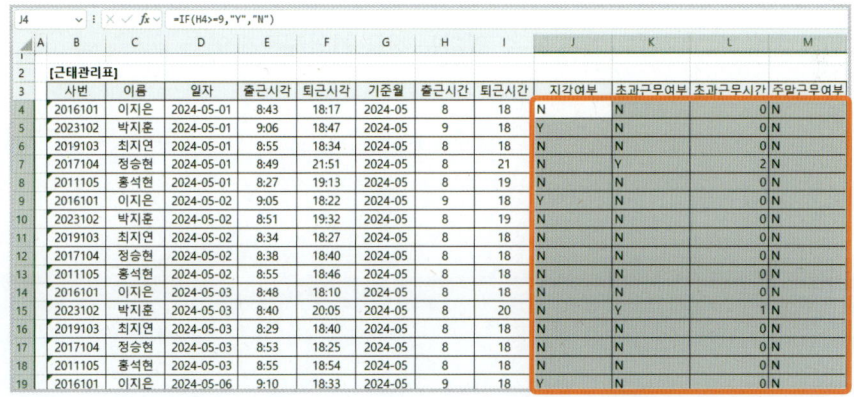

06 자, 이렇게 구해야 할 값을 다 구했습니다. 첫 행에서 구한 값이 나머지 행들에도 통하는지 한번 볼게요. [J4:M4] 셀을 드래그하고 [M4] 셀의 채우기 핸들 ➕ 을 더블클릭해 수식을 복사해봅니다.

07 수식이 맞게 들어갔는지부터 한번 볼게요. 9행을 보겠습니다. 이지은 님이 9:05에 출근해서 지각을 했네요. 19행을 보니 이지은 님은 9:10에 출근해서 또 한 번 지각을 했네요. 이지은 님은 이제 큰일 났습니다.

CHAPTER 03 직장인이 진짜 쓰는 엑셀을 만나봐요 103

08 다른 행도 한번 볼게요. 7행을 보면 정승현 님은 21:51에 퇴근해서 초과근무를 2시간 했네요. 이 표를 쓰는 회사 정책은 정시 단위로 근무 시간을 인정하기 때문에 21:51에서 51분은 날려버렸지만, 만약 회사에서 '분' 단위까지 근무 시간으로 인정한다면 수식을 더 정교하게 짜줄 필요가 있겠습니다.

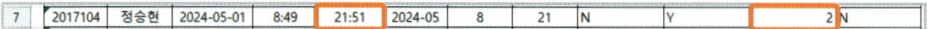

09 하나 더 살펴보겠습니다. 이번엔 '주말근무여부'를 한번 볼까요. 44행을 보니 이지은 님이 토요일인 2024-05-11에 출근을 해서 주말에 근무를 했네요. 평일에 지각을 많이 해서 주말 근무를 했나 봅니다.

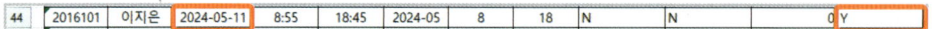

지금까지 IF 함수의 개념과 실전 문제를 같이 해결해봤는데요. 앞으로도 쭉 반복되겠지만 직장인 엑셀에서는 시스템에서 내려받은 날것의 데이터를 있는 그대로 쓸 수가 없어요. 그래서 반드시 가공하는 작업을 거쳐야 하고, 이때 IF 함수를 사용하면 조건에 따라 Y/N 등 카테고리를 분류하는 작업도 쉽게 할 수 있다는 점을 기억해주세요.

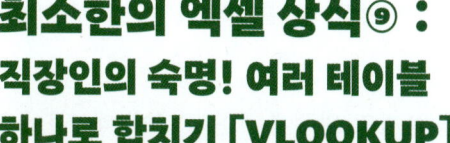

02 최소한의 엑셀 상식⑨ : 직장인의 숙명! 여러 테이블 하나로 합치기 [VLOOKUP]

NO PAIN, YES GAIN! 이번에는 IF 함수보다 활용도가 높은 VLOOKUP 함수를 배워볼게요. 낯선 이름 때문에 어려워 보일 수 있지만, 직장인 엑셀에서는 이 함수를 모르면 수작업 노가다에서 벗어날 수 없을 거예요. 학생 때 쓰던 엑셀과의 가장 큰 차이점이니 꼭 제대로 익혀두자고요!

VLOOKUP 함수 : 다른 표에서 값을 찾아 참조!

앞서 배운 IF 함수는 참이거나 거짓일 때 가져올 값을 하나씩 지정해줘야 하기 때문에 조건이 까다로울 때는 수식이 정말 복잡해져요. 특히 우리가 실무에서 만나게 되는 엑셀 데이터는 여러 시스템에 흩어져서 존재하기 때문에 각 시스템의 데이터를 내려받아 한데 합쳐주는 작업을 해야 하는데 그때 필요한 게 바로 VLOOKUP 함수입니다.

도대체 어떤 함수인지 너무 궁금하죠? VLOOKUP 함수도 개념부터 깔끔하게 배워볼게요.

> ◆ **VLOOKUP 함수**
> VLOOKUP의 V는 Vertical(수직의)을 뜻합니다. 선택한 범위의 첫 번째 열에서 위에서부터 수직으로 내려가면서 값을 찾고, 그 값으로부터 오른쪽 N번째 열의 값을 불러오죠.
>
> · **VLOOKUP 함수 형식**
>   =VLOOKUP(Lookup_value, Table_array, Col_index_num, [Range_lookup])
>   =VLOOKUP(찾는 값, 찾을 범위, 가져올 열 번호, 검색 옵션)
>
> · **사용 예시**
>   =VLOOKUP("현숙",B3:C13, 2, FALSE)
>   ➡ "현숙"을 [B3:C13] 범위의 첫 번째 열에서 수직으로 내려가면서 찾고, "현숙"이 나타나면 그 값으로부터 오른쪽 두 번째 열의 값을 불러옵니다.

CHAPTER 03 직장인이 진짜 쓰는 엑셀을 만나봐요

VLOOKUP 함수의 개념은 꽤 복잡하죠? 그래도 절대 포기하면 안 됩니다. VLOOKUP만 알아도 여러분이 여러 시트를 오가며 찾는 대부분의 단순 반복 수작업 노가다를 크게 줄일 수 있거든요.

아래 화면을 볼게요. 왼쪽에 '이름', '나이' 테이블이 있는데요. 이 테이블에서 "현숙"의 나이를 불러오기 위해 [F3] 셀에 다음 수식을 입력합니다.

=VLOOKUP(E3,B3:C13,2,FALSE)

➡ **수식 뜯어보기** VLOOKUP 함수의 첫 번째 인수는 '찾는 값'이라고 했죠? "현숙"을 찾기 위해 "현숙" 값이 들어 있는 E3 셀을 선택합니다. 두 번째 인수는 '찾을 범위', 세 번째 인수는 그 값으로부터 오른쪽으로 몇 번째 오는 열의 값을 불러올지 적어줍니다. B3:C13의 첫 번째 열에서 "현숙"을 찾아 두 번째 열의 값을 불러오기 위해 Table_array는 B3:C13, Col_index_num은 2를 적었어요.

마지막 '검색 옵션'은 FALSE를 적었는데요. 보통 우리가 정확하게 일치하는 값을 찾기 때문에 FALSE(또는 숫자 0)를 사용하고, 숫자값의 구간별 등급 값을 구하는 문제 등 유사값을 찾을 경우에는 TRUE(또는 숫자 1)를 써줍니다. 특별한 케이스가 아니라면 서로 다른 테이블에서 내가 원하는 값을 불러오기 위해서 보통 FALSE를 사용합니다.

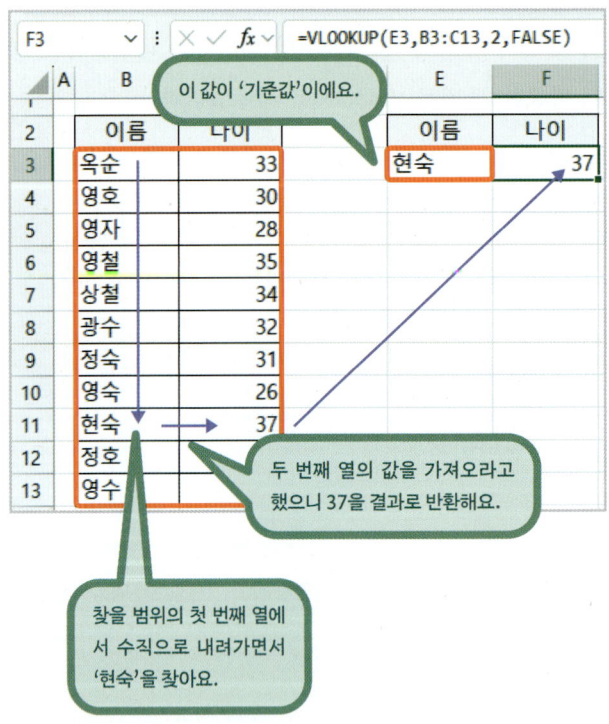

앞서 살펴본 사례는 아주 단순한 편이었어요. 지금부터는 실무에서 이 VLOOKUP 함수가 어떻게 활용되는지 직접 실습하며 익혀보겠습니다.

공여사와 무작정 풀어보기

집행실적으로 VLOOKUP 함수 익히기
예제 파일 : PA01/CH03/02_VLOOKUP 함수.xlsx

01 예제 파일을 열면 [집행실적] 시트에 보기만 해도 머리 아픈 데이터가 들어 있는데요. '프로젝트ID', '프로젝트명', '예산배부일', '예산총금액', '예산집행금액', '예산잔여금액'이 나와 있습니다.

	프로젝트ID	프로젝트명	예산배부일	예산총금액	예산집행금액	예산잔여금액
3	2024-0001	파트너사 파트너십 강화	2024-01-02	32,000,000	27,500,000	4,500,000
4	2024-0002	클라우드 이전	2024-01-05	8,000,000	6,500,000	1,500,000
5	2024-0003	파트너사 관리 시스템 구축	2024-01-08	20,000,000	16,500,000	3,500,000
6	2024-0004	시범 사업 추진	2024-01-10	17,000,000	13,900,000	3,100,000

공여사 TIP

회사에서는 돈을 막 쓸 수 없습니다. 보통 프로젝트 단위(ID)마다 그 돈을 쓸지 말지 투자 심의를 거친 다음 통과한 건들만 돈을 쓰게 하는데요. 예산을 배부했다고 끝이 아니라 그 금액을 계획에 맞게 잘 쓰고 있는지까지 체크해야 하죠. 예제 파일의 데이터는 프로젝트 단위(ID)별, 그러니까 투자 심의를 받았던 건별로 돈을 얼마나 썼는지 관리하기 위해서 만들어둔 테이블입니다.

02 그런데 갑자기 문제가 생깁니다. 윗분 누군가가 어디서 돈을 얼마나 쓰는지 부서별로 정리해보라고 합니다. 이럴 때 우리가 해줘야 하는 건 어딘가에서 부서 정보 또는 담당자 정보가 들어 있는 테이블을 찾아서 그 정보를 이 테이블에 붙이는 작업이에요.

03 이번에는 다행히 같은 파일의 [담당부서] 시트에 해당 내용이 정리돼 있다고 가정해봅시다. [담당부서] 시트를 클릭해보면 '프로젝트ID', '담당부서', '담당자' 정보가 정리돼 있네요. 이를 바탕으로 부서 정보와 담당자 정보를 [집행실적] 시트로 불러오는 게 우리의 첫 번째 임무입니다.

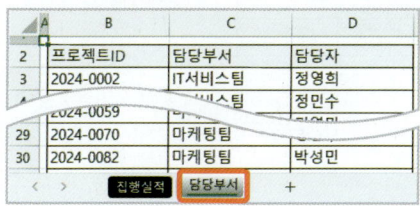

04 [집행실적] 시트로 돌아와 먼저 [H2] 셀과 [I2] 셀에 각각 **담당부서**와 **담당자**를 컬럼명으로 적어줍니다. 먼저 '담당부서' 값을 불러와볼게요. 앞에서 배운 대로 찾는 값인 '프로젝트ID'는 [B3] 셀에 있고, 찾을 범위는 [담당부서] 시트의 B:D열의 첫 번째 열입니다. 불러올 값은 그 값으로부터 두 번째 열에 있다는 점을 참고해 수식을 작성하면 되겠죠?

[H3] 셀에 다음 수식을 입력하고 Enter 를 칩니다.

> =VLOOKUP(B3,담당부서!B:D,2,FALSE)

 공여사 TIP

> [H3] 셀에 수식을 작성하는 과정에서 두 번째 인수인 찾을 범위를 지정할 때 [담당부서] 시트를 클릭하고 B:D열을 선택해주면 '담당부서!B:D'라고 수식이 자동으로 작성돼요. 다른 시트의 값을 불러오게 되면 수식에서 시트명 뒤에 느낌표(!)가 붙는다는 걸 확인할 수 있습니다.

05 이번에는 '담당자' 값을 불러와보겠습니다. [I3] 셀에 다음 수식을 입력하고 Enter 를 칩니다.

> =VLOOKUP(B3,담당부서!B:D,3,FALSE)

06 이제 값이 모두 구해졌습니다. [H3:I3] 범위를 드래그한 뒤 [I3] 셀의 채우기 핸들을 더블클릭해 수식을 자동 채우기 해줄게요.

프로젝트ID	프로젝트명	예산배부일	예산총금액	예산집행금액	예산잔여금액	담당부서	담당자
2024-0001	파트너사 파트너십 강화	2024-01-02	32,000,000	27,500,000	4,500,000	해외사업팀	정민호
2024-0002	클라우드 이전	2024-01-05	8,000,000	6,500,000	1,500,000	IT서비스팀	정영희
2024-0003	파트너사 관리 시스템 구축	2024-01-08	20,000,000	16,500,000	3,500,000	해외사업팀	이정훈
2024-0004	시범 사업 추진	2024-01-10	17,000,000	13,900,000	3,100,000	개발팀	최영호
2024-0005	전문가 강의 프로그램	2024-01-12	15,000,000	12,300,000	2,700,000	인사팀	이성민
2024-0006	로그ISTICS 시스템 개선	2024-01-12	15,000,000	12,800,000	2,200,000	물류팀	박준호
2024-0007	회계 시스템 업그레이드	2024-01-12	15,000,000	12,800,000	2,200,000	재무팀	이현종
2024-0008	휴가 관리 프로세스 개선	2024-01-12	15,000,000	12,800,000	2,200,000	인사팀	이승호

이렇게 VLOOKUP 함수를 알아봤습니다. 서로 다른 테이블에서 특정 KEY 값을 기준으로 내가 원하는 값을 찾아 불러오기 위해 사용하는 함수였어요. 다시 한번 말하지만 우리가 직장에서 만나게 되는 데이터는 대부분 여러 시스템에 흩어져서 존재하기 때문에 반드시 먼저 하나로 합쳐준 다음, 상황에 맞는 분석을 하든 통계를 내든 할 수 있단 말이죠. 흩어진 데이터를 하나로 합치기 위해 사용하는 VLOOKUP 함수를 꼭 기억합시다.

> **궁금하실까봐 준비했어요!**
>
> **수평(Horizontal)으로도 찾을 수 있다! [HLOOKUP]**
>
> VLOOKUP 함수의 V는 Vertical(수직)의 약자였어요. 그렇다면 Horizontal(수평)로 찾을 수 있는 함수도 있겠죠?
>
> HLOOKUP 함수는 VLOOKUP 함수와는 다르게 값을 가로 방향의 데이터 범위에서 찾는 함수예요. 즉, 두 함수는 표에서 값을 찾는 방법에 차이가 있을 뿐 기본적인 사용 방법은 동일합니다. 다만 보통 직장인 엑셀에서는 데이터가 행으로 쌓이기 때문에 각 행에 대해 수직으로 내려가며 찾는 케이스가 일반적이고, 열로 쌓인 데이터를 수평으로 찾는 경우는 아주 드뭅니다.
>
> 따라서 필수 함수로는 보통 VLOOKUP까지를 말하고, HLOOKUP은 일반적이지 않은 데이터를 다룰 때 써요. VLOOKUP 함수와 비슷하게 작동하는 HLOOKUP 함수도 있다는 것을 가볍게 참고하면 되겠습니다.
>
>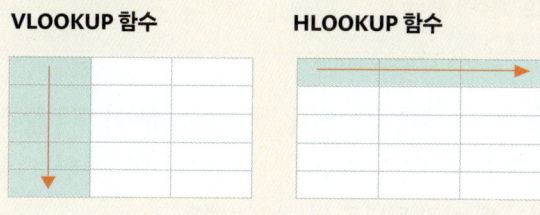

03 최소한의 엑셀 상식⑩ : 원하는 값만 세어주는 [COUNTIF]

NO PAIN, YES GAIN! 앞서 배운 VLOOKUP 함수로 흩어져 있는 데이터를 하나의 테이블로 합칠 수 있게 됐어요. 그런데 문제는 데이터가 너무나 방대해서 상사에게 통째로 들고 갔다가는 한 소리 들을 게 분명하다는 거예요. 이럴 때 집계 함수를 쓰면 방대한 데이터를 짧게 요약할 수 있는데, 그중 개수를 집계하는 함수가 COUNTIF입니다.

COUNTIF 함수 : 조건에 맞는 개수를 세어보자!

COUNTIF 함수는 보이는 그대로 '조건에 해당하면 세라'는 뜻을 가진 함수입니다. COUNTIF 함수도 개념부터 딱 잡고 갈게요.

◆ **COUNTIF 함수**
범위에서 조건에 맞는 셀의 개수를 세어서 반환해요.

- **COUNTIF 함수 형식**
  =COUNTIF(Range, Criteria)
  =COUNTIF(값을 셀 범위, 조건)

- **사용 예시**
  =COUNTIF(A:A, "개발팀")
  ➡ A열에서 그 값이 '개발팀'인 셀의 개수를 셉니다.

COUNTIF 함수의 간단한 사용법을 알아보겠습니다. 다음 페이지에 제시된 테이블은 실무에서 흔하게 볼 수 있는 테이블인데요. '팀명', '이름', '인사평가'가 들어 있는 테이블입니다. 보통 이런 테이블에서 가장 먼저 뽑는 건 팀별로 몇 명인지예요.

바로 이럴 때 COUNTIF 함수가 활용됩니다. 먼저 각 팀명에 해당하는 직원 수가 몇 명인지 구할 건데요. 아주 간단합니다. [G3] 셀에 다음 수식을 입력하고 Enter 를 칩니다. 그러면 B열에 개발팀 인원이 4명 있다는 것을 알 수 있어요.

=COUNTIF(B:B,"개발팀")

▶ **수식 뜯어보기** 값을 셀 범위 B열에서 '개발팀'이라는 값이 들어 있는 셀의 개수를 세어달라는 뜻이에요.

A	B	C	D	E	F	G
1						
2	팀명	이름	인사평가		팀명	인원수
3	개발팀	손민수	B		개발팀	4
4	개발팀	박지훈	D		마케팅팀	
5	개발팀	장서아	C		영업팀	
6	개발팀	우주희	A			
7	마케팅팀	김서영	B			
8	마케팅팀	조은별	D			
9	마케팅팀	손민수	C			
10	마케팅팀	심우찬	B			
11	영업팀	김진우	A			
12	영업팀	이하늘	C			
13	영업팀	정동훈	B			

그런데 수식에 매번 "개발팀", "마케팅팀", "영업팀"을 적어주기는 매우 번거롭습니다. 팀명이 적힌 셀을 참조하게끔 [G3] 열의 수식을 **=COUNTIF(B:B,F3)**로 수정하고 [G3] 셀의 채우기 핸들을 더블클릭해 수식을 마저 채워줍니다.

수식을 수정해 활용하니 개발팀뿐만 아니라 마케팅팀, 영업팀에 대해서도 인원이 몇 명인지 곧바로 알 수 있어요.

A	B	C	D	E	F	G
1						
2	팀명	이름	인사평가		팀명	인원수
3	개발팀	손민수	B		개발팀	4
4	개발팀	박지훈	D		마케팅팀	4
5	개발팀	장서아	C		영업팀	3
6	개발팀	우주희	A			
7	마케팅팀	김서영	B			
8	마케팅팀	조은별	D			
9	마케팅팀	손민수	C			
10	마케팅팀	심우찬	B			
11	영업팀	김진우	A			
12	영업팀	이하늘	C			
13	영업팀	정동훈	B			

어떤가요? 어렵지 않죠. '인원수'를 만약 손으로, 눈으로 일일이 센다고 하면 오래 걸릴 거예요. 우리에게 COUNTIF 함수가 있으니 참 다행이죠.

지금부터는 실무에서 이 COUNTIF 함수가 어떻게 활용되는지 직접 실습해보겠습니다. 앞에서 배운 COUNTIF 함수를 살짝 응용하는 방식이니 잘 따라와보세요.

> **공여사와 무작정 풀어보기**
>
> **워크숍 참석여부 파악으로 COUNTIF 함수 이해하기**
> 예제 파일 : PA01/CH03/03_COUNTIF 함수.xlsx

01 예제 파일을 열면 워크숍 참석여부 조사를 위한 표를 확인할 수 있습니다. G열을 보면 워크숍에 참석하기로 한 사람들의 명단이 정리돼 있어요.

02 회사에는 직원이 많기 때문에 동명이인이 있을 수 있어요. '이름'이 정리된 열의 값에 중복된 값이 있는지 확인하면 동명이인 여부를 알 수 있겠죠. 이럴 때도 COUNTIF 함수를 사용할 수 있습니다. [D4] 셀에 다음 수식을 입력하고 [D4] 셀의 채우기 핸들을 더블클릭합니다. 결과로 2 이상이 나오면 동명이인이 있다는 뜻이겠죠? 개발팀과 마케팅팀에 각각 손민수가 있어서 2로 카운트된 걸 알 수 있어요.

=COUNTIF(C:C,C4)

A	B	C	D	E	F	G
[워크숍 참석여부 조사]						
	팀명	이름	중복	참석여부		워크숍 참석자
	개발팀	손민수	2			정동훈
	개발팀	박지훈	1			심우찬
	개발팀	장서아	1			박지훈
	개발팀	우주희	1			이하늘
	마케팅팀	김서영	1			
	마케팅팀	조은별	1			
	마케팅팀	손민수	2			
	마케팅팀	심우찬	1			
	영업팀	김진우	1			
	영업팀	이하늘	1			
	영업팀	정동훈	1			

> **공여사 TIP**
>
> 이런 이유로 실무에서는 참석여부를 집계할 때 중복값이 발생하기 쉬운 '이름' 대신 '사번'과 같은 고윳값을 사용해요. VLOOKUP을 쓸 때도, COUNTIF와 같은 집계 함수를 쓸 때도 중복값에 유의해야 한다는 점을 기억해주세요.

03 이제 '참석여부'를 구해볼게요. G열에 참석자 명단을 적어두었으니, 직원 이름이 참석자 명단인 G열에 포함돼 있는지 COUNTIF 함수로 세어주면 되겠죠? [E4] 셀에 다음 수식을 입력한 다음 [E4] 셀의 채우기 핸들을 더블클릭해 수식을 자동 채우기 해줄게요. '참석여부' 값이 1이 나오면 참석자 명단에 들어 있다는 뜻이므로 해당하는 인원들이 참석한다는 결과를 구할 수 있습니다.

> **=COUNTIF(G:G,C4)**

	A	B	C	D	E	F	G
1							
2	[워크숍 참석여부 조사]						
3		팀명	이름	중복	참석여부		워크숍 참석자
4		개발팀	손민수	2	0		정동훈
5		개발팀	박지훈	1	1		심우찬
6		개발팀	장서아	1	0		박지훈
7		개발팀	우주희	1	0		이하늘
8		마케팅팀	김서영	1	0		
9		마케팅팀	조은별	1	0		
10		마케팅팀	손민수	2	0		
11		마케팅팀	심우찬	1	1		
12		영업팀	김진우	1	0		
13		영업팀	이하늘	1	1		
14		영업팀	정동훈	1	1		

지금까지 살펴본 것처럼 COUNTIF 함수는 같은 테이블 안에서 특정 값의 중복 여부를 확인할 때, 다른 테이블에 그 값이 존재하는지 여부를 구할 때 자주 사용돼요. COUNTIF 함수의 결과를 가지고 IF 함수를 한 번 더 써주면, '중복' 여부에서는 1보다 클 때 '중복', '참석여부'에서는 0보다 클 때 '참석'이라고 판별할 수 있을 거예요. 100페이지에서 배운 IF 함수를 활용해 직접 판별해보길 바랄게요.

04 최소한의 엑셀 상식⑪ : 원하는 값만 더해주는 [SUMIF]

NO PAIN, YES GAIN! 앞서 배운 COUNTIF 함수가 조건에 맞는 셀의 개수를 세어줬다면 SUMIF 함수는 조건에 맞는 셀의 값들을 모두 더해주는 함수예요. 이번에는 개수 대신 합계를 구할 때 사용할 수 있는 SUMIF 함수를 알아볼게요.

SUMIF 함수 : 조건에 맞는 합계 구하기!

SUMIF 함수는 조건에 맞는 값들을 모두 더해주는 함수입니다. SUMIF 함수도 개념부터 딱 잡고 갈게요. 기본적으로 SUMIF 함수는 앞서 배운 COUNTIF 함수와 동일하지만, [Sum_range]([더할 범위]) 인수가 하나 더 제공된다는 점이 달라요. [Sum_range]([더할 범위]) 인수가 있어 조건에 맞는 숫자의 합계를 구할 수 있다는 점이 COUNIF 함수와의 차이랍니다.

> ◆ **SUMIF 함수**
> 범위 내에서 조건에 맞는 값이 들어 있는 셀을 찾아서, 그 셀이 위치한 행마다의 '더할 범위' 값을 모두 더해줍니다.
>
> · **SUMIF 함수 형식**
>   =SUMIF(Range, Criteria, [Sum_range])
>   =SUMIF(찾을 범위, 찾을 값(조건), [더할 범위])

 공여사 TIP

SUMIF 함수를 쓸 때는 툴 팁을 보더라도 Range와 [Sum_range]가 헷갈릴 수 있어요. Sum이라는 글자가 들어가는 [Sum_range]가 '더할 범위'라는 것만 기억해준다면 굳이 순서를 외우지 않아도 직관적으로 판단해 빠르게 수식을 작성할 수 있을 거예요.

SUMIF 함수의 간단한 사용법을 알아보겠습니다. 이번에는 '팀명', '이름', '주문수량'이 들어 있는 테이블이 왼쪽에 있다고 해볼게요. 회사에서 단체 주문을 하는데, 오른쪽 테이블에 각 팀별로 몇 명이 주문했고, 몇 개를 주문했는지 간단한 통계를 내는 상황이에요.

우선 팀명을 적고 '인원수'를 앞서 배운 COUNTIF 함수로 구했습니다. 그다음 우리가 궁금한 것은 팀별로 '주문수량'이 몇 개인지겠죠. 그렇다면 각각 인사팀, 교육팀, 채용팀 사람들이 몇 개를 샀는지 더해주면 됩니다. [H3] 셀에 다음 수식을 입력하고 Enter 를 치면 인사팀에서 총 8개를 주문했다는 사실을 알 수 있어요. [H4] 셀의 채우기 핸들 ➕ 을 더블클릭하면 나머지 팀의 주문수량도 구할 수 있겠죠?

=SUMIF(B:B,F3,D:D)

▶ **수식 뜯어보기** 찾을 범위인 B열에서 인사팀을 찾기 위해 [F3] 셀(인사팀)을 선택한 다음 더할 범위인 D열을 선택했어요. B열에서 인사팀을 찾는데, 인사팀이 나타날 때마다 D열의 숫자값을 모두 더해준다는 뜻이에요.

	A	B	C	D	E	F	G	H
2		팀명	이름	주문수량		팀명	인원수	주문수량
3		인사팀	김하준	4		인사팀	3	8
4		인사팀	박지우	3		교육팀	4	16
5		인사팀	최유나	1		채용팀	4	12
6		교육팀	손태희	4				
7		교육팀	유민재	5				
8		교육팀	김서영	3				
9		교육팀	한지훈	4				
10		채용팀	조은서	2				
11		채용팀	박은정	5				
12		채용팀	김연진	4				
13		채용팀	곽지영	1				

> **공여사 TIP**
>
> 수식을 작성할 때 B열이나 D열 전체를 인수로 넣지 않고 범위를 세세하게 지정할 수도 있어요. =SUMIF(B3:B13,F3,D3:D13)처럼 말이죠. 하지만 이때 주의할 게 2가지나 있어요.
> 먼저 찾을 범위와 더할 범위의 행 시작 위치는 동일해야 해요. 찾을 범위에서 두 번째 행에 찾는 값이 나오면, 더할 범위에서도 두 번째 행의 값을 더하기 때문에 순서가 밀리면 답이 없어요.
> 그다음은 이 수식을 아래 셀에 동일하게 넣어준다고 했을 때 더할 범위와 찾을 범위가 각각 한 칸씩 아래로 밀려나면서 상대 참조된다는 거예요. 그러니 F4 를 눌러서 고정시켜줘야 하죠. 58페이지에서 배운 대로 절대 참조를 걸어 =SUMIF($B$3:$B$13,F3,D$3:$D$13) 이렇게 말이죠.
> 이 2가지 모두 신경 쓰지 않으려면 범위를 행과 열로 지정하기보다는 웬만하면 열로만 지정하는 것을 추천해요. 우리의 뇌는 소중하니까요.

지금부터는 실무에서 SUMIF 함수가 어떻게 활용되는지 직접 실습해보겠습니다. 앞에서 배운 SUMIF 함수 활용법이 응용된 사례이니 잘 따라와보세요.

📝 **공여사와 무작정 풀어보기**

다양한 금액을 구하는 문제로 SUMIF 함수 이해하기
예제 파일 : PA01/CH03/04_SUMIF 함수.xlsx

01 예제 파일을 열면 복잡한 테이블이 나옵니다. 우리가 앞서 봤던 테이블이에요. 이 테이블에서 할 수 있는 일, 또는 해야 하는 일은 아주 뻔합니다. '담당부서'별로 '예산총금액'과 '예산집행금액', '예산잔여금액'을 집계하는 것이죠.

	A	B	C	D	E	F	G	H
1	프로젝트ID	프로젝트명	담당부서	담당자	예산배부일	예산총금액	예산집행금액	예산잔여금액
2	2024-0001	파트너사 파트너십 강화	해외사업팀	정민호	2024-01-02	32,000,000	27,500,000	4,500,000
3	2024-0002	클라우드 이전	IT서비스팀	정영희	2024-01-05	8,000,000	6,500,000	1,500,000
4	2024-0003	파트너사 관리 시스템 구축	해외사업팀	이정훈	2024-01-08	20,000,000	16,500,000	3,500,000
5	2024-0004	시범 사업 추진	개발팀	최영호	2024-01-10	17,000,000	13,900,000	3,100,000
6	2024-0005	전문가 강의 프로그램	인사팀	이성민	2024-01-12	15,000,000	12,300,000	2,700,000
7	2024-0006	로그ISTICS 시스템 개선	물류팀	박준호	2024-01-12	15,000,000	12,800,000	2,200,000
8	2024-0007	회계 시스템 업그레이드	재무팀	이현종	2024-01-12	15,000,000	12,800,000	2,200,000
9	2024-0008	휴가 관리 프로세스 개선	인사팀	이승호	2024-01-12	15,000,000	12,800,000	2,200,000
10	2024-0009	전문가 강의 프로그램	인사팀	이성민	2024-01-12	15,000,000	12,300,000	2,700,000
11	2024-0010	로그ISTICS 시스템 개선	물류팀	박준호	2024-01-12	15,000,000	12,800,000	2,200,000
12	2024-0011	브랜드 아이덴티티 개선	마케팅팀	이현우	2024-01-15	30,000,000	25,600,000	4,400,000
13	2024-0012	해외 시장 탐사	해외사업팀	정재성	2024-01-18	25,000,000	21,900,000	3,100,000
14	2024-0013	제품 개발 프로젝트	개발팀	이승호	2024-01-20	28,000,000	24,200,000	3,800,000
15	2024-0014	리더십 개발 프로그램	인사팀	박지민	2024-01-22	22,000,000	18,900,000	3,100,000
16	2024-0015	시설 보안 시스템 강화	시설안전팀	박지원	2024-01-22	22,000,000	18,700,000	3,300,000
17	2024-0016	서비스 인프라 개선	IT서비스팀	정민수	2024-01-22	22,000,000	18,700,000	3,300,000
18	2024-0017	소송 관리 시스템 업그레이드	법무팀	정민수	2024-01-22	22,000,000	18,700,000	3,300,000
19	2024-0018	폐기물 관리 시스템 개선	시설안전팀	정민수	2024-01-22	22,000,000	18,700,000	3,300,000

02 새로운 시트에 집계 결과를 구하기 위해 하단에 [새 시트 ➕]를 클릭해 시트를 만듭니다.

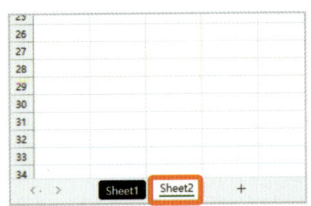

👩 **공여사 TIP**

시트 이름을 보기 좋게 바꾸고 싶나요? 만약 시트의 이름을 변경하고 싶다면 시트 탭을 더블클릭하고 원하는 이름을 입력해주면 됩니다.

03 [Sheet1]의 데이터를 바탕으로 한 집계 결과를 [Sheet2]에 정리해보겠습니다. 일단 양식을 만들어야겠죠. '담당부서'를 먼저 정리해야 합니다. [Sheet1]로 가서 '담당부서'가 정리돼 있는 C열을 선택하고 Ctrl + C 로 복사한 다음 [Sheet2]로 가서 [A1] 셀을 선택한 후 Ctrl + V 로 붙여넣기 해줍니다.

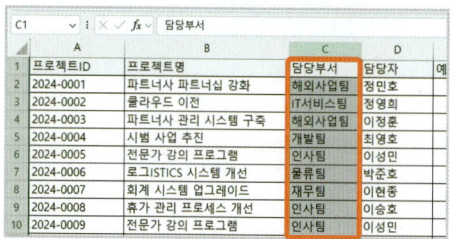 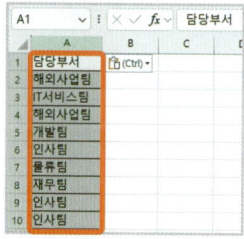

04 [Sheet2]에 '담당부서' 값이 모두 위치해 있는데요. 보고 양식에서는 '담당부서'별 집계 값을 구해야 하니, 부서별 팀명이 딱 한 번만 등장하도록 고윳값만 남겨줄게요. A열이 선택된 상태에서 상단의 [데이터] 탭의 [중복된 항목 제거]를 클릭해줍니다.

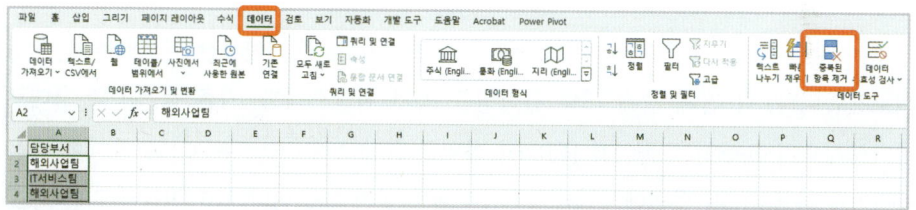

05 [중복 값 제거] 창이 뜨면 '담당부서' 열에 대해서 중복된 항목을 제거한다는 뜻으로 [담당부서]에 체크된 것을 확인하고 [확인]을 클릭합니다.

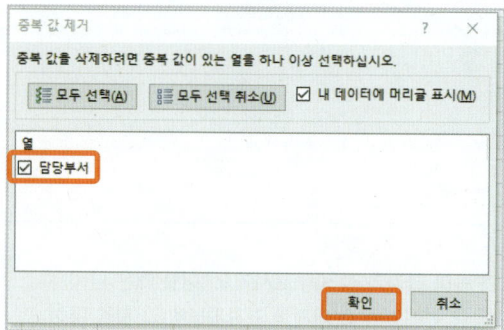

06 뒤이어 나오는 창의 내용도 확인하고 [확인]을 클릭하면 중복된 값들이 모두 사라지고 10개의 부서명만 남은 것을 확인할 수 있어요.

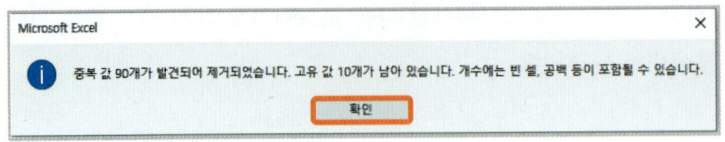

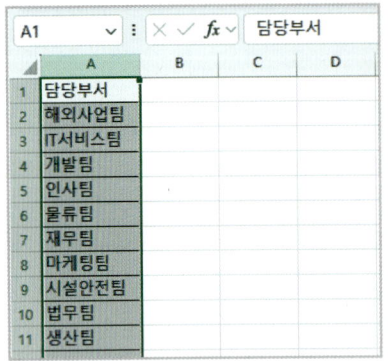

07 자, 이제 본격적으로 부서별 '예산총금액', '예산집행금액', '예산잔여금액'을 각각 집계해보겠습니다. 각 집계 값에 대해 컬럼명을 적기 귀찮으니까, 기존 컬럼명을 그대로 가져와볼게요. [Sheet1]로 돌아가 [F1:H1] 범위를 드래그해 Ctrl + C 로 복사한 다음 [Sheet2]로 가 [B1:D1] 범위에 Ctrl + V 로 붙여넣기 해줍니다. [B1:D11] 범위를 드래그한 다음 상단 [홈] 탭에서 [모든 테두리 ⊞]를 클릭해 테두리도 보기 좋게 넣어줍니다.

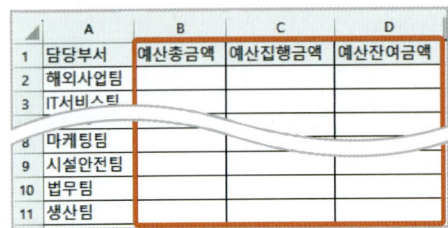

🧑 **공여사 TIP**

[Sheet2]에 컬럼명을 붙여넣기 하면 열 너비가 좁아 글자가 잘려서 표시돼요. 이럴 때는 넘치는 범위의 열(B:D)을 마우스로 드래그한 뒤 D열의 끝 선에 마우스 커서를 가져가보세요. 확장 아이콘 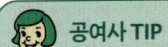이 표시될 때 더블클릭하면 셀 안에 들어 있는 글자에 맞게 셀의 너비가 충분히 넓혀져요.

08 먼저 B열에 '예산총금액'을 구해보겠습니다. [B2] 셀에 다음 수식을 입력한 후 Enter 를 칩니다.

=SUMIF(Sheet1!C:C,Sheet2!A2,Sheet1!F:F)

▶ **수식 뜯어보기** 먼저 찾을 범위로 [Sheet1]의 C열을 적어요. 수식을 입력하는 과정에서 [Sheet1] 시트를 클릭한 다음 C열을 선택해주면, 시트명과 함께 그 뒤로 느낌표(!)가 자동으로 붙어요. 그런 다음 찾을 값(조건)이 될 '해외사업팀'이 들어 있는 [Sheet2]의 [A2] 셀을 적어줘요. 같은 시트에 수식을 넣을 땐 Sheet2!가 생략되기도 하니 참고하세요.
마지막으로 더할 범위인데요. [Sheet1]의 C열에서 '해외사업팀'을 찾아 그 값이 나타나는 행마다의 F열 값을 모두 더해주기 위해 [Sheet1]의 F열을 선택해주세요. 그러면 '해외사업팀'에 배정된 예산총금액 합계를 구할 수 있습니다.

09 이어서 C열의 '예산집행금액'과 D열의 '예산잔여금액'도 구해보겠습니다. [C2] 셀과 [D2] 셀에 각각 다음 수식을 입력한 후 Enter 를 칩니다.

[C2] 셀 수식 : =SUMIF(Sheet1!C:C,Sheet2!A2,Sheet1!G:G)
[D2] 셀 수식 : =SUMIF(Sheet1!C:C,Sheet2!A2,Sheet1!H:H)

▶ **수식 뜯어보기** 잘 살펴보면 **08** 과정의 수식과 같은 원리로 수식이 작성됐음을 알 수 있어요.

10 값을 모두 구했으니 나머지 행에도 수식을 붙여넣어야겠죠? [B2:D2] 범위를 드래그한 다음 [D2] 셀의 채우기 핸들을 더블클릭해 수식을 붙여넣습니다. 마지막으로 Ctrl + Shift + 1 을 눌러 천 단위 구분 기호까지 보기 좋게 넣어주고 집계 작업을 마무리할게요.

	A	B	C	D
1	담당부서	예산총금액	예산집행금액	예산잔여금액
2	해외사업팀	215,000,000	182,900,000	32,100,000
3	IT서비스팀	369,000,000	307,300,000	61,700,000
4	개발팀	75,000,000	62,600,000	12,400,000
5	인사팀	460,000,000	394,500,000	65,500,000
6	물류팀	136,000,000	115,400,000	20,600,000
7	재무팀	78,000,000	66,500,000	11,500,000
8	마케팅팀	142,000,000	118,600,000	23,400,000
9	시설안전팀	285,000,000	242,200,000	42,800,000
10	법무팀	95,000,000	82,100,000	12,900,000
11	생산팀	336,000,000	290,400,000	45,600,000

수식: `=SUMIF(Sheet1!C:C,Sheet2!A2,Sheet1!F:F)`

> **공여사 TIP**
>
> 앞서 CHAPTER 01에서도 말했듯 천 단위 구분 기호를 넣을 때는 키보드 우측의 숫자 키패드가 아닌, 키보드 상단의 숫자 키패드를 사용해주세요.

이렇게 내가 원하는 조건에 맞는 값들만 더하는 SUMIF 함수까지 살펴봤습니다. 꽤 복잡하죠? 사실 저는 SUMIF 함수를 자주 사용하지는 않는데요. 완전히 고정된 보고 양식에서는 더 이상 고칠 일이 없으니까 최초에만 한 번 세팅해두면 되지만, 양식이 바뀌게 되면 매번 수식을 새로 짜줘야 하고, 조건이 여러 개일 땐 더 복잡한 SUMIFS 함수를 써줘야 해서 꽤 소모적이기 때문이에요.

지금까지의 실습 수준으로 데이터를 요약·집계하는 데는 COUNTIF와 SUMIF 함수면 충분하지만, 다음 CHAPTER에서 배울 피벗 테이블 기능을 익히면 더 많은 상황에서 훨씬 더 간단하게 데이터를 요약·집계할 수 있어요.

그럼 직장인의 대표 함수를 활용해 데이터를 가공·요약·집계하는 방법은 여기까지 알아보고, 다음 CHAPTER로 넘어가 직장인이라면 꼭 알아야 할 피벗 테이블 기능을 배워보겠습니다.

 궁금하실까봐 준비했어요!

조건이 여러 개일 때는 SUMIFS 함수

조건이 두 개 이상일 경우에는 복수형을 의미하는 S(복수형)가 붙은 SUMIFS 함수를 사용해요. 가장 먼저 더할 열을 지정해주고, 나머지 열에 비교할 범위와 찾을 조건을 번갈아 입력해준다는 점에서 SUMIF 함수와 입력하는 순서가 달라요.

- **SUMIF 함수 형식**
  =SUMIF(Range, Criteria, [Sum_Range])
  =SUMIF(찾을 범위, 찾을 값(조건), [더할 범위])

- **SUMIFS 함수 형식**
  =SUMIFS(Sum_Range, Criteria_Range1, Criteria1, [Criteria_Range2, Criteria2], …)
  =SUMIFS(더할 범위, 찾을 범위1, 찾을 값(조건)1, 찾을 범위2, 찾을 값(조건)2, …)

SUMIFS 함수는 숫자를 업무에 달고 살거나 늘 고정된 보고 양식을 사용하는 회계팀, 재무팀, 기획팀 같은 데서 주로 사용해요. 만일 이런 팀이 아니라면 복잡한 SUMIFS는 바로 잊어주셔도 됩니다.

CHAPTER 04

직장인 엑셀의 치트키를 장착해요
-피벗 테이블로 보고서 완성하기

01 최소한의 엑셀 상식⑫ : 빠르게 보고서를 작성하는 [피벗 테이블]

NO PAIN, YES GAIN! 피벗 테이블, 이름만 들으면 괜스레 어려울 것 같고 무시무시해 보이지만 단언컨대 직장인 엑셀에서 절대 없어서는 안 되는 기능 TOP 2 안에 듭니다. CHAPTER 03에서 배운 COUNTIF와 SUMIF를 활용하지 않고도 아주 간단하게 데이터를 요약·집계할 수 있는 피벗 테이블을 만나볼게요.

'손가락 까딱'의 대명사 피벗 테이블

지난 CHAPTER에서 방대한 양의 엑셀 데이터를 요약·집계하는 SUMIF 함수와 COUNTIF 함수를 배워봤습니다. 조건에 맞는 셀의 개수를 구하고 또 합계를 구해주는 함수들이었죠.

사실 값을 요약·집계할 때는 이번 CHAPTER에서 배울 피벗 테이블을 활용하면 앞선 CHAPTER에서 배운 함수들은 몰라도 되는데요. 직장인 엑셀의 강력한 치트키, 직장인이 익혀야 하는 필수 기능 피벗 테이블을 완벽하게 익혀보겠습니다. CHAPTER 03에서 살펴봤던 데이터 집계 문제들을 피벗 테이블로 손가락 하나 까딱해서 얼마나 간단하게 해결할 수 있는지 지금부터 확인해볼게요.

공여사와 무작정 풀어보기

복잡한 COUNTIF 저리 가라, 피벗 테이블 기능 이해하기1
예제 파일 : PA01/CH04/01_피벗 테이블 기능.xlsx

01 예제 파일을 열면 [상황1] 시트에서 익숙한 데이터를 볼 수 있습니다. CHAPTER 03에서 COUNTIF 함수를 배울 때 살펴봤던 테이블인데요. 앞서 팀별로 직원이 몇 명인지 구할 때 COUNTIF 함수를 사용해봤죠?

02 똑같은 문제를 이번에는 피벗 테이블로 해결해보겠습니다. 먼저 테이블 범위 [B2:D13] 중 아무 셀이나 하나 선택하고 Ctrl + A 를 눌러 전체 선택을 해줍니다.

03 그런 다음 상단 [삽입] 탭에서 [피벗 테이블]을 눌러줍니다.

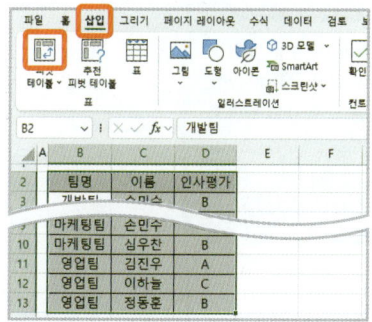

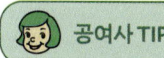

이 창은 엑셀 2019 버전 이상 기준이에요. 엑셀 2016 버전을 포함한 이하 버전이라면 조금 다르게 나올 수 있지만, 설정해야 하는 내용은 비슷하니 참고해주세요.

04 그러면 [표 또는 범위의 피벗 테이블] 창이 뜨는데, 피벗 테이블을 만들어서 어디에 둘 것인지 묻는 거예요. 보통은 새 워크시트에 작성을 하지만 이번 문제는 간단하니 한눈에 결과를 볼 수 있도록 같은 시트에 위치시킬게요. [기존 워크시트]를 선택하고 [위치]란에서 [F2] 셀을 선택한 다음 [확인]을 클릭합니다.

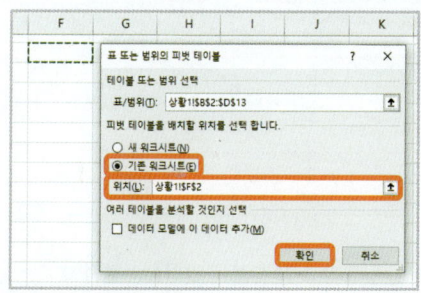

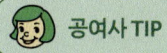

[위치]를 선택하는 단계에서 [F2] 셀을 선택하면 자동으로 '상황1!$F$2'가 입력돼요.

05 그러면 [F2] 셀 위치에 창이 하나 뜨고, 우측에도 [피벗 테이블 필드]라는 창이 나옵니다.

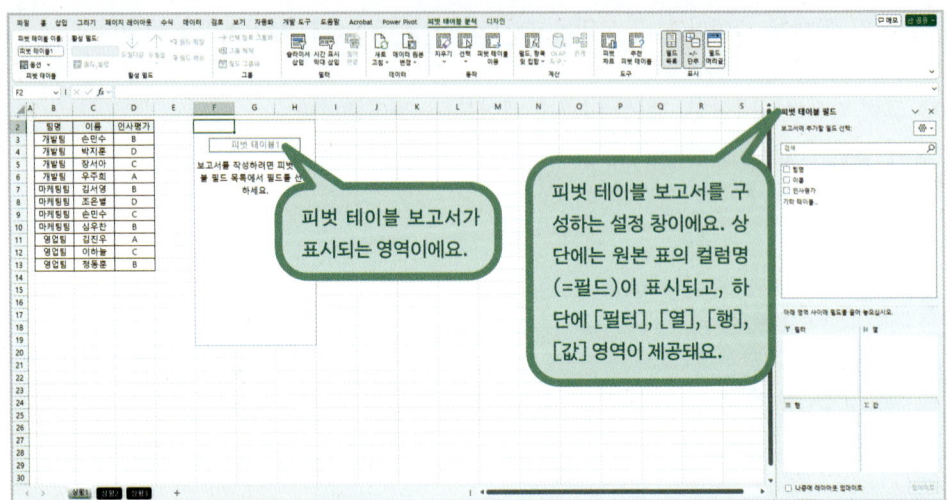

궁금하실까봐 준비했어요!

피벗 테이블 보고서의 영역

피벗 테이블 보고서의 [피벗 테이블 필드]는 원본 테이블의 컬럼(명)을 뜻해요. 그리고 그 아래에는 [필터], [열], [행], [값] 영역이 있죠. 이 4가지 영역에 피벗 테이블 필드를 갖다 놓으면, 아래와 같은 보고서가 태어나요. 아래에서 각 영역이 어디에 대응하는지 미리 살펴보세요.

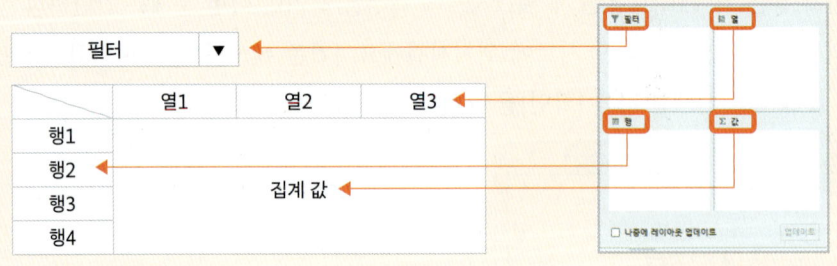

공여사 TIP

엑셀에서는 피벗 테이블 '필드'라고 지칭하지만 실무에서는 필드라고 잘 부르지 않아요. '컬럼'이라고 부릅니다. 이 책에서는 실무 친화적인 표현을 쓰고자 '필드' 대신 '컬럼'으로 지칭할 테니 참고해주세요.

06 피벗 테이블을 처음 본 분들은 당황할 수 있겠지만, 마음을 편히 가지세요. 잘못 만져도 원본 데이터는 안 틀어지니 장난감 놀이라고 생각하고 마구 옮겨보는 거예요.

07 가장 먼저 각 팀명을 행 영역에 펼쳐놓기 위해 [팀명] 컬럼을 [행] 영역에 갖다 놓아볼게요. 그러면 [F2] 셀의 [행 레이블] 아래로 3개의 팀명이 펼쳐져서 나타납니다. 원본 테이블에는 같은 팀명이 여러 번 반복해서 등장하지만, [팀명] 컬럼을 [행] 영역에 갖다 두니 그 고윳값이 각 행에 나누어 펼쳐졌어요. 우리가 이전에 SUMIF 함수를 사용하기 전에 [중복된 항목 제거]를 통해 고윳값을 남겼던 것과 동일한 절차죠.

> 🧑 **공여사 TIP**
>
> 피벗 테이블에서 특정 컬럼을 [행] 영역 또는 [열] 영역에 드래그하여 갖다 놓는 동작은 117페이지에서 작업한 [중복된 항목 제거]와 완전히 같아요. 다만, [열] 영역의 경우 표시할 고윳값이 가로로 펼쳐져서 나타난다는 점만 차이가 있어요.

08 이번에는 [이름] 컬럼을 드래그해서 [값] 영역에 갖다 놓을게요. 그러면 값 영역에 [개수 : 이름]으로 표시됩니다. 말 그대로 이름의 개수를 집계하는데, 함수로 치면 COUNTA의 결과에 해당해요. 즉, 이름 열에 값이 채워진 셀의 개수를 세어줬다는 뜻이죠. 행 영역에 불러와진 [팀명] 값에 대해 이름 값이 채워진 셀의 개수를 구하면 결국엔 우리가 생각하는 팀별 '인원수'가 되는 거죠. 앞서 배운 COUNTIF 함수와 거의 비슷한데, 훨씬 더 간편하죠?

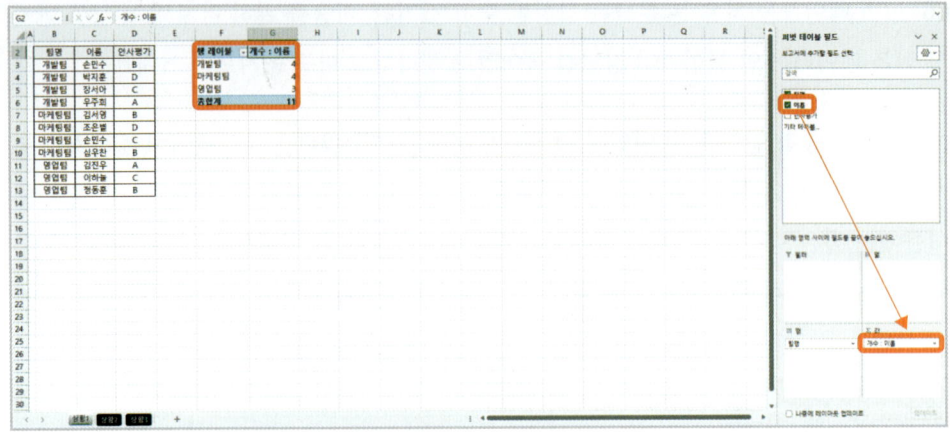

09 이번에는 '인사평가' 등급별로 몇 명이 받아 갔는지 구해볼게요. **02** 과정과는 다르게 B:D열을 드래그해 전체 선택한 다음 상단 [삽입] 탭의 [피벗 테이블]을 클릭합니다.

10 [표 또는 범위의 피벗 테이블] 창이 뜨면 [기존 워크시트]를 선택하고 [위치] 란에서 [F8] 셀을 클릭한 다음 [확인]을 눌러주세요.

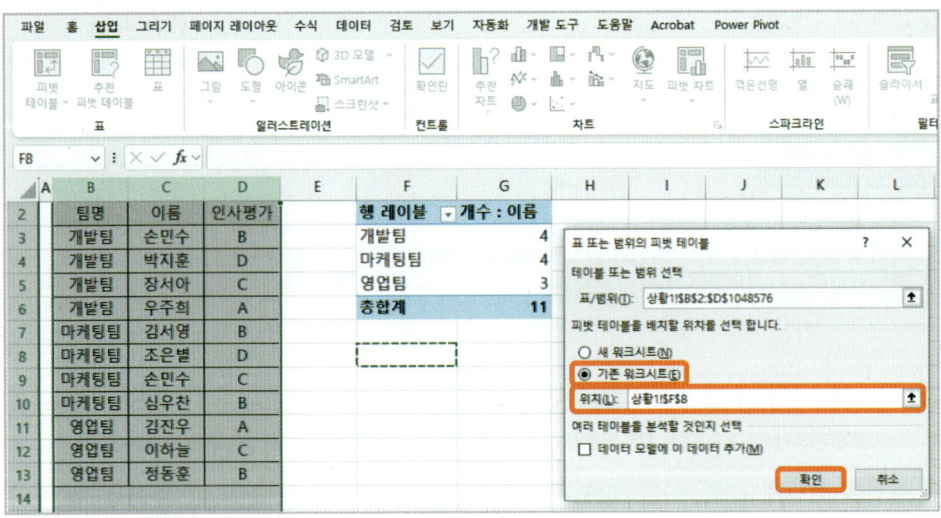

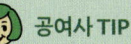 **공여사 TIP**

02 과정처럼 셀 범위를 지정해주면 데이터가 추가로 쌓일 때마다 상단 [피벗 테이블 분석]의 [데이터 원본 변경]에서 매번 범위를 수정해줘야 해요. 실무에서 데이터가 추가되는 건 매우 자연스러운 일인데, 그때마다 이 작업을 해야 한다면 굉장히 귀찮겠죠? 따라서 피벗 테이블을 만들 때는 열 기준으로 범위를 지정하는 게 좋아요. 데이터가 추가될 때마다 범위를 수정해줄 필요가 없기 때문에 편리하거든요. 실무에서 피벗 테이블을 만들 때는 **09** 과정처럼 '열 범위 전체를 지정'한다는 점 꼭 기억해주세요.

11 새 피벗 테이블이 생성됐습니다. 이번에는 '인사평가'별 '인원수'를 구해볼게요. 뇌를 거치지 말고 냅다 [인사평가] 컬럼을 드래그해서 [행] 영역에 놔줍니다.

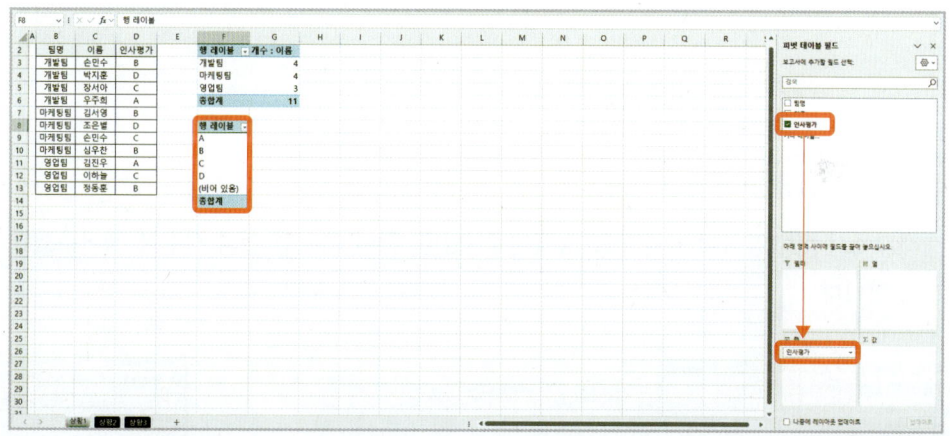

12 그런데 이번에는 맨 아래 항목에 [비어 있음]이 표시됩니다. 왜냐? **02** 과정과는 다르게 **09** 과정에서 열로 범위를 선택해줬기 때문에 13행 아래부터 비어 있는 셀들에 대해서 고윳값 한 개를 남겨 '(비어 있음)'이 표시된 거예요. 보고서에서는 불필요한 항목이니 이 값을 날려주기 위해 [F8] 셀 [행 레이블]의 역삼각형 필터 버튼을 클릭한 뒤 [비어 있음] 항목을 체크 해제한 후 [확인]을 눌러줍니다.

13 이제 '인사평가' 등급별 인원수를 구할 차례입니다. 이번엔 [이름] 대신 [팀명] 컬럼을 드래그해서 [값] 영역에 놔줄게요. 등급별로 [팀명] 값이 채워진 셀의 개수를 세어주겠다는 뜻입니다.

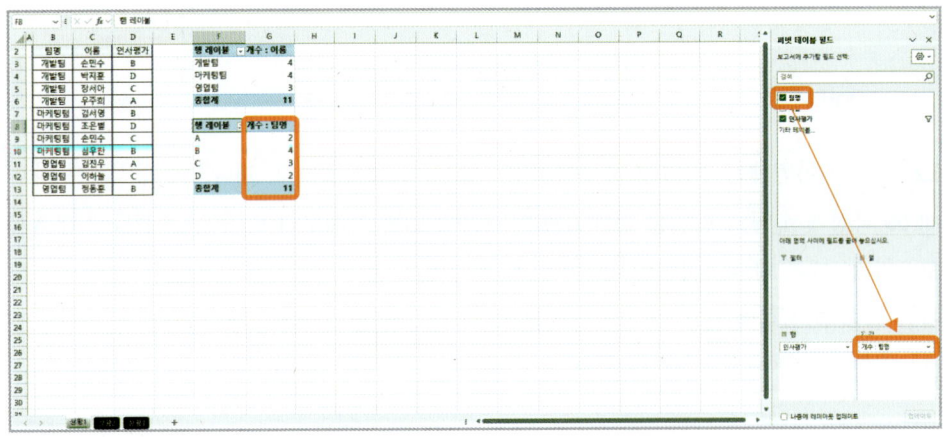

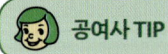 공여사 TIP

당연히 [팀명]이 아닌 [이름] 컬럼을 [값] 영역에 갖다 놔도 같은 결과를 얻을 수 있어요. 어차피 값이 채워진 셀의 개수를 세어주는 것이니까요.

지금까지 피벗 테이블을 활용해 COUNTIF 함수로 했던 작업을 수월하게 진행해봤어요. 피벗 테이블을 학문적으로 접근하면 이해하는 데 몇날 며칠 걸릴 거예요. 그냥 무작정 마우스 드래그&드롭으로 여기저기 갖다 놓아보며 피벗 테이블의 '손맛'을 느껴보는 것을 추천합니다.

다음으로는 SUMIF 함수로 했던 작업을 피벗 테이블로 다시 해결해볼게요.

공여사와 무작정 풀어보기 >>

복잡한 SUMIF 저리 가라, 피벗 테이블 기능 이해하기2
예제 파일 : PA01/CH04/01_피벗 테이블 기능.xlsx

01 예제 파일의 [상황2] 시트를 클릭하면 CHAPTER 03에서 SUMIF 함수를 배울 때 살펴봤던 테이블이 있습니다. 앞서 각 팀의 '주문수량' 합계가 몇 개인지 구할 때 SUMIF 함수를 사용했었죠?

02 이번에도 B:D열 전체를 드래그해 선택하고 [삽입] 탭의 [피벗 테이블]을 클릭합니다. [표 또는 범위의 피벗 테이블] 창이 뜨면 이번에도 [기존 워크시트]를 선택하고 [위치] 란에서 [F2] 셀을 선택한 후 [확인]을 클릭합니다.

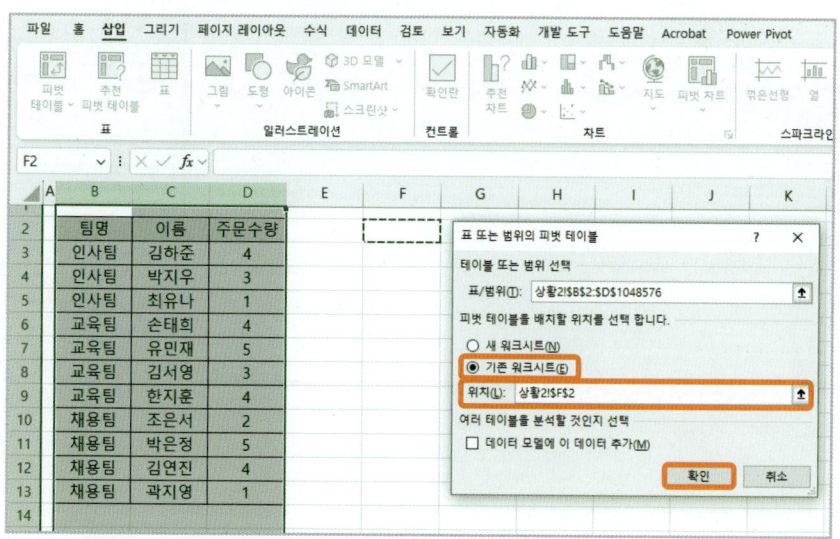

03 팀별 '주문수량' 합계를 구해야 하니 우선 '팀명'의 고윳값이 각 행에 나눠서 펼쳐지도록 [팀명] 컬럼을 드래그해 [행] 영역에 놔줍니다. 피벗 테이블에 표시되는 [(비어 있음)]은 129페이지의 **12** 과정을 참고해 없애줍니다.

04 직원 수를 먼저 구해볼게요. [이름] 컬럼을 드래그해 [값] 영역에 갖다 놓으면 [이름] 열 중에서 값이 채워진 셀의 개수가 출력됩니다. 결국 인사팀이 몇 명, 교육팀이 몇 명, 채용팀이 몇 명인지를 의미하는 값이죠.

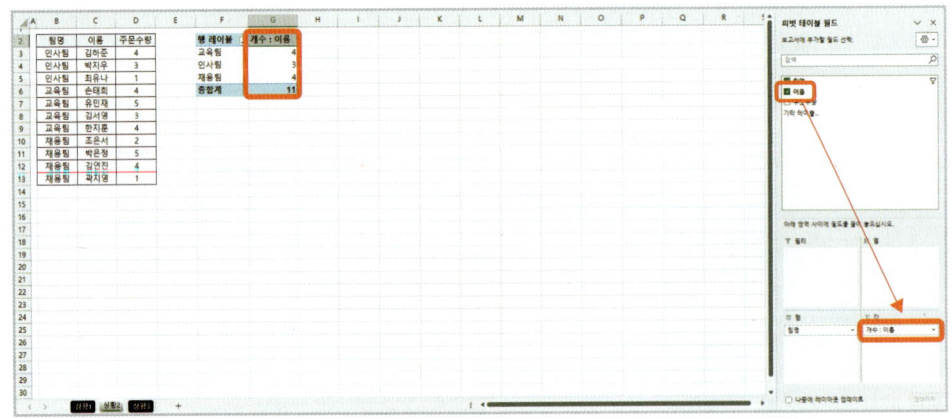

05 마지막으로 [주문수량] 컬럼을 드래그해서 [값] 영역에 놔줄게요. 그러면 [값] 영역에 [합계 : 주문수량]이 태어나는 걸 볼 수 있어요. 말 그대로 팀별 주문수량의 합계 값이죠.

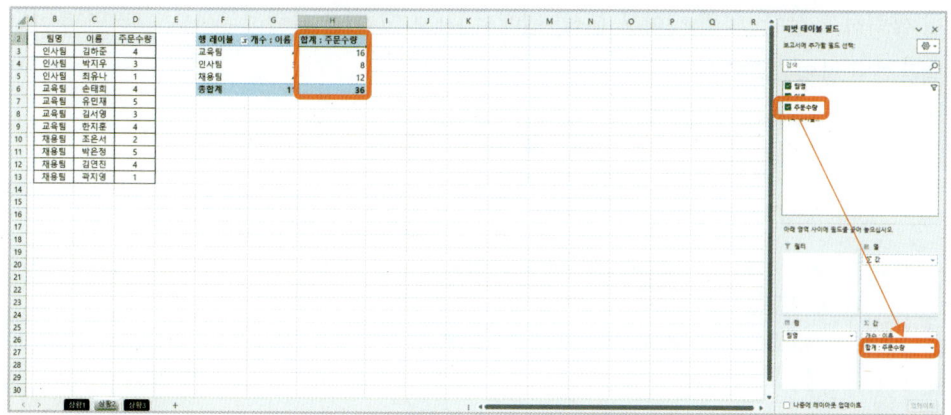

> 🧑 **공여사 TIP**
>
> 눈치채셨나요? 앞서 [팀명] 컬럼을 [값] 영역에 갖다 두었을 땐 '개수'로 잡혔었는데, 이번에 [주문수량] 컬럼을 갖다 두니 '합계'로 잡혔어요. 피벗 테이블에서 값 영역에 갖다 둔 컬럼의 값이 숫자로 이뤄져 있을 땐 자동으로 [합계]를 먼저 띄워주고, 텍스트로 이뤄져 있을 땐 자동으로 [개수]를 먼저 띄워주기 때문이에요. 텍스트를 더할 순 없을 테니까요.
> 만일 집계 유형을 [개수]로 바꾸고 싶다면, [값] 영역의 [합계 : 주문수량] 항목을 클릭하면 나오는 [값 필드 설정]에서 변경해주세요.

06 그런데 이 상태에서 주문한 사람이 한 명 더 늘어났다고 해볼게요. 교육팀 차은우가 주문을 5개 추가한 거죠. [B14:D14] 셀에 각각 교육팀, 차은우, 5를 적어줍니다.

	A	B	C	D	E	F	G	H
2		팀명	이름	주문수량		행 레이블	개수 : 이름	합계 : 주문수량
3		인사팀	김하준	4		교육팀	4	16
4		인사팀	박지우	3		인사팀	3	8
5		인사팀	최유나	1		채용팀	4	12
6		교육팀	손태희	4		총합계	11	36
7		교육팀	유민재	5				
8		교육팀	김서영	3				
9		교육팀	한지훈	4				
10		채용팀	조은서	2				
11		채용팀	박은정	5				
12		채용팀	김연진	4				
13		채용팀	곽지영	1				
14		교육팀	차은우	5				

07 교육팀의 차은우가 5개를 더 주문했는데 피벗 테이블 보고서에는 바로 반영되지 않죠? 이때는 보고서 내용을 업데이트하기 위해 피벗 테이블 영역인 [F2:H6] 중 아무 셀이나 클릭하고 상단 [피벗 테이블 분석] 탭에서 [새로 고침]을 클릭해주세요. 그러면 추가된 내용까지 반영됩니다.

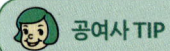

공여사 TIP

단축키 Ctrl + Alt + F5 를 눌러도 새로 고침이 돼요. 이렇게 피벗 테이블과 새로 고침만 있다면 아무리 방대한 양의 데이터가 추가된다 해도 두려울 게 없겠죠?

08 그런데 이렇게 구해진 피벗 테이블의 집계 값들, 이거 영 불안해서 잘 구해졌는지 내 눈으로 확인해보고 싶지 않나요?

09 이럴 때 필요한 피벗 테이블의 편리한 기능 하나를 더 알아볼게요. 확인해보고 싶은 [G4] 셀을 더블클릭해봅니다. 그러면 새로운 시트가 하나 생기는데, 해당 집계 값에 대한 원본 데이터가 추려져서 표시돼요.

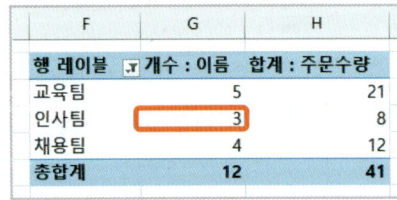
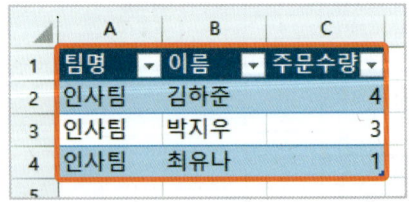

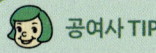

공여사 TIP

만일 내가 기획팀, 인사팀 등 Staff 부서에 있다면 SUMIF나 COUNTIF 대신 피벗 테이블로 보고서를 만들어 공유하면 받는 직원들이 더 좋아할 거예요. 입맛에 맞게 피벗 테이블의 [열], [행], [값] 영역에 컬럼만 이리저리 끌어다 놓으면 다양한 보고서 형태로 조회할 수 있고, 더블클릭 한 번이면 세부 내역도 확인할 수 있으니까요. 피벗 테이블로 센스 있는 일잘러가 돼봅시다.

공여사와 무작정 풀어보기

복잡한 SUMIF 저리 가라, 피벗 테이블 기능 이해하기3

예제 파일 : PA01/CH04/01_피벗 테이블 기능.xlsx

01 마지막으로 116~120페이지에서 SUMIF 함수를 활용해 복잡하게 처리했던 문제를 피벗 테이블로 간단하게 처리해보겠습니다. 예제 파일의 [상황3] 시트를 클릭하면 CHAPTER 03에서 봤던 복잡한 실무 테이블을 확인할 수 있습니다.

02 마찬가지로 A:H열을 선택하고 상단 [삽입] 탭의 [피벗 테이블]을 클릭합니다. 이번에는 [새 워크시트] 항목에 체크하고 [확인]을 클릭합니다.

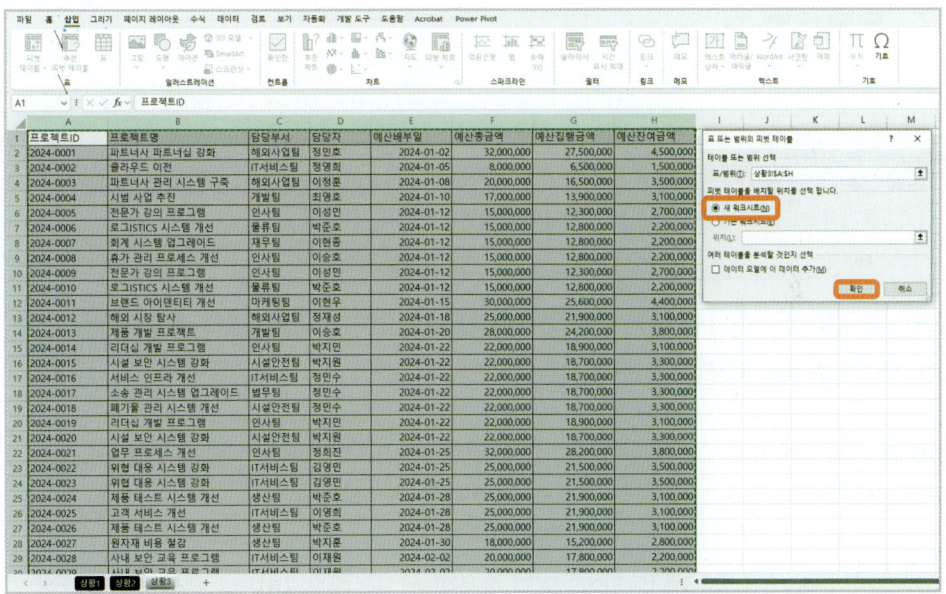

03 이번에도 마찬가지로 [담당부서] 컬럼을 [행] 영역에 끌어다 두면 '담당부서'의 고윳 값이 각 행에 나눠서 펼쳐지겠죠. 이때도 불필요한 [(비어 있음)]은 129페이지의 **12** 과정 에서 배운 대로 필터를 걸어서 없애주자고요.

04 우리가 정리하고 싶은 것은 담당부서별로 배부받은 '예산총금액'과 '예산집행금액', '예산잔여금액'이죠. 그러면 집계할 [예산총금액], [예산집행금액], [예산잔여금액] 컬럼 을 [값] 영역에 각각 끌어다 놔줍니다.

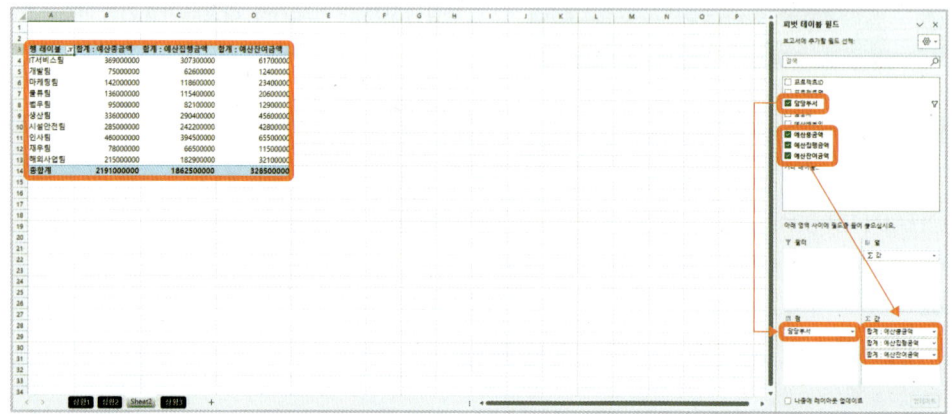

공여사 TIP

집계할 컬럼을 [열] 영역에 두었기 때문에 집계 값이 각 열에 나뉘어서 들어가졌는데요. [열] 영역 에 있는 [∑ 값]을 [행] 영역으로 옮기면 각 집계 값이 행마다 나뉘어져 들어가게 할 수도 있어요. 직 접 옮겨서 보고서가 어떻게 변하는지 살펴봐도 좋겠죠?

05 자, 피벗 테이블에서 배워야 할 한 가지가 남았습니다. 바로 [필터]예요. 필터도 전혀 어려울 게 없으니 바로 이어서 배워봅시다.

06 만약 담당자별로 조회를 하고 싶다고 가정해볼게요. 그럴 때는 [담당자] 컬럼을 드래그 해 [필터] 영역에 놔주세요.

07 그러면 [A1:B1] 범위에 [담당자] 필터 항목이 생기는데요. [B1] 셀 우측의 역삼각형 필 터 버튼▼을 눌러 조회하고 싶은 담당자를 선택한 후 [확인]을 누르면 담당자별 현황을 확인할 수 있습니다.

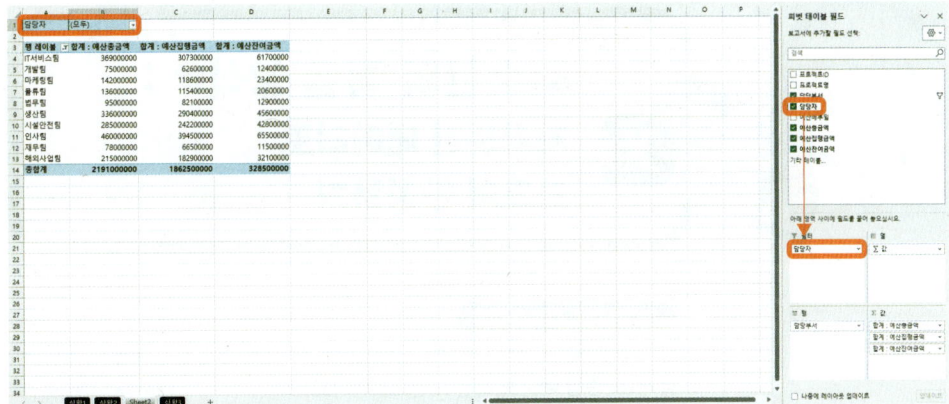

> **공여사 TIP**
>
> 완성된 피벗 테이블 보고서의 금액 값이 입력된 범위를 지정한 다음 Ctrl + Shift + 1 을 눌러 천 단위 구분 기호를 넣어 보고서를 그럴싸하게 완성하면 더 좋겠죠?

지금까지 직장인 엑셀의 꽃이라고 하는 피벗 테이블을 알아봤어요. 복잡한 집계 함수 1도 몰라도 피벗 테이블 하나면 방대한 양의 데이터 요약·집계가 순식간에 뚝딱입니다. 책에서 살펴본 양식 말고도 컬럼을 직접 이리저리 옮겨보며 다양한 형태의 피벗 테이블 보고서를 만들어보세요. 보는 것보다 훨씬 쉬울 거예요.

최소한의 엑셀 상식⑬ : 지저분한 데이터로 보고서 완성하기

NO PAIN, YES GAIN! 이번에는 지금까지 배운 데이터를 한데 모아 가공하고 집계하는 모든 과정을 진짜 실무에서 겪게 될 실전 문제들로 해결해볼게요. 종합 예술을 하는 느낌으로다가요.

지금까지 배운 내용으로 종합 예술을 해봅시다

PART 01의 막바지를 향해 달려가고 있습니다. 여태까지 우리가 달려온 과정을 살펴보면요. CHAPTER 02에서는 엑셀을 하다가 꼭 만나게 될 수밖에 없는 지저분한 데이터를 쓸모 있는 데이터로 가공하기 위해 숫자, 텍스트, 날짜/시간 데이터를 다루는 함수들을 배웠고요. CHAPTER 03에서는 흩어져 있는 데이터를 한데 모으기 위해 VLOOKUP 함수를 배웠습니다. 물론 모든 데이터 정리의 핵심이자 기본 개념이 되는 IF 함수도 배웠고요. 그리고 CHAPTER 04로 넘어와서는 방대한 양의 Raw데이터를 빠르게 요약·집계해주는 피벗 테이블을 배우고 있습니다.

물론 피벗 테이블과 같은 기능을 하는 COUNTIF와 SUMIF 함수도 배웠지만 조금이라도 머리 쓰기 싫다면 피벗 테이블을 활용하는 것이 백 번이고 천 번이고 낫습니다. COUNTIF, SUMIF 함수는 누군가가 썼을 때 알아볼 수 있는 정도만 돼도 충분해요.

왜냐면 데이터 가공은 어쩔 수 없이 우리가 해야 하고, 테이블을 합치는 것 역시도 우리가 해야 하지만, 집계만큼은 Raw데이터만 잘 정돈해주면 마우스 클릭 몇 번에, 드래그&드롭 몇 번에 피벗 테이블이 짠! 하고 태어나기 때문이죠. 저는 피벗 테이블을 진심으로 사랑합니다. 제발 안 쓴 사람 없게 해주세요.

이번에는 종합 예술 느낌으로 지금까지 배운 것들을 망라하여 지저분한 실무 데이터를 어떻게 가공하고, 요약·집계하는지 낱낱이 파헤쳐보려고 합니다. 그럼 시작해볼게요.

> 공여사와 무작정 풀어보기

지저분한 데이터로 피벗 테이블 보고서 만들기
예제 파일 : PA01/CH04/02_피벗 테이블 실전(지저분한 데이터).xlsx

01 예제 파일을 열고 데이터를 살펴보겠습니다. 먼저 [발주번호]가 보이네요. 이어서 [발주명], [자재코드], [발주수량], [발주일자], [출고일자] 값이 들어 있고요. 우리가 채워야 하는 건 비어 있는 [발주년월], [리드타임], [생산라인]입니다.

	A	B	C	D	E	F	G	H	I
1	발주번호	발주명	자재코드	발주수량	발주일자	출고일자	발주년월	리드타임	생산라인
2	PO1001	한길건설 '부산 신항 전력 설비 업그레이드' 자재 공급	M10101	355	2024-01-02	2024-01-13			
3	PO1001	한길건설 '부산 신항 전력 설비 업그레이드' 자재 공급	M10401	393	2024-01-02	2024-01-14			
4	PO1001	한길건설 '부산 신항 전력 설비 업그레이드' 자재 공급	M10402	203	2024-01-02	2024-01-10			
5	PO1002	세계기계 인도 '공장 건설 프로젝트' 자재 공급	M10501	1,445	2024-01-02	2024-01-04			
6	PO1003	글로벌건설 브라질 '에너지 설비 업그레이드' 자재 공급	M10401	901	2024-01-02	2024-01-05			
7	PO1003	글로벌건설 브라질 '에너지 설비 업그레이드' 자재 공급	M10501	1,450	2024-01-02	2024-01-13			
8	PO1004	동화기계 '송도 신규 주거 단지 조성' 자재 공급	M10401	176	2024-01-10	2024-01-21			
9	PO1005	동화기계 '경기도 공장 자동화 라인 구축' 자재 공급	M10502	162	2024-01-11	2024-01-25			
10	PO1005	동화기계 '경기도 공장 자동화 라인 구축' 자재 공급	M10401	700	2024-01-11	2024-01-17			
11	PO1005	동화기계 '경기도 공장 자동화 라인 구축' 자재 공급	M10402	287	2024-01-11	2024-01-23			
12	PO1006	청명전기 '부산 신항 전력 설비 업그레이드' 자재 공급	M10101	1,339	2024-01-13	2024-01-15			
13	PO1007	청명전기 '부산 신항 전력 설비 업그레이드' 자재 공급	M10101	1,443	2024-01-25	2024-02-07			
14	PO1008	한길건설 '송도 신규 주거 단지 조성' 자재 공급	M10503	419	2024-01-28	2024-02-01			
15	PO1008	한길건설 '송도 신규 주거 단지 조성' 자재 공급	M10502	1,202	2024-01-28	2024-02-03			

> **공여사 TIP**
>
> '발주년월'은 '발주일자'로 구할 수 있겠죠? '리드타임'은 발주일로부터 출고일까지 걸린 기간을 의미하기 때문에 '발주일자'와 '출고일자'로 구할 수 있겠습니다. '생산라인'은 '자재코드'로 구할 수 있겠는데요. [C1] 셀 오른쪽 상단에 붉은색 삼각형 표시로 메모가 남겨진 곳에 마우스 커서를 올려보면 '자재코드'의 중간 숫자가 '생산라인'임을 알 수 있어요.

> **공여사 TIP**
>
> 실무를 할 때 이런 데이터를 받으면 이 데이터가 얼마나 큰지 확인해보는 게 필요해요. [A1] 셀에서 `Ctrl`+`↓`를 눌러보면 데이터가 들어 있는 맨 끝 셀로 이동하는데, 왼쪽의 행 번호를 보면 307행이라는 걸 알 수 있어요. 이 정도는 실무에서 그렇게 많은 편은 아니지만, 손으로 하나하나 다 채우기에는 부담스러운 양이죠. 데이터의 크기를 확인했으면 다시 `Ctrl`+`↑`를 눌러 [A1] 셀로 돌아옵니다.

02 이 데이터에서 우리가 궁금한 건 뭘까요? 내가 생산부서에 있다고 가정해봅시다. 하나의 발주 건에 여러 자재가 들어가는데, 자재별로 발주부터 출고까지 리드타임이 얼마나 걸렸는지 상사가 궁금한 거죠. 게다가 그것을 발주 월 기준으로도 보고 싶고, 생산 라인별로도 보고 싶겠죠.

CHAPTER 04) 직장인 엑셀의 치트키를 장착해요 **139**

03 심지어는 회사에서 데이터를 처음 접했을 때 세운 계획이 보고서를 다 만들고 나서도 같을 리가 없기 때문에 이런 복잡하고 방대한 데이터를 요약·집계하기 위해서는 SUMIF 와 COUNTIF 함수보다는 언제든지 쉽게 변형 가능한 피벗 테이블이 제격이에요. 그럼 이제 비어 있는 G:I열의 값을 채우고, A:I 전체 열로부터 피벗 테이블 보고서를 만들어볼 게요.

04 먼저 '발주년월'을 구해보겠습니다. [G2] 셀에 다음 수식을 입력한 후 Enter 를 칩니다.

=YEAR(E2)&"-"&TEXT(MONTH(E2),"00")

 공여사 TIP

이 수식의 원리는 CHAPTER 02에서 살펴본 내용이에요. 잘 기억나지 않는다면 95페이지로 돌아가 참고해보세요. 참고로 =TEXT(E2,"YYYY-MM")로 구해도 동일한 결과가 나옵니다.

	A	B	C	D	E	F	G	H	I
1	발주번호	발주명	자재코드	발주수량	발주일자	출고일자	발주년월	리드타임	생산라인
2	PO1001	한길건설 '부산 신항 전력 설비 업그레이드' 자재 공급	M10101	355	2024-01-02	2024-01-13	2024-01		
3	PO1001	한길건설 '부산 신항 전력 설비 업그레이드' 자재 공급	M10401	393	2024-01-02	2024-01-14			
4	PO1001	한길건설 '부산 신항 전력 설비 업그레이드' 자재 공급	M10402	203	2024-01-02	2024-01-10			
5	PO1002	세계기계 인도 '공장 건설 프로젝트' 자재 공급	M10501	1,445	2024-01-02	2024-01-04			
6	PO1003	글로벌건설 브라질 '에너지 설비 업그레이드' 자재 공급	M10401	901	2024-01-02	2024-01-05			
7	PO1003	글로벌건설 브라질 '에너지 설비 업그레이드' 자재 공급	M10501	1,450	2024-01-02	2024-01-13			
8	PO1004	동화기계 '송도 신규 주거 단지 조성' 자재 공급	M10501	176	2024-01-10	2024-01-21			
9	PO1005	동화기계 '경기도 공장 자동화 라인 구축' 자재 공급	M10502	162	2024-01-11	2024-01-25			
10	PO1005	동화기계 '경기도 공장 자동화 라인 구축' 자재 공급	M10401	700	2024-01-11	2024-01-17			

05 이번에는 '리드타임'을 구해보겠습니다. [H2] 셀에 다음 수식을 입력한 후 Enter 를 칩니다.

=F2-E2

 공여사 TIP

CHAPTER 02에서 배운 대로 엑셀에서 날짜 데이터는 일련번호(숫자)로 취급되기 때문에 '출고일 자'에서 '발주일자'를 빼줄 수가 있어요. 앞에서 배운 내용이 잘 기억나지 않는다면 54페이지로 돌아가 참고해보세요.

06 [H2] 셀의 결과가 1900-01-11로 나올 텐데요. 당황하지 않고 상단 [홈] 탭에서 [표시 형식]을 [날짜]에서 [일반]으로 변경합니다. 그러면 11이라는 제대로 된 리드타임이 구해집니다.

 공여사 TIP

CHAPTER 02에서 배운 표시 형식 때문에 11이라는 값이 1900-01-11로 표시된 거예요. 앞에 내용을 잘 기억하고 있다면 1900-01-11이라는 결과가 나와도 당황하지 않았을 거예요. 잘 기억나지 않는다면 51페이지로 돌아가 참고해보세요.

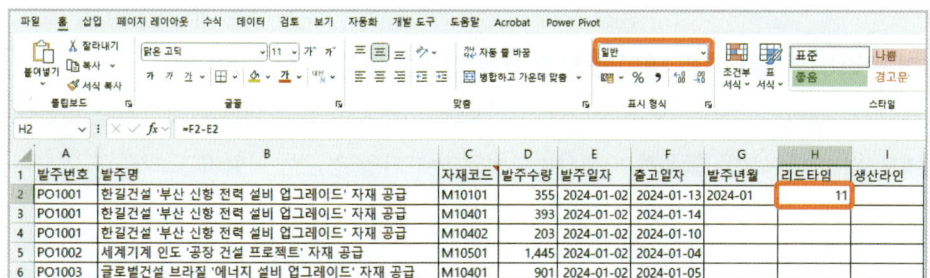

07 이번엔 '생산라인' 번호를 구해보겠습니다. '생산라인'은 '자재코드' 중간에 있는 숫자라고 했죠? 네 번째에 숫자가 생산라인 번호예요. 인식하기 쉽게 '라인1', '라인2'와 같이 표시해볼게요. [I2] 셀에 다음 수식을 입력한 후 Enter 를 칩니다.

="라인"&MID(C2,4,1)

 공여사 TIP

CHAPTER 02에서 배운 MID 함수를 활용해 '자재코드'의 네 번째 글자를 불러왔어요. MID 함수 사용법이 잘 기억나지 않는다면 80페이지로 돌아가 참고해보세요.

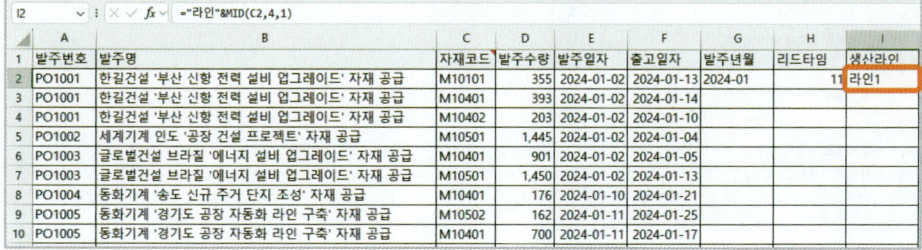

08 구해야 할 값을 모두 구했으니 [G2:I2] 셀 범위를 드래그해 지정한 다음 [I2] 셀의 채우기 핸들을 더블클릭해 마지막 행까지 수식을 밀어 넣어줄게요.

데이터 정리는 끝! 피벗 테이블 보고서를 만들어봅시다

자, 이렇게 데이터 정리는 모두 끝났습니다. 이제 피벗 테이블을 활용해 보고서를 만들어볼게요. 피벗 테이블을 활용하면 생산라인별로 리드타임 평균이 어떤지 등 다양한 인사이트를 '손가락 까딱' 몇 번 만에 얻을 수 있겠죠?

09 A:I열을 선택하고 상단 [삽입] 탭의 [피벗 테이블]을 클릭합니다. 새 시트에 피벗 테이블 보고서를 만들어줄게요. [새 워크시트]가 선택된 상태에서 바로 [확인]을 누릅니다.

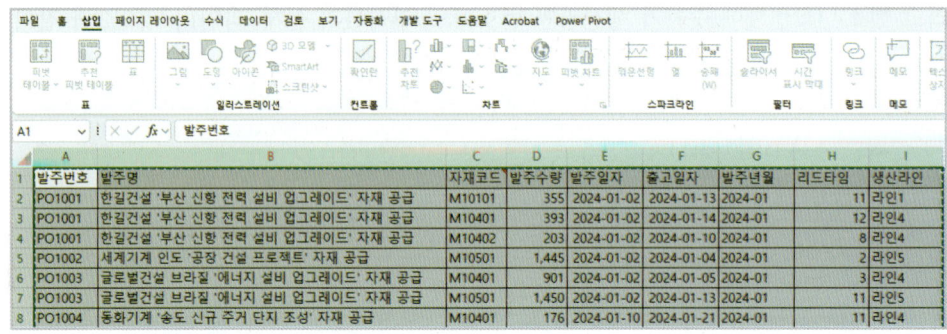

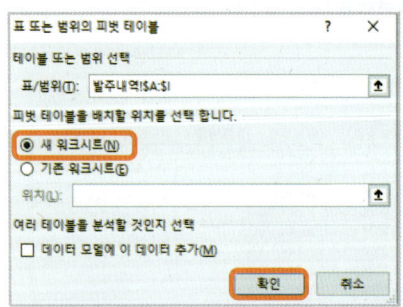

10 새 시트에 피벗 테이블이 생성되면 피벗 테이블 필드에서 [생산라인] 컬럼을 드래그해 [행] 영역에 놔줄게요. 그런 다음 [리드타임] 컬럼을 드래그해 [값] 영역에 놔줍니다.

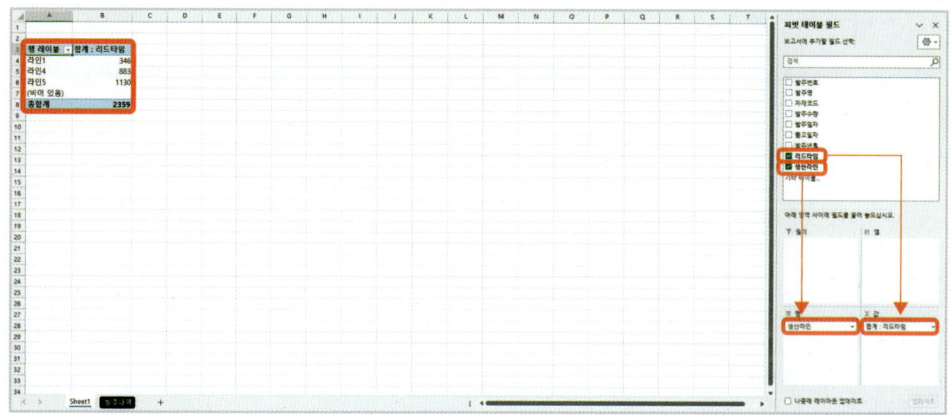

공여사 TIP

열을 기준으로 범위를 설정했기 때문에 [행 레이블]에 [(비어 있음)]이 표시되고 있어요. 이제 [(비어 있음)]을 빼는 작업은 쉽게 할 수 있겠죠? 잘 기억나지 않는다면 129페이지를 참고해보세요.

11 [리드타임] 컬럼을 [값] 영역에 갖다 놨더니 저절로 [합계 : 리드타임]으로 표시되고 있어요. '리드타임'에 든 값이 숫자라서 그렇죠. 우리가 가장 먼저 궁금한 건 리드타임의 평균이니까 집계 방식을 [합계]에서 [평균]으로 바꿔줄게요. [값] 영역의 [합계 : 리드타임]을 클릭한 다음 [값 필드 설정]을 눌러주세요. [값 필드 설정] 창이 뜨면 [값 필드 요약 기준]에서 [평균]을 클릭하고 [확인]을 눌러줍니다.

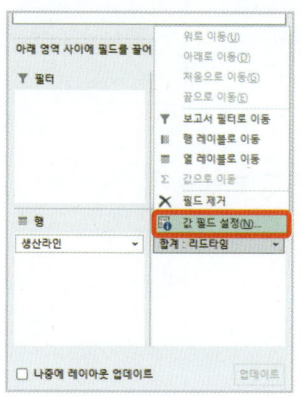
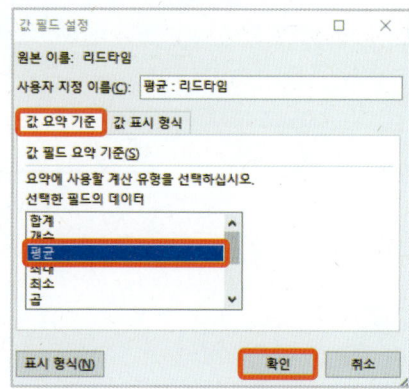

12 [B4:B7] 위치에 리드타임의 평균이 구해졌습니다. 긴 소수점이 거슬릴 수 있으니 [B4:B7] 영역을 드래그한 뒤 상단 [홈] 탭의 [자릿수 줄임]을 여러 번 클릭해 소수점이 하나만 남게 해줄게요.

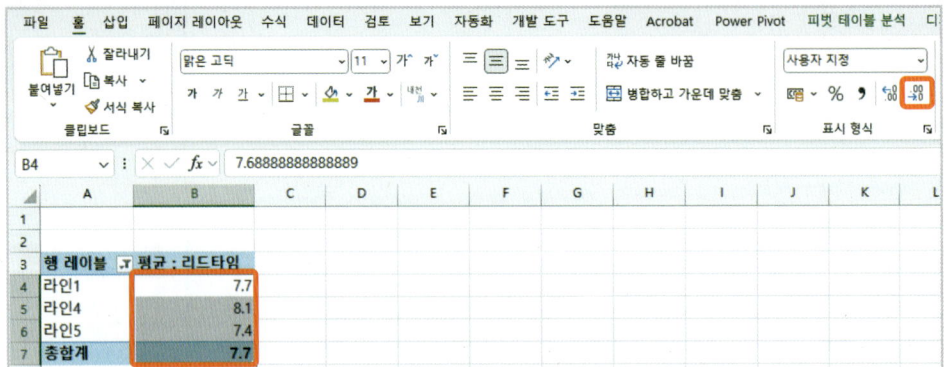

13 우리 상사께서 이번에는 또 라인별 평균 리드타임이 월별로 어떻게 변하는지도 굳이 보고 싶다고 하시네요. 이럴 때는 [발주년월] 컬럼을 [행] 영역에 갖다 놔주세요. 그러면 각 행에 발주년월이 펼쳐지면서 라인별, 월별 리드타임 평균까지 확인할 수 있어요. 정말 간편하죠?

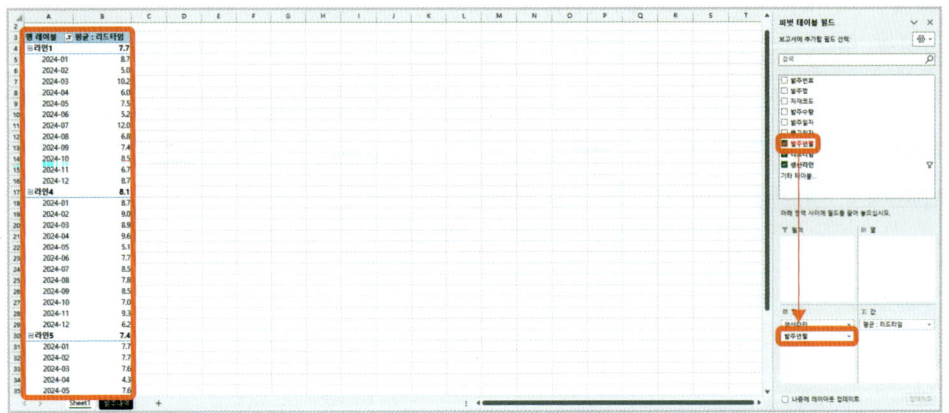

14 그런데 아래로 쭉 펼쳐지니 라인별로, 월별로 어떻게 증감이 됐는지 한눈에 안 들어오네요. 이럴 땐 [행] 영역의 [발주년월] 컬럼을 [열] 영역으로 끌어다 놔줄게요. 그러면 월별, 라인별 리드타임 평균값이 한눈에 더 잘 들어옵니다.

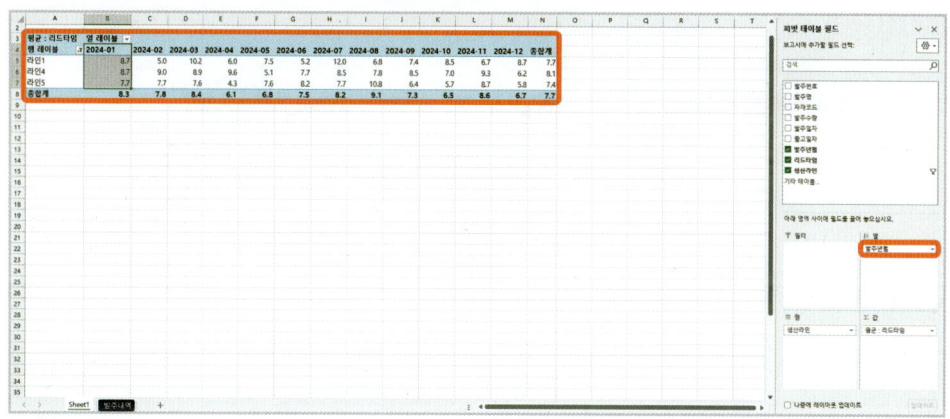

> 🙋 **공여사 TIP**
>
> 시간 추이가 있는 데이터를 볼 때는 가로로 데이터가 나열되는 게 마치 시간축 그래프를 보듯이 직관적으로 와닿아요. 실무에서 이런 센스를 가지면 좋겠죠?

15 만약 이중 어떤 건은 불가피한 사정이 있어 딱 한 번 출고가 오래 걸린 거라면 억울할 거예요. 그러니 각 리드타임 평균이 대체 몇 건에 대한 평균인지 추가해줄게요. 예를 들어 [B5] 셀의 8.7일이라는 통계치에 대한 상세 내역을 보기 위해 이 셀을 더블클릭해보면 총 3개의 발주 건이 확인되는데, 이 '3개'라는 값을 보고서에 정리하고 싶은 것이죠.

> 🙋 **공여사 TIP**
>
> 실무 보고서에는 자꾸만 어떤 항목들이 그 억울함(또는 오해)을 풀어주기 위해서라도 추가돼요. 피벗 테이블이 없었으면 어쩔 뻔했나 싶을 정도로, 피벗 테이블은 실무에서 유용하답니다.

16 이때는 값이 채워진 셀의 개수를 세어주면 되니까 값만 다 채워져 있다면 어떤 컬럼을 갖다 놔도 괜찮습니다. 이번에는 [자재코드] 컬럼을 드래그해 [값] 영역에 갖다 놔줄게요. 이미 [평균 : 리드타임]이 들어 있으니까 그 아래로 놔주면 [개수 : 자재코드]라고 들어가집니다.

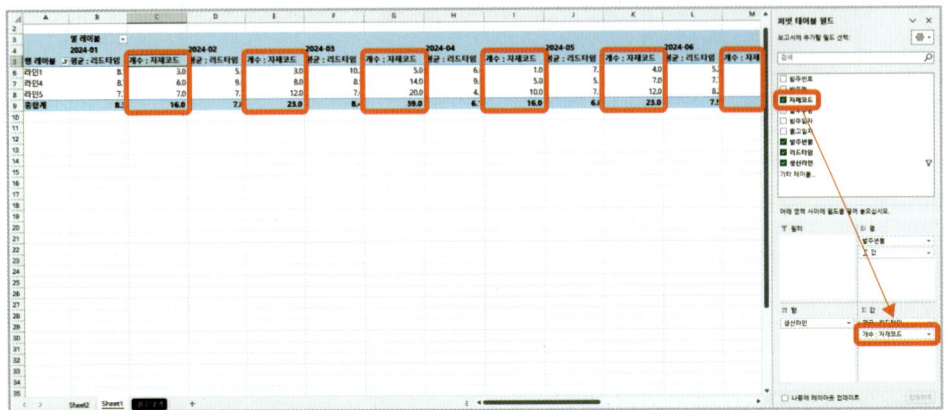

17 실제 피벗 테이블 영역에서도 리드타임 평균 다음으로 자재코드의 개수가 표시되고 있는데요. 아무래도 개수인데 소수점까지 표시되는 게 영 찝찝합니다. [값] 영역에서 [개수 : 자재코드]를 클릭하고 [값 필드 설정]으로 가줄게요.

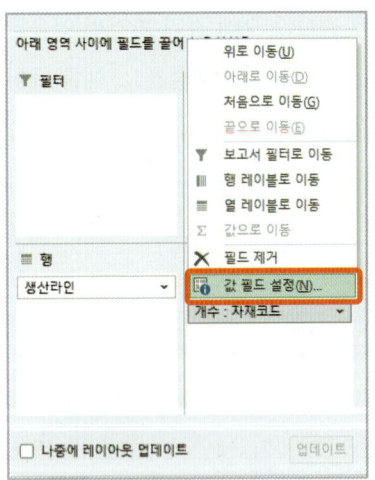

18 [값 필드 설정] 창이 뜨면 [값 표시 형식] 탭에서 하단의 [표시 형식]을 클릭합니다.

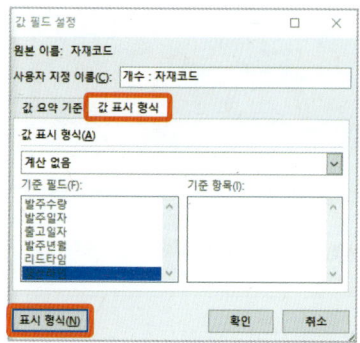

19 [셀 서식] 창이 뜨면 [사용자 지정]을 선택한 후 [형식]을 [#,##0]으로 선택하고 [확인]을 클릭합니다.

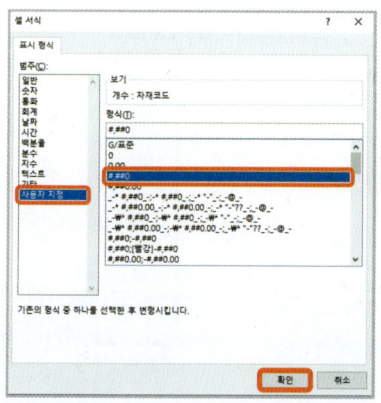

20 마지막으로 [값 필드 설정] 창에서도 [확인]을 눌러주세요.

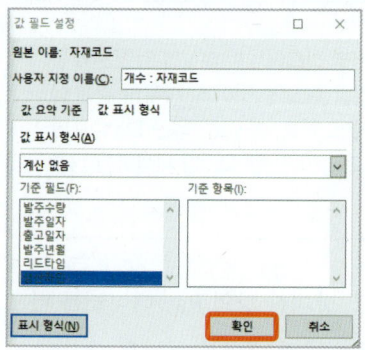

21 표시 형식이 변경된 것을 확인할 수 있습니다.

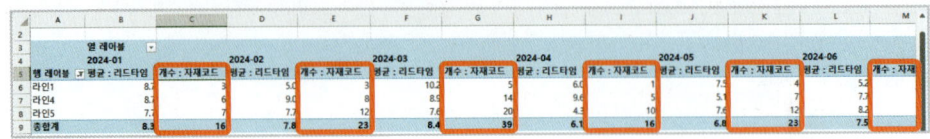

> 🙋 **공여사 TIP**
>
> 피벗 테이블 보고서 값의 표시 형식을 일괄로 변경해야 할 때 이 방법을 활용해보세요.

22 그런데 라인별로 시기에 따라 리드타임과 발주건수 추이를 보고 싶은데, 같은 시기의 리드타임과 발주건수가 양옆으로 표시되니까 직관적이지 않아요. 웬만하면 위, 아래로 표시될 수 있도록 [열] 영역에 위치한 [Σ 값]을 드래그해 [행] 영역에 놔줄게요.

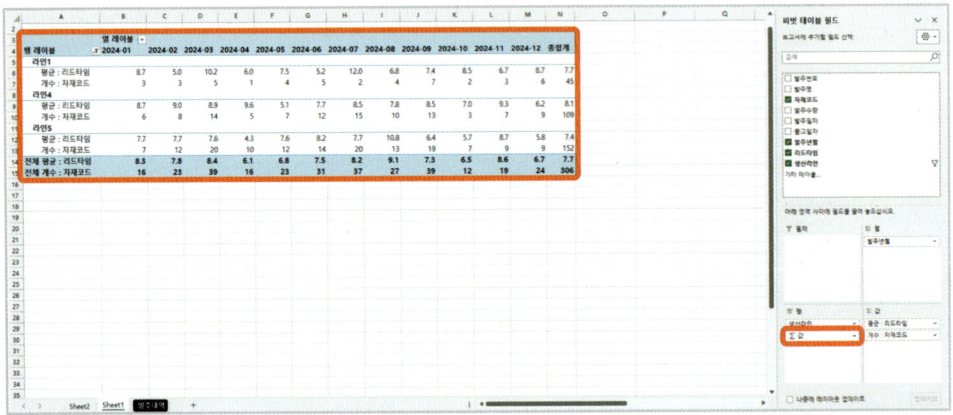

> 🙋 **공여사 TIP**
>
> 어떤가요? 보고서가 훨씬 직관적이죠? 이렇게 하면 월별, 라인별 리드타임이 며칠씩 걸렸는지 볼 수 있는 것에 그치지 않고, 각각 몇 건에 대한 통계인지도 확인할 수 있는 것이죠. 아무리 길게 나왔어도 1건이라면 대세에 영향 없으니까 너무 집착하지 않을 수도 있고, 거꾸로 "너는 1개밖에 안 챙기면서 그렇게 늦어질 때까지 뭐 했어?"라고 털릴 수도 있고요. 어떤 통계도 다 해석하기 나름이랍니다.

지금까지 지저분한 데이터를 우리 입맛에 맞게 가공하고, 방대한 양의 Raw데이터를 마우스 드래그&드롭 몇 번 만으로 짤막하게 요약·집계해주는 피벗 테이블 기능을 샅샅이 살펴봤습니다.

거듭 강조하지만 피벗 테이블은 남이 하는 걸 볼 때는 굉장히 복잡해 보일 수 있지만, 손으로 직접 해보면 '손맛'의 재미를 느낄 수 있어요. 속는 셈 치고 한번 해보세요. 피벗 테이블 필드에서 컬럼명들을 하나씩 아래 영역에 갖다 놔주면서 피벗 테이블 보고서가 그때마다 어떻게 변화하는지 내 눈으로 따라가봅시다. 주식도 1주 사봐야 승차감을 느끼잖아요? 피벗 테이블도 내 손으로 해봐야 압니다. 남들보다 더 빠르게 끝내주는 보고서를 만들고 싶다면 피벗 테이블, 절대 놓치지 마세요.

 공여사 TIP

완벽한 피벗 테이블에 집착하지 마세요. 피벗 테이블을 바꾸는 데 1초도 안 걸려요. 부담 갖지 말고 손가락을 가볍게 놀려보세요. 이리저리 만지다 보면 금방 익숙해질 거예요.

03 최소한의 엑셀 상식⑭ : 흩어져 있는 데이터로 보고서 완성하기

NO PAIN, YES GAIN! 앞서 피벗 테이블을 활용해 지저분하고 방대한 데이터로 보고서를 빠르고 간편하게 만드는 방법을 살펴봤는데요. 이번에는 문제를 업그레이드해서 외부 데이터를 붙여 좀 더 풍성한 인사이트를 뽑아볼게요. 한층 품격 있는 종합 예술의 느낌으로다가요.

조금 더 고급진 종합 예술을 해봅시다

보고서 업데이트하기

이번에는 흩어져 있는 데이터를 갖다 붙여서 조금 더 심도 있는 보고서를 완성해보려 합니다. 물론 피벗 테이블을 써서요. 앞서 우리가 만든 피벗 테이블 보고서를 떠올려봅시다. 잘 만들었다고 생각했는데 문제가 생겼어요.

우리는 생산부서인데, 갑자기 영업부서 팀장님들이 내 자리로 찾아와서는 대뜸 지시를 합니다. "발주 내역 정리한 거 한번 보자" 불길한 기운이 엄습하죠.

머뭇머뭇 보여줬더니 이렇게 말합니다. "어디 부서가 줄고 리드타임이 오래 걸리는지 분석하는 건 너무 좋지, 라인별 문제 찾는 것도 꼭 필요했던 거야. 근데 이걸 우리가 봐서 어디다 쓰니? 우리는 우리 조직에서 발주한 게 팀별로 얼마나 오래 걸리고 있는지 보고 싶어. 누구는 늦다 그리고 누구는 괜찮다 그러니, 나 원 참"

큰일 났습니다. 기껏 만들어 놨더니 영업부서 조직 정보를 추가로 붙여줘야 할 판이에요. 그런데 실무를 하다 보면 이런 일들이 정말 비일비재합니다. 화내지 말고 릴랙스. 차분하게 받아들이세요.

누가 보면 우리 팀장인 줄 알 것 같은 영업부서 팀장님들이 원하는 대로 보고서를 업데이트해볼게요. 마찬가지로 이번에도 그 과정을 낱낱이 파헤쳐보려고 하니 잘 따라와주세요.

공여사와 무작정 풀어보기 ≫   **흩어져 있는 데이터로 피벗 테이블 보고서 만들기**
예제 파일 : PA01/CH04/03_피벗 테이블 실전(흩어져 있는 데이터).xlsx

01 예제 파일을 열면 앞에서 작업한 내용이 [발주내역] 시트에 정리돼 있습니다. 영업부서 팀장님들이 그렇게 원하는 정보를 이 시트에 추가로 넣어볼게요.

> **공여사 TIP**
>
> 영업부서에서 영업팀별로 이 통계가 어떤지 보고 싶다고 하는데, 기존에 있는 정보로는 부족하니까 흩어져 있는 정보를 추가해주려는 거예요.

02 먼저 영업팀 정보를 가져와볼까요? 이 회사의 발주 관리 시스템에서는 '발주번호'에 대해서 어떤 팀에서 발주를 요청했는지 '발주요청부서'를 필수로 입력하도록 관리하고 있다고 가정해볼게요.

그러면 그 시스템에만 접근할 수 있다면, 발주번호별로 발주요청부서가 매핑되어 있는 데이터를 찾을 수 있을 거예요. 그 데이터를 엑셀로 내려받아 [발주부서] 시트에 무작정 붙여넣어 주었다고 가정해볼게요. 아래와 같이요.

발주번호	발주요청부서
PO1001	국내영업1팀
PO1002	해외영업2팀
PO1003	해외영업1팀
PO1004	국내영업1팀
PO1005	국내영업2팀
PO1006	국내영업1팀
PO1007	국내영업2팀
PO1008	국내영업2팀
PO1009	해외영업2팀
PO1010	국내영업2팀
PO1011	해외영업2팀
PO1012	국내영업2팀
PO1013	국내영업1팀
PO1014	해외영업2팀
PO1015	국내영업1팀
PO1016	국내영업2팀
PO1017	국내영업1팀
PO1018	국내영업2팀
PO1019	해외영업2팀
PO1020	해외영업2팀
PO1021	해외영업2팀
PO1022	해외영업2팀
PO1023	국내영업1팀
PO1024	국내영업1팀
PO1025	국내영업1팀
PO1026	국내영업1팀
PO1027	해외영업1팀
PO1028	국내영업2팀
PO1029	국내영업2팀

03 이 테이블로부터 '발주번호'에 해당하는 '발주요청부서'를 불러와 [발주내역] 시트에 넣어주고 피벗 테이블 보고서도 수정해볼게요.

04 [발주내역] 시트에 [발주부서]라는 열을 새로 추가해볼게요. B열을 선택한 다음 마우스 오른쪽 버튼을 클릭하고 [삽입]을 눌러주세요. 또는 키보드로 Ctrl + + 를 눌러줘도 열 삽입이 됩니다. B열에 빈 열이 생겨났어요. [B1] 셀에 컬럼명으로 **발주부서**라고 적어줄게요.

	A	B	C	D	E	F	G	H	I	J
1	발주번호	발주부서	발주명	자재코드	발주수량	발주일자	출고일자	발주년월	리드타임	생산라인
2	PO1001		한길건설 '부산 신항 전력 설비 업그레이드' 자재 공급	M10101	355	2024-01-02	2024-01-13	2024-01	11	라인1
3	PO1001		한길건설 '부산 신항 전력 설비 업그레이드' 자재 공급	M10401	393	2024-01-02	2024-01-14	2024-01	12	라인4
4	PO1001		한길건설 '부산 신항 전력 설비 업그레이드' 자재 공급	M10402	203	2024-01-02	2024-01-10	2024-01	8	라인4
5	PO1002		세계기계 인도 '공장 건설 프로젝트' 자재 공급	M10501	1,445	2024-01-02	2024-01-04	2024-01	2	라인5
6	PO1003		글로벌건설 브라질 '에너지 설비 업그레이드' 자재 공급	M10401	901	2024-01-02	2024-01-05	2024-01	3	라인4
7	PO1003		글로벌건설 브라질 '에너지 설비 업그레이드' 자재 공급	M10501	1,450	2024-01-02	2024-01-13	2024-01	11	라인5
8	PO1004		동화기계 '송도 신규 주거 단지 조성' 자재 공급	M10401	176	2024-01-10	2024-01-21	2024-01	11	라인4
9	PO1005		동화기계 '경기도 공장 자동화 라인 구축' 자재 공급	M10502	162	2024-01-11	2024-01-25	2024-01	14	라인5
10	PO1005		동화기계 '경기도 공장 자동화 라인 구축' 자재 공급	M10401	700	2024-01-11	2024-01-17	2024-01	6	라인4

> **공여사 TIP**
>
> 이때 또 하나 중요한 꿀팁이 등장해요. 앞서 우리가 [발주내역] 시트의 데이터로 피벗 테이블 보고서를 만들 때 원본 데이터를 A:I열 범위로 지정했죠? 만약에 I열 다음으로 새로운 열을 만들어준다고 하면 이 범위를 J열까지로 수정해줘야 할 거예요.
> 하지만 이렇게 A:I열 범위 안에 1개 열을 추가해주면 마치 상대 참조처럼 끝점이 I열에서 J열로 한 칸 밀려나요. 그말인 즉슨 한 번이라도 덜 클릭하고 덜 머리 쓰려면, 애초에 피벗 테이블에 새로운 열을 추가할 때 중간에다 위치시키는 게 가장 효율적인 방법이란 거죠!

05 이제 [발주부서] 컬럼을 채워야겠죠? [B2] 셀에 '발주번호'에 대한 '발주부서' 값을 불러오기 위해 앞에서 배운 VLOOKUP 함수를 써줄게요. [B2] 셀에 다음 수식을 입력한 후 Enter 를 칩니다.

=VLOOKUP(발주내역!A2,발주부서!A:B,2,FALSE)

> **공여사 TIP**
>
> CHAPTER 03에서 배운 VLOOKUP 함수를 활용해 값을 불러왔어요. VLOOKUP 함수 사용법이 잘 기억나지 않는다면 105페이지로 돌아가 참고해보세요.

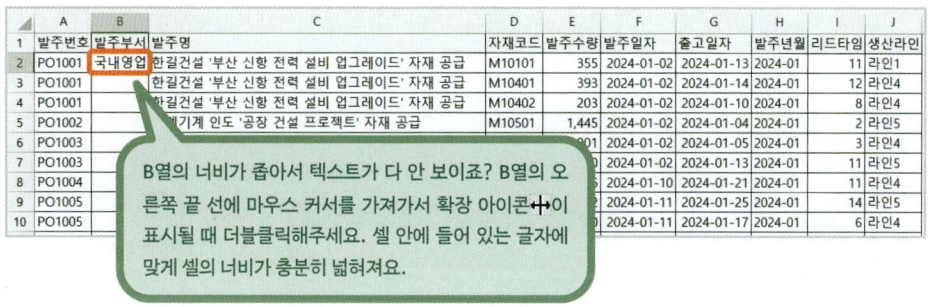

B열의 너비가 좁아서 텍스트가 다 안 보이죠? B열의 오른쪽 끝 선에 마우스 커서를 가져가서 확장 아이콘이 표시될 때 더블클릭해주세요. 셀 안에 들어 있는 글자에 맞게 셀의 너비가 충분히 넓혀져요.

06 [B2] 셀의 채우기 핸들을 더블클릭해 수식을 밀어 넣어주고, '발주부서' 값을 구하는 작업을 마무리할게요.

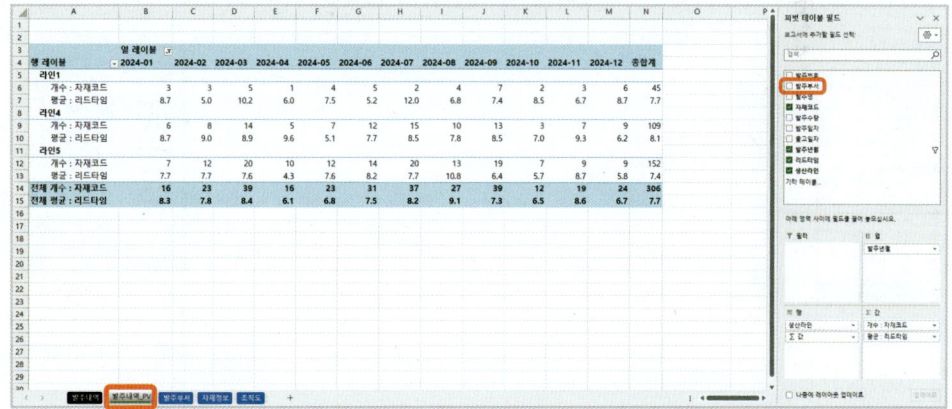

07 이 단계에서 피벗 테이블에 '발주부서' 정보가 추가됐는지 확인해보겠습니다. [발주내역_PV] 시트로 가면 미리 정리해뒀던 피벗 테이블이 보입니다. 지금까지 잘 따라왔다면 Raw데이터에 정보를 추가했다고 해서 바로 피벗 테이블에 반영되지 않는다는 걸 기억하시겠죠? 피벗 테이블을 새로 고침 하기 위해 단축키 Ctrl + Alt + F5 를 눌러주세요. 이제 피벗 테이블 필드에 [발주부서]가 추가됐습니다.

CHAPTER 04 직장인 엑셀의 치트키를 장착해요 **153**

08 기존에 '생산라인'별로 집계했던 데이터를 냅다 '발주부서' 기준으로 바꿔볼게요. [행] 영역에 있는 [생산라인] 컬럼은 드래그해서 바깥 아무 영역에나 갖다 버리고, 그 자리에 [발주부서] 컬럼을 드래그해서 갖다 놔줄게요.

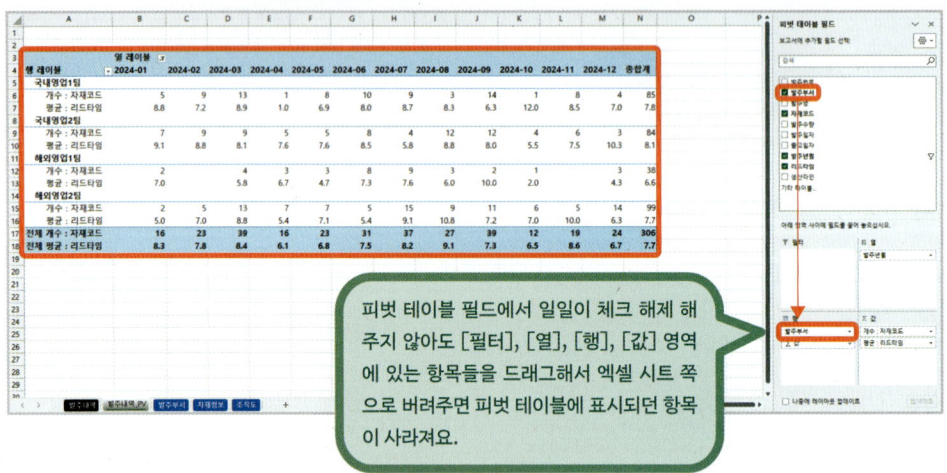

피벗 테이블 필드에서 일일이 체크 해제 해주지 않아도 [필터], [열], [행], [값] 영역에 있는 항목들을 드래그해서 엑셀 시트 쪽으로 버려주면 피벗 테이블에 표시되던 항목이 사라져요.

09 그러면 '국내영업1팀', '국내영업2팀', '해외영업1팀', '해외영업2팀' 등 영업부서별로 발주 요청한 시점으로부터 출고까지의 리드타임이 얼마나 오래 걸렸는지 월별 추세와 함께 확인할 수 있습니다.

10 만일 월별로는 의미가 없고 2024년에 발주돼서 출고된 건들에 대한 전체 통계를 보고 싶다면 [열] 영역의 [발주년월] 컬럼을 엑셀 시트 쪽으로 끌고 가 버려줍니다. 그러면 영업팀별로 전체 기간에 대한 '리드타임'이 얼만큼씩 걸렸는지 볼 수 있죠?

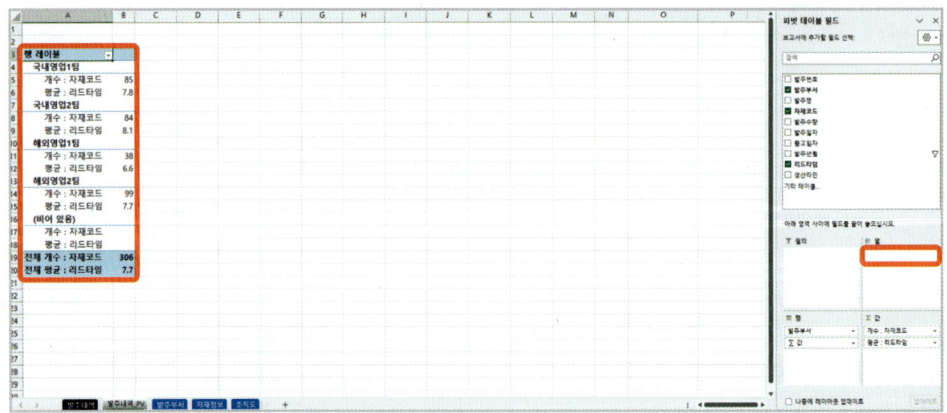

154　PART 01　인간의 영역 : 최소한으로 배우는 실무 엑셀 상식 마지노선

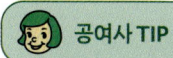 **공여사 TIP**

이렇게 피벗 테이블을 만들 때 주어진 정보 외에 필요한 정보가 있다면, 불러올 테이블을 새 시트에 넣어주고 그 시트에서 값을 불러오면 더 풍성한 데이터 분석이 가능해집니다.

11 피벗 테이블을 자유자재로 다루는 내 모습에 반해 한창 뿌듯해 하고 있는데, 문제가 생겼습니다. 이번엔 국내영업1, 2팀 팀장님들이 딴지를 걸면서 "이 보고서에 '자재코드'는 누구 보라고 넣어둔 거니? 상무님이 이걸 보면 퍽이나 알아보시겠다!"라고 하시네요.

12 하지만 내가 누구죠? 무려 피벗 테이블도 쓸 줄 아는 사람이라고요! 당황하지 않고, 또 한 번 능숙하게 회사 시스템에서 자재 목록을 찾아 엑셀 데이터를 내려받고, 자재코드를 기준으로 자재명을 불러올 거예요. 어떻게? VLOOKUP으로!

13 내려받은 데이터를 [자재정보] 시트에 넣어뒀다고 가정하고 진행해보겠습니다. 우선 [발주내역] 시트로 가서 E열에 마우스 오른쪽 버튼을 클릭하고 [삽입]을 누르거나, Ctrl + + 를 눌러 열을 추가해줍니다. 열이 추가되면 [E1] 셀에 **자재명**이라고 적어줄게요.

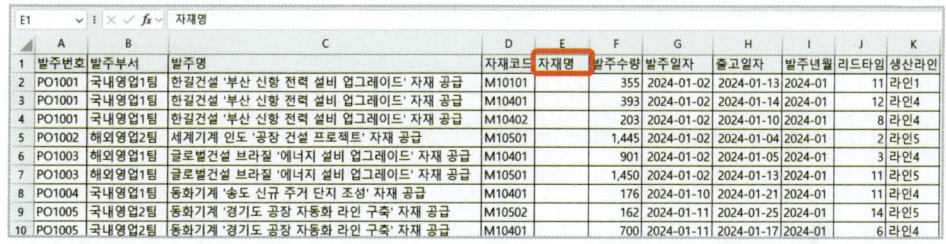

14 이제 [E2] 셀에 VLOOKUP 함수를 써서 특정 KEY 값을 기준으로 다른 테이블에서 내가 원하는 값을 찾아 불러와야 하는데요. **05** 과정과 동일하게 VLOOKUP 함수를 써주면 되겠죠. [E2] 셀에 다음 수식을 입력한 후 Enter 를 칩니다.

=VLOOKUP(D2,자재정보!A:B,2,FALSE)

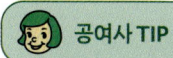 **공여사 TIP**

CHAPTER 03에서 배운 VLOOKUP 함수를 활용해 값을 불러왔어요. VLOOKUP 함수 사용법이 잘 기억나지 않는다면 105페이지로 돌아가 참고해보세요.

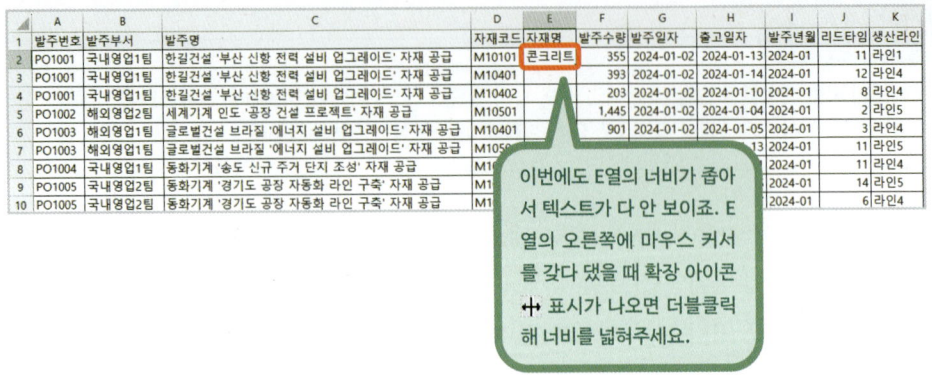

15 [E2] 셀의 채우기 핸들 을 더블클릭해 수식을 밀어 넣어주고, '자재명' 값을 구하는 작업은 마무리합니다.

16 다시 [발주내역_PV] 시트로 돌아가서 방금 우리가 추가한 자재명이 있나 봤더니, 있을 리가 없겠죠. '피벗 테이블 모두 새로 고침'을 하기 위해 단축키 Ctrl + Alt + F5 를 누릅니다. 그러면 피벗 테이블 필드에 [자재명] 컬럼이 추가된 것을 확인할 수 있습니다.

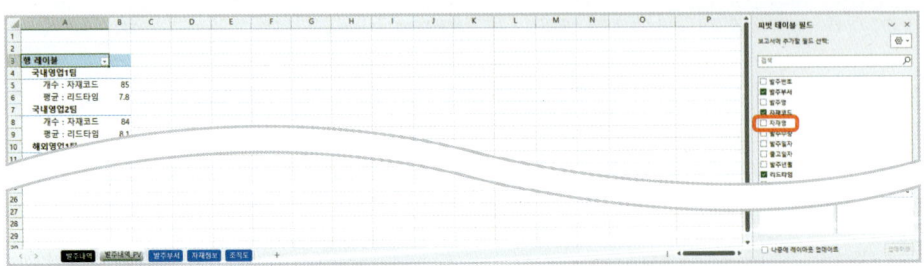

17 발주부서는 4개 팀밖에 안 되니까 열에 펼쳐놔도 부담스럽지 않을 것 같아요. [행] 영역에 있는 [발주부서]를 드래그해 [열] 영역에 놔줄게요. 그러면 다음과 같은 피벗 테이블 보고서가 보입니다.

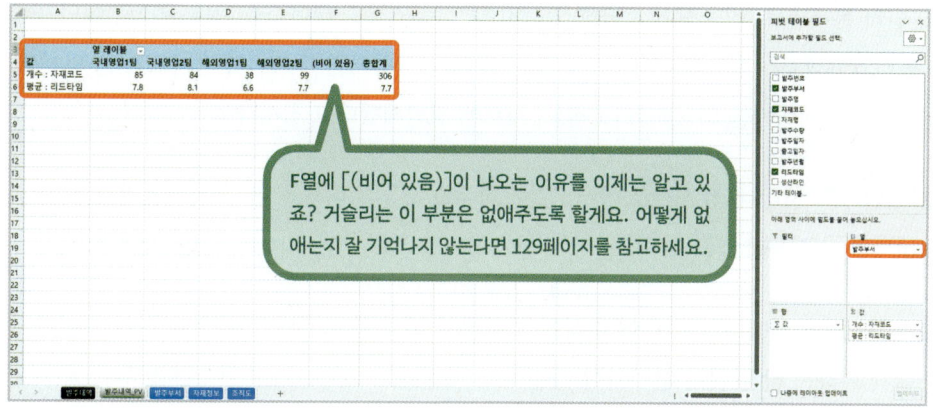

18 대신 대체 어떤 자재가 문제인지 자세히 보기 위해 같은 자리에 [자재명] 컬럼을 드래그해서 갖다 놔줄게요. 그러면 각 행에 자재명의 고윳값이 펼쳐져서 나타납니다. 고윳값이 많을 땐 [행] 영역에, 적을 땐 [열] 영역에 두는 게 일반적이에요. 열에 값이 펼쳐지면 가로 너비가 길어서 산만해지는 데 반해, 행 높이는 좁아서 데이터가 많이 쌓여도 이상하진 않거든요.

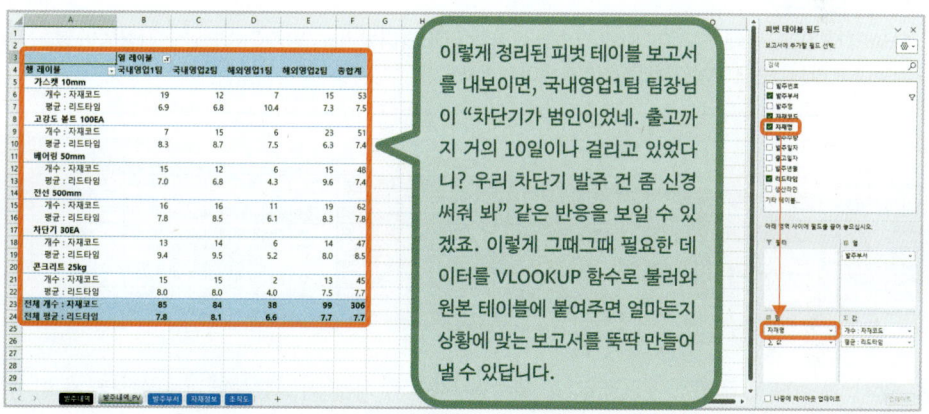

19 진짜_진짜_최종, 또 한 번 문제가 터졌습니다. 국내영업팀장님들이 뿔났는지 이걸 자기네 사업본부장님한테 가서 이른 거예요. 그래서 각 사업본부장님들이 "이 보고서, 팀 말고 사업부 단위로 정리해봐"라고 한 거죠.

20 물론 앞서 정리한 피벗 테이블 보고서로도 국내영업팀들이 뭔가 억울할 것 같다는 느낌은 왔지만 정확하지는 않았습니다. 그래서 본부장님들의 요청대로 사업부별로 다시 정리해주려고 합니다.

21 먼저 본부별로 어떤 팀이 소속해 있는지 나오는 조직도 테이블을 사내 시스템 어딘가에서 불러와야겠죠? 이런 데이터는 보통 인사 쪽이라든지 지원 부서에서 가지고 있을 거예요. 어찌어찌 이 데이터를 획득해서 [조직도] 시트에 정리해뒀다고 칩시다.

22 이번에도 [발주내역] 시트로 가서 C열에 마우스 오른쪽 버튼을 클릭해 [삽입]을 누르거나, Ctrl + + 를 눌러 열을 추가해줍니다. 열이 추가되면 [C1] 셀에 **본부명**이라고 적어줄게요.

23 이제 [C2] 셀에 VLOOKUP 수식을 입력해서 특정 KEY 값을 기준으로 다른 테이블에서 내가 원하는 값을 찾아 불러와야 하는데요. 이번에도 VLOOKUP 함수를 써주면 되겠죠. [C2] 셀에 다음 수식을 입력한 후 Enter 를 칩니다.

=VLOOKUP(B2,조직도!A:B,2,FALSE)

 공여사 TIP

CHAPTER 03에서 배운 VLOOKUP 함수를 활용해 값을 불러왔어요. VLOOKUP 함수 사용법이 잘 기억나지 않는다면 105페이지로 돌아가 참고해보세요.

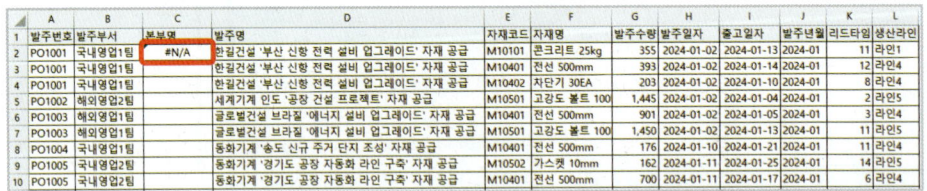

24 앞서 배운 대로 똑같이 VLOOKUP 함수를 써서 수식을 입력했는데 #N/A 오류가 발생합니다. 왜 그런 걸까요?

 공여사 TIP

#N/A 에러에서 N/A는 Not Available의 약어로 '쓸 수 없다'는 의미예요. 엑셀 함수 중에는 특정 값의 위치를 찾는 함수(VLOOKUP, MATCH, LOOKUP 등)가 꽤 많은데, 만약 찾을 범위에 찾고 있는 값이 없다면 #N/A 에러가 발생해요.

25 문제는 [조직도] 시트에 있어요. VLOOKUP 함수의 원리가 무엇이었는지 생각해봅시다. 특정 KEY 값(국내영업1팀)을 내가 선택한 범위의 첫 번째 열에서 수직으로 내려가면서 찾아서, 그 값이 나타나거든 그로부터 오른쪽 N번째 열의 값을 가져오는 거였죠. 즉, [조직도] 시트의 첫 번째 열에 팀명이 와야 하는데, 본부명이 오고 있어요. 따라서 [본부명-팀명]으로 된 걸 [팀명-본부명]순으로 수정해줘야 해요.

26 일단 실행 취소 단축키 Ctrl + Z 를 눌러 [발주내역] 시트의 [C2] 셀에 입력한 수식을 없애줍니다.

27 다시 [조직도] 시트로 가서 VLOOKUP 함수를 쓸 수 있는 형태로 테이블 순서를 조정해줄게요. 복사-붙여넣기를 하면 데이터가 중복되니까, 뒤쪽의 열을 잘라내서 앞쪽에 붙여넣겠습니다. B열을 선택한 다음 잘라내기 단축키 Ctrl + X 를 누르고, 이후 A열을 선택하고 마우스 우클릭한 후 잘라낸 셀 삽입 단축키 E 를 누르면 잘라낸 B열이 A열 자리로 옮겨옵니다.

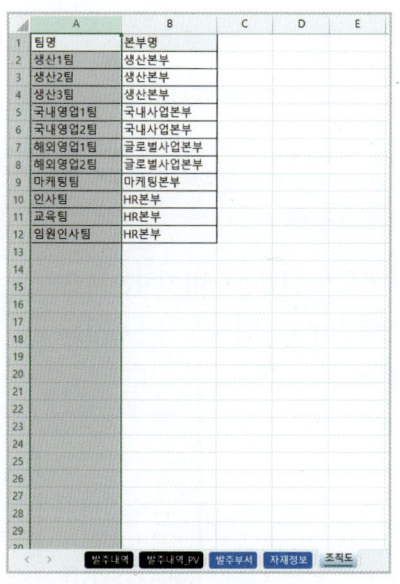

28 그럼 다시 [발주내역] 시트로 가서 [C2] 셀에 다음 페이지의 수식을 입력하고 Enter 를 칩니다. 값이 정상적으로 구해지니 [C2] 셀의 채우기 핸들을 더블클릭해 수식을 자동 채우기 해줄게요. C열의 너비도 보기 좋게 넓혀주고요.

=VLOOKUP(B2,조직도!A:B,2,FALSE)

공여사 TIP

이번에 우리가 다시 확인할 수 있는 것은 VLOOKUP 함수는 찾는 값이 항상 찾을 범위의 가장 첫 번째 열에 있어야 한다는 점이에요. 이런 VLOOKUP 함수의 단점을 극복하기 위해 엑셀 2021 이상 버전이나 마이크로소프트 365 버전에서는 새로운 참조 함수인 XLOOKUP 함수를 제공하기도 해요. 즉, 구버전에서는 작동하지 않아요.

재차 강조하듯 직장인 엑셀의 핵심은 '협업'입니다. 내가 작업한 파일이 협력 업체 등 어디로까지 퍼질지 모르기 때문에 어느 PC에서나 문제가 없는, 만국 공용어에 가까운 함수인 VLOOKUP 함수가 안전한 선택이에요.

29 우여곡절 끝에 본부명까지 추가했어요. 이제 [발주내역_PV] 시트로 가서 피벗 테이블 모두 새로 고침을 하기 위해 단축키 Ctrl + Alt + F5 를 누릅니다. 그러면 피벗 테이블 필드에 [본부명] 컬럼이 추가된 것을 확인할 수 있습니다.

30 [본부명] 컬럼을 드래그해 [열] 영역에 놔주고 [열] 영역에 있던 [발주부서] 컬럼은 밖으로 드래그해서 버려줄게요. D열에 나타나는 [(비어 있음)]도 없애 피벗 테이블 보고서를 완성합니다.

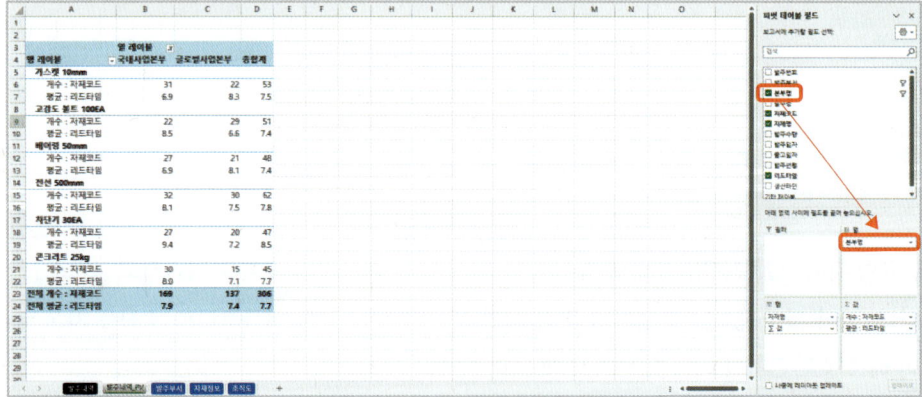

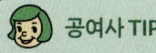 **공여사 TIP**

이렇게 하면 국내사업본부의 평균과 글로벌사업본부의 평균이 나옵니다. 평범한 직원의 눈에는 큰 차이가 아닐 수 있는데, 이런 결과가 나오면 국내사업본부장님께서 화가 나겠죠. "쟤들은 우리보다 0.5일이나 빨리 출고시켜주고 어떻게 된 거야? 왜 이렇게 생산이 느린 거야? 대책 가져와"라고 본부 간 협의체에서 따질 수 있겠습니다.

직장인 엑셀은 이 3단계가 전부입니다

이상으로 01~30의 긴긴 과정을 거쳐 상사의 끝없는 요구를 그때그때 다 받아주면서도 어렵지 않게 피벗 테이블 보고서를 뚝딱 만들어내는 방법을 알아봤어요. 지금까지 실습해본 것처럼 사실 직장인 엑셀은 아래 3단계가 전부입니다. 정말이지 직장인 엑셀은 아래 3단계의 반복, 반복, 반복이라고 보면 되니 앞에서 배운 것들을 잘 익혀주길 바랍니다.

- **1단계** : 데이터 가공하기
- **2단계** : 흩어진 데이터 하나로 합치기
- **3단계** : 방대한 양의 데이터 요약·집계하기

이제 챗GPT를 만나러 떠나봅시다

자, 이제 사람이 알아야 할 엑셀 상식은 모두 배웠습니다. 다음 페이지로 넘어가면 PART 01의 주요 내용을 핵심만 담아 딱 정리해뒀어요. 마지막으로 읽어보며 PART 01의 내용을 정리하고 PART 02로 넘어가보겠습니다. 챗GPT 찬스로 엑셀 무적이 되는 방법을 알아보자고요!

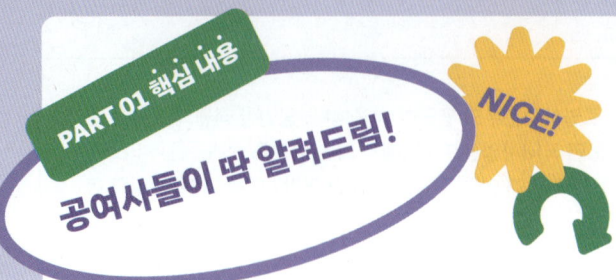

셀 병합을 하면 안 되는 이유를 다시 알려주세요.

엑셀에서 수식을 작성할 때나 피벗 테이블을 만들 때 항상 최소 단위를 '셀'로 잡았죠? 셀 병합을 하게 되면 이런 데서 참조하고 있는 위치에 혼선이 생겨요. 그러니 되도록 셀 병합은 하지 말고, 꼭 예쁘게 보여야 하는 보고서 정도에만 써주세요.

▶ 다시 보기 : 31페이지

값의 표시 형식을 다시 알려주세요.

엑셀에서는 같은 값을 입력해도 우리 눈으로 보기에는 다른 값으로 보이기도 해요. 표시 형식 때문인데요. 숫자를 천 단위로 끊어 읽는 #,##0 또는 날짜를 표시하는 YYYY-MM-DD 등이 있어요. Ctrl + 1 이 셀 서식 을 지정하는 단축키죠.

▶ 다시 보기 : 42페이지

상대 참조와 절대 참조의 개념을 다시 알려주세요.

상대 참조는 수식을 다른 셀에 복사하여 붙여넣을 때 셀이 이동한 만큼 수식 안에서 참조하고 있던 셀 위치도 그만큼 따라서 이동해요.
반대로 절대 참조는 수식이 옮겨가도 참조하는 셀 위치가 바뀌지 않아요. 즉, 수식 안에서 참조하던 셀 위치가 고정돼요. 절대(혼합) 참조는 셀명의 행/열 표시 앞에 $ 기호가 붙어요($A$1, A$1, $A1, …).

▶ 다시 보기 : 38, 58페이지

숫자를 다루는 함수들을 다시 알려주세요.

다시 한번 강조하자면 회사에서 엑셀로 다루는 데이터는 정해져 있고, 따라서 엑셀로 쓰는 함수도 뻔해요. 숫자를 다루는 기본 함수들은 다음과 같아요.

① SUM 함수
② COUNTA 함수
③ COUNT 함수
④ AVERAGE 함수
⑤ SUBTOTAL 함수

▶ 다시 보기 : 68페이지

텍스트를 다루는 함수들을 다시 알려주세요.

텍스트를 다루는 함수는 '쪼개기', '합치기', '찾기', '나누기'로 구분해서 알아두면 좋아요.

① 쪼개기 : LEFT/RIGHT/MID/LEN 함수
② 합치기 : CONCATENATE 함수, &(연산자), TEXTJOIN/ CONCAT 함수
③ 찾기 : FIND/SEARCH 함수
④ 바꾸기 : SUBSTITUTE/REPLACE/TRIM 함수

▶ 다시 보기 : 78페이지

 날짜와 시간을 다루는 함수들을 다시 알려주세요.

'날짜'와 '시간'으로 구분해 다시 알아볼게요.

① 날짜 : TODAY/YEAR/MONTH/DAY/DATE/WEEKDAY/ WEEKNUM 함수
② 시간 : NOW/HOUR/MINUTE/SECOND/TIME 함수

▶ 다시 보기 : 91페이지

데이터 정리에 필요한 함수들을 다시 알려주세요.

데이터를 정리할 때는 IF 함수와 VLOOKUP 함수가 쓰여요. IF 함수는 조건식이 TRUE(참)일 때 올 값과, FALSE(거짓)일 때 올 값을 정해주는 함수예요. 결괏값으로는 숫자, 문자, 수식 등 다양하게 지정할 수 있어요. VLOOKUP 함수는 찾을 범위의 첫 번째 열에서 세로(Vertical) 방향으로 내려가면서 특정 KEY 값을 찾아 오른쪽 N번째 값을 불러오는 함수예요.

▶ 다시 보기 : 100, 105페이지

데이터를 요약·집계하는 피벗 테이블을 다시 알려주세요.

피벗 테이블은 엑셀에서 데이터를 가장 빠르고 쉽게 요약·집계 할 수 있는 기능으로, 마우스 드래그&드롭 몇 번만으로 COUNTIF나 SUMIF 같은 복잡한 함수 없이 방대한 데이터를 간단하게 요약·집계 할 수 있어요. 실무에서 보고서를 만들 때 정말 자주 써요.

▶ 다시 보기 : 124페이지

PART 02

챗GPT의 영역 : AI 시대의 일잘러는 챗GPT 이렇게 씁니다

CHAPTER 01

나머지는 챗GPT에게 물어보세요
-엑셀의 추가 스킬 장착하기

01 AI 시대, 챗GPT로 어떻게 엑셀을 마스터할까?

NO PAIN, YES GAIN! PART 01에서 최소한의 엑셀 상식 14개를 장착하고 드디어 PART 02로 넘어왔습니다. 본격적으로 챗GPT로 엑셀 문제를 해결해보기 전에 PART 02를 어떻게 학습하면 좋은지, 챗GPT 활용 시 참고할 사항은 무엇인지 알아볼게요.

일잘러의 100%를 완성해줄 챗GPT

PART 01에서 우리는 실무 엑셀을 할 때 꼭 필요한 필수 함수와 기능들을 알아봤습니다. 여기서 배운 최소한의 엑셀 상식 14개만 잘 알아둬도 실무에서 만나게 될 엑셀 문제의 80%는 해결할 수 있을 거예요. 그럼 뭐다? 더 배울 필요 없다. 나머지 20%는 워낙 다양한 케이스라, 20% 마저 채우겠다고 엑셀의 잡다한 기능들을 일일이 찾아 죽기 살기로 익히는 건 시간 낭비나 마찬가지죠.

그런데 챗GPT의 등장과 함께 얘기가 달라졌어요. 이제 챗GPT만 있으면 엑셀을 죽어라 더 파지 않아도 90%, 100%까지 채울 수 있거든요.

이번 PART 02에서는 챗GPT가 없을 때는 배워볼 엄두도 내지 못했던 엑셀 기능들을 배워볼 거예요. 총 4개 CHAPTER로 이루어진 PART 02에서 무엇을 배워 어떻게 AI 시대 일잘러가 될지 살펴볼게요.

PART 02의 구성
- **CHAPTER 01** : 나머지는 챗GPT한테 물어보세요
- **CHAPTER 02** : 국어만 잘해도 복잡한 수식이 뚝딱
- **CHAPTER 03** : 문과생도 날로 먹는 매크로 짜기
- **BONUS CHAPTER 04** : 시간은 없고 데이터는 더럽게 많을 때

CHAPTER 01에서는 PART 01에서 배웠던 80%의 엑셀 상식 외에 추가로 배워두면 좋은 엑셀 스킬을 알아볼 거예요. 엑셀 작업 중에 에러가 났을 때 빠르게 해결하는 방법, 잘 안 쓰는 함수나 처음 보는 함수를 업무에 활용하는 방법, 차트 그리기 등을 배워볼 겁니다. 챗GPT를 통해 아주 쉽게요. 앞으로 우리가 실무를 하는 데 있어서 적어도 엑셀 문제에 대해서는 굳이 바쁜 과장님을 불러다가 물어볼 필요가 없어질 겁니다.

CHAPTER 02는 '국어만 잘해도 복잡한 수식이 뚝딱'입니다. 프롤로그에서 언급했듯이 챗GPT의 G(제너러티브) 특성 때문에 누가 어떻게 질문하냐에 따라서 항상 답이 달라져요. 확률적, 통계적으로 맞을 것 같은 답을 내어주는 속성이거든요. 그래서 챗GPT를 활용할 때는 프롬프트 스킬이라고 하는 질문하는 기술이 필요합니다.

CHAPTER 01에서는 챗GPT에게 비교적 간단한 질문들로 처음 보는 엑셀 기능들을 익힌다고 하면, CHAPTER 02에서는 좀 더 정교한 질문으로 복잡한 엑셀 수식을 얻어내는 방법을 알아볼 겁니다.

CHAPTER 03은 '문과생도 날로 먹는 매크로 짜기'입니다. 저도 챗GPT를 만나기 전까지는 매크로/VBA를 제대로 쓸 줄 몰랐어요. 공대를 나왔지만 코딩은 간신히 코드 제출해서 성적이나 잘 받는 정도 수준이었고, 개발자 머리가 전혀 없거든요.

실무를 할 때도 매크로/VBA는 너무 자주 해야 하는 단순 반복 수작업 업무에 대해서만 겨우겨우 힘들게 코드를 짜내서 내 업무를 줄이는 정도로만 썼지, 일상 업무 영역에서 쓰는 정도는 아니었어요. 그런데 챗GPT가 손에 쥐어지는 순간 더 이상 매크로/VBA 찐 고수들과 보통 직장인들 사이의 간극이 사라졌단 말이죠. 오히려 고정된 전문 지식을 가지고 있는 개발 고수들보다 평범한 직장인들이 챗GPT를 활용한다면 조금 더 실무 중심의 솔루션을 챗GPT로부터 얻을 수 있을지도 모릅니다.

BONUS CHAPTER 04에서는 챗GPT를 활용해 데이터 분석을 하는 방법을 알아볼 거예요. 처음 보는 Raw데이터에서 인사이트를 뽑는 방법부터 챗GPT로 데이터 분석을 할 때 유의할 점까지 알아볼 계획입니다. 다만, 데이터 분석은 보안 등의 이유로 일반 직장인의 실무에서는 참고용으로만 쓰는 게 좋기 때문에 BONUS 개념으로 안내하고자 합니다.

챗GPT를 만나봅시다

자, 그럼 우선 챗GPT를 만나보겠습니다. 기본적으로 챗GPT는 웹서비스예요. PC에서 다음 링크를 입력하면 접속할 수 있습니다.

· https://chatgpt.com

이미 회원 가입이 돼 있다면 화면에 나타나는 [로그인]을 클릭해 로그인 후 사용하면 되고, 아직 회원이 아니라면 [회원 가입]을 클릭해 회원 가입 후 사용하면 됩니다.

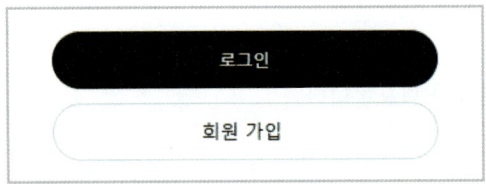

로그인을 하면 다음과 같은 화면이 나타납니다. 유료 버전 화면 기준이고, 무료 버전이라면 디테일한 부분에서 조금 차이가 있어요.

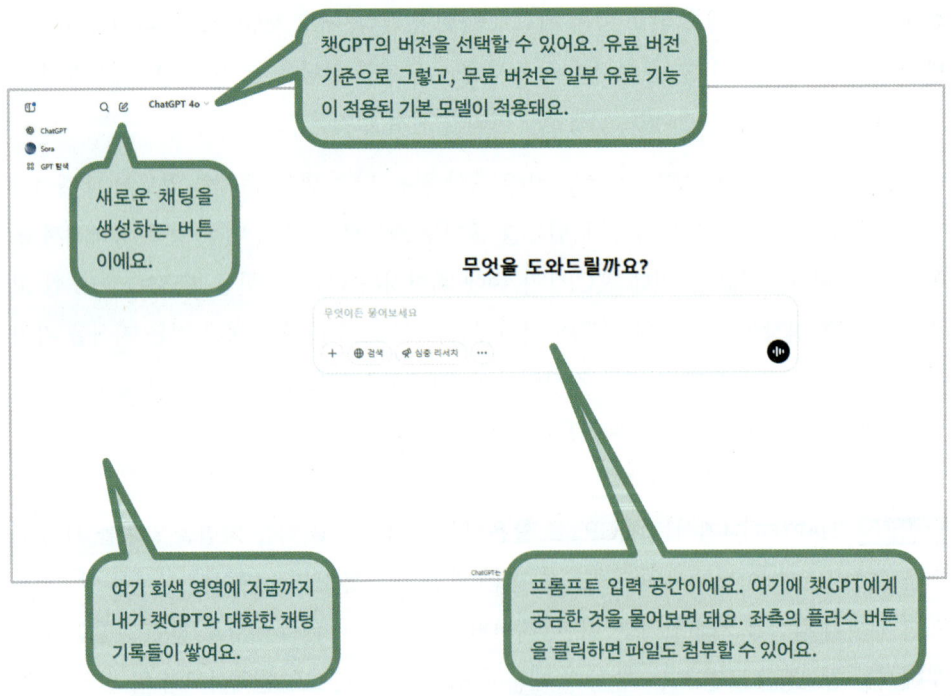

챗GPT 유료 버전을 써야 할까요?

우선 무료 버전에서 충분히 경험해보고 좀 더 정교한 답을 받고 싶거나 사용량이 늘어났을 때 유료 버전으로 전환하는 걸 추천해요. 무료 버전도 아예 안 되는 건 아니니까요.

물론 이 책의 PART 02는 유료 버전을 기준으로 집필됐어요. 무료 버전 대비 유료 버전에서는 더 많은 질문과 파일 업로드 한도를 제공하고, 고급 기능을 추가로 제공해요. 간단한 질문은 무료로 가능하지만, 챗GPT의 활용도가 더 높아질수록 유료 버전을 찾게 될 거예요.

챗GPT 유료 버전을 시작하려면 화면 좌측 하단에 [플랜 업그레이드]를 눌러주세요.

그러면 다음과 같은 화면이 뜨는데, [Plus 이용하기]를 클릭해 유료 버전을 시작하면 됩니다. 처음에는 월 20달러가 비싸게 느껴질 수 있지만, 챗GPT를 업무에 더 잘 활용하게 될수록 아깝다는 생각이 안 들 거예요. 만약에 요금이 부담스러운 분들은 이 책을 읽는 동안만이라도 유료 버전을 써볼 것을 추천해요.

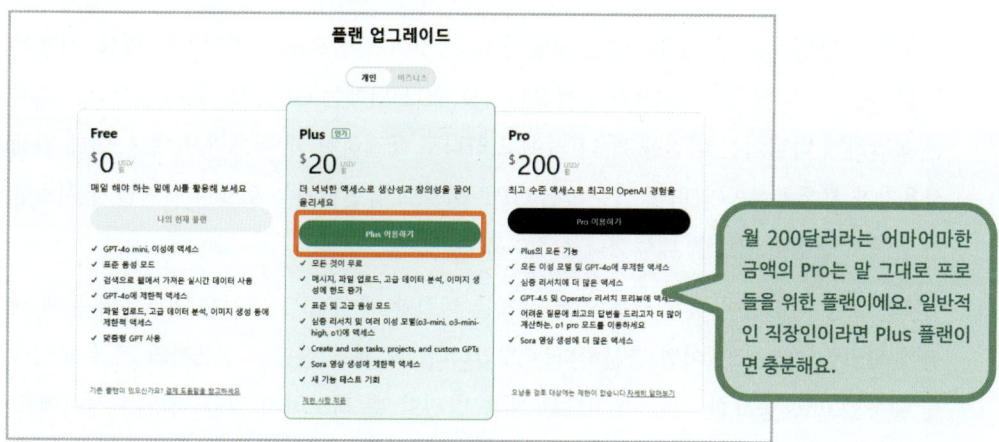

월 200달러라는 어마어마한 금액의 Pro는 말 그대로 프로들을 위한 플랜이에요. 일반적인 직장인이라면 Plus 플랜이면 충분해요.

엑셀을 할 때는 챗GPT 어떤 버전을 써야 할까요?

챗GPT 유료 버전을 시작하면 다양한 모델을 선택할 수 있어요. 모델별로 더 잘 처리하는 작업 유형이 다른데 챗GPT를 켰을 때 가장 먼저 설정된 값이 현시점에 나와 있는 가장 기본적인 버전이라고 생각하면 편하답니다.

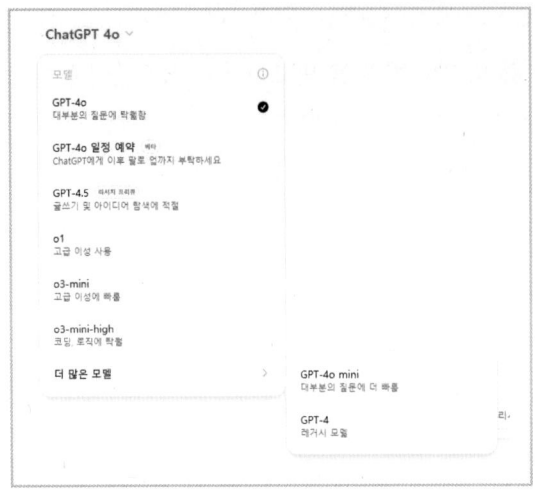

2025년 3월 이 책을 집필하는 시점 기준으로 GPT-4.5까지 출시됐는데요. 아직 기본 모델은 GPT-4o로 설정돼 있습니다. 챗GPT를 만든 오픈 AI는 GPT-4o를 "대부분의 질문에 탁월함"이라고 설명하고 있네요. o1, o3 모델도 있는데, 이 모델들은 "고급 이성 사용"이라고 돼 있습니다. [더 많은 모델]을 클릭해보면 GPT-4라는 레거시 모델도 보이고요.

챗GPT에 모델이 너무 많죠? 사실 모델이 많은 것이 단점으로 지적되기도 해요. 사용자 입장에서는 도대체 뭘 쓰라는 건가 싶으니까요. 2025년에는 GPT-5도 출시될 텐데, 5에서는 복잡하게 나뉘어진 버전을 싹 다 없애고 하나로 해결하는 게 목표라고 해요. 쉽게 말해 사용자가 프롬프트를 입력해 질문하면 GPT 모델로 답변할지 o 모델로 답변할지 시스템이 알아서 결정해 답변을 내놓겠다는 것이죠.

결론은 보통 직장인이 겪게 되는 엑셀 문제를 해결할 때 챗GPT 버전은 대부분의 문제 해결에 탁월한 기본 모델이면 충분하다는 것입니다. 이 책도 집필 시점에서의 기본 모델들을 활용했고요. 중요한 것은 챗GPT는 계속 발전할 뿐 퇴보하지 않을 거라는 점이에요. GPT-4를 쓰냐, GPT-4o를 쓰냐, GPT-5를 쓰냐, 그 이상의 버전을 쓰냐는 크게 중요하지 않습니다. 어차피 같은 버전에서 토씨 하나 틀리지 않고 똑같이 질문해도 챗GPT의 답변은 매번 달라지거든요.

따라서 이 책의 PART 02를 학습할 때는 챗GPT와 어떻게 소통해서 실무 엑셀의 어떤 문제를 어떻게 해결할 수 있는지에 집중해보세요. '챗GPT로 이런 것까지 할 수 있다고? 신세계인데?'라는 생각이 절로 들 거예요.

엑셀에서 챗GPT는 이렇게 쓰세요

우리가 실무에서 엑셀을 할 때 챗GPT를 어떻게 쓰면 좋을까요? 간단한 샘플을 한번 보겠습니다. 챗GPT에게 물어볼게요.

PART 01에서 봤던 부서별 프로젝트 예산 집행 실적 데이터가 있습니다. 이 파일을 챗GPT에게 다짜고짜 주면서 질문을 해보겠습니다.

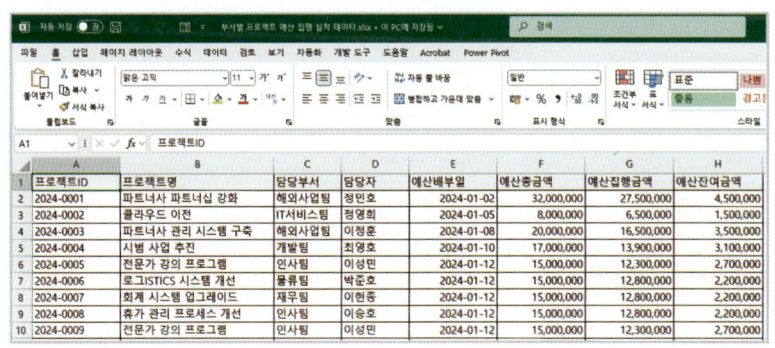

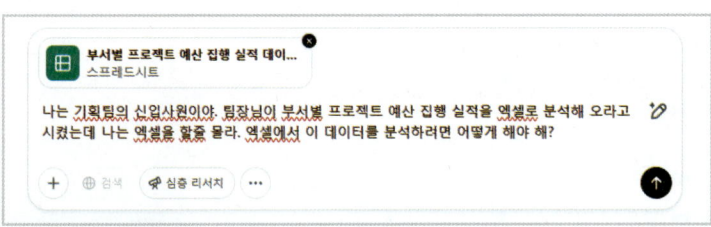

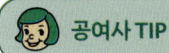 공여사 TIP

> 챗GPT에 파일을 업로드할 때는 파일에 개인정보나 회사 기밀이 담겨 있지는 않은지 꼭 살펴보세요. 회사별로 챗GPT 등 AI 사용 규정이 있을 수도 있으니 챗GPT를 활용하기 전에 회사의 방침을 확인하는 것도 필요합니다.

그러면 정말 엄청나게 많은 정보를 빠른 속도로 답변해줍니다. 다음 페이지에 나오는 챗GPT의 답변을 잘 살펴보니 파이썬의 패키지를 활용해 데이터 분석을 해줬네요. 나아가서 나에게 필요한 차트를 만드는 방법까지 알려주고 있습니다. 파란색 글자로 표시된 [업데이트된 엑셀 파일 다운로드]를 클릭하면 챗GPT가 업데이트해준 엑셀 파일까지 다운로드 받을 수 있고요.

엑셀 데이터를 분석하기 위해 해야 할 몇 가지 기본 작업을 설명드리겠습니다. 이 작업들은 프로젝트 예산 집행 실적을 분석하는 데 유용할 것입니다.

1. 데이터 정리 및 준비

우선 데이터를 정리하고 준비합니다. 현재 데이터에는 다음과 같은 컬럼들이 있습니다:

- 프로젝트ID
- 프로젝트명
- 담당부서
- 담당자
- 예산배부일
- 예산총금액
- 예산집행금액
- 예산잔여금액

2. 주요 지표 계산

주요 지표를 계산하여 각 부서별 예산 집행 실적을 파악할 수 있습니다.

1. 부서별 총 예산금액
2. 부서별 총 예산 집행금액
3. 부서별 잔여 예산금액
4. 부서별 예산 집행 비율

3. 데이터 분석

각 부서별로 위의 지표들을 계산한 후, 이를 시각화하면 더욱 이해하기 쉽습니다. 다음과 같은 단계로 진행할 수 있습니다. ↓

엑셀 파일에 요약 데이터 및 차트 추가

엑셀 파일에 요약 데이터를 추가하고, 차트를 삽입하는 방법을 설명드리겠습니다.

1. `openpyxl`을 사용하여 요약 데이터를 엑셀 파일에 추가합니다.
2. 차트를 삽입하여 시각화합니다.

먼저 요약 데이터를 엑셀 파일에 추가해 보겠습니다. [>_]

업데이트된 엑셀 파일에는 부서별 예산 집행 요약 데이터가 추가되어 있습니다. 이 파일을 다운로드할 수 있습니다.

업데이트된 엑셀 파일 다운로드

추가 작업

엑셀에서 직접 차트를 삽입하려면, 다음 단계를 따르세요:

1. 요약 데이터가 있는 시트를 선택합니다.
2. 차트 삽입을 선택하고, 막대 그래프를 선택합니다.
3. 데이터 범위를 지정하여 차트를 생성합니다.

이 방법을 통해 부서별 예산 집행 비율을 시각화할 수 있습니다. 추가로 도움이 필요하면 언제든지 문의해주세요! [>_]

↓

파이썬으로 뭘 어떻게 해줬다고?! 챗GPT의 엄청난 능력에 감탄했나요? 그런데 생각해 봅시다. 파이썬 코드를 해석할 수 없는 이상은 챗GPT가 내어준 결과가 맞는지 확신할 수 없어요. 어떤 과정을 거쳐 이런 결과가 나왔는지도 알 수 없고요(이 책의 시작 부분에서 언급했던 '블랙박스' 기억하시죠?).

챗GPT가 잘났고 똑똑한 건 알겠습니다. 그런데 상사가 "왜 이런 결과가 나왔어?"라고 할 때 "챗GPT가 그러던데요?" 할 수는 없는 일이에요. 만약 챗GPT가 내어준 값에 오류가 있다면 더 문제가 될 거고요.

챗GPT를 우리 엑셀 업무의 쫄따구로 둡시다

포인트는 이것입니다. 챗GPT한테 업무에서 만나는 모든 엑셀 문제를 손 놓고 맡겨버리자는 게 아니에요. 실무에서 상사에게, 동료에게 인정받는 진정한 일잘러는 말에 신빙성이 있어요. 왜, 주변에 그가 하는 말이면 상사든 동료든 철석같이 믿고 따르게 하는 그런 일잘러들이요. 그런데 그게 하루아침에 만들어지는 게 아니거든요. 그 경지까지 가려면 내가 하는 말에 항상 '설명력'이 있어야 해요. 그냥 직감으로 주장하는 게 아니라 논리와 근거가 필요하다는 얘기죠.

그래서 우리가 챗GPT를 쓸 때도 역시 고급 기능이라고 해서 무분별하게 갖다 쓰고 채택하는 게 아니라, 누구나 이해할 수 있을 만한, 즉 설명력을 가지는 방식으로만 챗GPT를 활용할 겁니다. 너무 고급 기능은 결과가 정답처럼 보이더라도 상사에게, 동료에게 이게 정답이 맞다고 주장할 방법이 없거든요. 앞서 말했듯 "챗GPT가 그러던데요?"라고 할 수는 없으니까요.

그러니까 우리는 PART 01에서 최소한으로 배운 실무 엑셀 상식을 기반으로 엑셀을 사용하되, 거기서 부족한 부분만 챗GPT한테 백업하라고 할 거예요. 시간 아까우니까 챗GPT도 실무에서 진짜 필요한 내용들만 효율적으로 배우자는 겁니다.

자, 이제 어떤 포인트로 PART 02를 학습해야 하는지 그림이 그려지죠? 그럼 이 포인트를 기억하면서 이제 본격적으로 챗GPT를 실무 엑셀에서 활용하는 스킬들을 차근차근 배워보겠습니다.

02 엑셀 에러가 만만해지는 순간

NO PAIN, YES GAIN! 엑셀을 쓸 때 가장 당황스러운 순간이 언제일까요? 아마도 엑셀 에러를 마주한 순간일 거예요. 이번에는 챗GPT를 활용해 여러 가지 엑셀 에러를 쉽고 빠르게 해결하는 방법을 알아보겠습니다.

챗GPT와 함께 엑셀의 대표 에러 해결하기

엑셀을 활용할 때 작성한 수식 등에 문제가 있다면 엑셀은 다양한 에러(경고)를 띄워줍니다. 에러에는 여러 종류가 있으며, 각 에러는 사용자가 어떤 잘못을 했는지 알려줘요. 하지만 엑셀이 알려주는 것만으로는 어떤 문제인지 확실히 알기가 쉽지 않습니다. 그래서 이번에는 엑셀에서 우리가 자주 마주치게 되는 에러 문제를 챗GPT로 해결해보려고 해요.

 공여사 TIP

지금은 특별한 프롬프트 스킬이 필요하지 않아요. 평소 우리말 습관 그대로 챗GPT에게 질문하면 되는데요. 이 책에서 처음 챗GPT와 소통하는 부분이니 챗GPT에게 부담 없이 질문하고, 부담 없이 답을 받아보세요. 혹은 이번 내용은 눈으로 가볍게 읽기만 해도 좋아요.

챗GPT와 무작정 풀어보기

#DIV/0!, #REF! 에러 해결하기
예제 파일 : PA02/CH01/01_엑셀 에러.xlsx

01 예제 파일을 열면 테이블이 보입니다. [상품명], [판매금액], [판매수량], [단가], [할인금액]이 있고 제일 오른쪽에 [할인율]이 있으니, '할인율'을 기준으로 '단가'와 '할인금액'이 얼마나 되는지 구해주면 되겠습니다.

02 '단가'는 '판매금액' 나누기 '판매수량'을 해주면 됩니다. [D2] 셀에 =B2/C2를 입력한 후 Enter 를 칩니다. 그런 다음 [D2] 셀의 채우기 핸들을 더블클릭해 수식을 채워줍니다.

	A	B	C	D	E	F	G	H
1	상품명	판매금액	판매수량	단가	할인금액		할인율	10%
2	A	1,000	5	200				
3	B	2,500	20	125				
4	C	4,000	15	267				
5	D	2,000	0	#DIV/0!				
6	E	3,200	10	320				

03 문제가 생겼습니다. [D5] 셀에 '#DIV/0!'라는 에러가 떴어요. 당황하지 말고, 뇌를 거치지도 말고 챗GPT에게 냅다 물어봅시다.

04 [D5] 셀을 Ctrl + C 로 복사한 다음 챗GPT 프롬프트 입력창에 가서 Ctrl + V 로 붙여넣습니다. 그런 다음 말하듯이 궁금한 점을 챗GPT에게 물어봐요.

> **프롬프트**
>
> #DIV/0!
> 엑셀에 이런 에러가 떴어. 왜 그럴까?

프롬프트 가이드 엑셀에서 Ctrl + C 로 복사해 챗GPT 프롬프트 입력창에 Ctrl + V 로 붙여넣으면 자동으로 이미지가 첨부돼요. 이미지를 첨부하면 챗GPT가 이미지에 보다 집중하는 경향이 있으므로 텍스트로 표현이 충분히 될 때는 이미지를 제거해주는 게 좋아요. 물론 이미지에 더 큰 의미가 담겨 있을 때는 그대로 두는 게 좋고요. 첨부된 이미지의 상단 오른쪽에 [파일 제거 ⊗] 버튼을 누르면 이미지를 삭제할 수 있습니다.

> 엑셀에서 "#DIV/0!" 에러는 분모가 0인 분수를 나눌 때 발생합니다. 예를 들어 어떤 셀에서 다른 셀의 값을 나누려고 할 때, 나누는 셀의 값이 0이면 엑셀은 이 에러를 표시합니다. 이는 수학적으로 0으로 나누는 것이 정의되지 않기 때문에 발생하는 것입니다.
>
> 이 문제를 해결하려면 나누는 값이 0이 아닌지 확인하고, 필요하다면 계산을 조정하거나 에러 처리를 해야 합니다.
>
> (생략)

> 챗GPT의 답변은 그때마다 달라져요. 책에서는 '챗GPT를 통한 문제 해결'에 직접적인 연관이 없는 경우 이렇게 답변을 생략할게요!

궁금하실까봐 준비했어요!

챗GPT의 답변이 달라도 당황하지 마세요!

챗GPT에게 토씨 하나 틀리지 않고 똑같이 프롬프트를 작성해 물어봤는데 나오는 답변이 달라서 당황했나요? 챗GPT의 G(제너러티브) 속성 때문에 똑같은 답변이 나오지 않을 수 있어요. 책에 나온 답변과 똑같지 않다고 해서 절대 당황하지 마세요.

중요한 것은 내가 챗GPT와 어떻게 소통해서, 내가 원하는 결과를 어떻게 유도해 내는지 그 방법을 익히는 거예요. PART 02를 학습하는 데 중요한 사항이니 강조할게요!

---

05 챗GPT의 답변을 읽어보고 다시 엑셀 파일로 가봅시다. 그랬더니 실제로 [C5] 셀의 값이 0이네요. 판매가 됐으니깐 '판매금액'이 발생했을 텐데, '판매수량'이 0일 수는 없겠죠. 담당 직원에게 물어보니 해당 상품의 '판매수량'은 22개라고 합니다. [C5] 셀에 **22**를 적고 Enter 를 치면 [D5] 셀의 값이 91로 바뀌며 에러가 해결돼요.

06 이번에는 '할인금액'을 구해보겠습니다. 할인금액은 단가에서 할인율을 곱하면 되는데, 할인율이 적힌 [H1] 셀은 고정돼야 하니까 절대 참조를 해야겠죠? [E2] 셀에 **=D2*$H$1**을 입력한 후 Enter 를 칩니다. 그런 다음 [E2] 셀의 채우기 핸들을 더블클릭해 수식을 붙여넣습니다. 값이 잘 구해졌습니다.

07 예제 파일의 테이블은 아주 간단하지만, 실제로 복잡한 테이블을 실무에서 정리하다 보면 실수로 [G1:H1] 셀을 삭제하게 될 수도 있어요. [G1:H1] 셀을 작업 중에 실수로 삭제했다고 가정해봅시다.

	A	B	C	D	E	F	G	H
1	상품명	판매금액	판매수량	단가	할인금액			
2	A	1,000	5	200	#REF!			
3	B	2,500	20	125	#REF!			
4	C	4,000	15	267	#REF!			
5	D	2,000	22	91	#REF!			
6	E	3,200	10	320	#REF!			

08 이번에는 E열에 '#REF!' 에러가 잔뜩 떴네요. 이번에도 당황하지 말고, 머리 쓰지도 말고 챗GPT에게 물어봅시다.

> **프롬프트**
>
> #REF!
> 엑셀에 이런 에러가 떴어. 내가 표를 막 만지긴 했는데 왜 떴을까?

엑셀에서 "#REF!" 에러는 주로 셀 참조 오류 때문에 발생합니다. 이 에러는 다음과 같은 상황에서 나타날 수 있습니다:

1. 삭제된 셀 참조 : 수식이 참조하고 있는 셀이나 범위가 삭제되었을 때 발생합니다. 예를 들어 어떤 셀에서 다른 셀을 참조하여 계산하는 수식이 있는데, 참조된 셀을 삭제하면 "#REF!" 에러가 표시됩니다.

(생략)

표를 수정하는 과정에서 이런 상황이 발생했다면, 참조된 셀들이 여전히 적절한 위치에 있는지, 또는 삭제되거나 이동되지 않았는지 확인해보세요. 오류가 있는 수식을 수정하여 올바른 셀 참조로 변경하면 문제를 해결할 수 있습니다.

09 이번에도 챗GPT가 정확한 답변을 줬습니다. 실제로 테이블을 정리하다가 [G1:H1] 셀을 삭제한 상황이었으니까요. 챗GPT가 알려준 대로 해당 셀에 있던 값을 Ctrl + Z 로 다시 살려주면 에러가 해결됩니다.

	A	B	C	D	E	F	G	H
1	상품명	판매금액	판매수량	단가	할인금액		할인율	10%
2	A	1,000	5	200	20			
3	B	2,500	20	125	13			
4	C	4,000	15	267	27			
5	D	2,000	22	91	9			
6	E	3,200	10	320	32			

공여사 TIP

같은 시트 안에 있는 값을 삭제했을 경우에는 실행 취소 단축키 Ctrl + Z 로 삭제한 값을 다시 되돌릴 수 있어요. 다만, 다른 시트의 값을 참조하고 있었던 경우인데 시트 자체를 삭제했다면 Ctrl + Z 를 눌러도 실행 취소가 되지 않아요. 시트를 삭제할 때는 조심해야 한다는 점을 기억해주세요.

이어서 다른 엑셀 에러 상황도 살펴보겠습니다.

챗GPT와 무작정 풀어보기 >>

####### 에러 해결하기
예제 파일 : PA02/CH01/01_엑셀 에러.xlsx

01 예제 파일의 [상황2] 시트를 클릭하면 다음과 같은 테이블이 있습니다. 그런데 D열의 값이 '#######'으로 되어 있네요.

	A	B	C	D
1	상품명	24년 단가	판매수량	판매금액
2	F	239,000	552	#######
3	G	876,000	120	#######
4	H	167,000	320	#######
5	I	199,000	0	
6	J	330,000	732	#######

02 제가 엑셀 유튜버로 5년을 활동하면서 구독자분들께 "###### 에러가 왜 발생하느냐"는 질문을 정말 많이 받았는데요. 이번에도 뇌 쓰지 말고 챗GPT에게 바로 물어봅시다.

프롬프트

엑셀에 수식을 입력했는데 #######이라고만 나오고 값이 안 보여. 어떻게 고쳐?

 엑셀에서 "####"이 셀에 표시되는 경우, 주로 셀의 너비가 표시하려는 데이터를 모두 보여주기에 충분하지 않을 때 발생합니다. 다음 방법으로 이 문제를 해결할 수 있습니다.

1. 셀 너비 조정 : 문제가 되는 셀의 경계선을 마우스로 드래그하여 셀의 너비를 조정하십시오. 셀의 우측 경계선에 마우스 포인터를 가져가면 커서가 좌우 화살표 모양으로 바뀝니다. 이 상태에서 드래그하여 셀의 너비를 넓히세요.

(생략)

03 챗GPT가 알려준 대로 엑셀 파일로 돌아가서 D열 셀의 너비를 넓혀줬더니 값이 제대로 보입니다.

	A	B	C	D
1	상품명	24년 단가	판매수량	판매금액
2	F	239,000	552	131,928,000
3	G	876,000	120	105,120,000
4	H	167,000	320	53,440,000
5	I	199,000	0	
6	J	330,000	732	241,560,000

 공여사 TIP

사실 굉장히 간단한 엑셀 에러지만 막상 실무에서 이런 에러를 만나면 당황할 수 있어요. 특히 신입사원일 때는 사소한 일에도 당황하기 쉬우니 더 그럴 거예요. 이럴 때마다 사수에게 질문한다고 생각해봅시다. 질문하는 나도 눈치 보이고, 질문받는 사수도 번거롭겠죠?
챗GPT는 내가 100번, 1,000번 질문해도 귀찮은 내색이 없어요. 우리가 꼭 챗GPT와 친해져야 하는 이유입니다.

04 그런데 이 테이블에는 문제가 하나 더 있습니다. 혹시 발견했나요? 도대체 어떤 문제가 있다는 걸까요?

05 [D5] 셀을 보면 분명 '=B5*C5'라는 수식이 입력돼 있어요. 수식에 따르면 199,000×0이 되니깐 [D5] 셀에 0이라는 값이 나타나야 하는데 아무것도 보이지 않습니다.

	A	B	C	D
1	상품명	24년 단가	판매수량	판매금액
2	F	239,000	552	131,928,000
3	G	876,000	120	105,120,000
4	H	167,000	320	53,440,000
5	I	199,000	0	
6	J	330,000	732	241,560,000

06 사실 이것은 엑셀 입장에서는 에러가 아니지만 엑셀을 사용하는 사람 입장에서는 값이 사라진 것처럼 느껴지기 때문에 충분히 에러라고 인식할 만한 상황이에요. 뭔가 문제가 있다는 생각에 이대로 작업을 마무리하기 어렵죠.

07 [A1:D6] 셀을 선택해 Ctrl + C 로 복사한 다음 챗GPT 프롬프트 입력창에 가서 Ctrl + V 로 붙여넣습니다. 그런 다음 챗GPT에게 질문합니다.

> **프롬프트**
>
> | 상품명 | 24년 단가 | 판매수량 | 판매금액 |
> |---|---|---|---|
> | F | 239,000 | 552 | 131,928,000 |
> | G | 876,000 | 120 | 105,120,000 |
> | H | 167,000 | 320 | 53,440,000 |
> | I | 199,000 | 0 | |
> | J | 330,000 | 732 | 241,560,000 |
>
> | 상품명 | 24년 단가 | 판매수량 | 판매금액 |
> |---|---|---|---|
> | F | 239,000 | 552 | 131,928,000 |
> | G | 876,000 | 120 | 105,120,000 |
> | H | 167,000 | 320 | 53,440,000 |
> | I | 199,000 | 0 | |
> | J | 330,000 | 732 | 241,560,000 |
>
> 엑셀에 이런 표가 있어. 판매금액에 수식이 들어가 있어서 0이 나와야 하는데 0이 표시가 안 돼. 왜 그럴까?

프롬프트 가이드 엑셀에서 Ctrl + C 로 복사해 챗GPT 프롬프트 입력창에 Ctrl + V 로 붙여넣으면 자동으로 이미지가 첨부된다고 앞서 이야기했죠? 이번에는 테이블 이미지를 챗GPT가 참고 차 보는 것도 좋으니 이미지를 지우지 않고 그대로 둬볼게요.

 (생략)

셀 서식 점검 : 때로는 셀 서식이 숫자를 표시하지 않도록 설정될 수 있습니다. 셀을 선택하고, "홈" 탭에서 "셀 서식" 버튼을 클릭하여 숫자 형식을 확인하고 필요에 따라 "일반"이나 "숫자"로 설정하세요.

08 챗GPT의 답변을 읽어보고 엑셀 파일로 돌아옵니다. [D2:D6] 셀 범위를 드래그하고 상단 [홈] 탭의 [표시 형식]을 봤더니 [사용자 지정]으로 돼 있습니다.

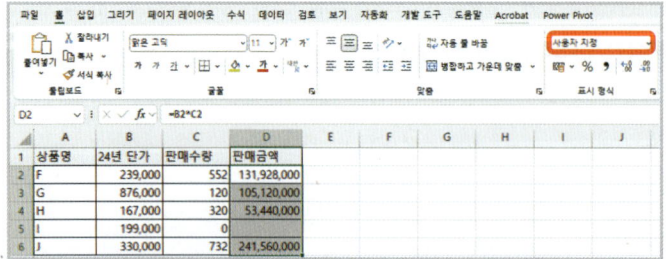

09 챗GPT가 시키는 대로 [일반]으로 수정해봤더니 정말로 [D5] 셀에 0이 표시되네요. 챗GPT는 정말 똑똑한 친구 같죠?

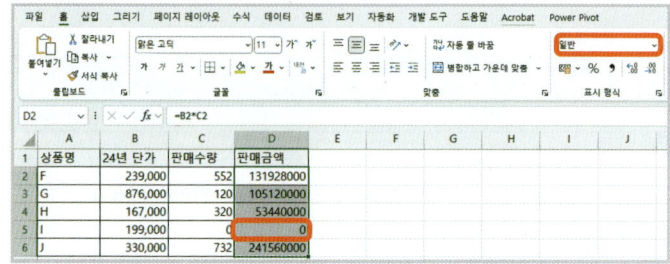

이어서 엑셀 에러 상황을 하나 더 살펴보겠습니다.

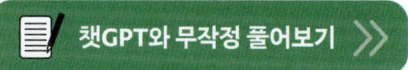

#N/A 에러 해결하기

예제 파일 : PA02/CH01/01_엑셀 에러.xlsx

01 예제 파일의 [상황3] 시트를 클릭하면 익숙한 테이블이 있습니다. 우리가 PART 01에서 해결했던 문제네요. '발주부서' 값이 있을 때 C열에 '본부명'을 채우기 위해 '부서'로부터 '본부명'을 불러오는 문제입니다.

02 VLOOKUP 함수를 쓰면 되는데요. [C2] 셀에 다음 수식을 입력하고 Enter 를 칩니다. [C2] 셀의 채우기 핸들 을 더블클릭해 수식을 마저 채워줍니다.

=VLOOKUP(B2,H:I,2,FALSE)

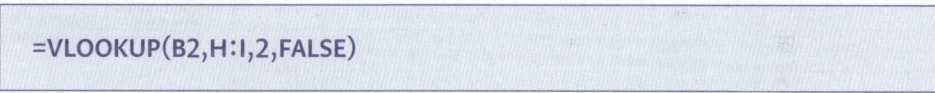

03 그런데 '국내영업2팀'에 해당하는 '본부명' 값(C9:C11)에 '#N/A' 에러가 나왔어요. 분명히 수식은 잘 입력했는데 뭐가 문제일까요. 챗GPT에게 물어봅니다.

> **프롬프트**
>
> VLOOKUP 함수를 썼는데 #N/A 에러가 났어. 왜 그럴까?

 엑셀에서 'VLOOKUP' 함수를 사용할 때 "#N/A" 에러가 나타나는 주요 원인은 보통 다음과 같습니다.

1. 찾고자 하는 값이 없음 : 'VLOOKUP' 함수가 참조하는 범위에서 찾고자 하는 값이 없을 경우 이 에러가 발생합니다. 찾고자 하는 값이 정확히 범위 내에 있는지 확인해보세요.

(생략)

04 다시 엑셀 파일로 돌아와서 데이터를 살펴봅니다. 분명히 찾고자 하는 값(국내영업2팀)이 참조하는 범위(H열)에 있었는데, 이상하다 생각하고 H열을 살펴보니 [H6] 셀에 'ㅋ'가 포함돼 있는 것을 발견합니다. 작업한 사람이 일하다 딴짓을 한 모양이네요.

05 [H6] 셀을 더블클릭해서 'ㅋ'를 삭제하고 `Enter`를 치면 C열에 있던 #N/A 에러가 해결된 것을 확인할 수 있습니다.

당황하지 말고, 머리 쓰지 말고 챗GPT를 닦달하세요!

지금까지 챗GPT를 활용해 엑셀의 다양한 에러를 해결하는 방법을 알아봤습니다. 제가 엑셀 유튜브를 시작했을 때만 해도 이런 에러들을 저한테 물어서 답을 찾고자 하는 구독자분들이 꾸준히 있었는데요. 이제 귀찮게 저에게 묻고, 답을 기다리지 않아도 됩니다. 초창기 구독자분들이 저에게 물었듯, 평상시 쓰는 우리말 습관 그대로 챗GPT에게 물어보면 이렇게 답을 내주니까요. 앞으로 실무 상황에서 어떤 에러를 맞이해도 당황하지 말고 웬만하면 챗GPT를 닦달해보길 바랍니다.

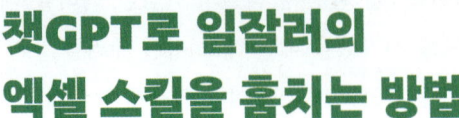

NO PAIN, YES GAIN! 업무를 하다 보면 다른 사람이 만든 엑셀 파일을 받곤 합니다. 그러다 보면 이런 기능은 대체 어떻게 구현한 건지 궁금할 때가 있어요. 굳이 만든 사람한테 물어볼 건덕지는 아니니까 우리는 똑똑하게 챗GPT를 활용해 일잘러의 엑셀 스킬을 훔쳐볼게요.

알아두면 유용한 스킬들 : 데이터 유효성 검사, 체크박스, 스파크라인

실무를 하다 보면 이름 난 일잘러들이 기교를 부려놓은 엑셀 파일을 마주하게 됩니다. 데이터 유효성 검사나 체크박스 기능, 스파크라인 등의 스킬인데요. 각 잡고 배울 필요는 없지만, 알고 있으면 유용한 기능들은 그때그때 챗GPT에게 질문해서 내 것으로 만들어보자고요.

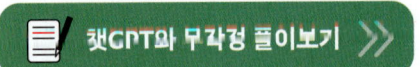

데이터 유효성 검사 이해하기

예제 파일 : PA02/CH01/02_일잘러의 엑셀 스킬(부가 기능).xlsx

01 예제 파일의 [상황1] 시트를 클릭하면 다음과 같은 테이블이 있습니다. [B6] 셀을 클릭해보니 옆에 화살표 모양의 드롭다운 버튼이 뜨는데요. [드롭다운]을 클릭해보니 답변으로 고를 수 있는 목록에 [참석], [불참]이 있습니다.

02 언뜻 보니 '참석여부'의 답변을 '참석', '불참' 중에서만 고를 수 있는 모양입니다. 정말로 그런지 [B6] 셀에 못가요를 적고 Enter 를 쳐볼게요. 그러면 에러 창이 뜨는데요. 에러 내용을 확인하고 [취소]를 클릭해 창을 닫아줍니다.

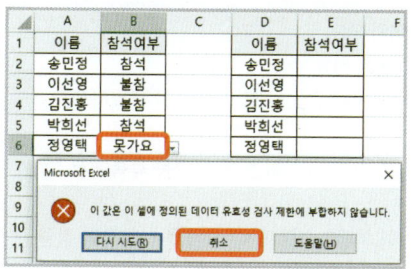

03 예상대로 이 표를 만든 사람이 답변으로 '참석', '불참'만 선택할 수 있게 제한을 걸어둔 것 같습니다. 이런 기능은 어떻게 쓰는 걸까 궁금하지만, 네이버에 '엑셀 삼각형 버튼'을 검색하기도 참 애매하죠.

04 이럴 때도 챗GPT 찬스를 쓰세요. 이번에는 이미지 캡처를 활용해볼게요. 이 장면을 챗GPT에게 그대로 보여주려고 하는데, 화면 캡처를 한 다음 챗GPT로 가 이미지를 붙여넣고 궁금한 내용을 적습니다.

> 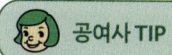 공여사 TIP
>
> 윈도우를 쓴다면 ■(Window)+ Shift + S 를 눌러 화면 캡처를 할 수 있어요. 만약 Mac을 쓴다면 Command + Shift + 4 를 눌러주세요.

프롬프트

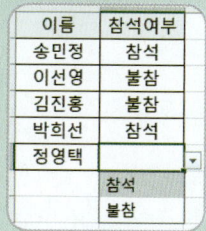

엑셀에 이렇게 값을 선택하게 하는 기능이 뭐야? 나도 하고 싶어. 알려줘.

> 이 엑셀 파일에서 보이는 기능은 "데이터 유효성 검사"라고 부릅니다. 이 기능을 사용하면 셀에 드롭다운 메뉴를 만들어 특정 값 목록에서만 선택하게 할 수 있습니다. 데이터 유효성 검사를 설정하는 방법을 알려드리겠습니다.
>
> ❶ **셀 선택** : 드롭다운 메뉴를 적용하고 싶은 셀을 선택하세요.
> ❷ **데이터 탭** : 엑셀 리본 메뉴에서 '데이터 탭'으로 이동하세요.
> ❸ **데이터 유효성 검사 선택** : '데이터 도구' 그룹에서 '데이터 유효성 검사' 버튼을 클릭하세요.
> ❹ **설정 조정** :
>   · **유효성 검사 조건 설정** : 대화 상자에서 '설정' 탭을 선택하고 '허용' 드롭다운 목록에서 '목록'을 선택하세요.
>   · **원본 입력** : 콤마로 구분된 값들을 직접 입력하거나, 엑셀 시트의 셀 범위를 선택하여 값을 지정할 수 있습니다.
> ❺ **확인** : 모든 설정을 마친 후 '확인'을 클릭하여 적용하세요.
>
> 이제 선택한 셀에 드롭다운 목록이 나타나며, 사전에 정의된 목록에서만 값을 선택할 수 있게 됩니다.

05 챗GPT의 답변에 따르면 이 기능은 '데이터 유효성 검사'라고 하네요. 데이터 유효성 검사 기능을 어떻게 설정할 수 있는지 상세하고 친절하게 알려줬어요. 챗GPT가 알려준 대로 따라 해보겠습니다.

06 먼저 ❶[E2:E6] 셀을 드래그해 선택하고 ❷상단의 [데이터] 탭으로 이동해서 ❸[데이터 유효성 검사]를 클릭합니다.

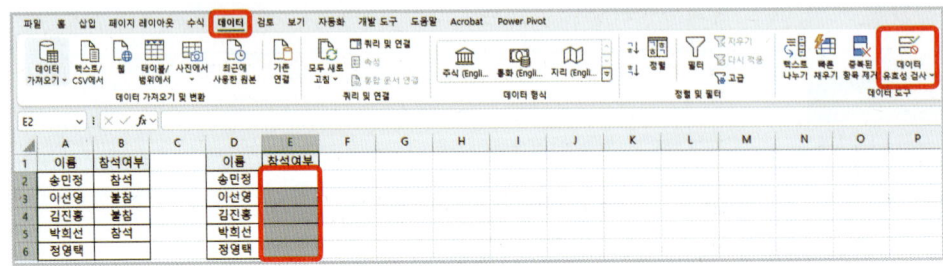

07 [데이터 유효성] 창이 뜨면 ❹[설정] 탭에서 [제한 대상]에 [목록]을 선택합니다. 그런 다음 [원본]에 콤마로 구분된 값을 입력하는데요. 우리는 '보류' 항목까지 추가해 참석,불참,보류라고 적어줄게요. ❺마지막으로 [확인]을 클릭합니다.

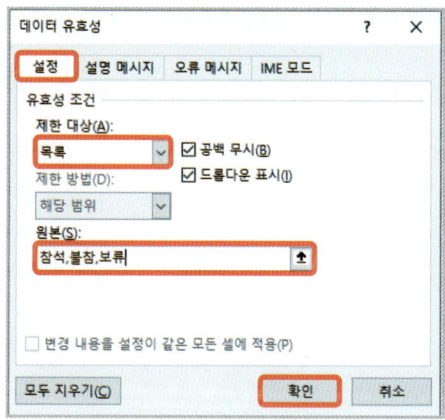

08 그러면 [드롭다운] 버튼이 생기면서 입력한 [참석], [불참], [보류] 목록이 적용된 것을 확인할 수 있습니다.

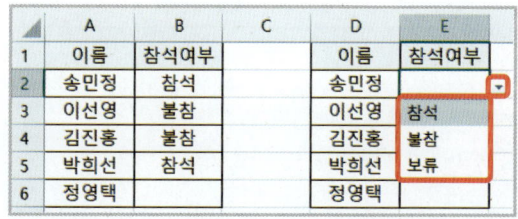

이렇게 챗GPT를 따라 '데이터 유효성 검사' 기능을 익힐 수 있었습니다. '데이터 유효성 검사'는 데이터를 취합할 때 매우 유용한데요. 만일 누군가가 참석여부에 '못가요', '안가요'와 같은 답을 적어놨다면 취합이 끝난 다음에 다시 한번 데이터를 정리해야 해서 번거롭겠죠? 하지만 '데이터 유효성 검사'로 값을 미리 통제해두면 취합할 때 불필요한 일을 줄일 수 있어요.

자, 그럼 다음으로 넘어가서 '체크박스' 기능을 알아보겠습니다.

챗GPT와 무작정 풀어보기

체크박스 적용하기

예제 파일 : PA02/CH01/02_일잘러의 엑셀 스킬(부가 기능).xlsx

01 예제 파일의 [상황2] 시트를 클릭하면 다음과 같은 테이블이 있습니다. 이번에는 출석 여부가 표시돼 있는데 체크박스로 답변을 받고 있네요.

	A	B	C	D	E
1	이름	출석		이름	출석
2	임진호	☑		임진호	
3	이정식	☐		이정식	
4	김윤호	☐		김윤호	
5	박인희	☑		박인희	
6	이순영	☐		이순영	

02 이런 건 또 어떻게 한 건지 궁금해 죽겠죠? 이번에도 챗GPT 찬스를 쓰겠습니다. 체크박스가 적용된 부분을 캡처해서 챗GPT에게 보여주고 궁금한 내용을 적어볼게요.

프롬프트

이름	출석
임진호	☑
이정식	☐
김윤호	☐
박인희	☑
이순영	☐

엑셀에 이렇게 체크, 체크 해제하는 기능이 뭐야? 어떻게 해?

 엑셀에서 체크박스를 추가하여 체크와 체크 해제를 할 수 있는 기능은 폼 컨트롤을 이용하는 방법입니다. 체크박스를 삽입하고 사용하는 방법을 아래와 같이 설명드리겠습니다.

❶ **개발 도구 탭 활성화** : 엑셀의 리본 메뉴에 개발 도구 탭이 보이지 않는 경우, 이를 활성화해야 합니다. 파일 → 옵션 → 리본 사용자 지정으로 가서 '개발 도구'에 체크를 하여 메뉴에 추가합니다.

❷ **체크박스 삽입** : 개발 도구 탭을 열고, 컨트롤 그룹에서 '삽입'을 클릭한 다음, 폼 컨트롤 중에서 체크박스 아이콘을 선택합니다. 원하는 셀에 체크박스를 드래그하여 배치합니다.

❸ **체크박스 설정 조정** : 체크박스를 우클릭하고 '컨트롤 서식'을 선택합니다. '셀 연결' 옵션을 사용하여 체크박스의 상태(체크된 상태인지, 체크되지 않은 상태인지)를 셀에 입력하도

록 설정할 수 있습니다. 이 셀에는 TRUE 또는 FALSE 값이 자동으로 입력되어 체크박스의 상태를 반영합니다.

❹ **체크박스 사용** : 체크박스를 클릭하여 체크하거나 체크 해제할 수 있습니다. 연결된 셀은 체크박스의 상태에 따라 TRUE 또는 FALSE 값이 자동으로 입력되어 체크박스의 상태를 반영합니다.

이렇게 설정하면 엑셀 내에서 체크박스를 활용할 수 있으며, 체크박스의 상태에 따라 다양한 데이터 처리를 자동화할 수 있습니다.

03 챗GPT가 알려준 대로 따라 해보겠습니다. ❶상단에 [개발 도구] 탭이 있다면 바로 클릭합니다. 만약에 없다면 챗GPT의 답변을 참고해 리본 메뉴에 [개발 도구] 탭을 추가해줍니다.

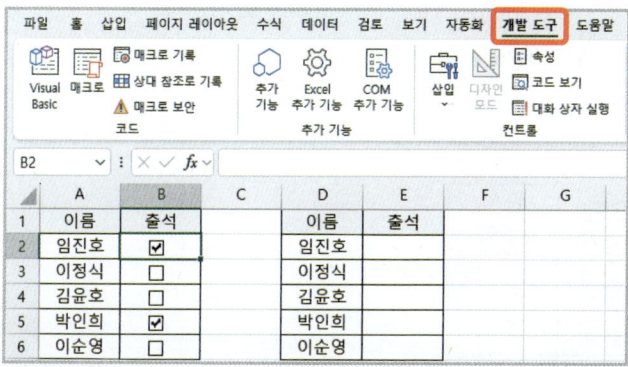

04 ❷[개발 도구] 탭의 [컨트롤] 그룹에서 [삽입]을 클릭한 다음 [양식(폼) 컨트롤] 중에서 [체크박스☑]를 선택합니다. 마우스 커서 모양이 십자 모양➕이 되면 [E2] 셀에 체크박스를 드래그하여 배치합니다.

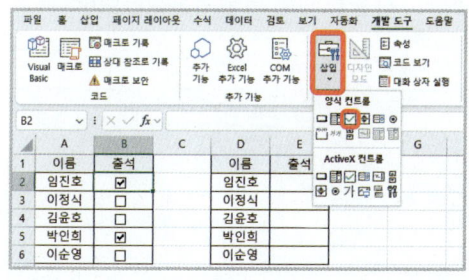

05 ❸생성된 체크박스를 마우스 오른쪽 버튼으로 클릭해 [컨트롤 서식]을 선택합니다. [컨트롤 서식] 창이 뜨면 [셀 연결]에 체크박스가 올라가 있는 셀을 선택해 입력($E$2)해 줍니다. 마지막으로 [확인]을 클릭합니다.

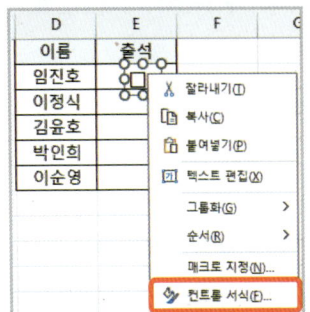

06 결과를 확인해볼게요. ❹체크박스에 체크하면 [E2] 셀에 TRUE(체크됨)가 입력되고 체크 해제하면 FALSE(체크 해제됨)가 입력됩니다.

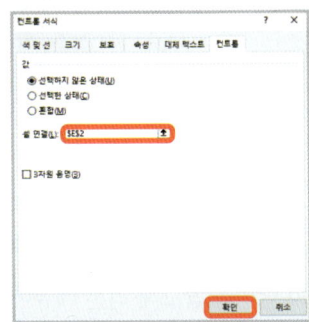

07 그런데 왼쪽의 원본 테이블과는 조금 다르게 작업됐습니다. 체크박스 옆에 '확인' 이라는 글씨도 있고, 셀에 TRUE, FALSE도 입력되고 있어요. 우선 [E2] 셀을 선택한 후 Delete 를 눌러 FALSE 값을 지워주고 '확인' 글자를 지우는 방법을 알아보겠습니다.

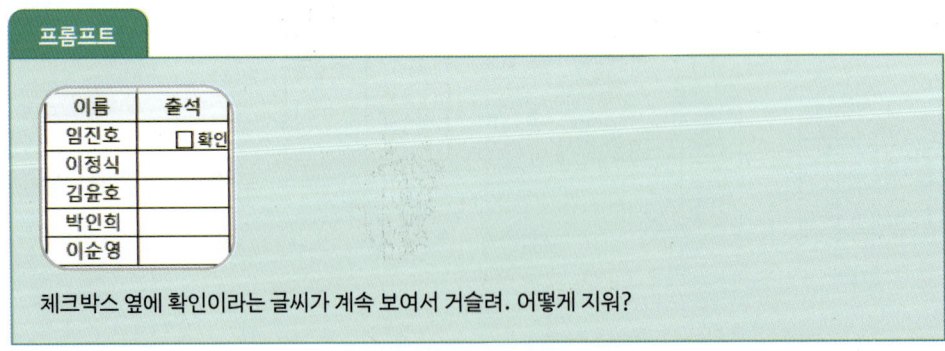

엑셀에서 체크박스 옆의 "확인"이라는 글씨를 지우는 방법은 간단합니다.

❶ **체크박스 선택** : 체크박스를 우클릭하세요. 체크박스 주변의 경계가 나타나면 올바르게 선택된 것입니다.
❷ **텍스트 편집** : 우클릭 메뉴에서 '텍스트 편집'을 선택하세요.
❸ **텍스트 삭제** : "확인"이라는 글씨를 모두 지우고, 아무것도 입력하지 않은 상태로 엔터키를 누르세요.
❹ **완료** : 이제 체크박스 옆에 텍스트가 사라진 것을 확인할 수 있습니다.

이 단계들을 통해 체크박스 옆의 텍스트를 성공적으로 제거할 수 있습니다. 체크박스 자체의 위치나 크기를 조정하고 싶다면, 우클릭 후 '크기 및 속성'을 조절하여 원하는 대로 설정할 수 있습니다.

08 챗GPT의 답변을 참고하여 ❶생성된 체크박스에 마우스 오른쪽 버튼을 클릭하면 나오는 메뉴에서 ❷[텍스트 편집]을 선택합니다. ❸ Delete 를 눌러 글씨를 모두 지우고 Enter 를 칩니다. ❹체크박스 옆에 글씨가 사라진 것을 확인합니다. 체크박스가 너무 아래쪽에 붙어 있으니 드래그해서 위치도 보기 좋게 옮겨줄게요. 이제야 좀 체크박스가 깔끔해진 것 같네요.

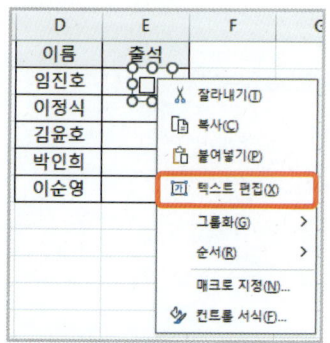 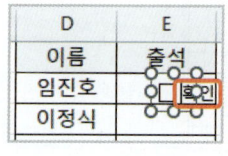

 공여사 TIP

[E2] 셀의 체크박스를 체크하거나 체크 해제하면 왼쪽의 원본 테이블과는 다르게 TRUE, FALSE 값이 표시되는 문제도 있었죠. 05 과정에서 셀 연결을 해줬기 때문에 이런 것 같은데, 이 부분은 챗GPT에게 직접 물어봐서 해결해보세요. 실무에서 당황하지 않으려면 직접 연습해보는 것도 중요합니다.

이렇게 셀에 체크박스를 적용하는 방법을 알아봤습니다. 이번에는 챗GPT가 한 번에 완벽한 답을 주지 않아 추가 질문을 해서 결국 원하는 답을 얻어낼 수 있었어요.

이런 단순한 문제는 많이 고민할 필요 없이 챗GPT에게 빠르게 질문해 상황을 해결하면 되겠습니다.

자, 그럼 마지막으로 '스파크라인' 기능을 알아보겠습니다. 아주 간단하게 셀 안에서 시각적 표현을 할 수 있는 이 기능은 어떻게 쓰는지 살펴볼게요.

📝 **챗GPT와 무작정 풀어보기** >>

스파크라인 적용하기
예제 파일 : PA02/CH01/02_일잘러의 엑셀 스킬(부가 기능).xlsx

01 예제 파일의 [상황3] 시트를 클릭하면 다음과 같은 테이블이 있습니다. 입력돼 있는 숫자는 인사고과 점수인데, 3개년 점수를 셀 안에 차트로 표시하고 있네요. 이 기능도 엑셀을 많이 써본 사람이나 알 법한 기능이라 잘 모를 수 있어요. 이 기능도 챗GPT를 활용해 사용법을 알아보겠습니다.

	A	B	C	D	E
1	이름	2022	2023	2024	3개년
2	김아영	3	5	4	
3	오진식	5	3	4	
4	박현태	4	4	3	
5	김태영	3	3	2	
6	박수현	4	3	5	
7					
8	이름	2022	2023	2024	3개년
9	김아영	3	5	4	
10	오진식	5	3	4	
11	박현태	4	4	3	
12	김태영	3	3	2	
13	박수현	4	3	5	

02 이번에도 차트가 적용된 부분을 캡처해서 챗GPT에게 보여주고 궁금한 내용을 적어볼게요.

> **프롬프트**
>
> | 이름 | 2022 | 2023 | 2024 | 3개년 |
> |------|------|------|------|-------|
> | 김아영 | 3 | 5 | 4 | |
> | 오진식 | 5 | 3 | 4 | |
> | 박현태 | 4 | 4 | 3 | |
> | 김태영 | 3 | 3 | 2 | |
> | 박수현 | 4 | 3 | 5 | |
>
> 우측 셀 안에 들어 있는 꺾은선 그래프는 엑셀에서 어떻게 구현해?

엑셀에서 셀 안에 소규모 그래프를 표시하는 것은 "스파크라인" 기능을 이용하여 구현할 수 있습니다. 스파크라인은 행이나 열에 대한 데이터 패턴을 간단하게 보여주는 작은 그래프로, 주로 데이터의 추세를 한눈에 파악하기 위해 사용됩니다.

아래는 스파크라인을 셀에 추가하는 방법입니다.

❶ **스파크라인 추가 :**
  · 스파크라인을 추가하고 싶은 셀을 선택합니다.
  · 엑셀 리본에서 '삽입' 탭을 선택합니다.
  · '스파크라인' 그룹 내에서 원하는 스파크라인 유형을 선택합니다(예: 선, 막대, 또는 면적).

❷ **데이터 범위 선택 :**
  · 스파크라인을 생성할 때 나타나는 대화상자에서, 데이터 범위를 입력하거나 선택합니다.
  · '확인' 버튼을 클릭하여 스파크라인을 생성합니다.

❸ **스파크라인 서식 조정 :**
  · 생성된 스파크라인을 선택하고, '스파크라인' 도구 리본에서 '서식' 탭을 선택합니다.
  · 여러 옵션을 통해 스파크라인의 모양, 색상, 마커 옵션 등을 조정할 수 있습니다.

❹ **스파크라인 복사 및 붙여넣기 :**
  · 첫 번째 스파크라인을 설정한 후 이를 다른 셀로 복사하여 붙여넣기 할 수 있습니다. 각 셀에 맞게 데이터 범위를 조정하면 됩니다.

(생략)

 공여사 TIP

> 챗GPT가 '스파크라인' 기능 소개는 물론이고 어떤 목적으로 활용하는지까지 잘 알려주고 있어요. 챗GPT가 알려주는 내용만 잘 참고해도 실무에 도움이 되겠죠?

03 챗GPT가 알려준 대로 ❶스파크라인을 삽입할 [E9] 셀을 선택하고 상단의 [삽입] 탭 [스파크라인] 그룹에서 [꺾은선형]을 선택합니다. 이어서 [스파크라인 만들기] 창이 뜨면 ❷[데이터 범위]에 B9:D9를 입력한 다음 [확인]을 클릭합니다.

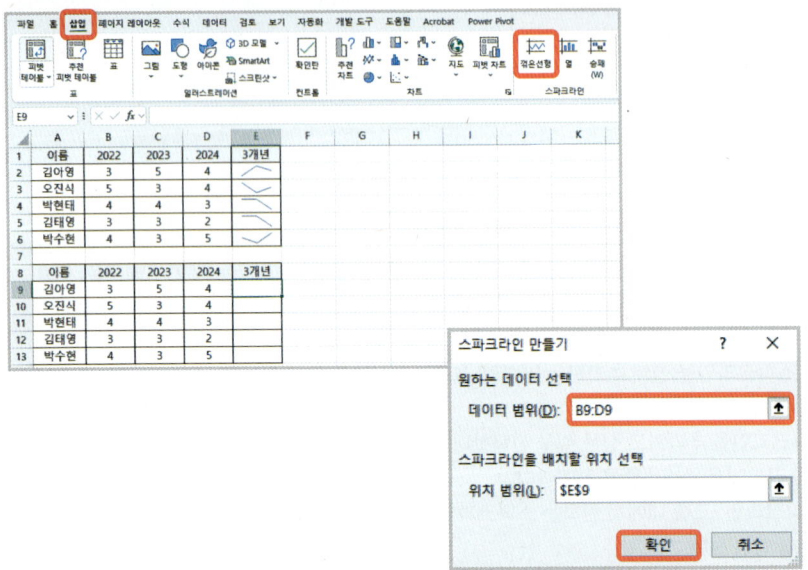

04 [E9] 셀에 [E2] 셀과 동일한 스파크라인이 생성된 것을 확인할 수 있습니다. ❸챗 GPT가 스파크라인의 서식(스타일)을 바꾸는 방법도 알려줬지만 현재 상황에서는 바꿀 것이 없으므로 무시하고, ❹첫 번째 스파크라인([E9] 셀)을 ⌈Ctrl⌉+⌈C⌉로 복사한 다음 [E9:E13] 셀 범위를 드래그하고 ⌈Ctrl⌉+⌈V⌉로 붙여넣기 하면 작업이 완료됩니다. 위의 원본 테이블과 똑같이 작업된 것을 알 수 있죠?

일잘러의 엑셀 스킬을 훔쳐 일잘러가 돼봅시다

지금까지 다른 사람이 만든 엑셀 파일에서 나도 알고 싶은 기능을 챗GPT한테 물어 사용하는 법을 알아내는 방법을 살펴봤습니다. 책에서 소개한 사례 외에도 실무를 하며 훔치고 싶은 일잘러의 엑셀 스킬을 발견한다면 냅다 캡처해서 챗GPT에게 물어보고 내 것으로 만들어보길 바랄게요.

04 절대 외울 필요가 없는 잘 안 쓰는 함수들

NO PAIN, YES GAIN! PART 01에서 우리는 실무에 필요한 최소한의 엑셀 함수를 핵심만 딱 골라서 배웠어요. 하지만 실무를 하다 보면 PART 01에서 배운 함수만으로는 해결되지 않는 일들이 꾸준히 생길 거예요. 이럴 때 엑셀의 모든 함수를 일일이 외우지 않고도 챗GPT 찬스로 그때그때 필요한 함수를 알아내는 방법을 배워보겠습니다.

MOD·RANDBETWEEN 함수

이번에는 실무에서 덜 쓰이는 함수들을 챗GPT로 알아볼 거예요. PART 01에서 배운 함수들은 실무에서 자주 쓰는 함수들이기 때문에 자연스럽게 갖다 쓰기 위해 구구단처럼 외워둘 필요가 있지만, 이번에 살펴볼 함수들은 외울 필요까지는 없는 애들이에요. 그러니 책에 나오는 함수를 굳이 외우려 하지 말고 챗GPT로부터 문제 상황에 맞는 함수를 어떻게 알아내는지, 그 흐름을 파악하는 데 집중해보세요.

챗GPT와 무작정 풀어보기

MOD 함수로 4인 1조의 조장 정하기
예제 파일 : PA02/CH01/03_잘 안 쓰는 함수.xlsx

 01 예제 파일을 열면 [상황1] 시트에 다음 페이지와 같은 테이블이 있습니다. 총 16명이 있는데 1행에 적힌 대로 '4인 1조이고, 각 조의 1번이 조장'이라면 각각 어떤 사람이 조장이 되는지 정리해볼게요.

 공여사 TIP

주어진 테이블을 보고 문제를 어떻게 해결할 수 있을지 먼저 생각해볼게요. A열에 각각의 순번이 입력돼 있으므로, A열의 값을 4로 나눴을 때 나머지 값이 1이 되면 조장이라고 할 수 있겠죠? 1을 4로 나눈 나머지도 1이고, 5를 4로 나눈 나머지도 1, 9를 4로 나눈 나머지도 1, 13을 4로 나눈 나머지도 1이니까요.

	A	B	C
1	4인 1조. 각 조의 1번이 조장이라면?		
2	순번	이름	조장
3	1	김선영	
4	2	박희인	
5	3	정우영	
6	4	김소라	
7	5	진연희	
10	8	이영한	
11	9	김보미	
12	10	장한나	
13	11	이호영	
14	12	심희정	
15	13	오희연	
16	14	김하정	
17	15	유서영	
18	16	한희수	

02 기준값으로 나눴을 때 나머지를 구하는 함수가 무엇인지 알아야 하는데, 챗GPT 찬스를 써보겠습니다.

> **프롬프트**
>
> 엑셀에서 값을 4로 나눈 나머지 값을 구하려면 어떻게 해?

 엑셀에서 특정 값을 4로 나눈 나머지를 구하려면 'MOD' 함수를 사용할 수 있습니다. 'MOD' 함수의 기본 형식은 다음과 같습니다.

```excel
MOD(number, divisor)
```

여기서 'number'는 나눌 값이고, 'divisor'는 나누는 값입니다. 예를 들어, A1에 있는 값에 대해 4로 나눈 나머지를 구하고 싶다면 다음과 같이 수식을 작성하면 됩니다:

```excel
=MOD(A1, 4)
```

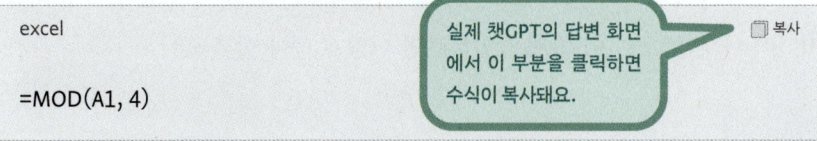

실제 챗GPT의 답변 화면에서 이 부분을 클릭하면 수식이 복사돼요.

이 수식은 A1 셀의 값을 4로 나눈 나머지를 계산하여 결과를 반환합니다.

> **공여사 TIP**
>
> 계속 강조하지만 챗GPT의 제너러티브(Generative) 속성 때문에 똑같이 질문해도 책과 다른 답변이 나올 수 있어요. 만약 챗GPT가 MOD 함수의 기본 형식을 알려주지 않는다면, 챗GPT에게 "MOD 함수의 기본 형식도 설명해줘"라고 추가로 물어볼 수 있겠죠?
> 책과 답이 다르게 나오더라도 당황하지 말고 챗GPT에게 추가로 질문해 원하는 답변을 얻어내는 센스를 길러보세요.

03 챗GPT가 알려준 함수가 잘 작동하는지 확인해보겠습니다. [C3] 셀에 **=MOD(A3,4)** 를 입력하고 Enter 를 쳐볼게요. 값이 제대로 구해진 것을 확인하고 [C3] 셀의 채우기 핸들을 더블클릭해 수식을 채워줍니다.

순번	이름	조장
1	김선영	1
2	박희인	2
3	정우영	3
4	김소라	0
5	진연희	1
6	신영호	2
7	박진오	3
8	이영한	0
9	김보미	1
10	장한나	2
11	이호영	3
12	심희정	0
13	오희연	1
14	김하정	2
15	유서영	3
16	한희수	0

04 나머지 값이 1일 때 조장이고, 1이 아니라면 조원이 되겠죠? 그런데 데이터를 이렇게 정리하면 누가 조장이라는 건지 다른 사람은 알아보기 힘들 거예요. 값이 '1'이면 '조장'이 되게, 1이 아니면 '조원'이 되게 작업하려면 어떻게 해야 할까요?

05 우리가 PART 01에서 배운 IF 함수를 쓰면 됩니다. [C3] 셀의 수식을 다음과 같이 수정하고 Enter 를 친 다음 [C3] 셀의 채우기 핸들을 더블클릭해 수식을 채워 넣어주면 누가 조장인지, 누가 조원인지 한눈에 확인할 수 있어요.

=IF(MOD(A3,4)=1,"조장","조원")

 공여사 TIP

IF 함수를 어떻게 쓰는지 잘 기억나지 않는다면 100페이지를 참고해보세요.

순번	이름	조장
1	김선영	조장
2	박희인	조원
3	정우영	조원
4	김소라	조원
5	진연희	조장
6	신영호	조원
7	박진오	조원
8	이영한	조원
9	김보미	조장
10	장한나	조원
11	이호영	조원
12	심희정	조원
13	오희연	조장
14	김하정	조원
15	유서영	조원
16	한희수	조원

4인 1조. 각 조의 1번이 조장이라면?

챗GPT의 도움을 받아 MOD 함수를 활용해봤습니다. 잘 안 쓰는 MOD 함수는 굳이 외울 필요가 없으므로 챗GPT에게 물어봐서 쓰면 되지만, 자주 쓰는 IF 함수는 물어보는 게 더 시간 낭비라, 애초에 외우고 있는 게 업무 중간중간 흐름 끊기는 걸 막아줄 거예요. 이 사실을 꼭 기억하면서 다음 상황으로 넘어가보겠습니다.

챗GPT와 무작정 풀어보기 >> RANDBETWEEN 함수로 랜덤 당첨자 뽑기

예제 파일 : PA02/CH01/03_잘 안 쓰는 함수.xlsx

01 예제 파일의 [상황2] 시트를 클릭하면 다음과 같은 테이블이 있습니다. 1에서 100까지의 숫자를 부여받은 100명 중 1~10등을 랜덤으로 뽑는 작업인데, 중복 당첨도 가능한 상황입니다.

	A	B	C	D	E
1	100명 중 1~10등을 랜덤으로 뽑아보자. (단, 중복 당첨 가능)				
2	등수	상금	당첨번호		
3	1	1,000,000			
4	2	500,000			
5	3	300,000			
6	4	100,000			
7	5	50,000			
8	6	3,000			
9	7	3,000			
10	8	3,000			
11	9	3,000			
12	10	3,000			

02 어떤 함수를 써야 할지 감도 잘 잡히지 않을 텐데요. 챗GPT에게 간단히 질문해서 필요한 함수를 알아내보겠습니다.

프롬프트

엑셀에서 1에서 100까지 숫자 중에 랜덤한 숫자 하나를 뽑으려면 어떤 함수를 써야 해?

 엑셀에서 1에서 100까지의 범위 내에서 랜덤한 숫자 하나를 뽑으려면 'RANDBETWEEN' 함수를 사용할 수 있습니다.

이 함수는 지정된 두 숫자 사이에 임의의 정수를 생성합니다. 사용 방법은 다음과 같습니다:

```excel
=RANDBETWEEN(1, 100)
```

이 수식은 1과 100 사이의 랜덤한 정수를 반환합니다.

03 챗GPT가 바로 활용할 수 있는 수식을 써줬으니 [복사]를 클릭해 수식을 복사한 다음 엑셀로 돌아갑니다. [C3] 셀을 더블클릭한 후 Ctrl + V 로 수식을 붙여넣고 Enter 를 칩니다.

	A	B	C	D	E
1	100명 중 1~10등을 랜덤으로 뽑아보자. (단, 중복 당첨 가능)				
2	등수	상금	당첨번호		
3	1	1,000,000	2		
4	2	500,000			
5	3	300,000			
6	4	100,000			
7	5	50,000			
8	6	3,000			
9	7	3,000			
10	8	3,000			
11	9	3,000			
12	10	3,000			

04 1~100 중에 랜덤한 숫자가 반환된 것을 확인하고 [C3] 셀의 채우기 핸들을 더블클릭해 수식을 채워줍니다.

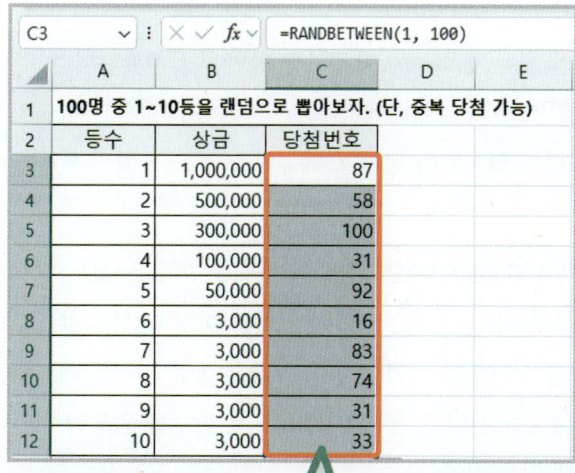

> 수식을 붙여넣었더니 [C3] 셀의 숫자가 바뀌었어요. '2'에서 '87'로 바뀌었죠. 여러분은 또 다르게 나왔을 텐데요. 이렇게 결과가 바뀌는 이유는 뭘까요? 다음 페이지에서 상세하게 설명해뒀으니 참고해주세요!

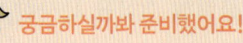

RANDBETWEEN 함수로 구한 결과가 계속 바뀐다?

03 과정에서는 [C3] 셀의 당첨번호 결과가 분명 '2'였는데, **04** 과정에서 채우기 핸들로 수식을 붙여넣었더니 '87'로 변했어요. RANDBETWEEN 함수는 수식이 다시 계산되는 시점마다 매번 결과가 바뀌기 때문에 그런 거예요. 심지어 파일을 닫았다가 다시 열어도 결과가 바뀝니다.

선발 결과를 발표해야 하는데 값이 자꾸 바뀌면 곤란하겠죠? 이럴 때는 [C3:C12] 셀 범위를 드래그해 선택한 다음 Ctrl + C 로 복사하고, 드래그한 범위를 마우스 우클릭한 다음 [붙여넣기 옵션:]에서 [값]을 선택해줍니다. [값]으로 붙여넣으면 수식은 사라지고 값만 남기 때문에 셀을 수정하거나 파일을 열고 닫아도 숫자가 바뀌지 않아요.

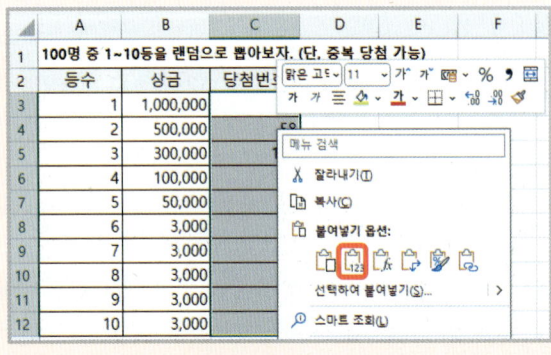

지금까지 챗GPT에게 질문해서 잘 안 쓰는 함수들을 활용하는 방법을 살펴봤습니다. 주어진 데이터 작업에 필요한 함수를 찾기 위해 네이버에 검색해서 내 업무 상황과 적당히 비슷한 글을 찾은 다음 설명을 하나하나 읽어가며 문제를 해결하는 것보다 훨씬 편하다는 걸 알 수 있겠죠?

다시 한번 말하지만 여기서 MOD·RANDBETWEEN 함수의 형식을 외우는 것은 전혀 중요하지 않아요. 엑셀의 수많은 함수를 다 공부하고 외우지 않아도 이제 챗GPT 찬스로 다양한 함수를 얻어낼 수 있다는 점을 포인트로 기억합시다. 다양한 실무 문제를 해결하며 앞서와 같이 상황에 맞는 함수를 활용해본다면, 굳이 엑셀의 모든 함수를 외우려 하지 않아도 어느새 실무형 엑셀 고수가 돼 있을 거예요.

05 챗GPT로 신규 함수를 빠르게 익히는 방법

NO PAIN, YES GAIN! 엑셀은 전 세계적인 업무 생산성 툴인 만큼, 새로운 함수가 계속해서 생겨나는데요. 마이크로소프트에서 돈 들여 개발했다는 건 그만큼 사용자들에게 니즈가 있다는 거겠죠? 그런데 신규 함수나 기능이 생길 때마다 책이나 강의를 매번 새로 결제할 수는 없잖아요. 최신 함수까지도 챗GPT에게 쉽게 배우는 방법을 알아볼게요.

XLOOKUP·FILTER 함수

엑셀은 계속 업데이트되는 프로그램이기 때문에 엑셀 사용자의 니즈가 있으면 함수를 새로 만들어서 공개합니다. 비교적 최근 출시된 XLOOKUP 함수와 FILTER 함수를 챗GPT를 활용해 익히는 방법을 알아볼게요.

> **공여사 TIP**
>
> XLOOKUP 함수는 PART 01에서 VLOOKUP 함수와 함께 잠깐 언급(160페이지)한 함수예요. 엑셀 2021 이상 버전이나 마이크로소프트 365 버전에서 사용할 수 있는 함수죠.
> FILTER 함수는 이 책에서 처음으로 언급하는 함수인데, 마이크로소프트 365 버전에 새로 추가된 함수예요.

먼저 XLOOKUP 함수입니다. 이 함수는 제 구독자분들이 자주 질문하는 함수이기도 한데요. PART 01에서 159페이지 실습을 할 때 VLOOKUP 함수를 쓰기 위해 테이블의 열 순서를 바꾸는 작업을 한 것을 기억하나요?

기준값이 있는 열이 항상 선택한 범위의 첫 번째 열로 오게 바꿨었는데, XLOOKUP 함수를 쓰면 열 순서를 바꾸지 않아도 작업이 가능해요. 구체적으로 어떤 기능을 하는 함수인지 챗GPT와 함께 살펴보겠습니다.

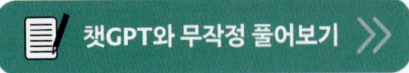

XLOOKUP 함수 빠르게 익히기

예제 파일 : PA02/CH01/04_신규 함수.xlsx

01 이번에는 예제 파일을 열기 전에 챗GPT에게 먼저 질문해보겠습니다. 챗GPT에게 연습할 수 있는 샘플 데이터를 받아서 XLOOKUP 함수를 익혀볼 거예요.

> **프롬프트**
>
> 엑셀에서 XLOOKUP이라는 함수를 처음 봤는데 어떻게 쓰는 함수야? 연습할 수 있는 샘플 데이터와 함께 사용 방법을 알려줘.

 'XLOOKUP' 함수는 마이크로소프트 엑셀에서 사용하는 강력한 조회 함수로, 기존의 'VLOOKUP', 'HLOOKUP', 'INDEX' 및 'MATCH' 함수의 기능을 대체할 수 있습니다. 이 함수는 목표 값을 찾기 위해 배열 또는 범위에서 검색하고, 찾은 값에 해당하는 다른 배열 또는 범위에서 결과를 반환합니다.

XLOOKUP 함수의 기본 구조:

```excel
=XLOOKUP(lookup_value, lookup_array, return_array, [if_not_found], [match_mode], [search_mode])
```

- **lookup_value** : 찾고자 하는 값입니다.
- **lookup_array** : 찾고자 하는 값이 있는 배열 또는 범위입니다.
- **return_array** : 찾은 값과 연관된 값을 반환할 배열 또는 범위입니다.
- **if_not_found (선택적)** : 찾고자 하는 값이 없을 경우 반환할 대체 텍스트입니다.

(생략)

아래는 Excel에서 사용할 수 있는 간단한 샘플 데이터 표입니다. 이 표를 바탕으로 'XLOOKUP' 함수를 연습해볼 수 있습니다.

직원 ID	직원 이름
101	John
102	Doe
103	Jane

104	Emily
105	Anna

이 데이터를 Excel 시트에 입력한 후 다양한 'XLOOKUP' 함수를 사용하여 특정 직원 ID에 해당하는 직원 이름을 찾아볼 수 있습니다. 예를 들어, 직원 ID '103'에 대한 이름을 찾으려면 다음과 같은 수식을 사용할 수 있습니다:

```excel
=XLOOKUP(103, A2:A6, B2:B6, "Not Found")
```

이 수식은 'A2:A6' 범위에서 '103'을 찾아 해당하는 'B2:B6' 범위에서 이름을 반환합니다. 만약 '103'이 리스트에 없다면 "Not Found"라는 결과를 출력합니다.

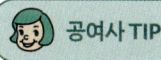 공여사 TIP

혹시 챗GPT가 샘플 데이터를 표로 제공하지 않는다면 표로 제공해달라고 추가 요청해보세요.

02 예제 파일을 열고 [XLOOKUP 연습] 시트를 보면 챗GPT가 알려준 샘플 데이터 테이블을 그대로 넣어뒀어요. 챗GPT가 알려준 수식이 제대로 작동하는지 확인해보기 위해 [D1] 셀에 챗GPT가 알려준 아래 수식을 입력하고 Enter 를 칩니다. 'Jane'이라는 결과가 제대로 나온 것을 확인할 수 있네요.

```
=XLOOKUP(103, A2:A6, B2:B6, "Not Found")
```

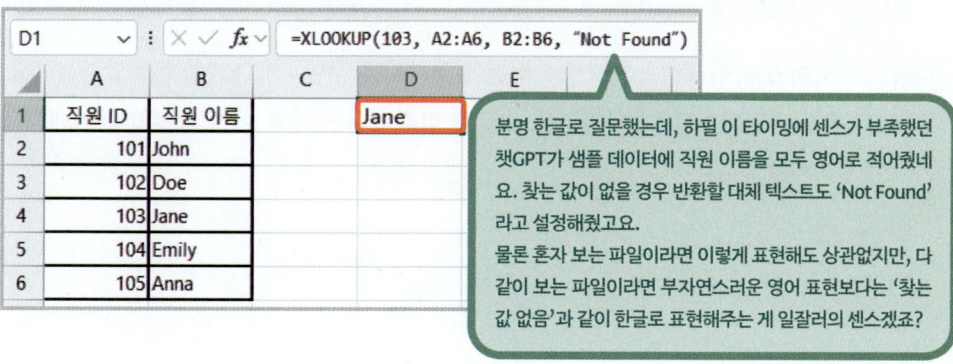

03 그런데 챗GPT가 알려준 수식은 VLOOKUP 함수와 큰 차이가 없어 보입니다. VLOOKUP보다 어떤 점에서 유용하다는 것인지 잘 와닿지 않네요.

04 XLOOKUP 함수의 차별성을 알아보기 위해 [D1] 셀의 수식을 다음과 같이 수정하고 Enter 를 칩니다. 103이라는 결과가 나오는 것을 확인합니다.

=XLOOKUP("Jane", B2:B6, A2:A6, "Not Found", 0, 1)

▶ 수식 뜯어보기   B2:B6 범위에서 "Jane"이라는 값이 몇 번째 나타나는지 알아낸 다음 A2:A6 범위에서 동일한 위치에 오는 값(103)을 반환해줘요. VLOOKUP 함수에서는 찾는 값이 첫 번째 열에 있어야 하는데, 이렇게 XLOOKUP 함수를 쓰면 찾을 열과 반환할 열을 모두 지정하기 때문에 찾는 값이 꼭 첫 번째 열이 아니어도 괜찮아요.
또 VLOOKUP에서는 찾는 값이 없을 경우 IFERROR 함수를 써야 하지만, XLOOKUP에서는 찾는 값이 없을 경우 반환할 값("Not Found")을 직접 지정할 수 있어요. 값을 찾을 땐 정확하게 일치하는 값을 찾도록 0이라는 옵션을 두었죠. 마지막 1(오름차순)은 값을 찾을 때 위에서부터 순서대로 검색하라는 의미인데요. 만약 아래쪽부터 검색하고 싶다면 -1(내림차순)을 입력하면 돼요.

	A	B	C	D	E	F	G
1	직원 ID	직원 이름		103			
2	101	John					
3	102	Doe					
4	103	Jane					
5	104	Emily					
6	105	Anna					

지금까지 XLOOKUP 함수를 챗GPT와 함께 알아봤습니다. 확실히 VLOOKUP보다 편리한 기능을 제공하는 함수였죠?

다음으로 넘어가 마이크로소프트 365 버전에 추가된 함수인 FILTER 함수를 알아볼게요. FILTER 함수는 정말로 놀라운 결과를 내어줄 함수이니 도대체 어떤 함수일지 기대감을 가지고 넘어가보자고요.

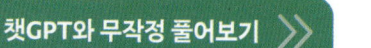 **FILTER 함수 빠르게 익히기**

예제 파일 : PA02/CH01/04_신규 함수.xlsx

01 이번에도 예제 파일을 열기 전에 챗GPT에게 먼저 질문해보겠습니다. 마찬가지로 챗GPT에게 연습할 수 있는 샘플 데이터를 받아서 FILTER 함수를 익혀볼 거예요.

 프롬프트

엑셀에서 FILTER라는 함수를 처음 알았어. 어떻게 쓰는 건지 알려주고 샘플 데이터도 제공해줘. 연습할 수 있게.

프롬프트 가이드 내가 엑셀을 학습 중이라는 것을 눈치챌 수 있도록 채팅방을 새로 만들지 말고, 앞서 XLOOKUP 함수를 물어봤던 채팅에 이어서 질문하세요.

 'FILTER' 함수는 엑셀에서 조건을 충족하는 데이터만 필터링하여 반환하는 함수입니다. 이는 데이터 분석이나 보고서 작성 시 매우 유용합니다. 'FILTER' 함수의 기본 구조는 다음과 같습니다:

FILTER 함수의 기본 구조:

```excel
=FILTER(array, include, [if_empty])
```

- **array** : 필터링할 데이터 범위
- **include** : 필터링 조건(TRUE 또는 FALSE 값을 반환하는 논리식)
- **[if_empty]** : 필터링 결과가 없을 때 반환할 값(선택 사항)

샘플 데이터와 함께 예제를 제공하겠습니다.

샘플 데이터
다음은 직원들의 정보를 포함한 샘플 데이터입니다.

직원 ID	이름	부서	연봉
1	김철수	마케팅	5500
2	이영희	영업	6200
3	박민수	개발	7000

4	최지연	영업	6600
5	홍길동	마케팅	5200
6	장보고	개발	7500
7	임꺽정	영업	5800

FILTER 함수 예제
위의 데이터에서 '영업' 부서에 속한 직원들의 정보를 필터링하려면 다음과 같은 수식을 사용할 수 있습니다.

```excel
=FILTER(A2:D8, C2:C8="영업", "해당 조건의 데이터가 없습니다")
```

이 수식을 입력하면, "영업" 부서에 속한 직원들의 정보만 필터링하여 보여줍니다.

샘플 데이터
샘플 데이터를 연습할 수 있도록 파일로 제공합니다. 아래 링크를 통해 다운로드하세요.

샘플 데이터 다운로드

> 이번에는 챗GPT가 샘플 데이터를 파일로 제공해줬네요. 이런 경우 [샘플 데이터 다운로드]를 클릭하면 파일을 다운받아 바로 쓸 수 있어요.

02 예제 파일을 열고 [FILTER 연습] 시트를 클릭합니다. 챗GPT가 내어준 샘플 데이터 테이블을 그대로 넣어뒀어요. 챗GPT가 알려준 수식이 제대로 작동하는지 확인해볼게요. [F1] 셀에 아래 수식을 입력하고 Enter 를 칩니다.

```
=FILTER(A2:D8, C2:C8="영업", "해당 조건의 데이터가 없습니다")
```

➡ **수식 뜯어보기** FILTER 함수의 세 번째 인수(if-empty)에 "해당 조건의 데이터가 없습니다"를 적어줬는데요. 챗GPT가 알려준 대로 FILTER 함수의 세 번째 인수는 생략이 가능하지만, 만약 조건에 맞는 데이터가 없다면 에러가 뜰 수 있으니 되도록 마지막 인수를 채워주는 게 좋겠죠?

03 수식을 넣었더니 놀라운 결과가 나왔습니다. 부서에서 '영업'에 해당하는 값만 자동으로 필터가 되어 보여지고 있어요.

	A	B	C	D	E	F	G	H	I
					fx	=FILTER(A2:D8, C2:C8="영업", "해당 조건의 데이터가 없습니다")			
1	직원 ID	이름	부서	연봉		2	이영희	영업	6200
2	1	김철수	마케팅	5500		4	최지연	영업	6600
3	2	이영희	영업	6200		7	임꺽정	영업	5800
4	3	박민수	개발	7000					
5	4	최지연	영업	6600					
6	5	홍길동	마케팅	5200					
7	6	장보고	개발	7500					
8	7	임꺽정	영업	5800					

04 이번에는 '개발' 부서에 해당하는 값만 필터해보기 위해 [F1] 셀의 수식을 다음과 같이 수정하고 Enter 를 쳐볼게요. 그랬더니 '개발' 부서에 해당하는 값만 또 필터가 됐습니다.

=FILTER(A2:D8, C2:C8="개발", "해당 조건의 데이터가 없습니다")

	A	B	C	D	E	F	G	H	I
					fx	=FILTER(A2:D8, C2:C8="개발", "해당 조건의 데이터가 없습니다")			
1	직원 ID	이름	부서	연봉		3	박민수	개발	7000
2	1	김철수	마케팅	5500		6	장보고	개발	7500
3	2	이영희	영업	6200					
4	3	박민수	개발	7000					
5	4	최지연	영업	6600					
6	5	홍길동	마케팅	5200					
7	6	장보고	개발	7500					
8	7	임꺽정	영업	5800					

05 챗GPT가 알려주는 대로 샘플 데이터로 연습해보니 FILTER 함수가 어떻게 작동하는지 감이 오죠? 이번엔 '부서'가 아니라 '이름' 값으로도 필터를 할 수 있는지 시험해보겠습니다. [F1] 셀의 수식을 다음과 같이 수정하고 Enter 를 치면 '이영희' 이름에 해당하는 값만 자동으로 필터가 됩니다.

=FILTER(A2:D8, B2:B8="이영희", "해당 조건의 데이터가 없습니다")

F1		✕ ✓ fx	=FILTER(A2:D8, B2:B8="이영희", "해당 조건의 데이터가 없습니다")						
	A	B	C	D	E	F	G	H	I
1	직원 ID	이름	부서	연봉		2	이영희	영업	6200
2	1	김철수	마케팅	5500					
3	2	이영희	영업	6200					
4	3	박민수	개발	7000					
5	4	최지연	영업	6600					
6	5	홍길동	마케팅	5200					
7	6	장보고	개발	7500					
8	7	임꺽정	영업	5800					

배움의 벽을 허문 챗GPT

지금까지 최신 버전에 새로 추가된 XLOOKUP, FILTER 함수를 챗GPT와 함께 알아봤습니다. 챗GPT에게 샘플 데이터까지 받아서 연습해보니 처음 본 함수도 앉은 자리에서 곧바로 익혀볼 수 있었어요.

챗GPT의 등장과 함께 배움의 벽이 사라졌다는 생각이 들지 않나요? 신입 사원은 직장에 처음 들어가면 업종에 따라 또는 부서 성격에 따라 최신 함수를 사용해야 하는 일이 있을 거예요. 그때마다 옆자리 선배 귀찮게 굴 필요 없이 챗GPT 찬스를 써서 금세 습득한다면, 원래부터 알았던 것처럼 일잘러 코스프레를 할 수 있겠죠? 제발 시도때도 없이 챗GPT를 갖다 쓰세요.

06 한눈에 들어오는 '차트'도 뚝딱

NO PAIN, YES GAIN! 이번에는 차트 만드는 방법을 배워볼 거예요. 차트는 엑셀 버전마다 화면이 많이 달라서 책이나 강의로 배우기 까다로운 면이 있는데, 챗GPT에게 내가 쓰는 버전을 알려주고 그 버전에 맞는 답을 받아보면서 차트를 그려보겠습니다.

공여사들이 안 알려준 차트도 챗GPT로 쉽게 익히자

PART 01에서 우리는 피벗 테이블을 활용해 손쉽게 데이터를 요약·집계해 보고서를 만드는 방법을 배웠습니다. 그러나 이런 방식은 필연적으로 많은 숫자가 보고서에 포함되므로 한눈에 파악하기 어려울 수 있어요.

이럴 때 차트를 쓰면 데이터를 시각적으로, 한눈에 파악할 수 있게 해줄 수 있는데요. 제가 PART 01에서 알려주지 않은 차트 만드는 방법도 챗GPT로 쉽게 익혀보겠습니다.

📝 **챗GPT와 무작정 풀어보기** 》》

막대 차트 만들기
예제 파일 : PA02/CH01/05_차트 만들기.xlsx

01 예제 파일을 열면 [차트1] 시트에 다음과 같은 데이터가 입력돼 있습니다. '주차'별 '방문자수'와 '구매자수'를 정리한 데이터네요.

	A	B	C
1	주차	방문자수	구매자수
2	1주차	16,531	762
3	2주차	26,570	1,277
4	3주차	27,884	1,356
5	4주차	27,932	1,582

02 제시된 표 데이터를 바탕으로 우리 회사 사이트에 방문한 사람과 구매자가 얼마나 되는지 주차별 차트로 정리해보겠습니다.

03 데이터가 입력된 표 부분을 캡처해서 챗GPT에게 보여주고 궁금한 내용을 적습니다.

프롬프트

	A	B	C
1	주차	방문자수	구매자수
2	1주차	16,531	762
3	2주차	26,570	1,277
4	3주차	27,884	1,356
5	4주차	27,932	1,582

엑셀에 위와 같은 표가 있을 때 이 수치를 막대 그래프로 그리고 싶어. 엑셀에서 차트 그리는 법을 자세히 알려줘. 내가 쓰는 엑셀 버전은 마이크로소프트 365야.

엑셀에서 막대 그래프를 그리는 방법을 자세히 설명해드리겠습니다. 위 이미지와 같은 표에서 막대 그래프를 만드는 방법은 다음과 같습니다.

차트 삽입
1. **데이터 선택:**
   - 막대 그래프를 만들 데이터 영역을 드래그하여 선택합니다. 예를 들어 'A1:C5' 범위를 선택하면 됩니다.
2. **차트 삽입:**
   - 선택한 데이터에 대해 상단 메뉴에서 '삽입' 탭을 클릭합니다.
   - '차트' 그룹에서 '막대 혹은 열' 차트 아이콘을 클릭합니다. 여기서 '열 차트'가 기본적으로 세로 막대 그래프를 의미하고, '막대 차트'는 가로 막대 그래프를 의미합니다.
   - 원하는 차트 유형을 선택합니다. 예를 들어 세로 막대 그래프는 '클러스터형 열 차트'를 선택할 수 있습니다.

차트 스타일 및 디자인 변경
1. **차트 스타일 변경:**
   - 차트가 선택된 상태에서 '차트 도구'의 '디자인' 탭을 클릭합니다.
   - '차트 스타일' 옵션을 통해 다양한 스타일과 색상 팔레트 중에서 선택하여 차트의 외관을 변경할 수 있습니다.
2. **차트 레이아웃 변경:**
   - '빠른 레이아웃'을 클릭하여 제공되는 다양한 레이아웃 중 하나를 선택할 수 있습니다. 이 옵션은 차트 제목, 범례, 데이터 레이블의 배치를 손쉽게 변경할 수 있게 해줍니다.

(생략)

차트 요소 커스터마이징

1. 차트 제목 추가 또는 변경:
- 차트 제목을 클릭하고 편집하여 원하는 텍스트로 변경합니다.
- 제목이 없는 경우, '차트 요소 추가' 버튼(차트 옆의 플러스 기호)을 클릭하고 '차트 제목'을 선택하여 추가할 수 있습니다.

2. 범례 조정:
- 범례의 위치를 변경하려면, '차트 요소 추가'에서 '범례'를 선택하고 원하는 위치를 선택합니다.
- 범례가 필요 없으면 이 옵션을 해제할 수 있습니다.

3. 데이터 레이블 추가:
- 데이터 레이블을 통해 각 데이터 포인트의 구체적인 값이나 정보를 보여줄 수 있습니다.
- '차트 요소 추가'에서 '데이터 레이블'을 선택하고 원하는 스타일을 선택합니다.

4. 축 제목 및 스케일 조정:
- 수직 축이나 수평 축의 제목을 추가하거나 변경할 수 있습니다. 이는 '차트 요소 추가'에서 축 제목을 선택하여 조정할 수 있습니다.
- 축의 스케일 조정은 '축' 옵션을 통해 수행할 수 있으며, 최대값, 최소값, 단위 변경 등이 가능합니다.

(생략)

04 챗GPT가 알려준 대로 막대 그래프를 만들 데이터 영역 [A1:C5] 범위를 드래그해 선택하고, 상단의 [삽입] 탭을 클릭합니다. [차트] 그룹에서 [막대형 차트 삽입]을 클릭하고 [묶은 세로 막대형]을 선택합니다.

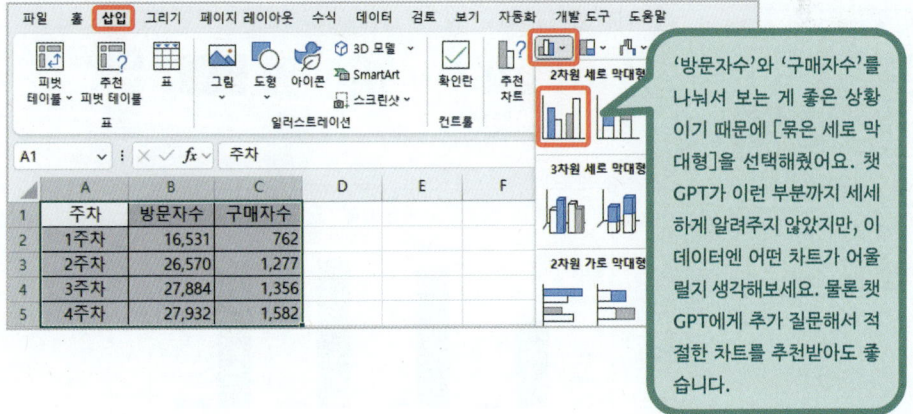

'방문자수'와 '구매자수'를 나눠서 보는 게 좋은 상황이기 때문에 [묶은 세로 막대형]을 선택해줬어요. 챗GPT가 이런 부분까지 세세하게 알려주지 않았지만, 이 데이터엔 어떤 차트가 어울릴지 생각해보세요. 물론 챗GPT에게 추가 질문해서 적절한 차트를 추천받아도 좋습니다.

05 차트가 삽입된 것을 확인할 수 있습니다. 차트가 선택된 상태에서 상단의 [차트 디자인] 탭을 클릭합니다. [차트 스타일]에 여러 가지 스타일이 있네요. 스타일은 기본을 유지하고 [색 변경]을 클릭해 [색상형]의 네 번째 색상표를 선택해줄게요.

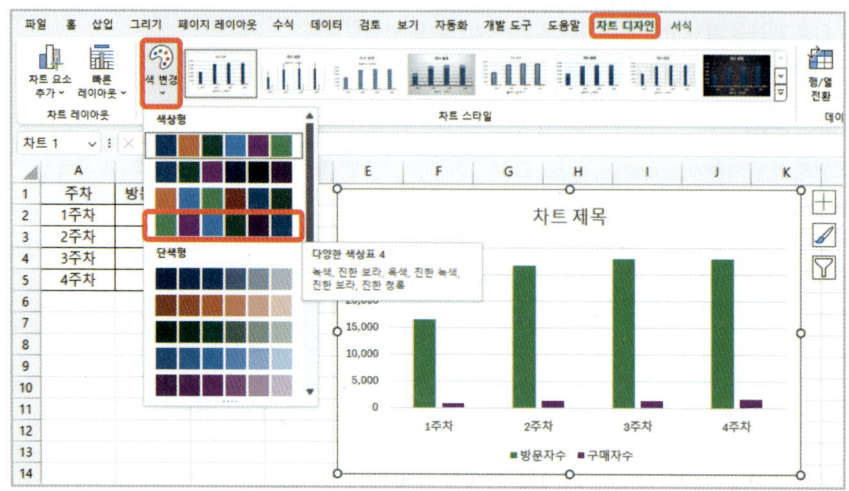

공여사 TIP

[차트 스타일] 그룹에 있는 여러 가지 스타일 위에 마우스 커서를 올려보면 차트가 어떤 모습으로 변하는지 살펴볼 수 있어요.

06 이번에는 [빠른 레이아웃]을 클릭해서 레이아웃을 변경해볼게요. 크게 변경이 필요 없으므로 세 번째 레이아웃을 선택하겠습니다. 막대 그래프가 약간 통통해졌네요.

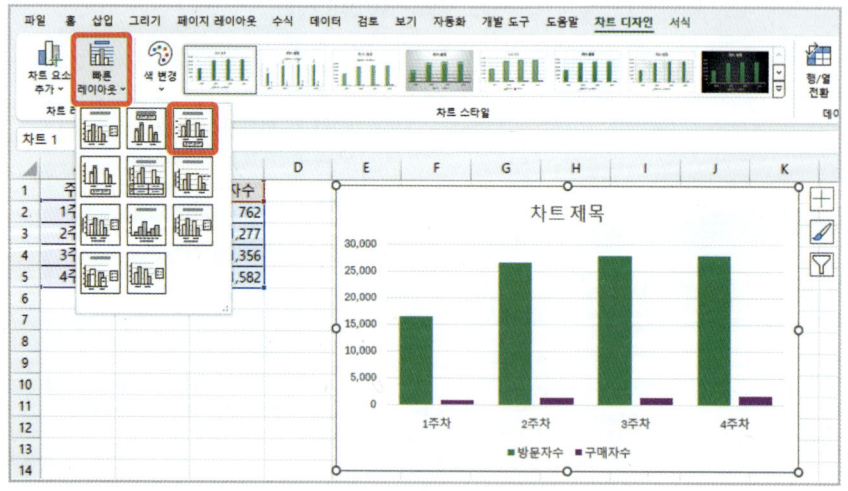

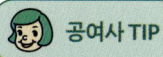
공여사 TIP

[빠른 레이아웃]을 클릭하면 나오는 하위 항목 위에 마우스 커서를 올려보면 마찬가지로 차트 레이아웃이 어떤 모습으로 변하는지 살펴볼 수 있어요.

07 다음으로 차트 제목을 수정해보겠습니다. [차트 제목]을 선택한 다음 **주차별 방문자수 및 구매자수**라고 적어줍니다.

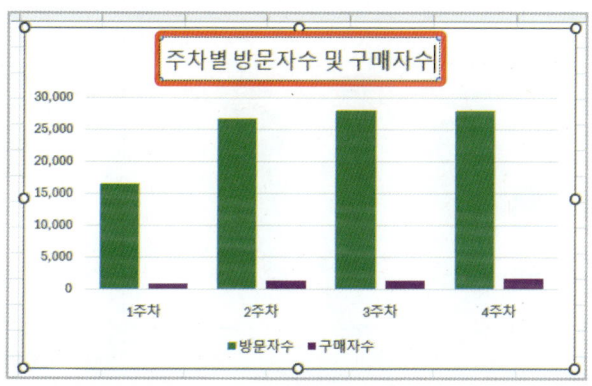

08 범례의 위치도 수정해보겠습니다. [차트 디자인] 탭에서 [차트 요소 추가]-[범례]-[오른쪽]을 클릭해 범례 위치를 옮겨봅니다.

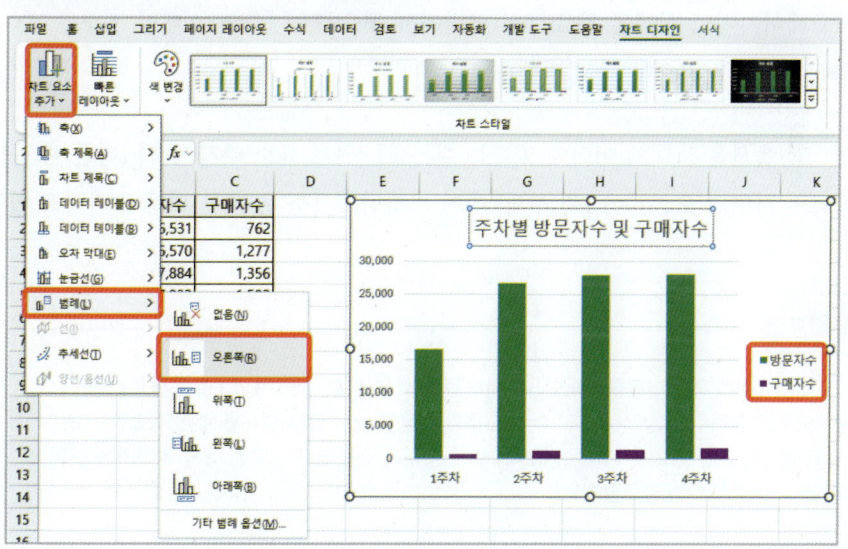

09 데이터 레이블도 추가해보겠습니다. [차트 요소 추가]-[데이터 레이블]-[바깥쪽 끝에]를 클릭합니다. 막대 그래프 위에 데이터 레이블로 정확한 값이 표기된 것을 확인할 수 있습니다.

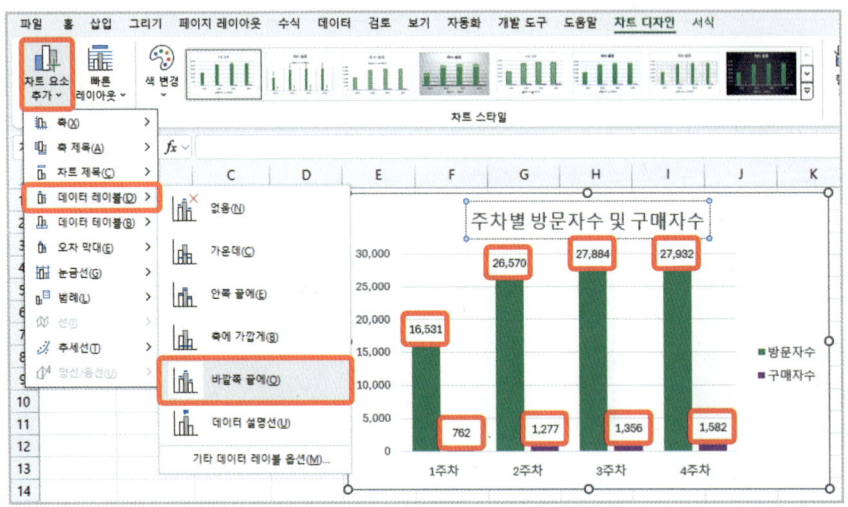

10 챗GPT가 알려준 축 제목 변경은 이 경우에는 굳이 필요 없으니 생략하고, 축 옵션을 수정해볼게요.

11 앞서 217페이지에서 살펴본 챗GPT의 답변에서 챗GPT는 "축의 스케일 조정은 '축' 옵션을 통해 수행할 수 있으며"라고 말했습니다.

12 그런데 '축' 옵션은 도대체 어디에 있다는 걸까요? [차트 요소 추가]-[축]-[다른 축 옵션]을 클릭하면 화면의 오른쪽에 [축 서식] 창이 나타나고, [축 옵션]은 위쪽에 위치해 있습니다.

> 👩 **공여사 TIP**
>
> 혹은 차트에서 X축, Y축을 더블클릭해도 [축 서식] 창이 나타나요. 챗GPT가 [축 옵션]이 있는 위치를 구체적으로 알려주지 않았는데요. 이때도 추가 질문을 해서 답을 얻어볼 수 있겠죠? 챗GPT가 한 번에 정확한 답을 주기를 기대하기보다, 필요시 추가 질문해서 필요한 답을 얻어가는 것이 중요하다는 점을 다시 한번 강조할게요!

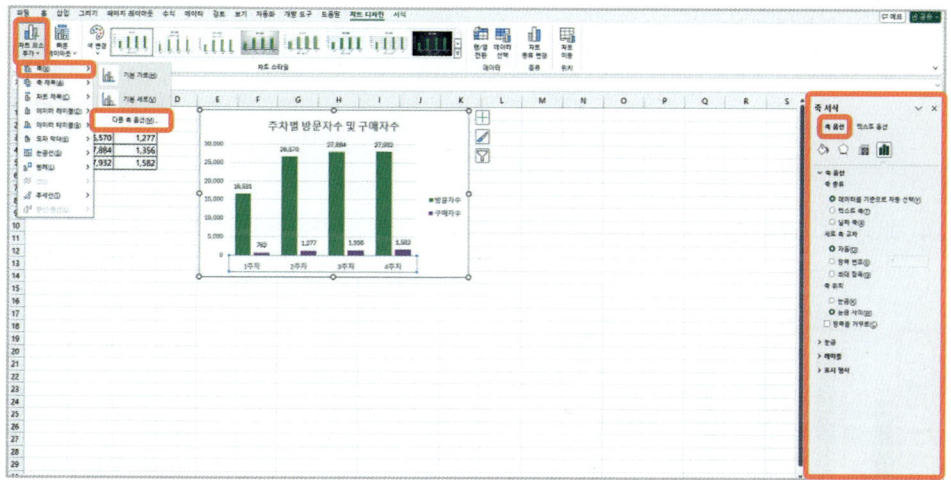

13 축 스케일을 조정하고 싶은데 챗GPT의 설명이 부족합니다. 현재 화면을 캡처해 챗GPT에게 제공하고 추가 질문을 해볼게요.

> **프롬프트**
>
>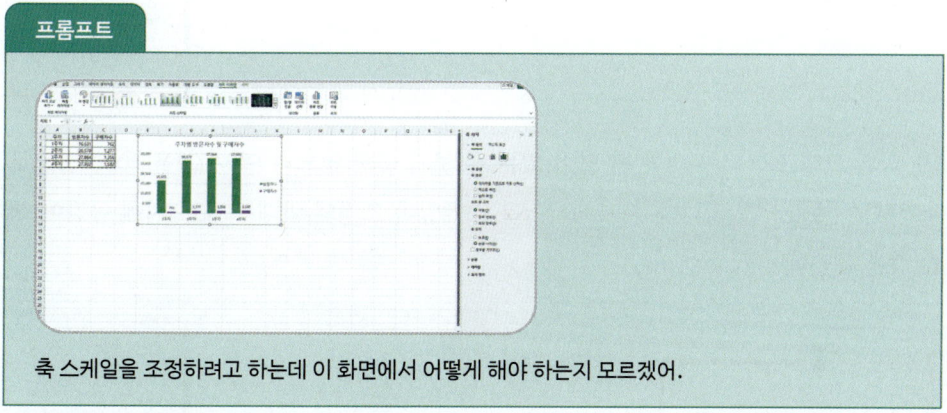
>
> 축 스케일을 조정하려고 하는데 이 화면에서 어떻게 해야 하는지 모르겠어.

> 축 스케일을 조정하려면 다음 단계를 따르세요:
>
> **1. 축 선택:**
> - 먼저, 조정하고 싶은 축을 선택하세요. 차트에서 수직 축(Y축)이나 수평 축(X축)을 클릭합니다.
>
> **2. 축 옵션 접근:**
> - 축을 선택하면 우측에 '차트 요소 서식(축 서식)' 창이 나타납니다. 여기서 '축 옵션'을 클릭합니다.

> **3. 축 범위 설정:**
> · '축 옵션'에서 축의 최소값과 최대값을 설정할 수 있습니다.
>
> (생략)

14 챗GPT가 알려준 대로 Y축을 클릭합니다. [축 옵션]은 자동으로 클릭돼 있네요.

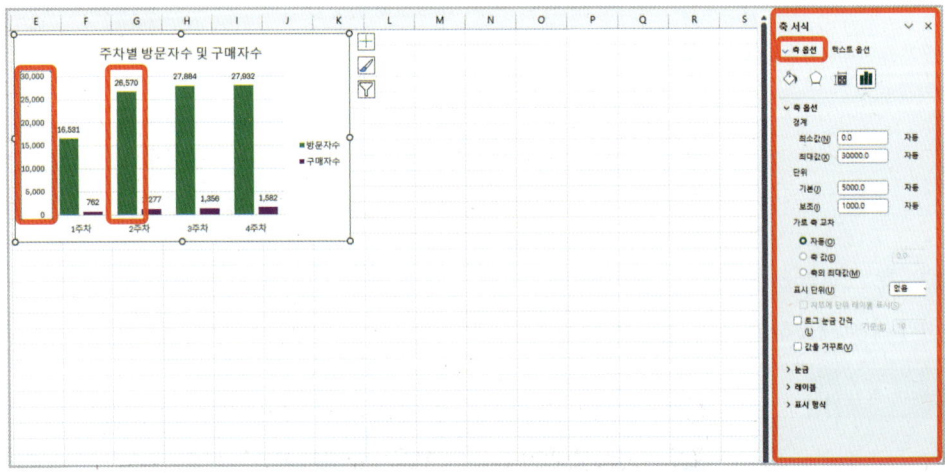

15 막대 그래프가 너무 위에 딱 붙어 있는 게 보기 좋지 않으니 [최대값]을 40000.0으로 수정하고 Enter 를 칩니다. 차트에서 Y축 스케일이 조정돼 막대 그래프 위에 공간이 생긴 것을 확인합니다.

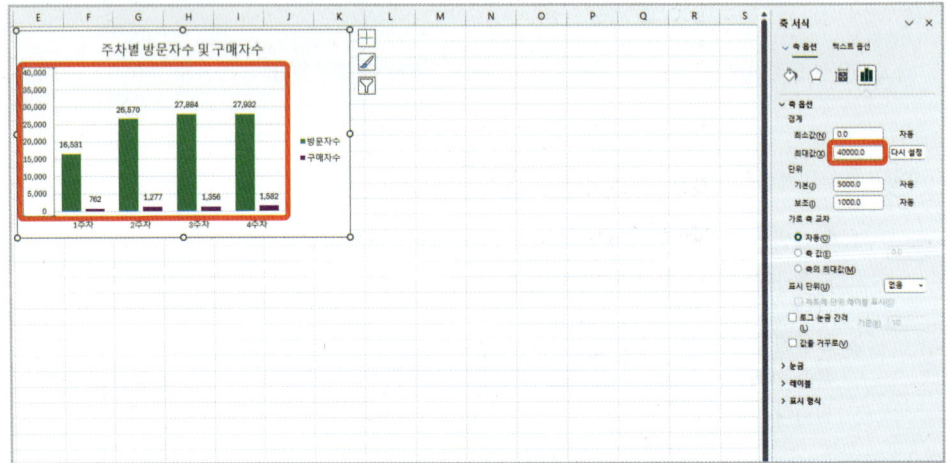

지금까지 챗GPT를 활용해 차트를 그리는 방법을 알아봤어요. 실무에서는 막대형 차트 외에도 항목 간 비중을 한눈에 보여주기 위한 원형 차트, 상관관계를 분석하기 위한 분산형 차트 등을 사용해요.

모든 차트의 종류를 외우려고 하기보다는 그때그때 업무 상황에 맞게 챗GPT에게 질문해서 나에게 필요한 차트를 그려보세요.

 궁금하실까봐 준비했어요!

콤보형 차트(혼합형 차트) 그리기

앞서 살펴본 예제 파일은 '방문자수', '구매자수' 데이터만 있어 막대 그래프로만 표현해줘도 충분했어요. 그런데 다음 화면과 같이 예제 파일 [차트2] 시트의 D열에 '구매전환율'이 추가된다면 어떨까요? 구매전환율은 % 단위로 정리돼 있기 때문에, 기존의 막대 그래프와는 단위 차이가 크죠? 시각적으로 구분하기 쉽도록 꺾은선형 그래프를 별도로 추가해주면 좋아요.

	A	B	C	D
1	주차	방문자수	구매자수	구매전환율
2	1주차	16,531	762	4.6%
3	2주차	26,570	1,277	4.8%
4	3주차	27,884	1,356	4.9%
5	4주차	27,932	1,582	5.7%

엑셀의 차트는 여러 종류의 차트를 하나의 차트에 혼합해 사용할 수 있는데요. 이를 '콤보 차트'라고 합니다. 위 데이터를 바탕으로 해서 막대형 차트와 꺾은선형 차트를 함께 사용하는 콤보 차트를 한번 그려볼게요.

01 [A1:D5] 셀 범위를 드래그해 지정하고 상단의 [삽입] 탭-[차트] 그룹에서 [콤보 차트 삽입]-[사용자 지정 콤보 차트 만들기]를 클릭합니다.

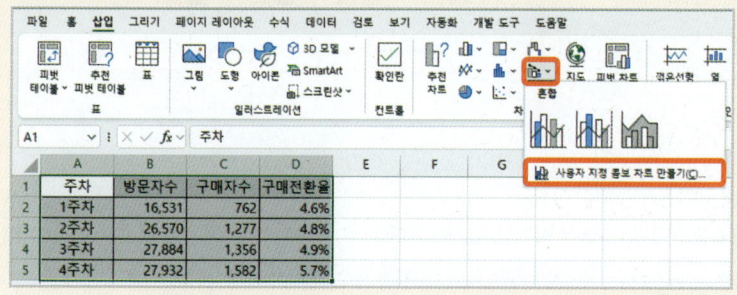

02 [차트 삽입] 창이 뜨면 [구매전환율]의 [차트 종류]를 [꺾은선형]으로 선택하고 [보조 축] 체크 박스에 체크한 뒤 [확인]을 클릭합니다.

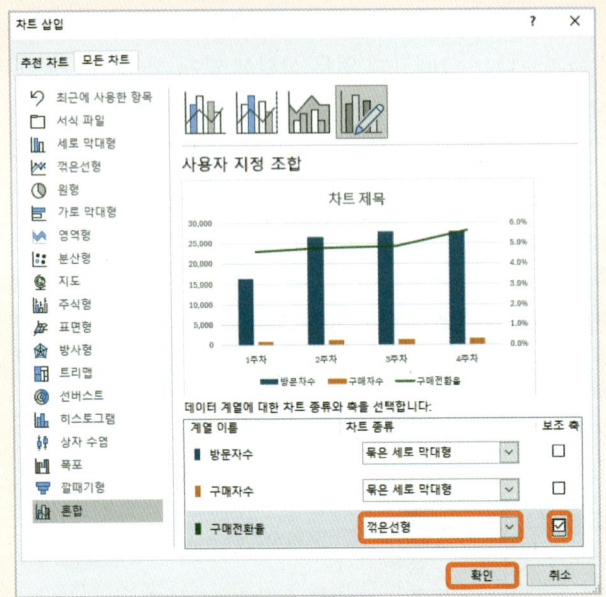

03 막대형 차트와 꺾은선형 차트가 함께 나오는 콤보 차트(혼합 차트)가 그려진 것을 확인합니다.

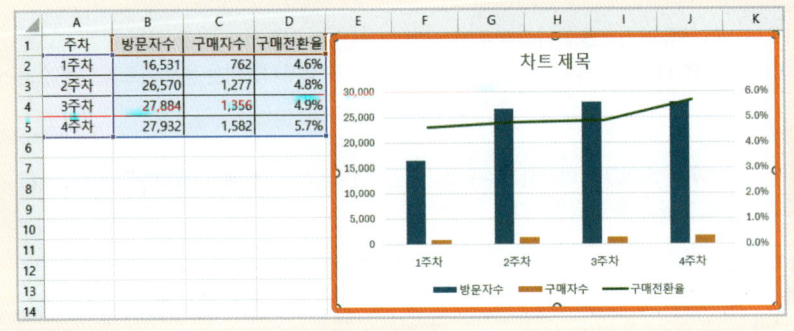

공여사 TIP

콤보 차트를 그리는 아주 기본적인 방법을 알려드렸어요. 지금까지 배운 내용을 참고하여 챗GPT에게 콤보 차트를 연습할 수 있는 데이터를 받아 직접 콤보 차트를 그려보며 응용력을 키워보세요. 이렇게 연습해두면 실무에서 복잡한 데이터를 차트로 만들어야 할 순간이 오더라도 당황하지 않을 거예요.

PART 02의 첫 번째 CHAPTER를 마치며

챗GPT와 함께 엑셀을 배워보는 PART 02의 첫 번째 CHAPTER가 끝났습니다. 이번 CHAPTER에서 가장 중요한 것은 평상시 우리말 습관 그대로 질문해도 챗GPT가 웬만한 문제들은 바로바로 해결을 해준다는 거였어요.

어차피 한 번에 답을 내어주지 않더라도 추가 질문을 통해 나에게 더 적절한 답을 찾아가면 되니까 겁먹지 말고 일단 질문하는 자세가 중요했습니다. 그럼 이번 CHAPTER를 통해 어느 정도 챗GPT와 친해졌을 테니 다음 CHAPTER로 넘어가 조금 더 복잡한 업무 상황들을 챗GPT와 함께 해결해볼게요.

CHAPTER 02

국어만 잘해도 복잡한 수식이 뚝딱
-업무 상황별 수식 작성 스킬 장착하기

01 우리는 살면서 이미 챗GPT 프롬프트 스킬을 통달했다

NO PAIN, YES GAIN! 챗GPT라는 AI가 마냥 어렵게 느껴지나요? AI는 전문가들만 활용하는 멋진 존재처럼 여겨질 수 있지만, 사실 우리는 모두 살면서 챗GPT 프롬프트 입력 스킬을 통달했어요. 제 구독자분들의 질문을 통해 우리에게 이미 프롬프트 입력 스킬이 있다는 사실을 확인해볼게요.

프롬프트 작성 어렵게 생각하지 마세요

지난 CHAPTER에서는 엑셀의 단순한 문제 상황들을 챗GPT에게 질문해서 해결하는 연습을 했습니다. 이번 CHAPTER에서는 복잡한 엑셀 수식을 내 머리 쓰지 않고 챗GPT 찬스로 빠르게 해결하는 방법을 알아보려고 해요. 먼저 엑셀 수식 작성에 특화된 프롬프트 작성 스킬을 알아보고 다양한 실무 상황별 문제들을 해결해볼게요.

> **공여사 TIP**
>
> 실무에서는 좋은 수식을 작성하는 게 너무 중요해요. 잘 만든 수식을 재사용하며 업무를 효율화하기 때문이에요. 복잡한 수식을 작성하려면 머리를 많이 써야 하는데 챗GPT의 도움을 받으면 쉽게 갈 수 있습니다.

그런데 우리는 살면서 이미 챗GPT 프롬프트 스킬을 통달했다는 사실 알고 있나요? 챗GPT에게 잘 질문하는 것을 두고 '프롬프트 엔지니어링'이라는 말을 쓰기도 하는데, 이름만 어렵지 실제로는 아주 쉬워요. 우리가 이미 프롬프트 스킬을 가지고 있다는 사실을 확인하기 위해 예시를 준비했으니 같이 살펴볼게요.

공회장님들의 질문

제 유튜브 구독자 애칭이 '공회장님'인데요. 복잡하고 어려운 실무 엑셀 문제를 풀어드리기 위해 한동안 공여사들 홈페이지(gongysd.com)에서 엑셀 질문을 받았어요. 그런데 구독자분들께서 남겨주신 질문 그대로를 복사해서 챗GPT에게 질문해봤더니 재밌는 일이 생겼습니다.

> **프롬프트**
>
> 피벗 테이블 누르면 오른쪽에 피벗 테이블 필드 뜨잖아요. 근데 실수로 엑스를 눌러서 사라졌는데ㅠㅠ 뭘 눌러야 피벗 테이블 필드가 뜰까요? 뒤로 가기 눌렀는데 그대로예요.ㅠㅠ 자동저장이라 사라지지도 않구요.ㅠㅠ

 피벗 테이블 필드 창을 다시 띄우는 방법은 간단해요! 엑셀에서 다음 단계를 따라 해보세요:

1. 피벗 테이블이 있는 시트를 열어주세요.
2. 피벗 테이블 내의 어떤 셀이나 영역을 클릭하세요. 이렇게 하면 피벗 테이블 도구가 활성화됩니다.
3. 리본 메뉴에서 "분석" 탭(또는 "피벗 테이블 도구" 탭, 엑셀 버전에 따라 다름)을 선택하세요.
4. "분석" 탭에서 "피벗 테이블 필드 보기" 또는 "필드 목록 표시" 버튼을 클릭하세요.

이 버튼을 클릭하면 사라졌던 피벗테이블 필드 창이 다시 나타날 거예요. 만약 여전히 보이지 않는다면, 엑셀을 재시작해보는 것도 좋은 방법일 수 있습니다.

위 질문을 한 공회장님께서는 구글이나 네이버에 검색하기도 애매해서 저에게 질문을 남겨주셨을 거예요. 그런데 저와 대화하듯이 남긴 이 질문을 챗GPT에게 그대로 적어줬더니 이걸 또 찰떡같이 알아듣고 정답을 내어줬습니다.

이 외에도 공회장님들께서 질문한 엑셀의 슬라이서를 활용하며 겪게 된 문제, 수식에 사용한 구분자가 쉼표(,)에서 세미콜론(;)으로 변경된 문제, 작업 중인 데이터에 맞는 수식을 짜는 문제 등을 챗GPT가 잘 해결해줬습니다.

여기서 느껴지는 게 하나 있지 않나요? 우리가 아무리 챗GPT를 모르고, AI를 모르고, 프롬프트 입력 스킬이란 건 더 몰라도! 우리는 이미 살면서 챗GPT 프롬프트 스킬을 통달했다는 것이죠. 공회장님의 질문을 토씨 하나 안 바꾸고 그대로 복붙(복사+붙여넣기)해서 넣어줬는데도 챗GPT가 괜찮은 답을 내어주는 것만 봐도 알 수 있죠.

말하고 싶은 것은 이것입니다

CHAPTER 02를 시작하며 여러분께 말하고 싶은 것은 딱 하나입니다. 이번 CHAPTER부터는 챗GPT를 활용해 조금 더 복잡한 업무 문제들을 해결해볼 텐데, 절대 어렵게 생각하지 말라는 거예요. 평소 우리가 말하는 습관 그대로 챗GPT에게 질문해도 지금 겪고 있는 엑셀 문제에 대한 답을 충분히 괜찮게 받아볼 수 있어요.

다만, 조금이라도 엑셀에 특화된 챗GPT 질문 스킬을 안다면 더 빨리 괜찮은 답을 받아볼 수 있겠죠? 그래서 제가 공회장님들의 수많은 엑셀 문제를 풀어드리면서 엑셀 문제 해결에 딱인 프롬프트 입력 스킬을 고안했어요. 다음으로 넘어가 엑셀에 특화된 챗GPT 프롬프트 스킬을 배우고, 이 스킬을 통해 챗GPT에게 얻어낸 수식을 엑셀에 넣어주기만 하면 문제가 해결되는 상황들을 직접 체험해볼게요.

02 엑셀에 특화된 프롬프트 스킬 1! 2! 3!

NO PAIN, YES GAIN! 본격적으로 업무 상황별 문제들을 챗GPT 찬스로 해결하기 전에 엑셀에 특화된 프롬프트 스킬 3가지를 알아볼게요. 앞으로 이 책에서 프롬프트를 쓸 때 계속 활용될 예정이니 잘 익혀주세요.

좋은 답변을 얻기 위한 프롬프트 스킬 3가지

물론 챗GPT에게 평소 우리가 쓰는 말 그대로 질문해도 괜찮은 답을 얻을 수 있으므로 어렵게 생각할 필요는 없지만, 조금 더 규격화된, 엑셀에 특화된 질문을 하면 더 좋은 답변을 받을 수 있습니다. 지금부터 엑셀에 특화된 프롬프트 스킬 3가지를 차례대로 살펴볼게요.

1. 기준점

첫 번째는 '기준점'입니다. PART 01에서 배운 것처럼 엑셀에서 각각의 셀은 셀명이 있어요. 'A1', 'B1', 'C1'처럼 열과 행으로 이루어진 이름이었죠. 어느 위치에 값이 들어 있는지, 어떤 시트에 들어 있는지, 파일 경로는 어떻게 되는지 등 기준점을 특정해서 알려줘야만 챗GPT가 방법만 알려주는 게 아니라 직접 셀명까지 적어가면서 바로 복붙(복사+붙여넣기)해서 쓸 수 있는 수식을 내어줄 거예요.

2. 대상 데이터

두 번째는 '대상 데이터'입니다. 단순히 셀 위치만 알려주는 게 아니라 그 안에 실제로 들어 있는 값이 뭔지 그 실체를 알려주는 건데요. 데이터는 훨씬 많은데 그중 극히 일부만 가지고 수식을 짜달라고 한다면 챗GPT가 데이터의 패턴을 충분히 알 수 없기 때문에 정확도가 떨어질 수밖에 없어요. 따라서 되도록이면 전체 데이터를 넣어주는 게 좋고, 데이터가 너무 많은 경우에는 챗GPT가 패턴을 읽을 수 있을 정도의 충분한 데이터를 넣어주는 게 좋습니다.

3. 비포애프터(Before&After) 샘플

세 번째는 '비포애프터 샘플'입니다. "원래는 이랬는데, 결과로는 이렇게 나오길 바라"라고 전후 모습을 제시하는 거예요. 원하는 결과물의 모습까지 제시했을 때 비로소 챗GPT가 비교적 단번에 알맞은 수식을 짜준답니다.

엑셀에 특화된 프롬프트 입력 스킬 3가지를 정리하자면, '기준점을 제시할 것', '대상 데이터를 충분히 넣어줄 것', '비포애프터 샘플을 제시할 것'입니다. 말로 설명하면 이해하기 어려울 수 있으니 예제 파일을 가지고 프롬프트 입력 스킬 3가지를 체득해볼게요.

> 📝 **챗GPT와 무작정 풀어보기** ≫

근태관리표로 엑셀 특화 프롬프트 스킬 익히기
예제 파일 : PA02/CH02/01_엑셀 프롬프트 스킬.xlsx

01 예제 파일을 열면 근태관리표가 보입니다. 익숙한 데이터죠? 우리가 PART 01에서 IF 함수를 배울 때 살펴본 표입니다(101페이지). PART 01에서 우리가 수식을 써서 해결했던 문제를 챗GPT에게 질문해 해결해볼게요. 물론 앞서 설명한 프롬프트 스킬 3가지를 활용해서 말이죠.

02 [F2:K6] 범위에 수식을 쓰지 않고 수작업으로 값을 채워뒀습니다. '비포애프터 샘플'을 제공하기 위해서인데요. 그럼 엑셀에 특화된 프롬프트 스킬 3가지를 활용해 챗GPT에게 질문해보겠습니다.

	A	B	C	D	E	F	G	H	I	J	K
1	사번	이름	일자	출근시각	퇴근시각	출근시간	퇴근시간	지각여부	초과근무여부	초과근무시간	주말근무여부
2	2016101	이지은	2024-05-01	8:43	18:17	8	18	N	N	0	N
3	2023102	박지훈	2024-05-01	9:06	18:47	9	18	Y	N	0	N
4	2019103	최지연	2024-05-01	8:55	18:34	8	18	N	N	0	N
5	2017104	정승현	2024-05-01	8:49	21:51	8	21	N	Y	2	N
6	2011105	홍석현	2024-05-01	8:27	19:13	8	19	N	N	0	N
7	2016101	이지은	2024-05-02	9:05	18:22						
8	2023102	박지훈	2024-05-02	8:51	19:32						
9	2019103	최지연	2024-05-02	8:34	18:27						
10	2017104	정승현	2024-05-02	8:38	18:40						
11	2011105	홍석현	2024-05-02	8:55	18:46						
12	2016101	이지은	2024-05-03	8:48	18:10						
13	2023102	박지훈	2024-05-03	8:40	20:05						
14	2019103	최지연	2024-05-03	8:29	18:40						
15	2017104	정승현	2024-05-03	8:53	18:25						
16	2011105	홍석현	2024-05-03	8:55	18:54						
17	2016101	이지은	2024-05-06	9:10	18:33						
18	2023102	박지훈	2024-05-06	8:50	19:50						
19	2019103	최지연	2024-05-06	8:41	18:40						
20	2017104	정승현	2024-05-06	8:59	20:12						
21	2011105	홍석현	2024-05-06	8:55	19:02						

프롬프트

엑셀에 A1 셀부터 아래와 같은 데이터가 들어 있어.

> 프롬프트 스킬 1 [A1] 셀이라는 '기준점'을 제시해요.

사번	이름	일자	출근시각	퇴근시각
2016101	이지은	2024-05-01	8:43	18:17
2023102	박지훈	2024-05-01	9:06	18:47
2019103	최지연	2024-05-01	8:55	18:34
2017104	정승현	2024-05-01	8:49	21:51
2011105	홍석현	2024-05-01	8:27	19:13
2016101	이지은	2024-05-02	9:05	18:22
2023102	박지훈	2024-05-02	8:51	19:32
2019103	최지연	2024-05-02	8:34	18:27
2017104	정승현	2024-05-02	8:38	18:40

> 프롬프트 스킬 2 엑셀 파일에서 [A1:E10] 범위를 복사한 뒤 붙여넣어 '대상 데이터'를 제시해요.

> 프롬프트 입력창에서 한 줄 띄고 싶을 때는 Shift + Enter 를 누르면 돼요.

이 데이터에 대해서 아래와 같은 결과를 구하려고 해.

사번	이름	일자	출근시각	퇴근시각	출근시간				
지각여부	초과근무여부	초과근무시간	주말근무여부						
2016101	이지은	2024-05-01	8:43	18:17	8	18	N	N	0	N
2023102	박지훈	2024-05-01	9:06	18:47	9	18	Y	N	0	N
2019103	최지연	2024-05-01	8:55	18:34	8	18	N	N	0	N
2017104	정승현	2024-05-01	8:49	21:51	8	21	N	Y	2	N
2011105	홍석현	2024-05-01	8:27	19:13	8	19	N	N	0	N
2016101	이지은	2024-05-02	9:05	18:22						
2023102	박지훈	2024-05-02	8:51	19:32						
2019103	최지연	2024-05-02	8:34	18:27						
2017104	정승현	2024-05-02	8:38	18:40						

> 프롬프트 스킬 3 엑셀 파일에서 [A1:K10] 범위를 복사한 뒤 붙여넣어 '비포애프터 샘플'을 제시해요.

샘플 데이터를 기준으로 '출근시간~주말근무여부'를 구하는 수식을 짜줘.

9시 이후로 출근하면 지각, 19시 이후로 퇴근하면 초과근무야. 초과근무시간은 19시 이후로 근무한 시간을 1시간 단위로 계산할 거야.

 엑셀에서 제공한 데이터를 사용하여 '출근시간', '퇴근시간', '지각여부', '초과근무여부', '초과근무시간', '주말근무여부' 등의 값을 계산하기 위해 아래와 같이 수식을 작성할 수 있습니다.

예제로 데이터가 A1셀부터 시작한다고 가정하면, F2셀부터 아래 수식들을 사용할 수 있습니다.

출근시간 (F열)

> 기준점을 제시해줬기 때문에 어떤 열에 어떤 셀명이 들어간 수식을 넣어야 하는지까지 알려주고 있어요.

```excel

=HOUR(D2)
```

이 수식은 출근시각의 '시간' 부분만을 추출합니다.

퇴근시간 (G열)

```excel
=HOUR(E2)
```

이 수식은 퇴근시각의 '시간' 부분만을 추출합니다.

지각여부 (H열)

```excel
=IF(HOUR(D2) >= 9, "Y", "N")
```

출근시각이 오전 9시 이후면 "Y", 그렇지 않으면 "N"을 반환합니다.

초과근무여부 (I열)

```excel
=IF(HOUR(E2) > 19, "Y", "N")
```

퇴근시각이 오후 7시(19시)를 넘으면 "Y", 그렇지 않으면 "N"을 반환합니다.

초과근무시간 (J열)

```excel
=IF(HOUR(E2) > 19, HOUR(E2) - 19, 0)
```

출퇴근 시각이 오후 7시(19시)를 넘으면 초과근무시간을 계산합니다. 1시간 단위로 오후 7시 이후로 근무한 시간을 계산합니다.

주말근무여부 (K열)

```excel
=IF(OR(WEEKDAY(C2) = 1, WEEKDAY(C2) = 7), "Y", "N")
```

> 주말에 근무하면 "Y", 그렇지 않으면 "N"을 반환합니다. 'WEEKDAY' 함수는 일요일을 1, 토요일을 7로 반환합니다.

03 챗GPT가 그럴듯하게 답을 내줬는데 정답을 내준 것인지 확인해보겠습니다. 우선 [F2:K6] 셀 범위를 드래그한 후 Delete 를 눌러 수작업으로 넣어뒀던 데이터는 모두 지워줄게요.

04 챗GPT가 알려준 수식을 차례대로 입력하고 Enter 를 쳐보겠습니다.

[F2] 셀 : =HOUR(D2)
[G2] 셀 : =HOUR(E2)
[H2] 셀 : =IF(HOUR(D2) >= 9, "Y", "N")
[I2] 셀 : =IF(HOUR(E2) > 19, "Y", "N")
[J2] 셀 : =IF(HOUR(E2) > 19, HOUR(E2) – 19, 0)
[K2] 셀 : =IF(OR(WEEKDAY(C2) = 1, WEEKDAY(C2) = 7), "Y", "N")

05 답이 잘 나왔으니 [F2:K2] 셀 범위를 드래그하고 [K2] 셀의 채우기 핸들을 더블클릭해 수식을 마저 채워줄게요.

CHAPTER 02 국어만 잘해도 복잡한 수식이 뚝딱 235

> **공여사 TIP**
>
> 예제 파일의 [근태관리표(PART 01 작업)] 시트를 클릭해보면 우리가 PART 01에서 작업해 구했던 데이터를 그대로 넣어뒀어요. 챗GPT를 활용해 해결한 결과와 나란히 비교해보면 수식을 조금 다르게 썼을 뿐 결과가 동일하다는 걸 알 수 있어요.

엑셀 특화 프롬프트 스킬을 기억하고 실무 상황별 문제를 해결해봅시다

이렇게 직접 챗GPT에게 질문해보며 엑셀에 특화된 프롬프트 스킬 3가지를 체득해봤습니다. 이번에 배운 프롬프트 스킬 3가지를 잘 기억하면서 이제부터는 실무 상황별 엑셀 문제를 해결해볼게요.

PART 01에서 우리는 실무에서 만날 법한 데이터를 가지고 수식을 짜보는 연습을 했는데요. 데이터가 복잡해지면 그에 맞춰 수식을 응용해야 하는데, 응용력이 약해서 수식 짜는 것을 겁내는 분들이 많아요. 하지만 우리에게 챗GPT라는 강력한 무기가 주어졌으니 걱정할 필요가 없습니다. 엑셀에 특화된 프롬프트 스킬로 챗GPT에게 잘 질문하고 복잡한 수식도 뚝딱 짜내보자고요.

03 경영기획팀 만든 사람도 헷갈리는 KPI 등급 매기기

NO PAIN, YES GAIN! 이제부터는 직무별 엑셀 문제 상황을 만나볼 거예요. 실무를 하다 보면 예상하지 못한 다양한 데이터를 맞닥뜨리게 돼요. 그러니 혹시 내 직무가 아니라고 해서 어물쩍 넘어가지 마시고, 내 직무와 달라도 꼭 문제를 풀어보세요. 그래야 다양한 업무 문제를 파악하는 시각이 길러지고, 거기에 챗GPT까지 등에 업으면 엑셀 무적이 될 수 있는 것입니다.

챗GPT와 무작정 풀어보기

IF 함수 중첩, VLOOKUP 함수로 등급 매기기
예제 파일 : PA02/CH02/02_구간별 KPI 등급 매기기.xlsx

01 예제 파일을 열면 팀별 KPI(성과 측정 지표) 실적이 보입니다. G열의 '등급'을 구해야 하는 문제인데 어떻게 해결할 수 있을까요?

	A	B	C	D	E	F	G	H	I	J
1	팀	KPI명	목표	실적	단위	달성율	등급		달성율 범위	등급
2	인사팀	직원 만족도 점수	85	88	점	104%			120% 이상	S
3	인사팀	직원 유지율	76	89	%	117%			110% 이상 120% 미만	A
4	인사팀	신입 직원 만족도 점수	80	77	점	96%			100% 이상 110% 미만	B
5	기획팀	시장 점유율	20	25	%	125%			80% 이상 100% 미만	C
6	기획팀	전략 프로젝트 완료건수	9	6	%	67%			80% 미만	D
7	기획팀	매출 성장률	11	12	%	109%				
8	기획팀	신규 시장 진입 성공율	80	77	%	96%				
9	영업팀	신규 고객 수(월)	103	105	명	102%				
10	영업팀	재구매율	70	78	%	111%				
11	영업팀	월 매출액	200	240	억	120%				
12	마케팅팀	마케팅 투자수익률(ROI)	260	270	%	104%				
13	마케팅팀	광고 클릭율	3	2	%	50%				
14	마케팅팀	리드 전환율	15	17	%	113%				

 공여사 TIP

PART 01에서 배운 함수로 해결할 수 있는 문제예요. 이 문제를 어떻게 해결할지 생각해보세요. 오른쪽 테이블에 등급별 달성율 범위가 있으니 IF 함수를 활용해서 문제를 해결할 수 있을 것 같지 않나요? F열의 '달성율' 값이 120% 이상이라면 S 등급을, 110% 이상 120% 미만이라면 A 등급을 …과 같이 말이죠. 그런데 IF 함수를 중첩해서 써야 해서 수식이 복잡해질 것 같네요.

CHAPTER 02 국어만 잘해도 복잡한 수식이 뚝딱   237

02 머리 아픈 건 챗GPT한테 맡겨봅시다. 엑셀 특화 프롬프트 스킬 3가지를 적용해 질문해 볼게요. 우선은 비포애프터 샘플을 만들어야겠죠? 간단한 케이스니 딱 5개만 넣어봅시다. I:J열의 기준을 참고해서 [G2:G6] 범위에 수작업으로 등급 B, A, C, S, D를 적어줄게요.

	A	B	C	D	E	F	G	H	I	J
1	팀	KPI명	목표	실적	단위	달성율	등급		달성율 범위	등급
2	인사팀	직원 만족도 점수	85	88	점	104%	B		120% 이상	S
3	인사팀	직원 유지율	76	89	%	117%	A		110% 이상 120% 미만	A
4	인사팀	신입 직원 만족도 점수	80	77	점	96%	C		100% 이상 110% 미만	B
5	기획팀	시장 점유율	20	25	%	125%	S		80% 이상 100% 미만	C
6	기획팀	전략 프로젝트 완료건수	9	6	%	67%	D		80% 미만	D
7	기획팀	매출 성장률	11	12	%	109%				
8	기획팀	신규 시장 진입 성공율	80	77	%	96%				
9	영업팀	신규 고객 수(월)	103	105	명	102%				
10	영업팀	재구매율	70	78	%	111%				

03 비포애프터 샘플을 만들었으니 기준점과 대상 데이터를 포함해서 챗GPT에게 질문해 볼게요.

> **프롬프트**
>
> 팀　　　　KPI명　　　　　　　　목표　　실적　　단위　　달성율　　등급
> 인사팀　　직원 만족도 점수　　　85　　　88　　　점　　　104%　　　B
> 인사팀　　직원 유지율　　　　　76　　　89　　　%　　　117%　　　A
> 　　　　　　　　　　　　　(생략)
> 마케팅팀　리드 전환율　　　　　15　　　17　　　%　　　113%
> 생산팀　　총 생산량　　　　　　889　　930　　　개　　　105%
>
> 엑셀의 A1셀부터 위와 같은 데이터가 있어.
>
> 달성율 범위　　　　　　등급
> 120% 이상　　　　　　　S
> 110% 이상 120% 미만　　A
> 100% 이상 110% 미만　　B
> 80% 이상 100% 미만　　 C
> 80% 미만　　　　　　　 D
>
> 그중 등급을 구하는 등급표가 I1셀부터 위와 같이 들어 있어.
>
> 등급 값을 구하는 엑셀 수식을 작성해줘.

[A1:G15] 셀 범위를 드래그해 복사한 다음 챗GPT에 붙여넣어 대상 데이터와 비포애프터 샘플을 제시해요.

📋 **프롬프트 가이드** 엑셀 수식이 필요한 상황에서는 "엑셀 수식을 작성해줘."라고 적어주는 게 좋아요. 그렇지 않으면 챗GPT가 엉뚱하게 파이썬 코드를 내놓거나, 직접 등급을 구해서 결과만 알려줄 수 있거든요.

> 🤖 엑셀에서 주어진 달성율에 따른 등급을 구하는 수식을 작성하기 위해 'IF'와 'AND' 함수를 결합하여 사용할 수 있습니다. 데이터가 F열에 있는 달성율 값과 G열에 등급을 입력하려는 경우를 가정하여 수식을 작성하겠습니다.
>
> 다음은 G2 셀에 입력할 수식입니다. 이 수식은 F2 셀의 달성율을 참조하여 해당하는 등급을 반환합니다:
>
> ```excel
> =IF(F2>=1.2, "S", IF(AND(F2>=1.1, F2<1.2), "A", IF(AND(F2>=1, F2<1.1), "B",
> IF(AND(F2>=0.8, F2<1), "C", "D"))))
> ```
>
> 이 수식을 G2 셀에 입력한 후 아래로 드래그하여 다른 셀에 적용할 수 있습니다.
>
> (생략)

04 챗GPT가 숨도 안 쉬고 알려준 아래 수식을 [G2] 셀에 입력하고 Enter 를 칩니다. 수작업으로 입력했던 값(B)과 동일한 결과가 나온 것으로 보아 챗GPT가 수식을 제대로 작성한 것 같네요.

=IF(F2>=1.2, "S", IF(AND(F2>=1.1, F2<1.2), "A", IF(AND(F2>=1, F2<1.1), "B", IF(AND(F2>=0.8, F2<1), "C", "D"))))

➡ **수식 뜯어보기** [F2] 셀의 달성률 값이 1.2(120%)보다 크거나 같으면 S, 1.1(110%)보다 크거나 같으면서 1.2(120%)보다 작을 땐 A, 1(100%)보다 크거나 같으면서 1.1(110%)보다 작을 땐 B …과 같은 식으로 수식이 전개되고 있어요.

팀	KPI명	목표	실적	단위	달성율	등급		달성율 범위	등급
인사팀	직원 만족도 점수	85	88	점	104%	B		120% 이상	S
인사팀	직원 유지율	76	89	%	117%	A		110% 이상 120% 미만	A
인사팀	신입 직원 만족도 점수	80	77	점	96%	C		100% 이상 110% 미만	B
기획팀	시장 점유율	20	25	%	125%	S		80% 이상 100% 미만	C
기획팀	전략 프로젝트 완료건수	9	6	%	67%	D		80% 미만	D
기획팀	매출 성장률	11	12	%	109%				
기획팀	신규 시장 진입 성공율	80	77	%	96%				
영업팀	신규 고객 수(월)	103	105	명	102%				
영업팀	재구매율	70	78	%	111%				

05 [G2] 셀의 채우기 핸들을 더블클릭해서 [G6] 셀까지 수식을 마저 채울게요. 수작업으로 넣어둔 값과 동일한 값이 나온다면 수식에 정말로 문제가 없다는 것일 텐데요. 예상대로 수식을 붙여넣으니 동일한 값이 나옵니다.

	A	B	C	D	E	F	G	H	I	J	K
1	팀	KPI명	목표	실적	단위	달성율	등급		달성율 범위	등급	
2	인사팀	직원 만족도 점수	85	88	점	104%	B		120% 이상	S	
3	인사팀	직원 유지율	76	89	%	117%	A		110% 이상 120% 미만	A	
4	인사팀	신입 직원 만족도 점수	80	77	점	96%	C		100% 이상 110% 미만	B	
5	기획팀	시장 점유율	20	25	%	125%	S		80% 이상 100% 미만	C	
6	기획팀	전략 프로젝트 완료건수	9	6	%	67%	D		80% 미만	D	

06 이어서 [G6] 셀의 채우기 핸들을 더블클릭해서 나머지 등급 값도 모두 구해주고 작업을 마무리합니다.

	A	B	C	D	E	F	G	H	I	J	K
1	팀	KPI명	목표	실적	단위	달성율	등급		달성율 범위	등급	
2	인사팀	직원 만족도 점수	85	88	점	104%	B		120% 이상	S	
3	인사팀	직원 유지율	76	89	%	117%	A		110% 이상 120% 미만	A	
4	인사팀	신입 직원 만족도 점수	80	77	점	96%	C		100% 이상 110% 미만	B	
5	기획팀	시장 점유율	20	25	%	125%	S		80% 이상 100% 미만	C	
6	기획팀	전략 프로젝트 완료건수	9	6	%	67%	D		80% 미만	D	
7	기획팀	매출 성장률	11	12	%	109%	B				
8	기획팀	신규 시장 진입 성공율	80	77	%	96%	C				
9	영업팀	신규 고객 수(월)	103	105	명	102%	B				
10	영업팀	재구매율	70	78	%	111%	A				
11	영업팀	월 매출액	200	240	억	120%	S				

달성율에 따른 등급을 구하는 문제를 잘 해결했습니다. 그런데 사실 이런 등급을 구할 때는 VLOOKUP 함수를 사용하는 게 훨씬 간편해요. IF 함수를 활용한 수식은 달성율에 따른 등급 조건이 더 많아지면 매번 수식을 수정해줘야 하기 때문이에요.

만약 SS 등급이 새로 생겨나고, 달성율 범위가 130% 이상이 된다면, IF 함수를 하나 더 중첩하고 1.3에 대한 조건을 추가로 입력해줘야겠죠. 생각만 해도 너무 번거롭지 않나요?

07 자, 그럼 예제 파일에서 [전사KPI실적(VLOOKUP 활용)] 시트로 이동해볼게요. 똑같은 테이블이 들어 있는데요. 이번에는 VLOOKUP 함수를 활용해 문제를 해결해볼게요.

	A	B	C	D	E	F	G
24	재무팀	예산 준수율	90	98	%	109%	
25	재무팀	순이익 증가율	10	7	%	70%	

08 챗GPT에게 이어서 질문해보겠습니다.

> **프롬프트**
>
> 결과는 맞게 나왔는데 VLOOKUP으로도 이 문제를 풀 수 있다는데? 등급표를 수정해야 해?

네, 'VLOOKUP' 함수를 사용하여 달성율에 따른 등급을 찾으려면 등급표를 약간 수정해야 합니다. 'VLOOKUP' 함수는 범위를 검색할 때 왼쪽에서 오른쪽으로 데이터를 읽으므로, 달성율 범위의 시작점을 정렬하고 범위를 오름차순으로 배열해야 합니다. 또한, 달성율에 따라 범위를 찾아 해당하는 등급을 출력할 수 있도록 범위를 지정해야 합니다.

예를 들어, 등급표를 다음과 같이 수정할 수 있습니다:

달성율 시작점	등급
0%	D
80%	C
100%	B
110%	A
120%	S

이제, 등급표를 예를 들어 J1부터 K1 범위에 입력하고, 달성율을 기반으로 'VLOOKUP' 함수를 사용하여 등급을 찾는 수식을 작성할 수 있습니다. 다음은 G2 셀에 입력할 수 있는 'VLOOKUP' 수식의 예입니다:

```excel
=VLOOKUP(F2, J1:K5, 2, TRUE)
```

여기서 'F2'는 검사할 달성율을 나타내고, 'J1:K5'는 등급표의 범위, '2'는 등급이 있는 두 번째 열을 반환하라는 의미이며, 'TRUE'는 근사치 검색을 수행하라는 의미입니다. 근사치 검색을 사용하려면 범위가 반드시 오름차순으로 정렬되어 있어야 합니다.
이 수식을 사용하면 'VLOOKUP'은 주어진 달성율 값과 가장 근접하게 일치하거나 그보다 작은 최대값을 찾아 해당하는 등급을 출력합니다.

> 챗GPT가 수식이 어떻게 구성됐는지도 잘 설명해주고 있어요. 이런 설명도 잘 읽고 이해하면, 단순히 이번 문제를 해결하는 데 그치지 않고 응용력이 길러지겠죠?

09 챗GPT가 알려준 대로 등급표를 [J1] 셀부터 입력해야 하는데요. 예제 파일에 제가 미리 채워두었습니다.

	A	B	C	D	E	F	G	H	I	J	K
1	팀	KPI명	목표	실적	단위	달성율	등급		달성율 범위	달성율 시작점	등급
2	인사팀	직원 만족도 점수	85	88	점	104%			120% 이상	0%	D
3	인사팀	직원 유지율	76	89	%	117%			110% 이상 120% 미만	80%	C
4	인사팀	신입 직원 만족도 점수	80	77	점	96%			100% 이상 110% 미만	100%	B
5	기획팀	시장 점유율	20	25	%	125%			80% 이상 100% 미만	110%	A
6	기획팀	전략 프로젝트 완료건수	9	6	%	67%			80% 미만	120%	S
7	기획팀	매출 성장률	11	12	%	109%					

10 지금 진행하는 실습에 불필요한 I열의 달성율 범위는 편의상 삭제하고 VLOOKUP 함수를 쓸 수 있는 데이터를 깔끔하게 만들어주겠습니다.

	A	B	C	D	E	F	G	H	I	J
1	팀	KPI명	목표	실적	단위	달성율	등급		달성율 시작점	등급
2	인사팀	직원 만족도 점수	85	88	점	104%			0%	D
3	인사팀	직원 유지율	76	89	%	117%			80%	C
4	인사팀	신입 직원 만족도 점수	80	77	점	96%			100%	B
5	기획팀	시장 점유율	20	25	%	125%			110%	A
6	기획팀	전략 프로젝트 완료건수	9	6	%	67%			120%	S
7	기획팀	매출 성장률	11	12	%	109%				

11 기준점이 달라졌으니 챗GPT에게 수식을 다시 요청할게요.

> **프롬프트**
>
> 너가 알려준 등급표를 I1셀부터 붙여넣었어. 등급 값을 구하는 수식을 VLOOKUP으로 다시 짜줘.

 당신의 데이터에서 등급표는 I2셀에서 J6셀까지입니다.

G2 셀에 들어갈 수식은 다음과 같습니다:

```excel
=VLOOKUP(F2, $I$2:$J$6, 2, TRUE)
```

- **F2** 셀의 값(달성율)을 찾아서
- **$I$2:$J$6** 범위(절대 참조를 사용하여 범위가 변경되지 않도록 함)에서 해당하는 범위의 시작점을 찾습니다.
- **2**는 'VLOOKUP' 함수가 두 번째 열(등급)에서 값을 반환하도록 지정합니다.
- **TRUE**는 근사치 검색을 의미합니다. 이는 달성율이 정확히 일치하지 않더라도 가장 가까운 낮은 값을 찾아 해당 등급을 반환하도록 합니다.

이 수식을 G2 셀에 입력한 후 다른 셀에도 적용하면 각 팀의 KPI 달성율에 따른 등급이 자동으로 계산됩니다.

 공여사 TIP

챗GPT가 'I1셀에서 J5셀까지'라고 범위를 잘못 인식할 수도 있어요. 이럴 때는 데이터가 입력돼 있는 화면을 캡처해서 제시하는 등 챗GPT에게 범위를 제대로 인식하라고 요청하거나 간단한 참조 범위 수정은 직접 해주면 됩니다.

12 챗GPT가 알려준 아래 수식을 [G2] 셀에 입력하고 Enter 를 칩니다. 등급 값(B)이 잘 구해진 것을 확인할 수 있네요. [G2] 셀의 채우기 핸들을 더블클릭해서 수식을 마저 채워 넣어줄게요.

```
=VLOOKUP(F2, $I$2:$J$6, 2, TRUE)
```

 공여사 TIP

PART 01에서 우리가 VLOOKUP 함수를 배울 때는 네 번째 인수에 항상 FALSE를 입력했어요 (106페이지). 정확하게 일치하는 값을 찾으려고 그랬었죠.
VLOOKUP 함수를 활용해 점수 '구간'에 따른 등급을 산정할 때는 정확한 값이 아닌 '유사하게 일치하는 값'을 찾아야 하므로 TRUE를 씁니다. 구간에 따른 등급 산정 시에는 VLOOKUP의 TRUE 옵션을 쓰되, 기준 정보 테이블을 구성할 때 '작거나 같은 값 중 가장 큰 값'을 찾는다는 점을 기억해주세요. 가장 낮은 값부터 등급표를 채워주면 됩니다.

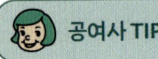 **공여사 TIP**

앞서 IF, AND 함수를 활용해 문제를 해결했던 [전사KPI실적] 시트를 클릭해 등급 값 결과를 비교해보세요. VLOOKUP 함수를 활용한 것과 결과가 동일합니다.

귀찮아서라도 챗GPT를 쓰자!

자, 이렇게 구간별 KPI 등급을 매기는 문제를 챗GPT 찬스로 해결해봤습니다. 물론 우리가 PART 01에서 배웠던 내용들을 잘 응용한다면 챗GPT에게 묻지 않고 해결할 수 있겠지만, 복잡한 함수일수록 직접 머리 써서 짜려고 하면 골치 아플 거예요. 그러니 '몰라서'가 아니라 '귀찮아서'라도 챗GPT를 활용해보면 더 쉽고 간편하게 복잡한 수식도 뚝딱 짜낼 수 있을 겁니다.

04   인사팀 근태관리표에서 그 어렵다는 초과근무 시간 구하기

NO PAIN, YES GAIN! 이번에는 직장인 엑셀에서 가장 어렵다고도 하는 근태관리표에서 초과근무 시간 구하는 문제를 해결해볼게요. 근로기준법 때문에 보통 초과근무 시간을 구하는 수식을 짜는 것을 까다롭게 여기는데요. 내 머리 쓰긴 아까우니까 이번에도 챗GPT의 도움을 받아 해결해보자고요.

 챗GPT와 무작정 풀어보기

작업하기 까다로운 초과근무 시간 구하기
예제 파일 : PA02/CH02/03_초과근무 시간 구하기.xlsx

01 예제 파일을 열면 근태관리표가 정리된 다음과 같은 데이터가 있습니다.

	A	B	C	D	E	F	G	H
1	이름	시작일시	종료일시	기본 (9 to 18)	연장 (18 to 22)	야간 (22 to 24)	근무시간 계	휴게시간 (>8:1, >4:0.5)
2	우도환	2024-06-03 09:00:00	2024-06-03 18:00:00					
3	이도현	2024-06-03 09:00:00	2024-06-03 21:00:00					
4	이상이	2024-06-03 09:00:00	2024-06-04 00:00:00					
5	최우식	2024-06-03 09:00:00	2024-06-04 00:00:00					
6	우도환	2024-06-04 13:00:00	2024-06-04 21:00:00					
7	이도현	2024-06-04 09:00:00	2024-06-04 18:00:00					
8	이상이	2024-06-04 09:00:00	2024-06-04 18:00:00					
9	최우식	2024-06-04 09:00:00	2024-06-04 20:00:00					
10	우도환	2024-06-05 09:00:00	2024-06-05 21:00:00					
11	이도현	2024-06-05 09:00:00	2024-06-05 22:00:00					
12	이상이	2024-06-05 09:00:00	2024-06-05 18:00:00					
13	최우식	2024-06-05 09:00:00	2024-06-05 19:00:00					
14	우도환	2024-06-06 13:00:00	2024-06-07 00:00:00					
15	이도현	2024-06-06 09:00:00	2024-06-06 23:00:00					
16	이상이	2024-06-06 09:00:00	2024-06-06 18:00:00					
17	최우식	2024-06-06 09:00:00	2024-06-06 18:00:00					
18	우도환	2024-06-07 18:00:00	2024-06-08 00:00:00					
19	이도현	2024-06-07 09:00:00	2024-06-07 22:00:00					
20	이상이	2024-06-07 09:00:00	2024-06-07 17:00:00					
21	최우식	2024-06-07 13:00:00	2024-06-07 21:00:00					

괄호 안에 조건이 들어 있네요. 8시간 넘게 근무하면 1시간 휴게시간을 주고, 4시간 넘게 근무하면 0.5시간 휴게시간을 준다는 의미로 담당자가 적어두었다고 합니다.

CHAPTER 02 국어만 잘해도 복잡한 수식이 뚝딱   245

02 이번에도 우선 비포애프터 샘플을 수작업으로 적어볼게요. [D2:H2] 셀 범위에 각각 **9, 0, 0, 9, 1.0**을 적고, 이어서 [D3:H3] 범위에는 **9, 3, 0, 12, 1.0**을 적습니다. 이런 식으로 6행까지 적어줄게요.

	A	B	C	D	E	F	G	H
1	이름	시작일시	종료일시	기본 (9 to 18)	연장 (18 to 22)	야간 (22 to 24)	근무시간 계	휴게시간 (>8:1, >4:0.5)
2	우도환	2024-06-03 09:00:00	2024-06-03 18:00:00	9	0	0	9	1.0
3	이도현	2024-06-03 09:00:00	2024-06-03 21:00:00	9	3	0	12	1.0
4	이상이	2024-06-03 09:00:00	2024-06-04 00:00:00	9	4	2	15	1.0
5	최우식	2024-06-03 09:00:00	2024-06-04 00:00:00	9	4	2	15	1.0
6	우도환	2024-06-04 13:00:00	2024-06-04 21:00:00	5	3	0	8	0.5

03 비포애프터 샘플을 만들었으니 기준점과 대상 데이터를 포함해서 챗GPT에게 질문해볼게요.

> **프롬프트**
>
> 이름 시작일시 종료일시
> 우도환 2024-06-03 09:00:00 2024-06-03 18:00:00
> 이도현 2024-06-03 09:00:00 2024-06-03 21:00:00
>
> (생략)
>
> 이상이 2024-06-28 09:00:00 2024-06-28 19:00:00
> 최우식 2024-06-28 09:00:00 2024-06-28 18:00:00
>
> 〔대상 데이터로 [A1:C82] 셀 범위를 드래그해 복사한 다음 챗GPT에 붙여넣어요.〕
>
> 엑셀에 A1셀부터 그 아래로 위와 같은 데이터가 쌓여 있어. 직원들의 6월 한달간 출퇴근 기록인데, 이 출퇴근 기록을 기준으로 기본근무시간, 연장근무시간, 야간근무시간, 총근무시간, 휴게시간을 구하려고 해.
>
> 이름 시작일시 종료일시 기본(9to18) 연장(18to22) 야간(22to24) 근무시간 계 휴게시간(>8:1, >4:0.5)
> 우도환 2024-06-03 09:00:00 2024-06-03 18:00:00 9 0 0 9 1.0
> 이도현 2024-06-03 09:00:00 2024-06-03 21:00:00 9 3 0 12 1.0
> 이상이 2024-06-03 09:00:00 2024-06-04 00:00:00 9 4 2 15 1.0
> 최우식 2024-06-03 09:00:00 2024-06-04 00:00:00 9 4 2 15 1.0
> 우도환 2024-06-04 13:00:00 2024-06-04 21:00:00 5 3 0 8 0.5
>
> 〔비포애프터 샘플로 수작업한 [A1:H6] 셀 범위를 드래그해 복사한 다음 챗GPT에 붙여넣어요.〕
>
> 위와 같은 결과를 내는 엑셀 수식을 짜줘.

> 참고로 기본근무시간은 9시부터 18시 사이에 근무한 시간, 연장은 18시부터 22시 사이, 야간은 22시부터 24시 사이에 근무한 시간을 카운트할 거야. 휴게시간은 총근무시간이 8시간을 넘어가면 1을, 4시간을 넘어가면 0.5를 부여할 거야.

 엑셀에서 근무 시간을 계산하는 수식을 작성하는 방법에 대해 자세히 설명하겠습니다. 여기서는 시작일시와 종료일시를 기반으로 기본근무시간, 연장근무시간, 야간근무시간, 총근무시간, 그리고 휴게시간을 계산합니다.

1. 기본근무시간 (9 to 18)

```excel
=MAX(0, MIN(18, HOUR(C2)+MINUTE(C2)/60) - MAX(9, HOUR(B2)+MINUTE(B2)/60))
```

여기서 'B2'는 시작일시, 'C2'는 종료일시를 나타냅니다.

(생략)

04 챗GPT가 알려준 수식이 제대로 작동하는지 확인해보기 위해 [D2] 셀에 챗GPT가 알려준 아래 수식을 입력하고 Enter 를 칩니다. 수작업으로 구해둔 값(9)과 일치하네요. 수식에 문제가 없는 것도 같네요.

```
=MAX(0, MIN(18, HOUR(C2)+MINUTE(C2)/60) - MAX(9, HOUR(B2)+MINUTE(B2)/60))
```

	A	B	C	D 기본 (9 to 18)	E 연장 (18 to 22)	F 야간 (22 to 24)
1	이름	시작일시	종료일시			
2	우도환	2024-06-03 09:00:00	2024-06-03 18:00:00	9	0	
3	이도현	2024-06-03 09:00:00	2024-06-03 21:00:00	9	3	
4	이상이	2024-06-03 09:00:00	2024-06-04 00:00:00	9	4	
5	최우식	2024-06-03 09:00:00	2024-06-04 00:00:00	9	4	
6	우도환	2024-06-04 13:00:00	2024-06-04 21:00:00	5	3	

05 수식에 정말 문제가 없는지 추가로 검증하기 위해 [D2] 셀의 채우기 핸들을 더블클릭해 수식을 마저 채워줄게요.

06 슬프게도 [D4] 셀과 [D5] 셀의 값이 0으로 나오는 문제가 생겼네요. 종료일시가 00시인 데이터에 문제가 있는 것 같은데, 이것도 챗GPT한테 물어봅시다. [A1:D4] 셀을 복사해 프롬프트 입력창에 붙여넣고 물어볼게요.

	A	B	C	D	E	F
1	이름	시작일시	종료일시	기본 (9 to 18)	연장 (18 to 22)	야간 (22 to 24
2	우도환	2024-06-03 09:00:00	2024-06-03 18:00:00	9	0	
3	이도현	2024-06-03 09:00:00	2024-06-03 21:00:00	9	3	
4	이상이	2024-06-03 09:00:00	2024-06-04 00:00:00	0	4	
5	최우식	2024-06-03 09:00:00	2024-06-04 00:00:00	0	4	
6	우도환	2024-06-04 13:00:00	2024-06-04 21:00:00	5	3	

수식 표시줄: =MAX(0, MIN(18, HOUR(C2)+MINUTE(C2)/60) - MAX(9, HOUR(B2)+MINUTE(B2)/60))

> **프롬프트**
>
> | 이름 | 시작일시 | 종료일시 | 기본
(9to18) |
> |---|---|---|---|
> | 우도환 | 2024-06-03 09:00:00 | 2024-06-03 18:00:00 | 9 |
> | 이도현 | 2024-06-03 09:00:00 | 2024-06-03 21:00:00 | 9 |
> | 이상이 | 2024-06-03 09:00:00 | 2024-06-04 00:00:00 | 0 |
>
> 이 데이터(이상이)는 9시간이 나와야 하는데 그날 밤 12시에 퇴근해서 그런지 결과가 틀리게 나왔어. 내가 준 샘플 결과와 정확하게 일치하도록 수식을 다시 짜줘.

엑셀에서 시작 시간과 종료 시간을 기반으로 일정 시간 범위 내에서의 근무 시간을 계산할 때, 종료 시간이 다음 날로 넘어가는 경우에는 정확하게 계산이 되지 않는 문제가 발생할 수 있습니다. 이를 해결하기 위해 조금 더 정확한 방식의 수식을 제공하겠습니다.

기본근무시간을 계산하는 업데이트된 수식은 다음과 같습니다:

1. 기본근무시간 (9 to 18)
- 이 수식은 일자가 바뀌는 경우도 고려하여 계산합니다.
- 시작 시간과 종료 시간이 같은 날인 경우와 다른 날인 경우를 구분합니다.

```excel
=IF(TEXT(B2, "yyyy-mm-dd") = TEXT(C2, "yyyy-mm-dd"),
MAX(0, MIN(18, HOUR(C2) + MINUTE(C2)/60) - MAX(9, HOUR(B2) + MINUTE(B2)/60)),
MAX(0, 18 - MAX(9, HOUR(B2) + MINUTE(B2)/60)) + MAX(0, MIN(18, HOUR(C2) + MINUTE(C2)/60) - 9))
```

여기서 'B2'는 시작일시, 'C2'는 종료일시를 나타냅니다. 이 수식은 시작일시와 종료일시가 같은 날짜인 경우와 다음 날로 넘어가는 경우를 분리하여 계산합니다.

- 같은 날짜인 경우에는 기존의 방식을 사용합니다.
- 다음 날로 넘어가는 경우에는 첫 번째 날의 근무 시간과 두 번째 날의 근무 시간을 별도로 계산하여 더합니다. 첫 번째 날은 18시까지의 근무 시간을, 두 번째 날은 18시 이전의 근무 시간을 계산합니다.

이 수식을 적용하여 이상이의 기본근무시간을 다시 계산하면, 원하는 결과인 9시간이 정확히 나타날 것입니다.

07 [D2] 셀에 챗GPT가 다시 알려준 아래 수식을 입력하고 Enter 를 칩니다. [D2] 셀의 채우기 핸들을 더블클릭해 수식을 마저 채워줍니다. 문제가 됐던 값이 제대로 구해지네요.

=IF(TEXT(B2, "yyyy-mm-dd") = TEXT(C2, "yyyy-mm-dd"),

MAX(0, MIN(18, HOUR(C2) + MINUTE(C2)/60) - MAX(9, HOUR(B2) + MINUTE(B2)/60)),

MAX(0, 18 - MAX(9, HOUR(B2) + MINUTE(B2)/60)) + MAX(0, MIN(18, HOUR(C2) + MINUTE(C2)/60) - 9))

	A	B	C	D
1	이름	시작일시	종료일시	기본 (9 to 18)
2	우도환	2024-06-03 09:00:00	2024-06-03 18:00:00	9
3	이도현	2024-06-03 09:00:00	2024-06-03 21:00:00	9
4	이상이	2024-06-03 09:00:00	2024-06-04 00:00:00	9
5	최우식	2024-06-03 09:00:00	2024-06-04 00:00:00	9
6	우도환	2024-06-04 13:00:00	2024-06-04 21:00:00	5

08 나머지 E~H열의 값도 구해야 하니 챗GPT에게 이어서 수식을 요청해볼게요.

> **프롬프트**
>
> 응. 맞는 결과가 나왔어. 나머지 열에 대해서도 수식을 보완해줘.

 아주 좋습니다! 이제 남은 열들인 연장근무시간, 야간근무시간, 근무시간 계 및 휴게시간에 대해서도 보완된 수식을 제공하겠습니다.

2. 연장근무시간 (18 to 22)

```excel
=IF(TEXT(B2, "yyyy-mm-dd")=TEXT(C2, "yyyy-mm-dd"),
MAX(0, MIN(22, HOUR(C2) + MINUTE(C2)/60) - MAX(18, HOUR(B2) +
MINUTE(B2)/60)), MAX(0, 22 - MAX(18, HOUR(B2) + MINUTE(B2)/60)) + MAX(0,
MIN(22, HOUR(C2) + MINUTE(C2)/60) - 18))
```

3. 야간근무시간 (22 to 24)

```excel
=IF(TEXT(B2, "yyyy-mm-dd")=TEXT(C2, "yyyy-mm-dd"),
MAX(0, MIN(24, HOUR(C2) + MINUTE(C2)/60) - MAX(22, HOUR(B2) +
MINUTE(B2)/60)), MAX(0, 24 - MAX(22, HOUR(B2) + MINUTE(B2)/60)) + MAX(0,
MIN(24, HOUR(C2) + MINUTE(C2)/60) - 22))
```

4. 근무시간 계

```excel
=IF(TEXT(B2, "yyyy-mm-dd")=TEXT(C2, "yyyy-mm-dd"),
(HOUR(C2)-HOUR(B2)) + (MINUTE(C2)-MINUTE(B2))/60,
24 - (HOUR(B2) + MINUTE(B2)/60) + (HOUR(C2) + MINUTE(C2)/60))
```

이 수식은 시작일과 종료일이 같은 날인 경우와 다음 날로 넘어가는 경우를 분리하여 근무 시간을 계산합니다.

5. 휴게시간

근무시간 계산을 기반으로 4시간 초과는 0.5시간, 8시간 초과는 추가 0.5 시간의 휴게시간을 부여합니다.

```excel
=IF(D2>8, 1, IF(D2>4, 0.5, 0))
```

여기서 'D2'는 근무시간 계를 나타냅니다. 이 수식은 총 근무시간이 8시간을 초과하면 1시간, 4시간을 초과하면 0.5시간의 휴게시간을 계산합니다.

(생략)

09 챗GPT가 알려준 수식을 차례대로 확인해보겠습니다.

10 먼저 [E2] 셀에 연장근무시간 값을 구하는 아래 수식을 입력하고 Enter 를 칩니다. [E2] 셀의 채우기 핸들을 더블클릭해 수식을 마저 채워줍니다. 샘플로 넣어둔 데이터와 일치하는 것을 보아 수식에 별문제가 없어 보이네요.

=IF(TEXT(B2, "yyyy-mm-dd") = TEXT(C2, "yyyy-mm-dd"),
MAX(0, MIN(22, HOUR(C2) + MINUTE(C2)/60) – MAX(18, HOUR(B2) + MINUTE(B2)/60)), MAX(0, 22 – MAX(18, HOUR(B2) + MINUTE(B2)/60)) + MAX(0, MIN(22, HOUR(C2) + MINUTE(C2)/60) – 18))

	A	B	C	D	E
1	이름	시작일시	종료일시	기본 (9 to 18)	연장 (18 to 22)
2	우도환	2024-06-03 09:00:00	2024-06-03 18:00:00	9	0
3	이도현	2024-06-03 09:00:00	2024-06-03 21:00:00	9	3
4	이상이	2024-06-03 09:00:00	2024-06-04 00:00:00	9	4
5	최우식	2024-06-03 09:00:00	2024-06-04 00:00:00	9	4
6	우도환	2024-06-04 13:00:00	2024-06-04 21:00:00	5	3

11 이어서 [F2] 셀에 야간근무시간 값을 구하는 다음 수식을 입력하고 Enter 를 칩니다. [F2] 셀의 채우기 핸들을 더블클릭해 수식을 마저 채워줍니다. 샘플로 넣어둔 데이터와 일치하는 것을 보아 이번에도 수식이 괜찮아 보입니다.

> =IF(TEXT(B2, "yyyy-mm-dd") = TEXT(C2, "yyyy-mm-dd"),
> MAX(0, MIN(24, HOUR(C2) + MINUTE(C2)/60) – MAX(22, HOUR(B2) +
> MINUTE(B2)/60)), MAX(0, 24 – MAX(22, HOUR(B2) + MINUTE(B2)/60)) + MAX(0,
> MIN(24, HOUR(C2) + MINUTE(C2)/60) – 22))

	A	B	C	D	E	F
1	이름	시작일시	종료일시	기본 (9 to 18)	연장 (18 to 22)	야간 (22 to 24)
2	우도환	2024-06-03 09:00:00	2024-06-03 18:00:00	9	0	0
3	이도현	2024-06-03 09:00:00	2024-06-03 21:00:00	9	3	0
4	이상이	2024-06-03 09:00:00	2024-06-04 00:00:00	9	4	2
5	최우식	2024-06-03 09:00:00	2024-06-04 00:00:00	9	4	2
6	우도환	2024-06-04 13:00:00	2024-06-04 21:00:00	5	3	0

12 이어서는 [G2] 셀에 근무시간 계 값을 구하는 수식을 입력해보겠습니다. 그런데 근무시간 계를 구하기 위해 챗GPT가 무려 3줄짜리 수식을 짜줬는데, 이렇게 복잡할 필요가 있을까요? PART 01에서 배운 SUM 함수를 떠올려봅시다. 근무시간 계는 D:F열의 값을 더해서 단순하게 해결할 수 있어요.

챗GPT가 알려준 수식이 아닌 다음 수식을 [G2] 셀에 입력하고 Enter 를 칩니다. [G2] 셀의 채우기 핸들을 더블클릭해 수식을 마저 채워줍니다.

> =SUM(D2:F2)

	A	B	C	D	E	F	G
1	이름	시작일시	종료일시	기본 (9 to 18)	연장 (18 to 22)	야간 (22 to 24)	근무시간 계
2	우도환	2024-06-03 09:00:00	2024-06-03 18:00:00	9	0	0	9
3	이도현	2024-06-03 09:00:00	2024-06-03 21:00:00	9	3	0	12
4	이상이	2024-06-03 09:00:00	2024-06-04 00:00:00	9	4	2	15
5	최우식	2024-06-03 09:00:00	2024-06-04 00:00:00	9	4	2	15
6	우도환	2024-06-04 13:00:00	2024-06-04 21:00:00	5	3	0	8

13 마지막으로 [H2] 셀에 휴게시간 값을 구하는 다음 수식을 입력하고 Enter 를 칩니다. [H2] 셀의 채우기 핸들➕을 더블클릭해 수식을 마저 채워줍니다. 샘플로 넣어둔 데이터와 일치하는 것을 보아 이번에도 수식에 별다른 문제가 없어 보이네요.

=IF(D2 > 8, 1, IF(D2 > 4, 0.5, 0))

이름	시작일시	종료일시	기본 (9 to 18)	연장 (18 to 22)	야간 (22 to 24)	근무시간 계	휴게시간 (>8:1, >4:0.5)
우도환	2024-06-03 09:00:00	2024-06-03 18:00:00	9	0	0	9	1.0
이도현	2024-06-03 09:00:00	2024-06-03 21:00:00	9	3	0	12	1.0
이상이	2024-06-03 09:00:00	2024-06-04 00:00:00	9	4	2	15	1.0
최우식	2024-06-03 09:00:00	2024-06-04 00:00:00	9	4	2	15	1.0
우도환	2024-06-04 13:00:00	2024-06-04 21:00:00	5	3	0	8	0.5

14 그런데 챗GPT는 휴게시간을 산정하는 기준을 기본근무시간(D열)으로 했네요. 회사마다 규정이 다를 수 있지만, 여기서는 근무시간 계를 기준으로 휴게시간을 산정할 수 있게 [H2] 셀의 수식을 다음과 같이 수정하고 Enter 를 칩니다. 이어서 [H2] 셀의 채우기 핸들➕을 더블클릭해 수식을 마저 채워줍니다.

=IF(G2 > 8, 1, IF(G2 > 4, 0.5, 0))

이름	시작일시	종료일시	기본 (9 to 18)	연장 (18 to 22)	야간 (22 to 24)	근무시간 계	휴게시간 (>8:1, >4:0.5)
우도환	2024-06-03 09:00:00	2024-06-03 18:00:00	9	0	0	9	1.0
이도현	2024-06-03 09:00:00	2024-06-03 21:00:00	9	3	0	12	1.0
이상이	2024-06-03 09:00:00	2024-06-04 00:00:00	9	4	2	15	1.0
최우식	2024-06-03 09:00:00	2024-06-04 00:00:00	9	4	2	15	1.0
우도환	2024-06-04 13:00:00	2024-06-04 21:00:00	5	3	0	8	0.5

15 자, 수식이 다 입력됐으니 이제 [D6:H6] 범위를 드래그한 다음 [H6] 셀의 채우기 핸들➕을 더블클릭해 마지막 행까지 같은 수식을 채워줍니다. 21행처럼 특이한 케이스를 샘플로 확인해보며 값이 정확하게 입력됐는지 체크해주고 작업을 마무리합니다.

이상이	2024-06-07 09:00:00	2024-06-07 17:00:00	8	0	0	8	0.5
최우식	2024-06-07 13:00:00	2024-06-07 21:00:00	5	3	0	8	0.5
우도환	2024-06-10 09:00:00	2024-06-10 22:00:00	9	4	0	13	1.0

챗GPT를 전적으로 믿어서는 안 된다!

그 어렵다는 초과근무 시간 구하기 문제를 챗GPT와 함께 해결해봤습니다. 어떠셨나요? 챗GPT가 수식을 잘못 작성한 경우도 있었고, 너무 복잡하게 작성한 경우도 있었어요. 사실 챗GPT가 짜준 수식에는 비효율적인 부분도 있었는데요. 가령 챗GPT가 알려준 수식에 MINUTE 함수도 포함돼 있는데, 제시된 데이터는 분 값을 따로 살리지 않고 정시 기준으로 취급하기 때문에 이를 고려하여 수식을 간단하게 짜달라고 요청할 수도 있을 거예요.

여기서 우리가 얻을 수 있는 교훈은 챗GPT가 다 정답은 아니라는 거예요. 물론 프롬프트를 완벽하게 쓰면 더 완벽한 답을 받을 수 있겠지만, 그만큼 시간이 걸릴 거예요. 따라서 어느 정도 맞는 수식이 나왔을 때는 우리 눈으로 직접 확인하고 검증하는 습관이 필요합니다. 그러니 챗GPT가 있다고 해서 무조건 믿고 맡길 게 아니라 일정 부분은 사람이 투입되어 AI를 견제해야 하는 거죠. 왜 우리가 PART 01에서 엑셀 기본기를 학습했는지 이유를 알겠죠?

05  영업팀 지저분한 주소 데이터 정제하기

NO PAIN, YES GAIN! 이번에는 근태관리 DB만큼이나 복잡한 주소 데이터를 가공해볼게요. 주소 가공은 특히 영업부서에게 골칫거리인데요. 이 문제도 챗GPT를 추궁해 풀어보겠습니다.

챗GPT와 무작정 풀어보기

텍스트를 찾고 쪼개는 함수로 주소 데이터 정제하기

예제 파일 : PA02/CH02/04_지저분한 주소 데이터 정제하기.xlsx

01 예제 파일을 열면 서울 소재 아파트 리스트가 정리된 다음과 같은 데이터가 있습니다. E열의 '소재지'를 기준으로 해서 F:H열에 '시주소', '구주소', '동/가주소'를 뽑아내야 하는 문제네요.

	A	B	C	D	E	F	G	H
1	아파트ID	아파트명	세대수	동수	소재지	시주소	구주소	동/가주소
2	A12013003	DMC래미안e편한세상	3,293	51	서울시 서대문구 북가좌동			
3	A10026418	e편한세상금호파크힐스	1,330	16	서울시 성동구 금호동1가			
4	A10025600	e편한세상 염창	499	6	서울시 강서구 염창동			
5	A10028006	e편한세상마포리버파크	547	9	서울시 마포구 용강동			
6	A10025428	e편한세상서울대입구 3단지	206	2	서울시 관악구 봉천동			
7	A10025423	e편한세상서울대입구1단지아파트	711	10	서울시 관악구 봉천동			
8	A10080701	LIG서울역리가	181	4	서울시 중구 만리동1가			
9	A12072801	DMC센트레빌	473	7	서울시 서대문구 남가좌2동			
10	A12013002	DMC아이파크	362	5	서울시 서대문구 북가좌2동			

 공여사 TIP

챗GPT에게 질문하기 전에 생각해봅시다. 어떤 함수를 써서 작업해야 할까요? 우리가 PART 01에서 배운 텍스트를 다루는 함수(90페이지)를 활용해볼 수 있을 거예요. 그런데 주소 데이터는 그때마다 패턴이 달라서 막상 수식을 짜보려고 하면 정말 까다롭거든요. 이럴 때일수록 챗GPT의 도움을 받아보자고요.

02 작업에 필요한 수식을 챗GPT를 통해 구해보겠습니다. 이번에도 비포애프터 샘플을 수작업으로 먼저 만들어볼게요. [F2:H2] 범위에 **서울시, 서대문구, 북가좌동** [F3:H3] 범위에 **서울시, 성동구, 금호동1가** [F4:H4] 범위에 **서울시, 강서구, 염창동** [F5:H5] 범위에 **서울시, 마포구, 용강동**을 적어줍니다.

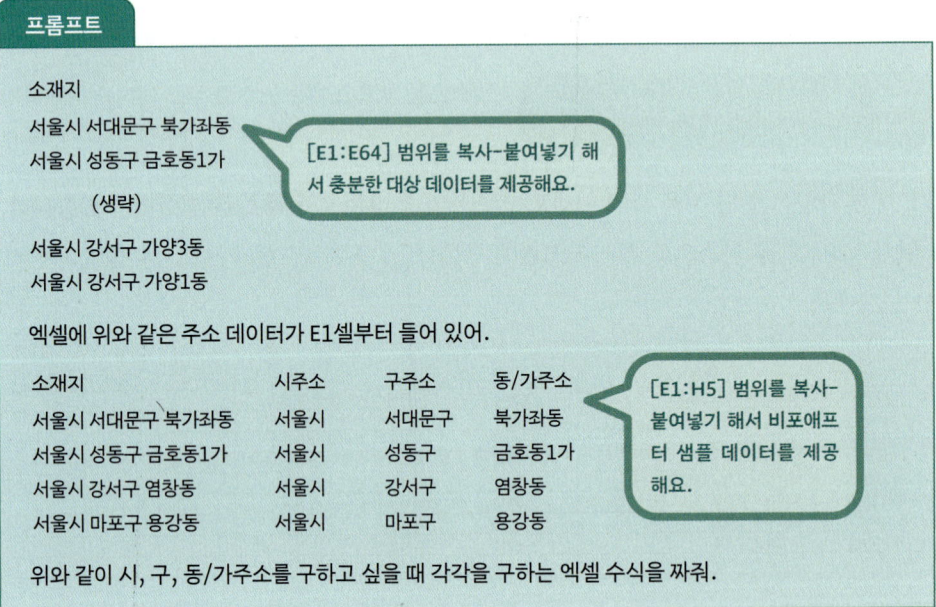

03 비포애프터 샘플을 만들었으니 챗GPT에게 질문해볼게요.

> **프롬프트**
>
> 소재지
> 서울시 서대문구 북가좌동
> 서울시 성동구 금호동1가
>   (생략)
> 서울시 강서구 가양3동
> 서울시 강서구 가양1동
>
> — [E1:E64] 범위를 복사-붙여넣기 해서 충분한 대상 데이터를 제공해요.
>
> 엑셀에 위와 같은 주소 데이터가 E1셀부터 들어 있어.
>
> | 소재지 | 시주소 | 구주소 | 동/가주소 |
> | --- | --- | --- | --- |
> | 서울시 서대문구 북가좌동 | 서울시 | 서대문구 | 북가좌동 |
> | 서울시 성동구 금호동1가 | 서울시 | 성동구 | 금호동1가 |
> | 서울시 강서구 염창동 | 서울시 | 강서구 | 염창동 |
> | 서울시 마포구 용강동 | 서울시 | 마포구 | 용강동 |
>
> — [E1:H5] 범위를 복사-붙여넣기 해서 비포애프터 샘플 데이터를 제공해요.
>
> 위와 같이 시, 구, 동/가주소를 구하고 싶을 때 각각을 구하는 엑셀 수식을 짜줘.

 엑셀에서 주소를 세 부분으로 나누기 위해서 각각 "시주소", "구주소", "동/가주소"를 추출하는 수식을 사용할 수 있습니다. 아래에 각각의 카테고리에 맞는 수식을 설명드리겠습니다.

1. 시주소 추출
· 주소에서 첫 번째 공백 전까지 추출합니다.

```excel
=LEFT(E2, FIND(" ", E2)-1)
```

2. 구주소 추출
· 첫 번째 공백과 두 번째 공백 사이의 텍스트를 추출합니다.

```excel
=MID(E2, FIND(" ", E2) + 1, FIND(" ", E2, FIND(" ", E2) + 1) - FIND(" ", E2) - 1)
```

3. 동/가주소 추출
· 두 번째 공백 이후의 모든 텍스트를 추출합니다.

```excel
=MID(E2, FIND(" ", E2, FIND(" ", E2) + 1) + 1, LEN(E2))
```

> **공여사 TIP**
>
> 앞서 생각해본 대로 챗GPT 역시 텍스트를 다루는 함수들을 활용해 수식을 짜줬네요. PART 01에서 배운 내용이 있으니 어떤 느낌으로 수식을 짜준 것인지 눈치껏 알 수 있겠죠?

04 챗GPT가 알려준 수식이 제대로 작동하는지 넣어보겠습니다. [F2] 셀에 '시주소 추출' 수식을 입력하고 Enter 를 칩니다. [F2] 셀의 채우기 핸들을 더블클릭해 수식을 마저 채워넣고 문제가 없는지 확인합니다.

```
=LEFT(E2, FIND(" ", E2)-1)
```

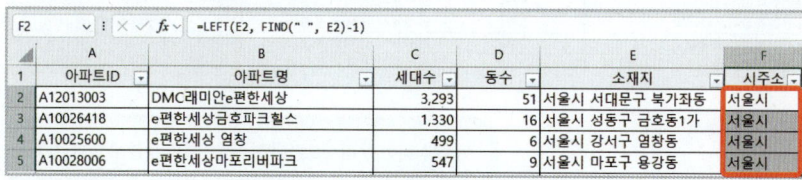

05 이어서 [G2] 셀에 챗GPT가 알려준 '구주소 추출' 수식을 입력하고 Enter 를 칩니다. [G2] 셀의 채우기 핸들을 더블클릭해 수식을 마저 채워넣고 문제가 없는지 확인합니다. 샘플과 동일한 결과가 나오니 수식에 문제가 없네요.

=MID(E2, FIND(" ", E2) + 1, FIND(" ", E2, FIND(" ", E2) + 1) – FIND(" ", E2) – 1)

06 마지막으로 [H2] 셀에 챗GPT가 알려준 '동/가주소 추출' 수식을 입력하고 Enter 를 칩니다. [H2] 셀의 채우기 핸들을 더블클릭해 수식을 마저 채워넣고 문제가 없는지 확인합니다.

=MID(E2, FIND(" ", E2, FIND(" ", E2) + 1) + 1, LEN(E2))

07 수식을 모두 채웠으니 [F5:H5] 범위를 드래그한 다음 [H5] 셀의 채우기 핸들을 더블클릭해 마지막 행까지 수식을 마저 채워넣고 작업을 마무리합니다. 깔끔하게 잘 작업됐어요.

> 이 데이터는 무려 2,275행까지 있어요. 서울에 아파트가 참 많기도 하죠? 챗GPT가 알려준 수식으로 작업한 데이터를 살펴보면 2,275행까지 문제없이 주소 데이터가 의도대로 정제된 것을 알 수 있습니다.

챗GPT에게 수식 설명까지 뜯어내기

주소 데이터를 정제하는 작업을 챗GPT와 함께 해봤습니다. 우리 눈에 익숙한 함수를 사용해 정확한 값을 결과로 반환하는 수식을 짜줬어요. '시주소'를 뽑아내는 수식은 비교적 간단해서 PART 01에서 배운 내용을 떠올려본다면 어렵지 않게 이해할 수 있을 거예요. 그런데 두 번째, 세 번째 수식은 스스로 이해해보기에는 아직 어려울 수 있죠.

이럴 때는 챗GPT에게 수식을 설명해달라고 요청해도 좋겠죠? "구주소와 동/가주소 구하는 수식에 대해 구간 구간 나눠서 이해하기 쉽게 설명해줘. 수식이 맞는지 내 머리로 검증하고 싶어"라고 질문해서 수식 설명을 받을 수 있을 거예요. 챗GPT를 나만의 엑셀 과외 선생님처럼 써봐도 좋겠습니다.

> **궁금하실까봐 준비했어요!**
>
> **수식 없이 텍스트 나누기 작업하는 방법!**
>
> 엑셀에는 [텍스트 나누기] 기능이 있는데요. 이 기능을 이용하면 우리가 앞에서 한 작업을 수식 없이 해결할 수 있어요.
>
> **01** E열을 선택하고 상단의 [데이터] 탭에서 [텍스트 나누기]를 클릭합니다.
>
> **02** [텍스트 마법사] 창이 뜨면 [구분 기호로 분리됨] 항목에 체크하고 [다음]을 클릭합니다. 구분이 필요한 값이 공백으로 구분돼 있으니 [공백]에 체크하고 [다음]을 클릭합니다.

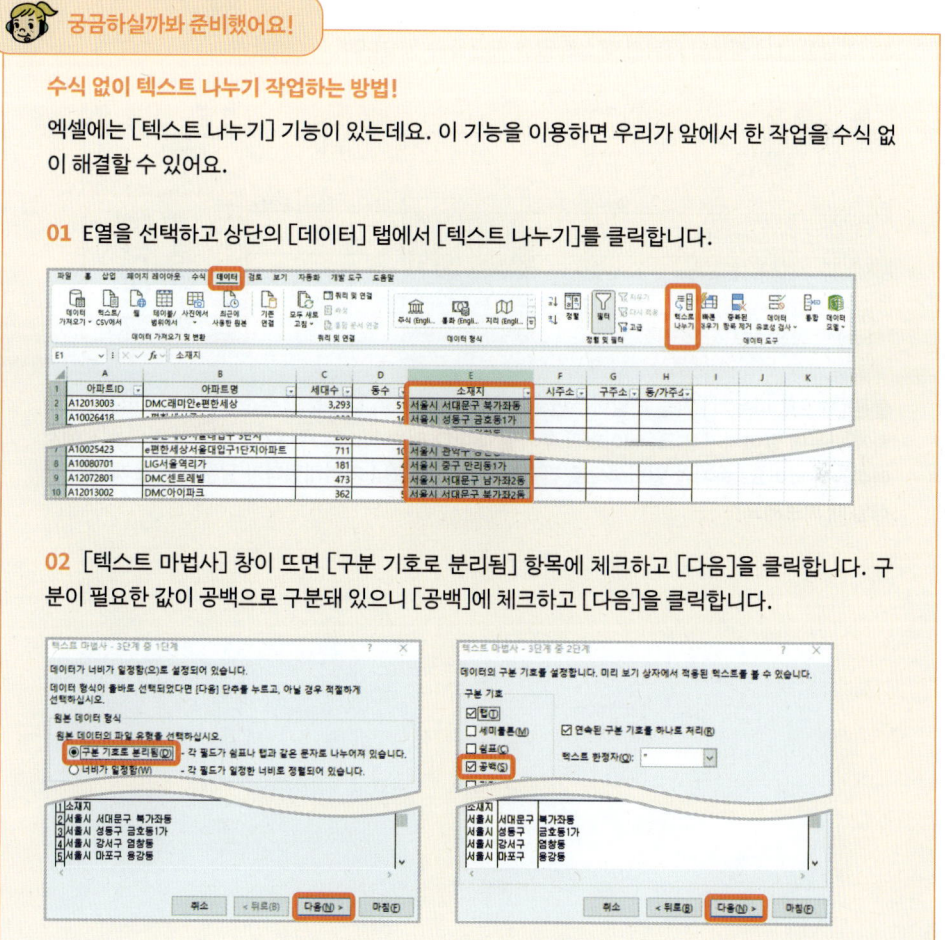

CHAPTER 02 국어만 잘해도 복잡한 수식이 뚝딱 259

03 [대상]에 텍스트를 나눈 결과를 입력할 셀 위치를 선택해줍니다. 여기서는 [I1] 셀(=$I$1)을 선택할게요. 마지막으로 [마침]을 클릭합니다.

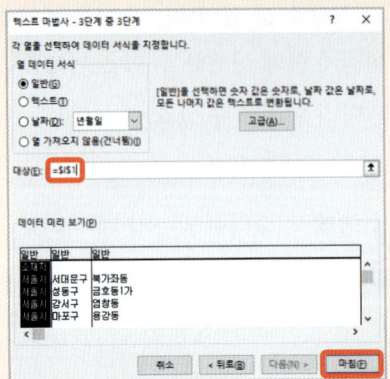

04 지정한 [I1] 셀부터 나눠진 텍스트 값을 확인할 수 있습니다.

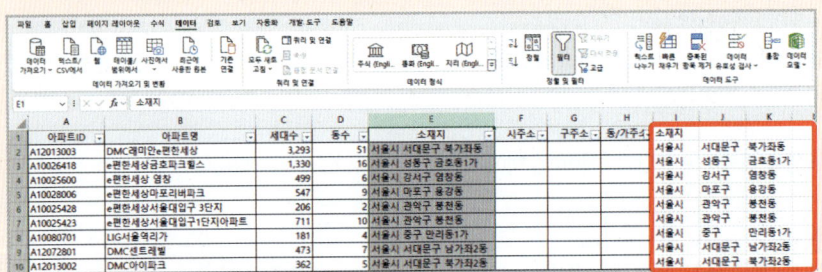

물론 [텍스트 나누기] 기능도 알아두면 유용한 기능이지만, 대부분의 주소 데이터는 이렇게 깔끔하게 나누어 떨어지지 않고, 데이터가 추가될 때마다 매번 텍스트 나누기를 해줘야 한다는 점에서 아쉬움이 있어요. 하지만 일회성으로 간편하게 쓰기 좋으니 기억해뒀다가 깔끔한 주소 데이터 형식일 때 써보세요!

NO PAIN, YES GAIN! PART 01에서 리드타임을 구했던 작업, 기억하나요? 이번에는 조금 더 실무 상황에 맞게 '영업일 기준'이라는 조건이 달린 리드타임을 산출하는 작업을 챗GPT와 함께 해보겠습니다.

주말을 제외한 리드타임 KPI 구하기

예제 파일 : PA02/CH02/05_리드타임 KPI 구하기.xlsx

01 예제 파일을 열면 PART 01에서 봤던 데이터가 있습니다. PART 01의 140페이지에서 리드타임 구하는 작업을 할 때는 단순히 발주일자에서 출고일자를 빼는 방식으로 작업을 했었죠.

	A	B	C	D	E	F	G	H
1	발주번호	발주명	자재코드	발주수량	발주일자	출고일자	발주년월	리드타임
2	PO1001	한길건설 '부산 신항 전력 설비 업그레이드' 자재 공급	M10101	355	2024-01-02	2024-01-13		
3	PO1001	한길건설 '부산 신항 전력 설비 업그레이드' 자재 공급	M10401	393	2024-01-02	2024-01-14		
4	PO1001	한길건설 '부산 신항 전력 설비 업그레이드' 자재 공급	M10402	203	2024-01-02	2024-01-10		
5	PO1002	세계기계 인도 '공장 건설 프로젝트' 자재 공급	M10501	1,445	2024-01-02	2024-01-04		
6	PO1003	글로벌건설 브라질 '에너지 설비 업그레이드' 자재 공급	M10401	901	2024-01-02	2024-01-05		
7	PO1003	글로벌건설 브라질 '에너지 설비 업그레이드' 자재 공급	M10501	1,450	2024-01-02	2024-01-13		
8	PO1004	동화기계 '송도 신규 주거 단지 조성' 자재 공급	M10401	176	2024-01-10	2024-01-21		
9	PO1005	동화기계 '경기도 공장 자동화 라인 구축' 자재 공급	M10502	162	2024-01-11	2024-01-25		
10	PO1005	동화기계 '경기도 공장 자동화 라인 구축' 자재 공급	M10401	700	2024-01-11	2024-01-17		

02 이번에는 조금 더 실무적으로 이 문제를 접근해보려고 합니다. [H1] 셀 모서리에 빨간색 삼각형이 있어 마우스 커서를 올려보니 리드타임을 구하는 조건이 들어 있네요. 리드타임은 '영업일을 기준'으로 하고, '발주일은 미포함'한다고 합니다.

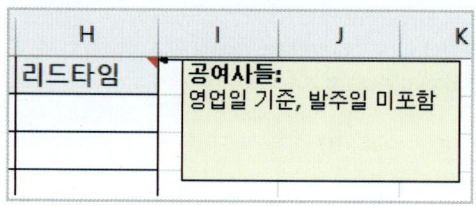

> **공여사 TIP**
>
> 현업에서 KPI 같은 핵심 관리 지표를 따지며 기간을 측정할 때 단순히 날짜 간의 차이를 세는 경우는 거의 없어요. 항상 영업일 기준으로 며칠이 걸렸냐를 보는데요. 주말까지 포함해버리면 "주말에 출근도 안 하는데 어떡하란 말이냐"라는 원성을 들을 수 있겠죠. 물론 주말에도 일을 하는 시스템이라면 다른 얘기가 되겠지만, 일반적인 케이스에 빗대 영업일 기준으로 리드타임을 다시 구해보도록 할게요.

03 자, 그럼 챗GPT 찬스를 써서 '발주년월'과 '리드타임'을 구해보겠습니다. '발주년월'은 PART 01 140페이지에서 우리가 직접 해결해본 문제지만, 챗GPT는 같은 문제에 수식을 어떻게 짜는지도 살펴보자고요.

04 먼저 비포애프터 샘플을 수작업으로 만들어야겠죠? [G2:H2] 범위에 **2024-01, 8**(2024년 1월 2일~13일 중 주말과 발주일을 뺀 값) [G3:H3] 범위에 **2024-01, 8**(2024년 1월 2일~14일 중 주말과 발주일을 뺀 값) [G4:H4] 범위에 **2024-01, 6**(2024년 1월 2일~10일 중 주말과 발주일을 뺀 값)을 적습니다.

	A	B	C	D	E	F	G	H
1	발주번호	발주명	자재코드	발주수량	발주일자	출고일자	발주년월	리드타임
2	PO1001	한길건설 '부산 신항 전력 설비 업그레이드' 자재 공급	M10101	355	2024-01-02	2024-01-13	2024-01	8
3	PO1001	한길건설 '부산 신항 전력 설비 업그레이드' 자재 공급	M10401	393	2024-01-02	2024-01-14	2024-01	8
4	PO1001	한길건설 '부산 신항 전력 설비 업그레이드' 자재 공급	M10402	203	2024-01-02	2024-01-10	2024-01	6
5	PO1002	세계기계 인도 '공장 건설 프로젝트' 자재 공급	M10501	1,445	2024-01-02	2024-01-04		

05 비포애프터 샘플을 만들었으니 챗GPT에게 질문해볼게요.

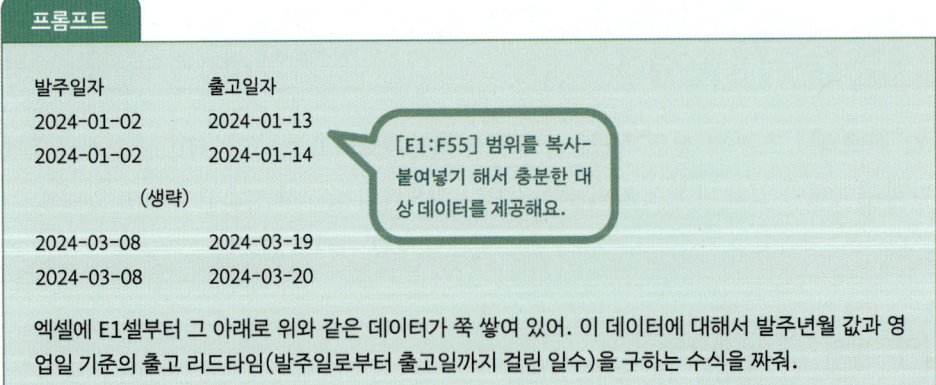

> **프롬프트**
>
> 발주일자   출고일자
> 2024-01-02 2024-01-13
> 2024-01-02 2024-01-14
>   (생략)
> 2024-03-08 2024-03-19
> 2024-03-08 2024-03-20
>
> 엑셀에 E1셀부터 그 아래로 위와 같은 데이터가 쭉 쌓여 있어. 이 데이터에 대해서 발주년월 값과 영업일 기준의 출고 리드타임(발주일로부터 출고일까지 걸린 일수)을 구하는 수식을 짜줘.

[E1:F55] 범위를 복사-붙여넣기 해서 충분한 대상 데이터를 제공해요.

발주일자	출고일자	발주년월	리드타임
2024-01-02	2024-01-13	2024-01	8
2024-01-02	2024-01-14	2024-01	8
2024-01-02	2024-01-10	2024-01	6

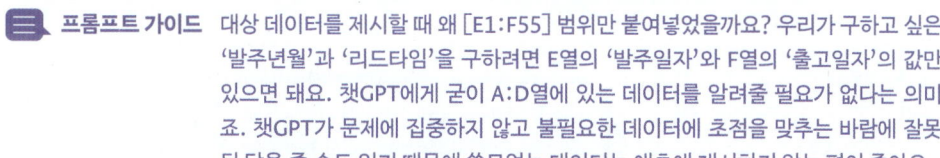

[E1:H4] 범위를 복사-붙여넣기 해서 비포애프터 샘플 데이터를 제공해요.

발주년월과 리드타임에 대한 샘플 결과야. 위와 같은 결과가 나오도록 하는 엑셀 수식을 짜줘.

프롬프트 가이드 대상 데이터를 제시할 때 왜 [E1:F55] 범위만 붙여넣었을까요? 우리가 구하고 싶은 '발주년월'과 '리드타임'을 구하려면 E열의 '발주일자'와 F열의 '출고일자'의 값만 있으면 돼요. 챗GPT에게 굳이 A:D열에 있는 데이터를 알려줄 필요가 없다는 의미죠. 챗GPT가 문제에 집중하지 않고 불필요한 데이터에 초점을 맞추는 바람에 잘못된 답을 줄 수도 있기 때문에 쓸모없는 데이터는 애초에 제시하지 않는 편이 좋아요.

 엑셀에서 발주년월과 영업일 기준의 출고리드타임을 계산하려면 몇 가지 함수와 단계가 필요합니다. 여기에 이를 위한 수식을 설명하겠습니다.

1. **발주년월 계산** : 발주일자로부터 "년-월" 형식의 데이터를 추출하려면 'TEXT' 함수를 사용할 수 있습니다.
2. **영업일 기준 리드타임 계산** : 발주일자와 출고일자 간의 영업일 수를 계산하기 위해 'NETWORKDAYS' 함수를 사용합니다. 이 함수는 주말을 제외한 영업일 수를 계산해줍니다.

엑셀 수식
A열에 발주일자, B열에 출고일자가 있다고 가정하면, C열과 D열에 다음 수식을 입력합니다:

· C열:

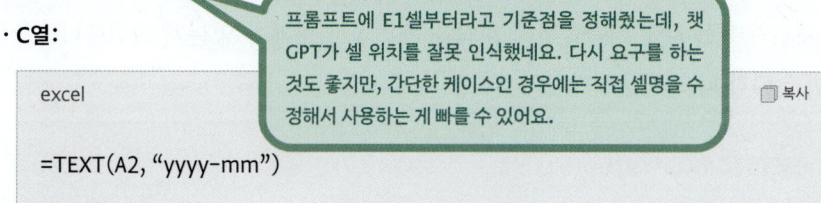

```excel
=TEXT(A2, "yyyy-mm")
```

프롬프트에 E1셀부터라고 기준점을 정해줬는데, 챗GPT가 셀 위치를 잘못 인식했네요. 다시 요구를 하는 것도 좋지만, 간단한 케이스인 경우에는 직접 설명을 수정해서 사용하는 게 빠를 수 있어요.

· D열:

```excel
=NETWORKDAYS(A2, B2) - 1
```

이 수식은 A열의 발주일자부터 B열의 출고일자까지의 영업일 수를 계산하고, 시작일을 포함하지 않기 위해 1을 빼줍니다. 만약 발주일자를 포함하여 계산하고 싶다면 '-1'을 제거합니다.

06 챗GPT가 알려준 수식이 제대로 작동하는지 넣어보겠습니다. [G2] 셀에 챗GPT가 알려준 아래 수식을 입력하고 Enter 를 칩니다. [G2] 셀의 채우기 핸들을 더블클릭해 수식을 마저 채워넣고 문제가 없는지 확인합니다.

=TEXT(E2, "yyyy-mm")

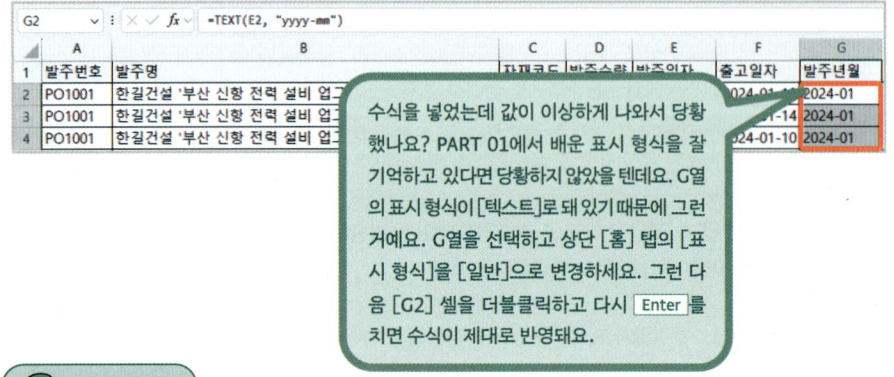

> 수식을 넣었는데 값이 이상하게 나와서 당황했나요? PART 01에서 배운 표시 형식을 잘 기억하고 있다면 당황하지 않았을 텐데요. G열의 표시 형식이 [텍스트]로 돼 있기 때문에 그런 거예요. G열을 선택하고 상단 [홈] 탭의 [표시 형식]을 [일반]으로 변경하세요. 그런 다음 [G2] 셀을 더블클릭하고 다시 Enter 를 치면 수식이 제대로 반영돼요.

공여사 TIP

챗GPT가 셀 위치를 잘못 알려줬기 때문에 A2가 아니라 E2를 입력했어요. 이제 이 정도 문제는 혼자서도 알아채고 수정할 수 있겠죠?

07 이어서 [H2] 셀에 챗GPT가 알려준 아래 수식을 입력하고 Enter 를 칩니다. [H2] 셀의 채우기 핸들을 더블클릭해 수식을 채워넣고 문제가 없는지 확인합니다. 샘플과 동일한 결과가 나오니 문제가 없네요.

=NETWORKDAYS(E2, F2) - 1

공여사 TIP

마찬가지로 챗GPT가 셀 위치를 잘못 알려줬기 때문에 A2, B2가 아니라 E2, F2를 입력했어요.

08 수식을 모두 채웠으니 [G4:H4] 범위를 드래그한 다음 [H4] 셀의 채우기 핸들을 더블클릭해 마지막 행까지 수식을 마저 채워주고 작업을 마무리합니다.

발주번호	발주명	자재코드	발주수량	발주일자	출고일자	발주년월	리드타임
PO1001	한길건설 '부산 신항 전력 설비 업그레이드' 자재 공급	M10101	355	2024-01-02	2024-01-13	2024-01	8
PO1001	한길건설 '부산 신항 전력 설비 업그레이드' 자재 공급	M10401	393	2024-01-02	2024-01-14	2024-01	8
PO1001	한길건설 '부산 신항 전력 설비 업그레이드' 자재 공급	M10402	203	2024-01-02	2024-01-10	2024-01	6
PO1002	세계기계 인도 '공장 건설 프로젝트' 자재 공급	M10501	1,445	2024-01-02	2024-01-04	2024-01	2
PO1003	글로벌건설 브라질 '에너지 설비 업그레이드' 자재 공급	M10401	901	2024-01-02	2024-01-05	2024-01	3
PO1003	글로벌건설 브라질 '에너지 설비 업그레이드' 자재 공급	M10501	1,450	2024-01-02	2024-01-13	2024-01	8
PO1004	동화기계 '송도 신규 주거 단지 조성' 자재 공급	M10401	176	2024-01-10	2024-01-21	2024-01	7
PO1005	동화기계 '경기도 공장 자동화 라인 구축' 자재 공급	M10502	162	2024-01-11	2024-01-25	2024-01	10

09 마저 수식을 채워준 행의 값도 문제가 없는지 한번 점검해보겠습니다. 7월 정도의 데이터를 한번 볼까요? 159행을 보겠습니다. 2024년 07월 05~15일까지 걸렸는데 발주일인 07-05(금)은 빼고, 주말인 07-06(토)~07(일)/07-13(토)~14(일)도 빼면 6일이 걸린 게 맞네요. 이렇게 몇 번 더 간단한 검증을 거쳐 문제가 없다면 작업을 마무리해주세요.

| 159 | PO1068 | 국제전기 브라질 '도시 개발 프로젝트' 자재 공급 | M10402 | 1,161 | 2024-07-05 | 2024-07-15 | 2024-07 | 6 |

이상으로 챗GPT와 함께 영업일 기준으로 리드타임을 구하는 문제를 해결해봤는데요. 현업에서는 주말뿐만 아니라 공휴일을 빼고 계산해야 될 수도 있겠다는 생각이 들지 않나요? 공휴일까지 제외한 리드타임을 구한다고 했을 때는 수식을 어떻게 작성해야 할지 챗GPT한테 물어보고 스스로 문제를 풀어보세요. 엑셀 응용력이 빠르게 길러질 거예요.

07 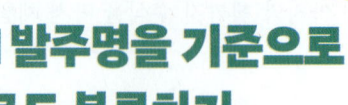 발주명을 기준으로 자재코드 분류하기

NO PAIN, YES GAIN! 이번에는 발주명을 기준으로 자재코드를 분류하는 작업을 또 한 번 챗GPT와 함께 해결해볼게요. 챗GPT가 또 어떤 신통방통한 수식을 짜줄지 기대해보자고요.

챗GPT와 무작정 풀어보기

문자열 함수를 이용해 자재코드 분류하기
예제 파일: PA02/CH02/06_자재코드 분류하기.xlsx

01 예제 파일을 열면 앞선 실습에서 봤던 데이터가 있습니다. 살짝 다른 것은 원래 '발주번호'와 '자재코드'를 정리한 열이 따로 있었는데, 이번에는 '발주명' 안에 포함돼 있다는 거예요.

	A	B	C	D
1	발주명	발주수량	발주일자	출고일자
2	[PO1001] 한길건설 '부산 신항 전력 설비 업그레이드' 자재 공급 (M10101)	355	2024-01-02	2024-01-13
3	[PO1001] 한길건설 '부산 신항 전력 설비 업그레이드' 자재 공급 (M10401)	393	2024-01-02	2024-01-14
4	[PO1001] 한길건설 '부산 신항 전력 설비 업그레이드' 자재 공급 (M10402)	203	2024-01-02	2024-01-10
5	[PO1002] 세계기계 인도 '공장 프로젝트' 자재 공급 (M10501)	1,445	2024-01-02	2024-01-04
6	[PO1003] 글로벌건설 브라질 '에너지 설비 업그레이드' 자재 공급 (M10401)	901	2024-01-02	2024-01-05
7	[PO1003] 글로벌건설 브라질 '에너지 설비 업그레이드' 자재 공급 (M10501)	1,450	2024-01-02	2024-01-13
8	[PO1004] 동화기계 '송도 신규 주거 단지 조성' 자재 공급 (M10401)	176	2024-01-10	2024-01-21
9	[PO1005] 동화기계 '경기도 공장 자동화 라인 구축' 자재 공급 (M10502)	162	2024-01-11	2024-01-25
10	[PO1005] 동화기계 '경기도 공장 자동화 라인 구축' 자재 공급 (M10401)	700	2024-01-11	2024-01-17

만약 발주번호별로 자재코드별로 된 어떤 데이터를 보고 싶다면 이 둘을 각각 발라내줘야 하는데요. 사실 여기서 발주번호를 발라내는 건 어렵지 않습니다. 발주번호의 길이가 다 똑같기 때문에 왼쪽에서 '몇' 글자를 불러오라고 정해주면 되기 때문이에요.

그러나 오른쪽에 있는 자재코드는 매번 위치가 달라지기 때문에 그 위치를 먼저 알아내서 그 값으로부터 오른쪽으로 '몇' 글자를 불러와야 하는데, 이를 수식으로 구현하려면 까다롭게 느껴질 거예요. 특히 엑셀이 익숙하지 않은 분들은 어렵게 느낄 수 있는 텍스트 가공 작업이에요. 자, 이럴 때는 챗GPT입니다. 이번에도 챗GPT 찬스를 써보자고요.

02 먼저 우리가 필요한 열인 발주번호와 자재코드를 B열 앞에다가 열 추가를 해줄게요. B열을 선택한 다음 Ctrl + + 를 두 번 누릅니다.

> 🙂 **공여사 TIP**
>
> 엑셀에서 열 추가를 하면 왼쪽 열의 서식을 그대로 따오기 때문에 열 너비가 너무 넓게 불러와질 거예요. 이때는 당황하지 말고 침착하게 마우스로 열 너비를 줄여주세요.

03 B, C 두 개의 열을 드래그해서 선택하고 너비를 줄여준 다음 [B1] 셀에 **발주번호**를, [C1] 셀에 **자재코드**를 적어줄게요.

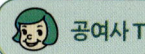

04 먼저 '발주번호'를 정리해보겠습니다. '발주번호'는 꼭 챗GPT의 도움을 받지 않아도 MID 함수를 써서 금방 구할 수 있어요. [B2] 셀에 다음 수식을 입력하고 Enter 를 칩니다. 발주번호가 분류된 것을 확인합니다.

=MID(A2,2,6)

> 🙂 **공여사 TIP**
>
> 이 수식은 [A2] 셀에 있는 텍스트에서 두 번째 값부터 여섯 글자를 불러오라는 뜻이에요. PART 01에서 배운 MID 함수를 이용했는데요. MID 함수 활용법이 잘 기억나지 않는다면 80페이지를 참고해보세요.

	A	B	C	D	E	F
1	발주명	발주번호	자재코드	발주수량	발주일자	출고일자
2	[PO1001] 한길건설 '부산 신항 전력 설비 업그레이드' 자재 공급(M10101)	PO1001		355	2024-01-02	2024-01-13
3	[PO1001] 한길건설 '부산 신항 전력 설비 업그레이드' 자재 공급(M10401)			393	2024-01-02	2024-01-14
4	[PO1001] 한길건설 '부산 신항 전력 설비 업그레이드' 자재 공급(M10402)			203	2024-01-02	2024-01-10
5	[PO1002] 세계기계 인도 '공장 건설 프로젝트'(M10501)			1,445	2024-01-02	2024-01-04
6	[PO1003] 글로벌건설 브라질 '에너지 설비 업그레이드' 자재 공급(M10401)			901	2024-01-02	2024-01-05
7	[PO1003] 글로벌건설 브라질 '에너지 설비 업그레이드' 자재 공급(M10501)			1,450	2024-01-02	2024-01-13
8	[PO1004] 동화기계 '송도 신규 주거 단지 조성' 자재 공급(M10401)			176	2024-01-10	2024-01-21
9	[PO1005] 동화기계 '경기도 공장 자동화 라인 구축' 자재 공급(M10502)			162	2024-01-11	2024-01-25

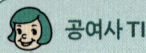

공여사 TIP

PART 01에서 배운 MID 함수로 직접 수식을 넣어줬는데요. 여러분은 챗GPT에게 질문해서 해결 방법을 찾아봐도 좋습니다. 챗GPT에게 '잘' 질문하는 습관을 들여보세요.

05 이제 자재코드를 분류하는 작업을 합니다. 이것도 MID 함수로 해결하면 좋을 것 같은데, [A2] 셀의 몇 번째 글자부터 불러와야 할지 갑자기 머릿속이 복잡해지죠. 머리 아프게 생각하지 말고 챗GPT에게 도움을 요청해볼게요.

06 먼저 비포애프터 샘플을 수작업으로 만들게요. [C2:C8] 범위에 **M10101**, **M10401**, **M10402**, **M10501**, **M10401**, **M10501**, **M10401**을 적어줍니다.

	A	B	C	D	E	F
1	발주명	발주번호	자재코드	발주수량	발주일자	출고일자
2	[PO1001] 한길건설 '부산 신항 전력 설비 업그레이드' 자재 공급(M10101)	PO1001	M10101	355	2024-01-02	2024-01-13
3	[PO1001] 한길건설	PO1001	M10401	393	2024-01-02	2024-01-14
4	[PO1001] 한길건설	PO1001	M10402	203	2024-01-02	2024-01-10
5	[PO1002] 세계기계	PO1002	M10501	1,445	2024-01-02	2024-01-04
6	[PO1003] 글로벌건설	PO1003	M10401	901	2024-01-02	2024-01-05
7	[PO1003] 글로벌건설	PO1003	M10501	1,450	2024-01-02	2024-01-13
8	[PO1004] 동화기계 '송도 신규 주거 단지 조성' 자재 공급(M10401)	PO1004	M10401	176	2024-01-10	2024-01-21
9	[PO1005] 동화기계 '경기도 공장 자동화 라인 구축' 자재 공급(M10502)	PO1005		162	2024-01-11	2024-01-25

B열은 [B2] 셀의 채우기핸들을 더블클릭해 수식을 붙여넣어요.

07 비포애프터 샘플을 만들었으니 챗GPT에게 질문해보겠습니다.

프롬프트

발주명
[PO1001] 한길건설 '부산 신항 전력 설비 업그레이드' 자재 공급(M10101)
[PO1001] 한길건설 '부산 신항 전력 설비 업그레이드' 자재 공급(M10401)
                        (생략)
[PO1023] 동화기계 '부산 신항 전력 설비 업그레이드 자재 공급(M10401)
[PO1023] 동화기계 '부산 신항 전력 설비 업그레이드 자재 공급(M10402)

[A1:A54] 범위를 복사-붙여넣기 해서 대상 데이터를 제공해요.

엑셀의 A1셀부터 위와 같은 데이터가 있어. 이 데이터의 맨 끝에는 괄호 안에 자재코드가 들어 있는데, 이 자재코드를 구하는 엑셀 수식을 짜줘.

발주명	발주번호	자재코드
[PO1001] 한길건설 '부산 신항 전력 설비 업그레이드' 자재 공급(M10101)		
[PO1001] 한길건설 '부산 신항 전력 설비 업그레이드' 자재 공급(M10401)	PO1001	M10401
[PO1001] 한길건설 '부산 신항 전력 설비 업그레이드' 자재 공급(M10401)	PO1001	M10402
[PO1002] 세계기계 인도 '공장 건설 프로젝트' 자재 공급(M10501)	PO1002	M10501
[PO1003] 글로벌건설 브라질 '에너지 설비 업그레이드' 자재 공급(M10401)	PO1003	M10401
[PO1003] 글로벌건설 브라질 '에너지 설비 업그레이드' 자재 공급(M10501)	PO1003	M10501
[PO1004] 동화기계 '송도 신규 주거 단지 조성' 자재 공급(M10401)	PO1004	M10401

위와 같은 샘플 결과가 나오도록 하는 엑셀 수식을 짜줘. 자재코드 구하는 수식을 알고 싶어.

[A1:C8] 범위를 복사-붙여넣기 하여 비포애프터 샘플 데이터를 제공해요.

 엑셀에서 자재코드를 추출하는 수식을 만들기 위해, 문자열 함수를 이용할 수 있습니다.

(생략)

```excel
=MID(A1, FIND("(", A1) + 1, LEN(A1) - FIND("(", A1) -1)
```

이 수식은 다음과 같이 동작합니다:
- 'FIND("(", A1)': A1 셀에서 '(' 문자의 위치를 찾습니다.
- 'LEN(A1) - FIND("(", A1) - 1': 문자열의 총 길이에서 '('의 위치를 빼고, 추가적으로 1을 빼서 마지막 ')' 괄호를 제외한 길이를 계산합니다.
- 'MID(A1, FIND("(", A1) + 1, ...)': 계산된 위치에서 시작하여 계산된 길이만큼 문자열을 추출합니다. 여기서 'FIND("(", A1) + 1'은 괄호 바로 다음 문자부터 시작합니다.

08 챗GPT가 알려준 수식이 제대로 작동하는지 넣어보겠습니다. [C2] 셀에 챗GPT가 알려준 아래 수식을 입력하고 Enter 를 칩니다. 에러가 발생하는데 이유가 뭘까요?

=MID(A1, FIND("(", A1) + 1, LEN(A1) - FIND("(", A1) - 1)

	A	B	C	D	E	F
1	발주명	발주번호	자재코드	발주수량	발주일자	출고일자
2	[PO1001] 한길건설 '부산 신항 전력 설비 업그레이드' 자재 공급(M10101)	PO1001	#VALUE!	355	2024-01-02	2024-01-13
3	[PO1001] 한길건설 '부산 신항 전력 설비 업그레이드' 자재 공급(M10401)	PO1001	M10401	393	2024-01-02	2024-01-14
4	[PO1001] 한길건설 '부산 신항 전력 설비 업그레이드' 자재 공급(M10402)	PO1001	M10402	203	2024-01-02	2024-01-10
5	[PO1002] 세계기계 인도 '공장 건설 프로젝트' 자재 공급(M10501)	PO1002	M10501	1,445	2024-01-02	2024-01-04
6	[PO1003] 글로벌건설 브라질 '에너지 설비 업그레이드' 자재 공급(M10401)	PO1003	M10401	901	2024-01-02	2024-01-05

09 챗GPT가 준 수식을 살펴볼게요. 프롬프트를 입력할 때 [A1] 셀부터 데이터를 주기는 했지만, 사실 실제 데이터는 [A2] 셀부터 시작하는데 챗GPT가 자기 마음대로 [A1] 셀부터 실제 데이터가 있는 줄 알고 [A1] 셀을 넣어 수식을 짜줬네요.

그럼 챗GPT에게 데이터가 [A2] 셀부터 시작한다고 다음과 같이 프롬프트를 써서 다시 알려줄게요. 그러면 같은 수식을 [A2] 셀에 대해서 다시 짜주겠죠?

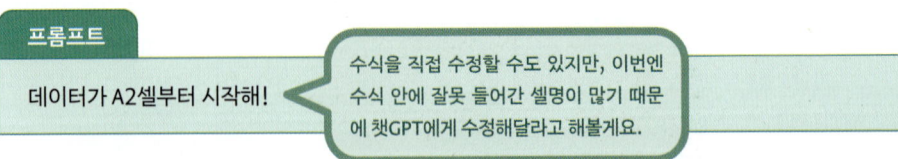

A2셀부터 시작하는 경우, 해당 셀에 자재코드를 추출하는 엑셀 수식은 그대로 적용할 수 있습니다. 만약, 자재코드를 A2셀의 데이터에서 추출하려면 다음 수식을 A2셀에 인접한 셀에 입력하면 됩니다.

excel   📋 복사

=MID(A2, FIND("(", A2) + 1, LEN(A2) − FIND("(", A2) −1)

(생략)

10 챗GPT가 수정해준 수식이 제대로 작동하는지 넣어보겠습니다. [C2] 셀에 챗GPT가 수정한 아래 수식을 입력하고 Enter 를 칩니다. 자재코드가 제대로 분류됐네요. [C2] 셀의 채우기 핸들➕을 더블클릭해 수식을 마저 채워넣고 문제가 없는지 검증합니다.

=MID(A2, FIND("(", A2) + 1, LEN(A2) − FIND("(", A2) − 1)

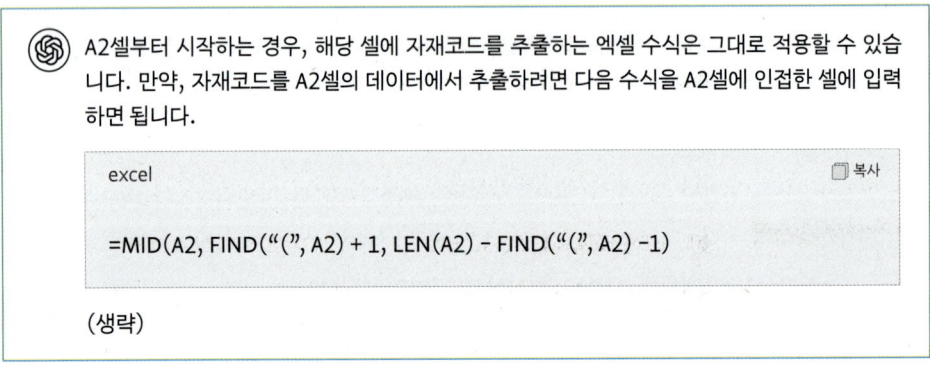

11 문제가 없으므로 [C8] 셀의 채우기 핸들을 더블클릭해서 나머지 행에도 수식을 마저 채워넣어줄게요. 제일 아래에 있는 [C307] 셀까지 자재코드가 정확하게 입력된 것을 확인할 수 있네요.

300	[PO1123] 한길건설 '부산 신항 전력 설비 업그레이드' 자재 공급(M10401)	PO1123	M10401	787	2024-12-16	2024-12-18
301	[PO1123] 한길건설 '부산 신항 전력 설비 업그레이드' 자재 공급(M10502)	PO1123	M10502	931	2024-12-16	2024-12-25
302	[PO1124] 세계기계 중국 '도시 개발 프로젝트' 자재 공급(M10401)	PO1124	M10401	506	2024-12-17	2024-12-22
303	[PO1124] 세계기계 중국 '도시 개발 프로젝트' 자재 공급(M10402)	PO1124	M10402	420	2024-12-17	2024-12-27
304	[PO1124] 세계기계 중국 '도시 개발 프로젝트' 자재 공급(M10501)	PO1124	M10501	979	2024-12-17	2024-12-22
305	[PO1125] 글로벌건설 브라질 '도시 개발 프로젝트' 자재 공급(M10503)	PO1125	M10503	121	2024-12-18	2024-12-21
306	[PO1125] 글로벌건설 브라질 '도시 개발 프로젝트' 자재 공급(M10401)	PO1125	M10401	563	2024-12-18	2024-12-26
307	[PO1125] 글로벌건설 브라질 '도시 개발 프로젝트' 자재 공급(M10101)	PO1125	M10101	179	2024-12-18	2024-12-20

이렇게 자재코드를 분류하는 문제를 해결해봤습니다. 챗GPT가 수식을 설명해준 걸 보면 꽤 복잡한 방식으로 자재코드를 발라냈다는 사실을 알 수 있을 거예요. 그러나 우리는 MID, FIND, LEN 함수를 모두 알고 있죠.

직접 수식을 뜯어봤을 때 이상이 없고, 샘플 데이터로 테스트했을 때 수식이 문제없이 작동한다면 잘 짜여진 수식인 거죠. 단순히 떠먹여주는 대로 갖다 쓰는 게 아닌, 실제로 그런지 검증할 수 있는 눈을 갖는 것. 이것이 엑셀의 기본 상식은 갖추고 챗GPT를 활용해야 하는 이유입니다.

08 시트명을 기준으로 원하는 값 불러오기

총무팀

NO PAIN, YES GAIN! 시트명을 기준으로 원하는 값을 불러오는 문제는 제 구독자인 공회장님들께서도 정말로 많이 질문해주시는 문제인데요. 많은 직장인이 어려워하는 그 문제, 이번에도 챗GPT와 해결해보겠습니다. 이번 CHAPTER의 마지막 문제인 만큼 난도를 조금 높여봤으니 잘 따라와주세요.

📝 챗GPT와 무작정 풀어보기 ≫

시트명 기준으로 원하는 값 불러오기
예제 파일 : PA02/CH02/07_시트명 기준 값 불러오기.xlsx

01 예제 파일을 열면 첫 번째 열에 '비용계정'이 있습니다. '접대비', '조직활성비', '시내교통비', '도서인쇄비'와 같은 항목이 쭉 들어가 있어요. 나머지 B:H열을 보니 1월부터 6월까지 상반기 비용을 정리하고 합계까지 구하는 작업이네요. 그런데 [B1:G1] 범위의 컬럼명과 동일한 이름의 시트가 하단에 차례대로 정리돼 있습니다.

	A	B	C	D	E	F	G	H
1	비용계정	2025.01	2025.02	2025.03	2025.04	2025.05	2025.06	합계
2	접대비							
3	조직활성화비							
4	시내교통비							
5	도서인쇄비							
6	출장비							
7	사무용품비							
8	통신비							
9	교육훈련비							
10	소프트웨어 구입비							
11	하드웨어 구입비							
12	광고선전비							
13	연구개발비							
14	임대료							
15	유지보수비							
16	숙박비							
17								
18								

상반기 | 2025.01 | 2025.02 | 2025.03 | 2025.04 | 2025.05 | 2025.06 | +

02 [2025.01] 시트를 클릭해보니 비용계정 항목에 따른 사용금액이 정리돼 있습니다. 나머지 [2025.02]~[2025.06] 시트도 마찬가지이고요.

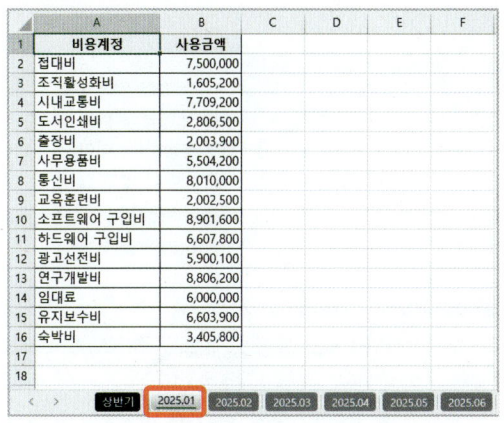

03 다시 [상반기] 시트를 클릭합니다. 엑셀 상식선에서 이 문제를 해결하려면 어떻게 해야 할까요? [B2] 셀에 **='2025.01'!B2**를 입력하고 Enter 를 치면 되겠죠? [B2] 셀의 채우기 핸들을 더블클릭해 수식을 마저 채워주면 문제가 해결됩니다.

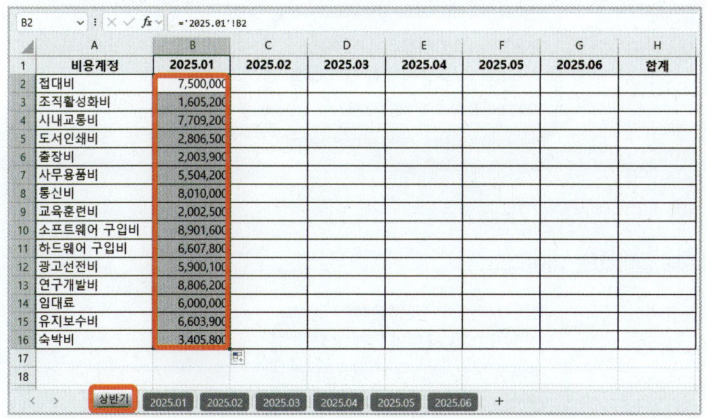

04 간단한 수식으로 해결이 가능하지만, 이렇게 하면 같은 방식의 수식 작성을 여섯 번이나 반복해야 돼요. 그러니 [상반기] 시트의 각 컬럼명으로 월별로 나뉘어진 시트명이 적혀 있을 때 이 시트명을 기준으로 접대비, 조직활성화비, 시내교통비 등을 모두 불러오는 수식을 짜달라고 챗GPT한테 요청해볼게요.

05 간단한 수식으로 B열에 값을 채워 비포애프터 샘플을 만들어뒀으니 챗GPT에게 바로 질문해보겠습니다.

> **프롬프트**
>
>
>
> 이번 문제는 양식이 살짝 복잡하니, 이미 지도 지우지 않고 그대로 남겨둘게요.
>
> | 비용계정 | 2025.01 | 2025.02 | 2025.03 | 2025.04 | 2025.05 | 2025.06 | 합계 |
> |---|---|---|---|---|---|---|---|
> | 접대비 | 7,500,000 | | | | | | |
> | 조직활성화비 | 1,605,200 | | | | | | |
> | | | (생략) | | | | | |
> | 유지보수비 | 6,603,900 | | | | | | |
> | 숙박비 | 3,405,800 | | | | | | |
>
> [A1:H16] 범위를 복사-붙여넣기 해서 대상 데이터와 비포애프터 샘플 데이터를 제공해요.
>
> 엑셀에 [상반기] 시트에 A1셀을 기준으로 위와 같은 데이터가 들어 있어. 이 데이터의 첫 번째 행에는 "시트명"이 들어가 있어서 이 시트명을 기준으로 비용계정에 대한 사용금액을 불러오려고 해.
>
> | 비용계정 | 사용금액 |
> |---|---|
> | 접대비 | 7,500,000 |
> | 조직활성화비 | 1,605,200 |
> | (생략) | |
> | 유지보수비 | 6,603,900 |
> | 숙박비 | 3,405,800 |
>
> [2025.01] 시트의 [A1:B16] 범위를 복사-붙여넣기 해서 대상 데이터를 추가로 제공해요.
>
> 위 데이터는 2025.01 시트에 들어 있는 데이터고,
>
> | 비용계정 | 사용금액 |
> |---|---|
> | 접대비 | 6,604,700 |
> | 조직활성화비 | 7,807,700 |
> | (생략) | |
> | 유지보수비 | 9,604,300 |
> | 숙박비 | 1,605,100 |
>
> [2025.02] 시트의 [A1:B16] 범위를 복사-붙여넣기 해서 대상 데이터를 추가로 제공해요.
>
> 위 데이터는 2025.02 시트에 들어 있는 데이터야.
>
> 내가 처음 준 데이터에서는 2025.01 시트의 값을 임시로 채워놨는데, 첫 행에 들어 있는 시트명을 기준으로 각 시트의 비용계정에 따른 사용금액을 불러오는 엑셀 수식을 짜줘.

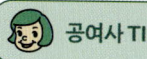 **공여사 TIP**

프롬프트가 꽤 복잡하죠. 이럴 때는 엑셀 파일 자체를 첨부 파일로 주는 것도 방법이겠지만, 파일을 주면 챗GPT가 아예 처음부터 수식이 아닌 값을 채워서 내놓을 때가 있습니다. 따라서 반복 재사용하기 위한 수식을 받아내기 위해서는 채팅창에 직접 입력해주는 게 나은 편이랍니다.

 엑셀에서 월별 시트에 따라 해당 데이터를 자동으로 불러와서 주요 요약 시트에 채워 넣으려면 'INDIRECT' 함수와 'VLOOKUP' 함수를 조합해서 사용할 수 있습니다.

(생략)

엑셀 수식

첫 번째 비용 계정에 대한 데이터를 요약 시트의 'B2' 셀에 가져오기 위해 다음 수식을 사용합니다:

```excel
=VLOOKUP(A2, INDIRECT("'" & B1 & "'!A:B"), 2, FALSE)
```

- 설명
  - 'A2'는 비용계정 이름을 참조합니다.
  - 'INDIRECT("'" & B1 & "'!A:D")'는 동적으로 'B1'(예: "2025.01")에 지정된 시트의 범위 'A:B'를 참조하도록 만듭니다. 시트 이름에 점이나 공백이 포함되어 있을 경우 싱글 쿼트가 필요합니다.
  - '2'는 'VLOOKUP'이 참조 범위의 두 번째 열에서 값을 반환하도록 지시합니다.
  - 'FALSE'는 'VLOOKUP'에서 정확한 일치를 찾도록 지정합니다.

06 챗GPT가 알려준 수식이 제대로 작동하는지 넣어보겠습니다. [B2] 셀에 챗GPT가 알려준 아래 수식을 입력하고 Enter 를 칩니다. [B2] 셀의 채우기 핸들을 더블클릭해 수식을 마저 채워줍니다. [B3] 셀부터 #REF! 오류가 발생하네요. 챗GPT가 짜준 수식에 문제가 있다는 것인데, 이유가 뭘까요?

```
=VLOOKUP(A2, INDIRECT("'" & B1 & "'!A:B"), 2, FALSE)
```

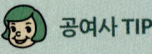

> **공여사 TIP**
>
> 우리는 PART 01에서 VLOOKUP 함수를 배워 알고 있기 때문에 이 수식이 얼추 어떻게 작동하는지 이해할 수 있어요. 만일 VLOOKUP 함수를 몰랐다면 수식을 보고도 어떤 내용인지 전혀 감을 잡지 못했겠죠?

	A	B	C	D	E	F	G	H
		fx	=VLOOKUP(A2, INDIRECT("'" & B1 & "'!A:B"), 2, FALSE)					
1	비용계정	2025.01	2025.02	2025.03	2025.04	2025.05	2025.06	합계
2	접대비	7,500,000						
3	조직활성화비	#REF!						
4	시내교통비	#REF!						
5	도서인쇄비	#REF!						
6	출장비	#REF!						
7	사무용품비	#REF!						
8	통신비	#REF!						
9	교육훈련비	#REF!						
10	소프트웨어 구입비	#REF!						
11	하드웨어 구입비	#REF!						
12	광고선전비	#REF!						
13	연구개발비	#REF!						
14	임대료	#REF!						
15	유지보수비	#REF!						
16	숙박비	#REF!						

07 챗GPT에게 물어보기 전에 붙여넣기 된 수식을 살펴볼게요. [B3], [B4] … 셀을 차례대로 클릭해보니 참조 위치가 바뀌면 안 되는 B1이 B2, B3 …으로 한 칸씩 밀려 내려갔네요.

> **공여사 TIP**
>
> 마찬가지로 PART 01에서 상대 참조, 절대 참조의 개념을 배워 알고 있기 때문에 수식에 어떤 문제가 있는지 대략적으로 금방 파악할 수 있어요.

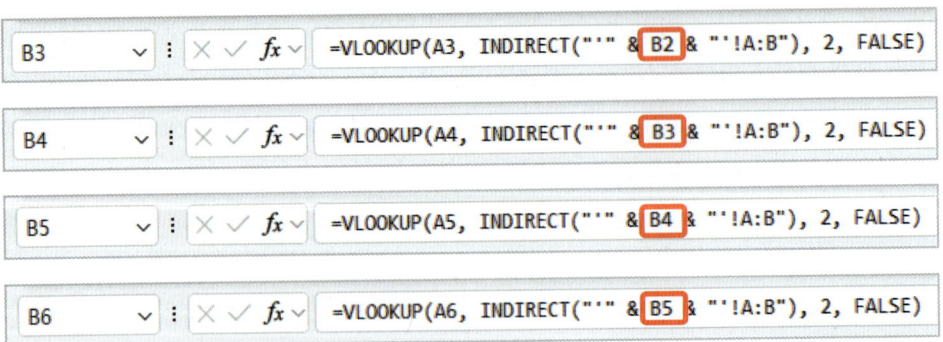

08 B1을 절대 참조로 바꿔줘야 하니 챗GPT에게 수식을 수정해달라고 요청합니다.

> **프롬프트**
>
> | | A | B |
> |---|---|---|
> | 1 | 비용계정 | 2025.01 |
> | 2 | 접대비 | 7,500,000 |
> | 3 | 조직활성화비 | #REF! |
> | 4 | 시내교통비 | #REF! |
> | 5 | 도서인쇄비 | #REF! |
> | 6 | 출장비 | #REF! |
> | 7 | 사무용품비 | #REF! |
> | 8 | 통신비 | #REF! |
> | 9 | 교육훈련비 | #REF! |
> | 10 | 소프트웨어 구입비 | #REF! |
> | 11 | 하드웨어 구입비 | #REF! |
> | 12 | 광고선전비 | #REF! |
> | 13 | 연구개발비 | #REF! |
> | 14 | 임대료 | #REF! |
> | 15 | 유지보수비 | #REF! |
> | 16 | 숙박비 | #REF! |
>
> 에러가 뜬 화면을 캡처해서 챗GPT에게 제시해줘요.
>
> 첫 셀 다음으로 #REF! 에러가 떴는데 수식을 봤더니 가장 첫 행의 시트명을 참조해야 하는데 한 칸씩 아래로 밀려서 내려가고 있어. 내가 준 샘플 데이터의 결과가 나오도록 수식을 수정해줘.

'#REF!' 에러가 발생하는 것을 보면, 수식이 잘못 참조되고 있어서 생기는 문제로 보입니다. 첫 행의 시트명을 참조해야 하는데, 수식이 아래로 밀려서 잘못된 범위를 참조하고 있는 것 같습니다. 수식이 첫 행의 시트명을 참조하도록 수정해야 합니다.

기존에 제시드린 수식을 바탕으로, 모든 행에서 동일한 시트명('B1'에 있는 시트명)을 참조하도록 수정해야 합니다. 다음은 수정된 수식입니다:

```excel
=VLOOKUP(A2, INDIRECT("'" & $B$1 & "'!A:B"), 2, FALSE)
```

이제 이 수식을 'B2' 셀에 넣고 아래로 필요한 만큼 드래그하여 복사합니다. 이렇게 하면 모든 행에서 'B1' 셀에 지정된 시트 이름을 기반으로 해당 시트에서 데이터를 정확히 불러올 수 있습니다.

- '$B$1' 부분에서 달러 기호('$')는 절대 참조를 의미하여, 수식을 아래로 복사해도 참조하는 셀이 변하지 않게 합니다.

이렇게 수정한 후에 다시 시도해보세요. 이제 모든 비용 계정에 대해 올바른 시트의 데이터가 표시될 것입니다.

09 챗GPT가 알려준 대로 [B2] 셀의 수식을 수정하고 Enter 를 칩니다. [B2] 셀의 채우기 핸들 ➕ 을 더블클릭해 수식을 채워줍니다. 값이 제대로 구해지는 것을 확인할 수 있네요.

=VLOOKUP(A2, INDIRECT("'" & $B$1 & "'!A:B"), 2, FALSE)

비용계정	2025.01	2025.02	2025.03	2025.04	2025.05	2025.06	합계
접대비	7,500,000						
조직활성화비	1,605,200						
시내교통비	7,709,200						
도서인쇄비	2,806,500						
출장비	2,003,900						
사무용품비	5,504,200						
통신비	8,010,000						
교육훈련비	2,002,500						
소프트웨어 구입비	8,901,600						
하드웨어 구입비	6,607,800						
광고선전비	5,900,100						
연구개발비	8,806,200						
임대료	6,000,000						
유지보수비	6,603,900						
숙박비	3,405,800						

10 그러면 [B2] 셀의 수식을 [G16] 셀까지 똑같이 넣어줬을 때도 맞는 결과가 나오는지 보겠습니다. [B2] 셀을 클릭하고 Ctrl + C 로 수식을 복사한 다음 Shift 를 누른 상태에서 가장 마지막 셀인 [G16] 셀을 클릭해 수식을 붙여넣을 범위를 지정해줍니다. 마지막으로 Ctrl + V 를 눌러 지정한 범위에 수식을 붙여넣습니다. [C2:G16] 범위에는 #N/A 에러가 뜨네요.

비용계정	2025.01	2025.02	2025.03	2025.04	2025.05	2025.06
접대비	7,500,000	#N/A	#N/A	#N/A	#N/A	#N/A
조직활성화비	1,605,200	#N/A	#N/A	#N/A	#N/A	#N/A
시내교통비	7,709,200	#N/A	#N/A	#N/A	#N/A	#N/A
도서인쇄비	2,806,500	#N/A	#N/A	#N/A	#N/A	#N/A
출장비	2,003,900	#N/A	#N/A	#N/A	#N/A	#N/A
사무용품비	5,504,200	#N/A	#N/A	#N/A	#N/A	#N/A
통신비	8,010,000	#N/A	#N/A	#N/A	#N/A	#N/A
교육훈련비	2,002,500	#N/A	#N/A	#N/A	#N/A	#N/A
소프트웨어 구입비	8,901,600	#N/A	#N/A	#N/A	#N/A	#N/A
하드웨어 구입비	6,607,800	#N/A	#N/A	#N/A	#N/A	#N/A
광고선전비	5,900,100	#N/A	#N/A	#N/A	#N/A	#N/A
연구개발비	8,806,200	#N/A	#N/A	#N/A	#N/A	#N/A
임대료	6,000,000	#N/A	#N/A	#N/A	#N/A	#N/A
유지보수비	6,603,900	#N/A	#N/A	#N/A	#N/A	#N/A
숙박비	3,405,800	#N/A	#N/A	#N/A	#N/A	#N/A

11 에러가 나는 셀 중 하나를 선택하고 F2 를 눌러보니, 비용계정과 시트명 값을 잘못 참조하고 있는 것 같네요. 챗GPT에게 수식을 수정해달라고 요청합니다.

> **프롬프트**
>
>
>
> 에러가 뜬 화면을 캡처해서 챗GPT에게 제시해줘요.
>
> 나머지 열에도 같은 수식을 넣었더니 비용계정이랑 시트명 값을 잘못된 위치로 참조하고 있어. 동일한 수식을 넣어도 맞는 결과가 나오도록 수식을 수정해줘.

> 🤖 아래는 각 열에 대해서 올바르게 참조하도록 수정된 수식입니다:
>
> ```excel
> =VLOOKUP($A2, INDIRECT("'" & B$1 & "'!A:B"), 2, FALSE)
> ```
>
> 수식의 변경 사항은 다음과 같습니다:
> - '$A2'는 항상 A열의 비용 계정을 참조하도록 절대 참조를 사용합니다.
> - 'B$1'은 각 열의 첫 행에서 시트 이름을 가져오도록 조정했으며, 이 부분은 열에 따라 변동되지 않도록 행을 절대 참조로 고정했습니다.
>
> (생략)

12 챗GPT가 알려준 대로 [B2] 셀의 수식을 수정하고 Enter 를 칩니다. [B2] 셀을 클릭하고 Ctrl + C 로 수식을 복사한 다음 Shift 를 누른 상태에서 [G16] 셀을 클릭해 수식을 붙여넣을 범위를 지정해줍니다. 마지막으로 Ctrl + V 를 눌러 지정한 범위에 수식을 붙여넣습니다. 값이 제대로 구해지는 것을 확인할 수 있네요.

```
=VLOOKUP($A2, INDIRECT("'" & B$1 & "'!A:B"), 2, FALSE)
```

비용계정	2025.01	2025.02	2025.03	2025.04	2025.05	2025.06
접대비	7,500,000	6,604,700	6,805,800	3,604,400	7,401,400	6,504,900
조직활성화비	1,605,200	7,807,700	1,707,700	2,001,100	5,307,600	8,502,500
시내교통비	7,709,200	9,406,700	6,602,600	2,506,500	7,703,900	5,104,300
도서인쇄비	2,806,500	3,903,000	6,107,000	4,005,900	9,810,000	2,404,900
출장비	2,003,900	1,007,700	5,505,600	2,001,600	1,707,200	5,903,100
사무용품비	5,504,200	5,802,300	9,205,900	5,508,100	8,209,100	302,100
통신비	8,010,000	7,404,200	9,009,300	3,710,000	7,202,500	1,803,800
교육훈련비				8,108,300	1,703,400	3,002,700	1,606,500
	8,806,200	2,...			7,301,300	7,105,100	7,...
임대료	6,000,000	6,000,000	6,000,...			
유지보수비	6,603,900	9,604,300	9,608,700	9,401,400	3,500,400	3,007,600
숙박비	3,405,800	1,605,100	5,908,400	9,808,800	4,801,200	2,307,700

13 H열의 합계 값까지 채워주고 작업을 마무리하겠습니다. 합계를 구하는 방법까지 챗GPT한테 물어볼 필요는 없겠죠? [H2] 셀에 **=SUM(B2:G2)**를 입력하고 Enter 를 칩니다. [H2] 셀의 채우기 핸들 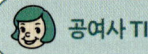 을 더블클릭해 수식을 마저 채워줍니다.

비용계정	2025.01	2025.02	2025.03	2025.04	2025.05	2025.06	합계
접대비	7,500,000	6,604,700	6,805,800	3,604,400	7,401,400	6,504,900	38,421,200
조직활성화비	1,605,200	7,807,700	1,707,700	2,001,100	5,307,600	8,502,500	26,931,800
시내교통비	7,709,200	9,406,700	6,602,600	2,506,500	7,703,900	5,104,300	39,033,200
도서인쇄비	2,806,500	3,903,000	6,107,000	4,005,900	9,810,000	2,404,900	29,037,300
출장비	2,003,900	1,007,700	5,505,600	2,001,600	1,707,200	5,903,100	18,129,100
사무용품비	5,504,200	5,802,300	9,205,900	5,508,100	8,209,100	302,100	34,531,700
통신비	8,010,000	7,404,200	9,009,300	3,710,000	7,202,500	1,803,800	37,139,800
교육훈련비	2,002,500	2,407,200	8,108,300	1,703,400	3,002,700	1,606,500	18,830,600
소프트웨어...		2,402,200	7,301,300	7,105,100	7,406,200	33,526,100
	5,900,100	1,...		5,704,600	8,605,000	8,907,800	35,535,300
연구개발비	8,806,200	2,708,100	9,609,...				
임대료	6,000,000	6,000,000	6,000,000	6,000,000			36,000,000
유지보수비	6,603,900	9,604,300	9,608,700	9,401,400	3,500,400	3,007,600	41,726,300
숙박비	3,405,800	1,605,100	5,908,400	9,808,800	4,801,200	2,307,700	27,837,000

이렇게 총무팀 문제를 해결해봤습니다. 이번에 살펴본 문제는 시트가 많기 때문에 챗GPT에게 제시할 요소들이 많았어요. 챗GPT가 한 번에 답을 내어주지 않아 여러 번 질문하는 것이 번거롭게 느껴질 수 있지만, 내 머리로 이 수식을 직접 짜는 것보다는 업무 시간이 훨씬 줄어들 거예요.

특히 INDIRECT 함수는 자주 쓰는 함수가 아니기 때문에 처음부터 내 머리로 수식을 짜려고 하면 꽤 애를 먹었을 텐데 챗GPT가 있어서 참 다행이죠.

> **공여사 TIP**
>
> 이번에 챗GPT가 알려준 INDIRECT 함수를 자세히 알아보고 싶다면 208페이지에서 배운 것처럼 챗GPT에게 연습 데이터를 받아 익혀볼 수 있겠죠?

챗GPT로 생산성을 극단으로 끌어올리자!

이상으로 이번 CHAPTER를 마치려고 하는데요. 어땠나요? 우리 일상에 녹아든 챗GPT를 잘 활용할줄 알면 꼭 어렵진 않아도 내 머리로 짜긴 부담스러운 복잡한 수식도 금방 짜낼 수 있겠죠? 이제 실무에서 어떤 문제 상황을 만나도 챗GPT 하나면 어떻게든 정답에 근접한 수식을 짜낼 수 있을 거예요.

거기에 우리 뇌를 직접 써서 휴먼터치 살짝 더해주면 되겠죠? 이번 CHAPTER에서 배운 엑셀 특화 프롬프트 스킬 3가지를 활용해 챗GPT에게 질문해보세요. 사람의 머리로는 감히 범접하기 힘든 영역까지 극단으로 생산성을 끌어올릴 수 있을 거예요.

CHAPTER 03

문과생도 날로 먹는 매크로 짜기
-수식으로 안 되는 엑셀 노가다 작업 매크로로 해결하기

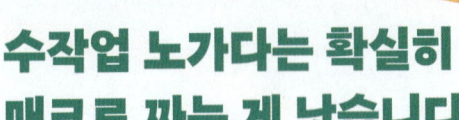

NO PAIN, YES GAIN! 이번 CHAPTER에서는 챗GPT의 활용도가 훨씬 높아져요. 엑셀 초보가 엄두도 내지 못했던 매크로를 챗GPT의 도움을 받아 활용한다면 정말이지 신세계를 경험할 거예요!

챗GPT로 매크로 짜면 더 이상 문송할 필요 없다!

엑셀 작업을 하다 보면 수식으로는 해결할 수 없는 문제 상황들이 생깁니다. 이럴 때면 어쩔 수 없이 단순 반복 수작업 노가다를 하게 되는데요. 챗GPT를 활용하면 진절머리 나는 수작업 노가다를 매크로로 아주 쉽게 해결할 수 있습니다. 개발자들의 영역으로 느껴졌던 매크로, 챗GPT와 함께라면 문과생도 충분히 할 수 있어요.

 궁금하실까봐 준비했어요!

엑셀 매크로/VBA를 꼭 배워야 할까요?

회사에서 옆 팀 잘난척쟁이가 매크로를 사용해 복잡한 엑셀 작업을 마우스 클릭 한 번으로 단숨에 해결하는 것을 본 적이 있나요? 멋져 보이긴 하지만 매크로와 VBA(Visual Basic for Applications)는 기본적으로 프로그램을 개발할 때 쓰는 프로그래밍 언어이기 때문에 보통 사람이 배운다는 게 쉽지 않아요. 기존에 쓰던 엑셀과는 전혀 다른 영역이라고 생각해도 좋습니다. 간단히 말하면 매크로는 일련의 마우스 클릭, 키보드 입력과 같은 동작들을 순서대로 일어나도록 만드는 것이고, VBA는 이런 매크로를 개발하는 데 사용되는 프로그래밍 언어인데요. 아주 머리가 지끈지끈하죠.

사실 대부분의 업무에서 엑셀 VBA나 매크로는 필요하지 않아요. 실무는 '협업'이기 때문에 남들도 알아들을 수 있는 공용의 언어로 소통하는 게 가장 중요한데, 이 정도 레벨로 올라가게 되면 의사소통 자체가 안되기 때문이죠. 지금 바로 옆 사람한테 물어보세요, VBA 코드 짤 줄 아냐고. 대부분 모를 겁니다.

그래서 엑셀 매크로/VBA는 개발자나 엑셀을 도구로서 사랑하는 사람들의 전유물이나 마찬가지였는데요. 놀랍게도 챗GPT가 등장한 이후로 이마저도 틀린 사실이 돼버립니다. 내가 고생해서 프로

그래밍 언어를 배우지 않아도 평소 우리말 사용 습관 그대로 챗GPT한테 요청만 하면 알아서 뚝딱 상황에 맞는 VBA 코드를 내어줄 거니까요.

이렇게 챗GPT의 도움을 받아 단순 반복 수작업 노가다에서 탈출하게 되면 우리 인간은 뭐하나? 손가락 쪽쪽 빠는 게 아니라, 더 하고 싶은 일, 내가 함으로써 더 부가가치가 있는 일에 우리의 시간을 더 쏟을 수 있는 거죠.

물론 어떤 개발자는 말할 겁니다. "네가 챗GPT로 짠 그것도 코드냐?", "내가 발로 짜도 그것보단 낫겠다" 하지만 상관없습니다. 우리는 개발자가 아니니까요. 모로 가도 서울로만 가면 된다고, 결과만 맞게 나온다면 VBA 코드가 비효율적이든 틀렸든 실무에서는 전혀 문제가 되지 않아요. 눈으로 일일이 찾고 손으로 일일이 타이핑하면서 몇 사람 달라붙어 며칠씩 해도 다 못 푸는 문제를 챗GPT한테 물어보면 3분컷인데, 그래도 하지 말라고 뜯어말리는 상사가 있을까요? 챗GPT는 매크로/VBA를 몰랐던 사람에게 그야말로 '기회'입니다. 일잘러가 될 기회요!

'챗GPT로 매크로를?' 감이 잘 잡히지 않을 테니 실무에서 챗GPT로 매크로를 짜는 문제를 구체적인 사례로 확인해볼게요. 우리 손으로 직접 업무에서 엑셀 매크로를 활용할 수 있다는 게 얼마나 환상적인 일인지 직접 느껴보세요.

📝 챗GPT와 무작정 풀어보기 ▶▶

원하는 글자에 색깔 칠하는 매크로 짜기

예제 파일 : PA02/CH03/01_특정 글자 색칠하기.xlsm

01 예제 파일을 열면 다음과 같은 데이터가 입력돼 있습니다. 굴비를 포장해서 납품하는 회사가 쓰는 데이터인데요. 어떤 건 '보자기포장' 옵션이 있는 등 복잡하게 정리돼 있네요. 제일 중요한 정보인 주문한 굴비가 '실속10미'인지 '프리미엄20미'인지 시각적으로 구분하기 위해 해당하는 텍스트를 빨간색으로 색칠하고 싶다고 해볼게요.

	A	B
1	주문옵션	주문수량
2	찐보리굴비/보자기포장/실속10미/기본배송	1
3	찐보리굴비/실속20미/기본배송	2
4	보리굴비/프리미엄20미/기본배송	1
5	보리굴비/보자기포장/실속10미/내일도착보장	1
6	찐보리굴비/실속20미/내일도착보장	1
7	보리굴비/프리미엄10미/기본배송	2
8	찐보리굴비/보자기포장/실속20미/내일도착보장	2
9	보리굴비/프리미엄20미/내일도착보장	3
10	보리굴비/보자기포장/실속20미/내일도착보장	1

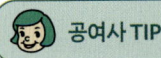 공여사 TIP

특정 글자에 빨간색을 칠해주는 엑셀 수식은 없어요. 매크로/VBA를 모른다면 '실속10미', '프리미엄20미'를 하나하나 드래그해서 색깔을 넣는 작업을 해야 해요. 예제 파일의 데이터만 해도 122행까지 있는데, 일일이 칠한다면 손가락이 정말 아프겠죠? 시간 낭비는 두말할 게 없고요.

02 이제 챗GPT에게 VBA 매크로 코드를 짜달라고 요청해야 하는데, 그 전에 꼭 기억해야 할 점이 있습니다. 엑셀 파일을 'Excel 매크로 사용 통합 문서'를 의미하는 .xlsm 확장자로 변경해줘야 해요.

 공여사 TIP

예제 파일은 제가 .xlsm 확장자로 변경해두었으니 따로 변경할 필요 없어요.

 궁금하실까봐 준비했어요!

엑셀 파일 형식을 변경하는 방법

보통 엑셀 파일은 'Excel 통합 문서'를 의미하는 .xlsx 확장자로 돼 있어요. 하지만 매크로/VBA를 활용해 작업하려면 파일 형식을 .xlsm으로 변경해줘야 해요.

01 엑셀 파일이 열려져 있는 상태에서 단축키 F12 를 누르면 [다른 이름으로 저장] 창이 뜹니다.

02 하단의 파일 형식에서 [Excel 매크로 사용 통합 문서 (*.xlsm)]를 선택하고 [저장]을 클릭하면 파일 형식을 바꿀 수 있습니다.

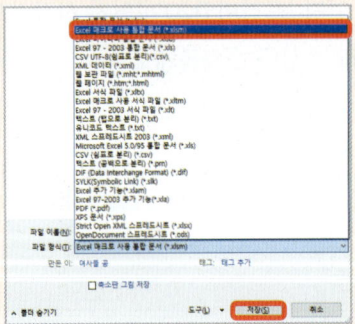

이 책에서 매크로를 배우기 위해 제공하는 예제 파일은 모두 .xlsm 확장자로 변경해두었기 때문에 그대로 사용하면 되지만, 실제 업무에서 만나게 되는 파일에 매크로 작업을 할 때는 파일 형식을 변경해줘야 한다는 점을 꼭 기억해주세요.

03 자, 그럼 챗GPT에게 VBA 매크로 코드(VBA 코드가 맞는 말이지만, 괜히 낯설게 느껴지니 이 책에서는 'VBA 매크로 코드'라고 부를게요)를 짜달라고 요청해보겠습니다. CHAPTER 02에서 습득한 프롬프트 스킬에서 크게 벗어나지 않으니 부담 없이 질문해볼게요.

> **프롬프트**
>
> | 주문옵션 | 주문수량 |
> |---|---|
> | 찐보리굴비/보자기포장/실속10미/기본배송 | 1 |
> | 찐보리굴비/실속20미/기본배송 | 2 |
> | (생략) | |
> | 찐보리굴비/프리미엄10미/기본배송 | 1 |
> | 찐보리굴비/실속20미/기본배송 | 1 |
>
> [A1:B15] 범위를 복사-붙여넣기 해서 대상 데이터를 제공해요.
>
> 엑셀에서 [주문내역] 시트의 A열에 위와 같은 데이터가 있어요. 중간의 "실속20미", "프리미엄10미"처럼 실속 또는 프리미엄 N미라고 적힌 텍스트를 빨간색으로 일괄 칠하는 VBA 매크로 코드를 짜줘.

💬 **프롬프트 가이드** 챗GPT에게 매크로 코드를 짜달라고 요청할 때는 되도록이면 기준점으로 시트명(ex. [주문내역] 시트)을 포함해줘야 해요. 왜냐하면 매크로로 넘어가게 되면 이제는 셀 안에 입력할 수식이 아니라, 컴퓨터가 작동하기 위한 경로를 필요로 하기 때문에 '어떤 시트'의 '어떤 셀'에 대해 작업을 할지 코드로 짜줘야 하거든요.
시트명을 제시하지 않으면 챗GPT가 바보는 아니라서 거꾸로 사람한테 '시트명을 입력하세요' 시켜 먹는 수가 있기 때문에 처음부터 시트명을 넣어주고요. 만약 파일 경로도 필요한 경우에는 파일 경로까지 알려주는 게 좋답니다.
시트명을 제공해야 하는 점은 챗GPT에게 엑셀 수식을 요청할 때와는 다른 부분이니 유의해주세요.

> 셀 내의 특정 텍스트 패턴("실속N미", "프리미엄N미")을 찾아 해당 부분만 빨간색으로 변화시키는 VBA 매크로를 작성해보겠습니다. 이번 코드는 각 셀 내에서 패턴을 찾고, 해당 부분만 선택적으로 색상을 변경하도록 합니다.

> 챗GPT가 VBA 매크로를 작성해보겠다고 하네요. 두근두근하죠?
> 다음 페이지로 넘어가면 챗GPT가 숨도 안 쉬고 주르륵 짜준 VBA 매크로 코드가 나옵니다. 아마 매크로 코드를 처음 보는 분들도 있을 텐데, 긴장하지 말고, 어렵게 생각하지도 마세요. 챗GPT가 알려주는 코드를 실행해보고, 제대로 작동하지 않을 경우 코드 수정을 요청하면 됩니다.

VBA 📋 복사

```
Sub ColorPartOfText()
    Dim ws As Worksheet
    Dim cell As Range
    Dim lastRow As Long
    Dim regEx As Object
    Dim matches As Object
    Dim match As Variant

    ' 정규표현식 객체 생성
    Set regEx = CreateObject("VBScript.RegExp")

    regEx.Global = True
    regEx.IgnoreCase = True

    ' "실속미" 또는 "프리미엄미" 찾기
    regEx.Pattern = "(실속\+미|프리미엄\d+미)"

    ' 시트 이름을 설정하세요 (여기서는 "주문내역"으로 가정)
    Set ws = ThisWorkbook.Sheets("주문내역")

    ' A열의 마지막 행을 찾습니다.
    lastRow = ws.Cells(ws.Rows.Count, 1).End(xlUp).Row

    ' A열의 각 셀을 검사합니다.
    For Each cell In ws.Range("A1:A" & lastRow)
        If regEx.Test(cell.Value) Then
            Set matches = regEx.Execute(cell.Value)
            For Each match In matches
                startPos = InStr(cell.Value, match.Value)
                textLength = Len(match.Value)
                With cell.Characters(Start:=startPos, Length:=textLength).Font
                    .Color = RGB(255, 0, 0) ' 빨간색
                End With
            Next match
```

> 코드를 꼼꼼하게 읽어볼 필요는 없어요. 가볍게 참고하면 됩니다.

> 이렇게 중간 중간 주석으로 설명해주기 때문에 코드를 전혀 모른다고 해도 어떻게 작동하는지 대략 해석하고 파악할 수 있습니다.

```
        End If
    Next cell
End Sub
```

(생략)

 공여사 TIP

챗GPT가 정답을 한 번에 내어주지 않을 수 있어요. 아무런 반응이 없다거나 모든 텍스트를 빨간색으로 칠하는 등 잘못된 코드를 알려준다면 문제 상황에 대해 설명하고 코드를 다시 짜달라고 요청해보세요.

04 챗GPT가 알려준 VBA 매크로 코드를 두근두근 떨리는 마음으로 엑셀 파일에서 실행해보겠습니다.

 궁금하실까봐 준비했어요!

주의! 매크로를 실행하면 이전 상태로 되돌릴 수 없어요

VBA 매크로 코드는 일단 실행하면 이전 단계로 실행 취소해서 되돌릴 수가 없어요. 따라서 매크로를 실행시키기 전에 원본 데이터를 '다른 이름으로 저장(F12)'해서 백업해놓는 게 안전합니다. '엑셀 수식과 다르게 VBA 매크로 코드는 실행하면 이전 상태로 되돌릴 수 없다'는 점 꼭 기억해주세요.

05 우선 엑셀 화면 상단의 [보기] 탭에서 [매크로]를 클릭합니다.

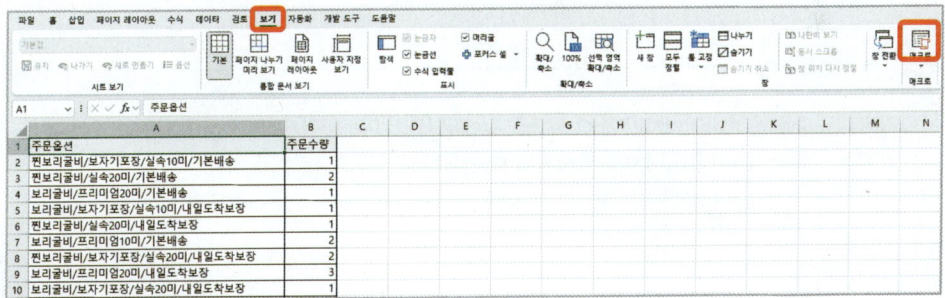

06 [매크로] 창이 뜨면 [매크로 이름]을 color라고 적고 [만들기]를 클릭합니다.

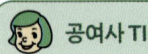 **공여사 TIP**

사실 이 단계에서 [매크로 이름]은 아무렇게나 작성해도 상관없어요. 어차피 챗GPT가 내어준 코드에 매크로 이름까지 들어 있거든요.

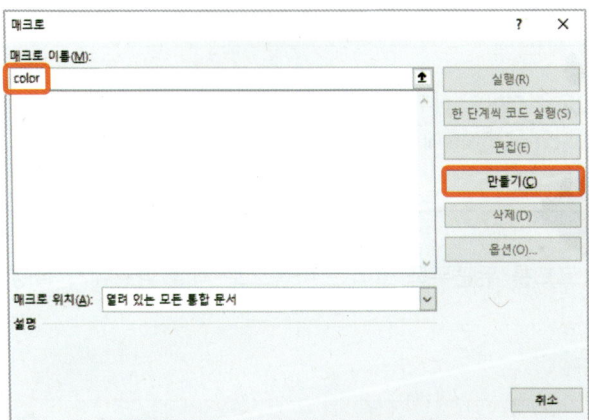

07 코드를 입력할 수 있는 VBA 코드 편집기 창이 뜹니다. 챗GPT가 알려준 코드를 붙여넣습니다.

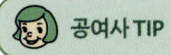 **공여사 TIP**

코드를 입력할 수 있는 창에 기본으로 생성된 Sub color() / End Sub 코드는 모두 선택(Ctrl + A) 후 Delete 로 지우고 챗GPT가 알려준 코드를 붙여넣기 해주세요.

공여사 TIP

예제 파일과 같은 폴더에 챗GPT가 준 코드를 txt 파일로 넣어두었어요. 이 결과를 확인하고 싶다면 코드 원본인 **color(코드).txt**를 복사해 붙여넣으면 됩니다.

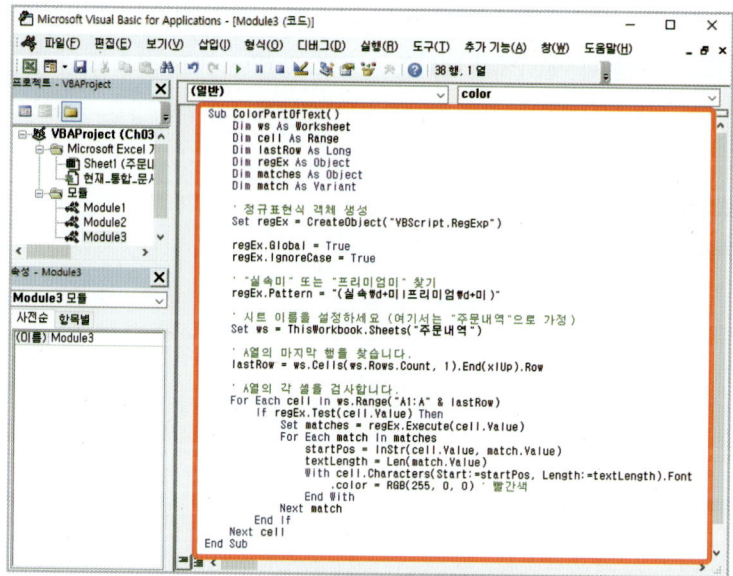

08 VBA 코드 편집기 창에서 [최소화 −] 버튼을 클릭해 창을 잠깐 내립니다.

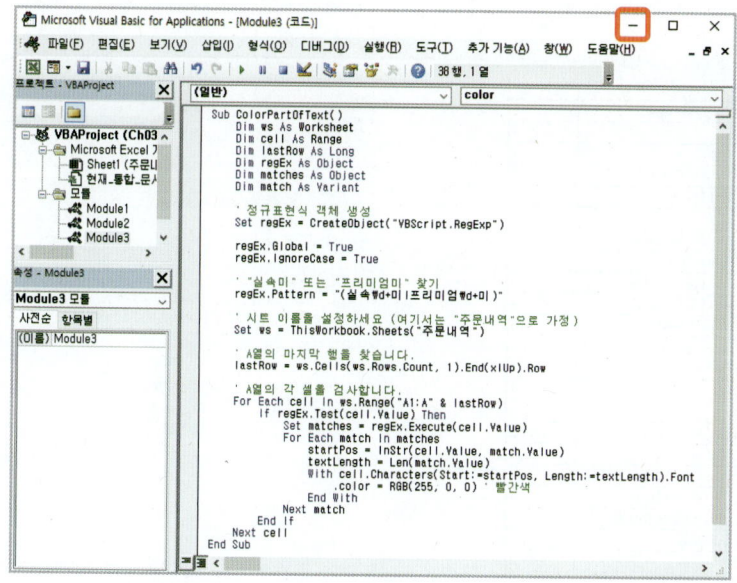

CHAPTER 03 문과생도 날로 먹는 매크로 짜기 **291**

09 앞선 **05** 과정과 동일하게 상단 [보기] 탭에서 [매크로]를 다시 클릭합니다. 그러면 [매크로] 창이 뜨는데 [매크로 이름]이 챗GPT가 내어준 이름(ColorPartOfText)으로 변경돼 있는 것을 확인할 수 있습니다. [실행]을 클릭해 매크로를 실행해봅니다.

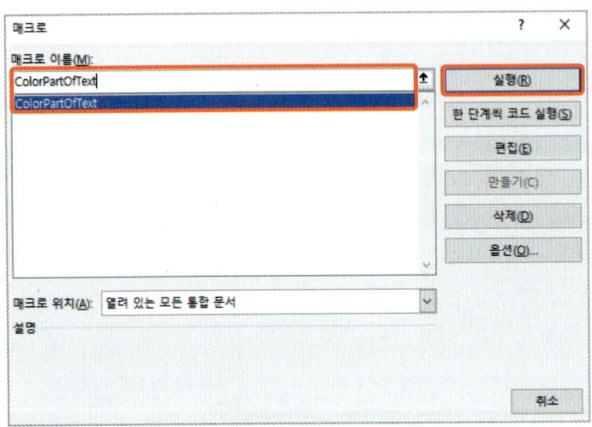

10 정말 신기하게도 원했던 텍스트 부분에 빨간색으로 색칠이 된 것을 확인할 수 있습니다. 너무 놀랍죠?

이렇게 챗GPT를 활용해 매크로를 짜는 하나의 사례를 함께 살펴봤어요. 아마 매크로를 처음 작동시켜본 분들도 많을 것 같은데, 어땠나요? 신기하지 않나요? 만약 이 작업을 우리 손으로 노가다 작업한다고 생각하면 시간을 많이 잡아먹었겠죠. 그 와중에 몇몇 부분은 틀려서 상사한테 혼나고 했을 겁니다. 별거 아닌 일인데 말이에요.

이렇게 수식으로 해결할 수 없는 문제들은 내 손으로 일일이 하느니 챗GPT한테 물어봐서 매크로를 짜는 게 훨씬 이득입니다.

웬만한 수작업 노가다는 전부 가능합니다

수식으로 해결할 수 없는 문제 상황에서만 매크로를 쓰는 것은 아닙니다. 수식으로 해결할 수 있는 문제도 그 수식이 너무 복잡해질 때는 매크로를 활용할 수 있어요. 매크로는 많은 케이스를 접해보면 좋기 때문에 이번 CHAPTER에서도 다양한 업무 상황별 예제를 순서대로 같이 살펴보겠습니다. 이번 CHAPTER를 다 학습하면 여러분의 업무에서는 어떤 작업을 매크로로 자동화하여 단순 반복 노가다에서 벗어날 수 있을지 감이 잡힐 거예요.

02

 조직별로 제출한
시트 하나로 취합하기

NO PAIN, YES GAIN! 회사에서 업무를 하다 보면 다양한 부서에서 제출한 여러 시트의 데이터를 하나로 통합하는 일이 생깁니다. 경영기획팀은 여러 부서의 경영 지표와 관련한 데이터를 중심에서 관리하기 때문에 그런 일이 특히 많고요. 이런 작업을 수작업으로 하면 시간이 많이 걸리기도 하고, 누락되는 데이터가 생길 수 있는데요. 이럴 때도 챗GPT로 매크로를 짜서 쉽게 해결할 수 있습니다.

📝 **챗GPT와 무작정 풀어보기** ≫

여러 부서의 데이터 취합하는 노가다 작업 해결하기

예제 파일 : PA02/CH03/02_시트 취합하기.xlsm

01 예제 파일을 열면 각 부서에서 제출한 자료가 각 시트에 들어가 있습니다. 각 팀의 데이터가 시트별로 나눠져 있으니 매번 취합하기가 귀찮겠죠. 만약 팀이 수십 개거나, 취합 작업을 매주 해야 한다면 더 귀찮을 겁니다.

	A	B	C	D	E	F	G	H
1	프로젝트ID	프로젝트명	담당부서	담당자	예산배부일	예산총금액	예산집행금액	예산잔여금액
2	2024-0012	해외 시장 탐사	해외사업팀	정재성	2024-01-18	25,000,000	21,900,000	3,100,000
3	2024-0047	해외 고객지원 센터 구축	해외사업팀	김성호	2024-02-22	22,000,000	18,600,000	3,400,000
4	2024-0050	글로벌 확장 프로젝트	해외사업팀	이현주	2024-03-05	30,000,000	26,200,000	3,800,000
5	2024-0078	글로벌 파트너십 협력	해외사업팀	박현우	2024-04-12	28,000,000	23,700,000	4,300,000
6	2024-0001	파트너사 파트너십 강화	해외사업팀	정민호	2024-01-02	32,000,000	27,500,000	4,500,000
7	2024-0003	파트너사 관리 시스템 구축	해외사업팀	이정훈	2024-01-08	20,000,000	16,500,000	3,500,000
8	2024-0038	협력사 성과 평가 시스템 구축	해외사업팀	박정원	2024-02-18	25,000,000	20,800,000	4,200,000
9	2024-0051	공급망 협력 강화	해외사업팀	김동진	2024-03-08	18,000,000	15,400,000	2,600,000
10	2024-0085	협력사 역량 강화	해외사업팀	최민재	2024-05-15	15,000,000	12,300,000	2,700,000

해외사업팀 | 재무팀 | 인사팀 | 생산팀 | 시설안전팀 | 법무팀 | 물류팀 | 마케팅팀 | 개발팀 | IT서비스팀

02 이럴 때는 어차피 양식이 정해져 있으니까 시트들을 하나로 통합하는 VBA 매크로 코드를 한 번 짜두고, 매번 그 매크로를 실행만 시켜주면 나눠져 있는 데이터를 하나의 시트로 단 몇 초 만에 취합할 수 있을 거예요.

03 그럼 챗GPT에게 VBA 매크로 코드를 요청해보겠습니다.

> **프롬프트**
>
> | 프로젝트ID | 프로젝트명 | | | 담당부서 | 담당자 |
> | --- | --- | --- | --- | --- | --- |
> | 예산배부일 | 예산총금액 | 예산집행금액 | 예산잔여금액 | | |
> | 2024-0012 | 해외 시장 탐사 | | | 해외사업팀 | 정재성 |
> | 2024-01-18 | 25,000,000 | 21,900,000 | 3,100,000 | | |
> | 2024-0047 | 해외 고객지원 센터 구축 | | | 해외사업팀 | 김선흥 |
> | 2024-02-22 | 22,000,000 | 18,600,000 | 3,400,000 | | |
> | | | (생략) | | | |
> | 2024-0051 | 공급망 협력 강화 | | | 해외사업팀 | |
> | 2024-03-08 | 18,000,000 | 15,400,000 | 2,600,000 | | |
> | 2024-0085 | 협력사 역량 강화 | | | 해외사업팀 | 최민재 |
> | 2024-05-15 | 15,000,000 | 12,300,000 | 2,700,000 | | |
>
> [해외사업팀] 시트의 A1:H10 범위를 복사-붙여넣기 해서 대상 데이터를 알려줘요.
>
> 엑셀에서 A열부터 H열까지 위와 같은 데이터가 들어 있어. 그리고 지금 이 데이터는 해외사업팀 시트에 있는 데이터인데, 부서별로 시트마다 다른 양식의 데이터를 제출했어. 각 시트마다 데이터 행의 개수는 다르고, 열은 동일하게 H열까지 있어.
>
> 얘네들을 하나의 시트로 통합하는 엑셀 VBA 매크로 코드를 짜줘.

 다음은 엑셀 VBA 매크로 코드입니다. 이 코드는 워크북 내의 모든 시트에서 데이터를 수집하여 새로운 시트 "통합 데이터"에 모아 통합하는 작업을 수행합니다. 각 시트는 동일한 형식을 가지고 있다고 가정합니다.

1. 새 시트를 생성하고, 첫 번째 시트의 제목 행을 복사합니다.
2. 각 시트를 반복하면서, 제목 행을 제외한 모든 데이터를 새 시트에 복사합니다.

VBA　　　　　　　　　　　　　　　　　　　　　　　📋 복사

```vba
Sub 통합하기()
    Dim ws As Worksheet
    Dim destSheet As Worksheet
    Dim lastRow As Long
    Dim dataRange As Range
    Dim destLastRow As Long
    
    ' "통합 데이터" 시트 생성
    On Error Resume Next ' 이미 존재하는 경우 에러 무시
    Set destSheet = ThisWorkbook.Sheets("통합 데이터")
    If destSheet Is Nothing Then
        Set destSheet = ThisWorkbook.Sheets.Add(After:=ThisWorkbook.Sheets(ThisWorkbook.Sheets.Count))
        destSheet.Name = "통합 데이터"
    End If
    On Error GoTo 0
    
    ' 첫 번째 시트의 헤더 복사
    ThisWorkbook.Sheets(1).Rows(1).Copy Destination:=destSheet.Rows(1)
    
    ' 모든 시트 탐색
    For Each ws In ThisWorkbook.Sheets
        If ws.Name <> "통합 데이터" Then ' 통합 데이터 시트는 제외
            With ws
                ' 데이터가 있는 마지막 행 찾기
                lastRow = .Cells(.Rows.Count, "A").End(xlUp).Row
                
                ' 데이터 범위 설정 (2행부터 마지막 행까지, A열에서 H열까지)
                Set dataRange = .Range("A2:H" & lastRow)
                
                ' 통합 데이터 시트에 데이터 복사
                destLastRow = destSheet.Cells(destSheet.Rows.Count, "A").End(xlUp).Row + 1
                dataRange.Copy Destination:=destSheet.Range("A" & destLastRow)
            End With
        End If
    Next ws
```

```
        ' 결과 메시지
        MsgBox "모든 시트의 데이터가 '통합 데이터' 시트에 통합되었습니다.", _
        vbInformation
End Sub
```

(생략)

04 챗GPT가 알려준 코드를 엑셀 파일에서 실행해보겠습니다. 엑셀 화면 상단의 [보기] 탭에서 [매크로]를 클릭합니다. [매크로] 창이 뜨면 [매크로 이름]을 아무렇게나(**하나로취합**) 적고 [만들기]를 클릭합니다.

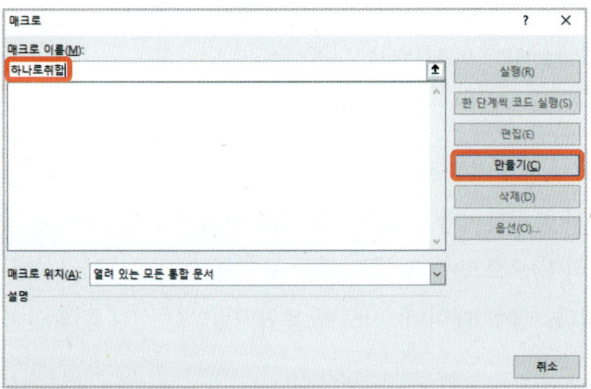

05 코드를 입력할 수 있는 VBA 코드 편집기 창이 뜨면 챗GPT가 알려준 코드를 붙여넣습니다.

 공여사 TIP

코드를 입력할 수 있는 창에 기본으로 생성된 Sub 하나로취합() / End Sub 코드는 지우고 챗GPT가 알려준 코드를 붙여넣으세요. 제공된 예제 파일과 같은 폴더 안에 넣어둔 코드 원본인 **하나로취합(코드).txt**를 복사해 붙여넣으면 됩니다.

CHAPTER 03 문과생도 날로 먹는 매크로 짜기　297

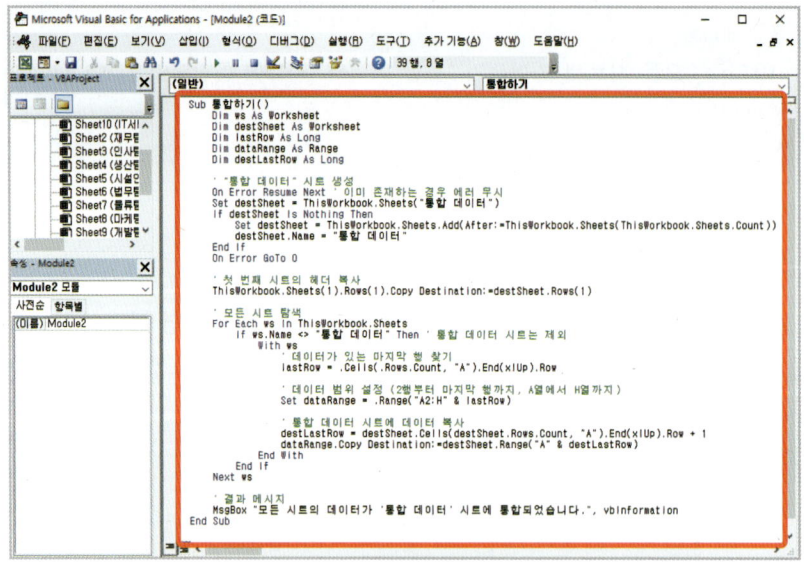

06 VBA 코드 편집기 창에서 [최소화 -] 버튼을 클릭해 창을 잠깐 내립니다. 엑셀 화면 상단 [보기] 탭에서 [매크로]를 다시 클릭합니다. 그러면 [매크로] 창이 뜨는데 [매크로 이름]이 챗GPT가 내어준 이름(통합하기)으로 변경돼 있는 것을 확인할 수 있습니다. [실행]을 클릭해 매크로를 실행시켜봅니다. '통합 데이터' 시트에 통합되었다는 안내를 확인하고 [확인]을 클릭합니다.

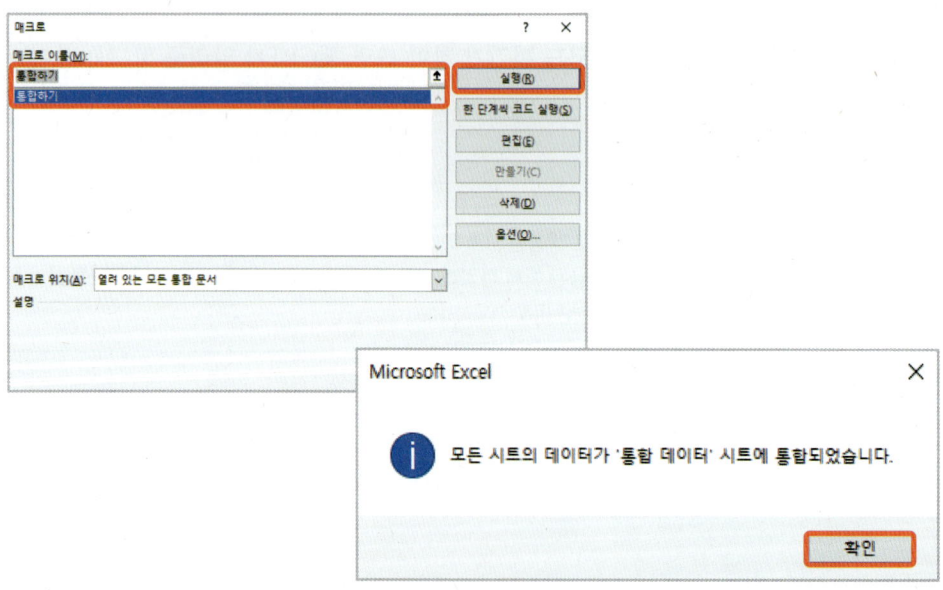

07 [통합 데이터] 시트에 취합된 데이터를 확인합니다. 열 너비가 좁으니 A:H열을 드래그해 선택하고 H열 오른쪽 선에 마우스 커서를 올려 확장 아이콘 ✢이 표시될 때 더블클릭해 너비를 넓혀줍니다. [해외사업팀]~[IT서비스팀]의 데이터와 [통합 데이터]의 취합된 데이터를 비교해보면 취합이 제대로 된 것을 확인할 수 있습니다.

	A	B	C	D	E	F	G	H
1	프로젝트ID	프로젝트명	담당부서	담당자	예산배부일	예산총금액	예산집행금액	예산잔여금액
2	2024-0012	해외 시장 탐사	해외사업팀	정재성	2024-01-18	25,000,000	21,900,000	3,100,000
3	2024-0047	해외 고객지원 센터 구축	해외사업팀	김성호	2024-02-22	22,000,000	18,600,000	3,400,000
4	2024-0050	글로벌 확장 프로젝트	해외사업팀	이현주	2024-03-05	30,000,000	26,200,000	3,800,000
5	2024-0078	글로벌 파트너십 협력	해외사업팀	박현우	2024-04-12	28,000,000	23,700,000	4,300,000
6	2024-0001	파트너사 파트너십 강화	해외사업팀	정민호	2024-01-02	32,000,000	27,500,000	4,500,000
7	2024-0003	파트너사 관리 시스템 구축	해외사업팀	이정훈	2024-01-08	20,000,000	16,500,000	3,500,000
8	2024-0038	협력사 성과 평가 시스템 구축	해외사업팀	박정원	2024-02-18	25,000,000	20,800,000	4,200,000
9	2024-0051	공급망 협력 강화	해외사업팀	김동진	2024-03-08	18,000,000	15,400,000	2,600,000
10	2024-0085	협력사 역량 강화	해외사업팀	최민재	2024-05-15	15,000,000	12,300,000	2,700,000
11	2024-0007	회계 시스템 업그레이드	재무팀	이현종	2024-01-12	15,000,000	12,800,000	2,200,000
12	2024-0032	자금 관리 시스템 업그레이드	재무팀	박상현	2024-02-05	20,000,000	17,600,000	2,400,000
13	2024-0065	결산 프로세스 개선	재무팀	정미숙	2024-03-18	15,000,000	12,500,000	2,500,000
14	2024-0097	자산 관리 시스템 개선	재무팀	김정호	2024-05-25	28,000,000	23,600,000	4,400,000
15	2024-0005	전문가 강의 프로그램	인사팀	이성민	2024-01-12	15,000,000	12,300,000	2,700,000

이렇게 여러 시트에 나뉘어 있는 데이터를 하나의 시트에 취합하는 작업을 매크로로 해봤는데요. 이 작업을 수작업 노가다로 했다면 시트마다 데이터를 복사해 붙여넣는 작업을 계속 반복해야 할 거예요. 너무 귀찮은 작업을 매크로로 간단하게 해결할 수 있는 것이죠.

물론 챗GPT가 한 번에 맞는 코드를 짜주지 않을 수 있지만, 잘못된 부분을 알려주고 코드를 수정해달라고 요청한다면 내 업무에 딱 필요한 코드를 얻을 수 있을 거예요. 실무를 하다 보면 시트를 통합하는 작업 외에 같은 폴더 안에 있는 여러 엑셀 파일을 하나의 엑셀 파일로 모듈 시트를 모아야 하는 상황이 생기는데요. 이럴 때도 챗GPT에게 VBA 매크로 코드를 짜달라고 요청하면 쉽고 빠르게 문제를 해결할 수 있겠죠?

03 영업팀 통으로 된 데이터 월별로 쪼개기

NO PAIN, YES GAIN! 앞서 여러 시트에 나뉘어 있는 데이터를 하나의 시트에 통합하는 작업을 매크로로 간편하게 해결해봤는데요. 이번에는 반대로 하나의 시트에 통합돼 있는 데이터를 특정한 기준에 따라 여러 시트로 쪼개는 작업을 해볼게요.

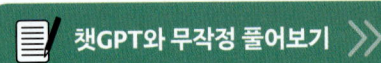

월별 시트로 데이터 쪼개는 노가다 작업 해결하기

예제 파일 : PA02/CH03/03_데이터 쪼개기.xlsm

01 예제 파일을 열면 거래내역이 정리된 데이터가 있습니다. B열의 '거래월'에 따라서 월별 시트로 데이터를 쪼개는 작업을 해볼게요. 1~6월까지의 데이터가 정리돼 있으니 총 6개의 시트로 쪼개서 데이터를 정리해야겠죠?

	A	B	C	D	E	F	G	H	I	J
1	거래일자	거래월	거래번호	상품코드	상품명	대분류	중분류	판매가	판매수량	판매금액
2	2024.01.02	2024.01	A1514364	GONG-A-637725	공스전자 스탠바이유 27ART10AKPL	TV가전	LED TV	968,190	3	6,777,330
3	2024.01.03	2024.01	A1516263	GONG-C-095668	공스전자 포리케어 듀얼 WU900AS	주방가전	냉온정수기	1,017,000	8	6,102,000
4	2024.01.04	2024.01	A1515782	GONG-C-782737	공스전자 오브제컬렉션 포리케어 상하좌우 WD505ACB	주방가전	냉온정수기	1,020,180	16	5,100,900
5	2024.01.04	2024.01	A1513672	GONG-A-840831	공스전자 울트라HD 55UR64250NC	TV가전	LED TV	743,880	7	1,487,760
6	2024.01.05	2024.01	A1516346	GONG-C-008791	공스전자 비오스 스팀 DUB22WA	주방가전	식기세척기	989,880	30	4,949,400
7	2024.01.05	2024.01	A1512493	GONG-B-627320	공스전자 포리케어360° 알파 AS351NNFA	생활가전	공기청정기	1,319,950	22	1,319,950
8	2024.01.06	2024.01	A1514431	GONG-D-191326	공스전자 오브제컬렉션 워시타워 W20GE	세탁기	드럼세탁기+건조기	3,106,560	8	24,852,480
9	2024.01.06	2024.01	A1513399	GONG-B-354583	공스전자 오브제컬렉션 코드제로 ThinQ A9S AO9571	생활가전	핸디/스틱청소기	1,058,370	10	10,583,700
10	2024.01.07	2024.01	A1515129	GONG-C-866098	공스전자 비오스 F874SS11E	주방가전	냉장고	1,637,170	25	13,097,360
11	2024.01.07	2024.01	A1516110	GONG-E-340094	공스전자 프라임 인텐시브 멀티케어 BLP1	미용가전	피부미용기	638,130	4	1,276,260
12	2024.01.08	2024.01	A1513470	GONG-C-068746	공스전자 오브제컬렉션 ML32EW1	주방가전	전기오븐	666,240	5	7,328,640
13	2024.01.08	2024.01	A1517085	GONG-A-562595	공스전자 올레드 OLED65C1QNB	TV가전	OLED TV	2,361,710	27	14,170,260
14	2024.01.10	2024.01	A1515631	GONG-C-931049	공스전자 오브제컬렉션 DUBJ2EA	주방가전	식기세척기	1,328,930	11	15,947,160
15	2024.01.12	2024.01	A1514633	GONG-C-963563	공스전자 MW22CD9	주방가전	전자레인지	139,950	14	1,119,600
16	2024.01.14	2024.01	A1515357	GONG-C-812511	공스전자 비오스 김치톡톡 K331W141 (2022년형)	주방가전	김치냉장고_스탠드형	1,211,000	4	4,844,000
17	2024.01.17	2024.01	A1517006	GONG-A-637725	공스전자 스탠바이유 27ART10AKPL	TV가전	LED TV	968,190	18	15,491,040
18	2024.01.17	2024.01	A1512824	GONG-B-274729	공스전자 휘슨 DQ200PBBC	생활가전	제습기	442,270	1	1,326,810
19	2024.01.19	2024.01	A1515139	GONG-B-274729	공스전자 휘슨 DQ200PBBC	생활가전	제습기	442,270	11	3,538,160
20	2024.01.20	2024.01	A1514212	GONG-C-963563	공스전자 MW22CD9	주방가전	전자레인지	139,950	16	1,259,550

02 챗 GPT에게 VBA 매크로 코드를 요청해보겠습니다.

프롬프트

거래일자	거래월	거래번호	상품코드		상품명	
대분류	중분류		판매가	판매수량	판매금액	
2024.01.02	2024.01	A1514364	GONG-A-637725		공스전자 스탠바이유 27ART10AKPL	
TV가전	LED TV		968,190	3	6,777,330	
2024.01.03	2024.01	A1516263	GONG-C-095668		공스전자 포리케🌙	[A1:J11] 범위를 복사-붙여넣기 해서 대상 데이터를 제공해요.
주방가전	냉온정수기		1,017,000	8	6,102,000	
			(생략)			
2024.01.07	2024.01	A1515129	GONG-C-866098		공스전자 비오스 F87459	
주방가전	냉장고		1,637,170	25	13,097,360	
2024.01.07	2024.01	A1516110	GONG-E-340094		공스전자 프라임 인텐시브 멀티케어 BLP1	
미용가전	피부미용기		638,130	4	1,276,260	

엑셀의 [거래내역] 시트에 위와 같은 양식의 데이터가 들어 있어. A열부터 J열까지 데이터가 들어 있고, 그 아래로도 1월부터 6월까지 데이터가 있어. 얘네들을 거래월에 따라서 각 시트로 쪼개주려고 해. 이 통합 데이터를 거래월별로 쪼개는 VBA 매크로 코드를 짜줘.

거래내역 원본 시트에 있는 데이터는 삭제하지 말아줘.
2024.01~2024.06 같은 새로운 시트에 데이터를 복사해주면 돼.

아래는 엑셀에서 사용할 수 있는 VBA 매크로 코드입니다. 이 코드는 주어진 워크시트("거래내역")의 데이터를 "거래월" 컬럼을 기준으로 하여 각 거래월에 따라 새로운 시트를 만들고, 해당 월의 데이터를 해당 시트로 이동시킵니다. 거래내역 원본 시트의 데이터는 삭제하지 않고, 각 월에 맞는 새 시트에 데이터를 복사합니다.

```vba
Sub 분할_거래월별_시트_복사()
    Dim sht As Worksheet, dataSht As Worksheet
    Dim lastRow As Long, i As Long, monthCol As Integer
    Dim monthName As String, found As Boolean
```

```vba
' 거래내역 시트 설정
Set dataSht = ThisWorkbook.Worksheets("거래내역")

' 거래월이 위치한 열 찾기 (여기서는 'B' 열, 인덱스 2)
monthCol = 2 ' 거래월이 B열에 위치

' 마지막 행 찾기
lastRow = dataSht.Cells(dataSht.Rows.Count, monthCol).End(xlUp).Row

' 데이터 순회하면서 처리
For i = 2 To lastRow
    ' 거래월 데이터 읽기
    monthName = dataSht.Cells(i, monthCol).Value
    
    ' 해당 월의 시트가 이미 있는지 확인
    found = False
    For Each sht In ThisWorkbook.Sheets
        If sht.Name = monthName Then
            found = True
            Exit For
        End If
    Next sht
    
    ' 없으면 새 시트 생성
    If Not found Then
        Set sht = ThisWorkbook.Worksheets.Add(After:=ThisWorkbook.Sheets(ThisWorkbook.Sheets.Count))
        sht.Name = monthName
        ' 헤더 복사
        dataSht.Rows(1).Copy Destination:=sht.Rows(1)
    End If
    
    ' 데이터 행 복사
    dataSht.Rows(i).Copy Destination:=ThisWorkbook.Worksheets(monthName).Cells(ThisWorkbook.Worksheets(monthName).Rows.Count, 1).End(xlUp).Offset(1, 0)
```

```
        Next i

        ' 원본 데이터는 그대로 유지
    End Sub
```

(생략)

03 챗GPT가 알려준 코드를 엑셀 파일에서 실행해보겠습니다. 엑셀 화면 상단의 [보기] 탭에서 [매크로]를 클릭합니다. [매크로] 창이 뜨면 [매크로 이름]을 아무렇게나(쪼개기) 적고 [만들기]를 클릭합니다.

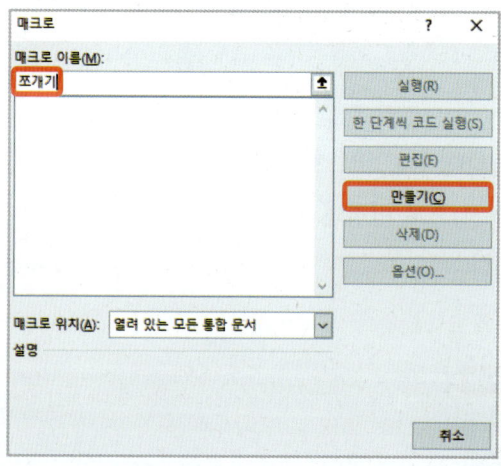

04 코드를 입력할 수 있는 VBA 코드 편집기 창이 뜨면 챗GPT가 알려준 코드를 붙여넣습니다.

> 🧑 **공여사 TIP**
>
> 코드를 입력할 수 있는 창에 기본으로 생성된 Sub 쪼개기() / End Sub 코드는 지우고 챗GPT가 알려준 코드를 붙여넣으세요. 제공된 예제 파일과 같은 폴더 안에 넣어둔 코드 원본인 **쪼개기(코드).txt**를 복사해 붙여넣으면 됩니다.

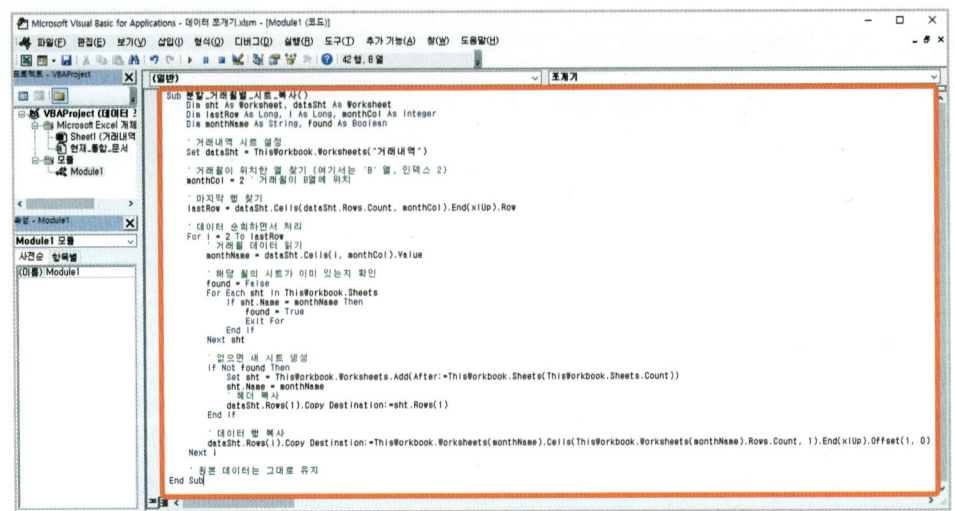

05 VBA 코드 편집기 창에서 [최소화 -] 버튼을 클릭해 창을 잠깐 내립니다. 엑셀 화면 상단 [보기] 탭에서 [매크로]를 다시 클릭합니다. [매크로] 창이 뜨면 [매크로 이름]이 챗 GPT가 내어준 이름(분할_거래월별_시트_복사)으로 변경돼 있는 것을 확인할 수 있습니다. [실행]을 클릭해 매크로를 실행시켜봅니다.

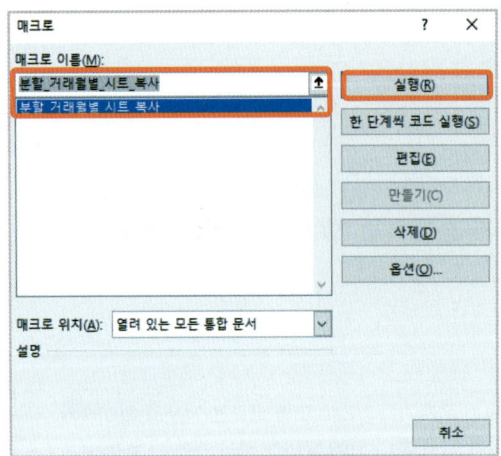

06 [2024.01]~[2024.06] 시트로 데이터가 쪼개진 것을 확인합니다. 원본 데이터와 비교해보니 문제없이 잘 작업됐네요.

	A	B	C	D	E	F	G	H	I	J
1	거래일자	거래월	거래번호	상품코드	상품명	대분류	중분류	판매가	판매수량	판매금액
2	2024.01.02	2024.01	A1514364	NG-A-637	공스전자	TV가전	LED TV	968,190	3	6,777,330
3	2024.01.03	2024.01	A1516263	NG-C-095	공스전자	주방가전	냉온정수기	1,017,000	8	6,102,000
4	2024.01.04	2024.01	A1515782	NG-C-782	공스전자	주방가전	냉온정수기	1,020,180	16	5,100,900
5	2024.01.04	2024.01	A1513672	NG-A-840	공스전자	TV가전	LED TV	743,880	7	1,487,760
6	2024.01.05	2024.01	A1516346	NG-C-008	공스전자	주방가전	식기세척기	989,880	30	4,949,400
7	2024.01.05	2024.01	A1512493	NG-B-627	공스전자	생활가전	공기청정기	1,319,950	22	1,319,950
8	2024.01.06	2024.01	A1514431	NG-D-191	공스전자	세탁기	드럼세탁기	3,106,560	8	#######
9	2024.01.06	2024.01	A1513399	NG-B-354	공스전자	생활가전	핸디/스틱	1,058,370	5	#######
10	2024.01.07	2024.01	A1515129	NG-C-866	공스전자	주방가전	냉장고	1,637,170	25	#######
11	2024.01.07	2024.01	A1516110	NG-E-340	공스전자	미용가전	피부미용기	638,130	4	1,276,260
12	2024.01.08	2024.01	A1513470	NG-C-068	공스전자	주방가전	전기오븐	666,240	5	7,328,640
13	2024.01.08	2024.01	A1517085	NG-A-562	공스전자	TV가전	OLED TV	2,361,710	27	4,949,400
14	2024.01.10	2024.01	A1515631	NG-C-931	공스전자	주방가전	식기세척기	1,328,930	11	#######
15	2024.01.12	2024.01	A1514633	NG-C-963	공스전자	주방가전	전자레인지	139,950	14	1,119,600
16	2024.01.14	2024.01	A1515357	NG-C-812	공스전자	주방가전	김치냉장고	1,211,000	7	4,844,000
17	2024.01.17	2024.01	A1517006	NG-A-637	공스전자	TV가전	LED TV	968,190	18	#######
18	2024.01.17	2024.01	A1512824	NG-B-274	공스전자	생활가전	제습기	442,270	1	1,326,810
19	2024.01.19	2024.01	A1515139	NG-B-274	공스전자	생활가전	제습기	442,270	11	3,538,160
20	2024.01.20	2024.01	A1514212	NG-C-963	공스전자	주방가전	전자레인지	139,950	16	1,259,850

거래내역 | **2024.01** | 2024.02 | 2024.03 | 2024.04 | 2024.05 | 2024.06 | +

07 데이터가 잘 쪼개졌지만, 열 너비가 원본 데이터와 다르네요. 물론 직접 열 너비를 수정해줘도 되지만 6개 시트를 모두 조정하기엔 귀찮습니다. 챗GPT에게 열 너비를 기존과 동일하게 유지해달라고 한 번 더 요청해볼게요.

> **프롬프트**
>
> 데이터는 잘 들어갔는데, 열 너비는 기존 너비를 유지하고 싶어. 수정해줘.

 네, 각 새로 생성된 시트에서 열 너비가 원본 시트의 열 너비와 동일하도록 매크로 코드를 수정했습니다. 이렇게 하면 모든 새로운 시트에 열 너비가 기존 "거래내역" 시트의 열 너비와 동일하게 설정됩니다.

```VBA
Sub 분할_거래월별_시트_복사_열너비_유지()
    Dim sht As Worksheet, dataSht As Worksheet
    Dim lastRow As Long, i As Long, monthCol As Integer
    Dim monthName As String, found As Boolean
    Dim col As Integer
```

```vba
' 거래내역 시트 설정
Set dataSht = ThisWorkbook.Worksheets("거래내역")

' 거래월이 위치한 열 찾기 (여기서는 'B' 열, 인덱스 2)
monthCol = 2 ' 거래월이 B열에 위치

' 마지막 행 찾기
lastRow = dataSht.Cells(dataSht.Rows.Count, monthCol).End(xlUp).Row

' 데이터 순회하면서 처리
For i = 2 To lastRow
    ' 거래월 데이터 읽기
    monthName = dataSht.Cells(i, monthCol).Value
    
    ' 해당 월의 시트가 이미 있는지 확인
    found = False
    For Each sht In ThisWorkbook.Sheets
        If sht.Name = monthName Then
            found = True
            Exit For
        End If
    Next sht
    
    ' 없으면 새 시트 생성
    If Not found Then
        Set sht = ThisWorkbook.Worksheets.Add(After:=ThisWorkbook.Sheets(ThisWorkbook.Sheets.Count))
        sht.Name = monthName
        ' 헤더 복사
        dataSht.Rows(1).Copy Destination:=sht.Rows(1)
        ' 열 너비 복사
        For col = 1 To dataSht.Columns.Count
            sht.Columns(col).ColumnWidth = dataSht.Columns(col).ColumnWidth
        Next col
    End If
```

```
            ' 데이터 행 복사
            dataSht.Rows(i).Copy Destination:=ThisWorkbook.
            Worksheets(monthName).Cells(ThisWorkbook.
            Worksheets(monthName).Rows.Count, 1).End(xlUp).Offset(1, 0)
        Next i

        ' 원본 데이터는 그대로 유지
End Sub
```

08 [2024.01]~[2024.06] 시트는 모두 삭제하고 챗GPT가 새로 짜준 매크로를 실행시켜 보겠습니다.

> **공여사 TIP**
>
> 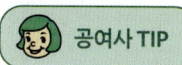 를 누른 상태에서 [2024.01] 시트 탭을 클릭한 다음 [2024.06] 시트를 클릭하면 시트가 한꺼번에 선택돼요. 이후 마우스 오른쪽 버튼을 눌러 [삭제]를 클릭하면 선택된 시트가 모두 삭제됩니다.

09 엑셀 화면 상단의 [보기] 탭에서 [매크로]를 클릭합니다. [매크로] 창이 뜨면 [매크로 이름]을 아무렇게나(**쪼개기_열너비**) 적고 [만들기]를 클릭합니다.

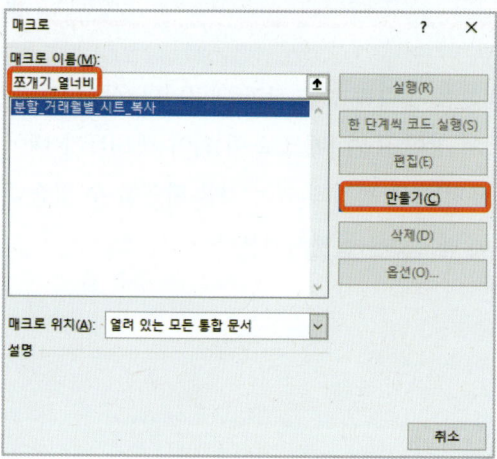

10 코드를 입력할 수 있는 VBA 코드 편집기 창이 뜨면 챗GPT가 알려준 코드를 붙여넣습니다.

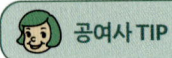 **공여사 TIP**

앞서 입력한 코드 아래에 선으로 구분이 생깁니다. 선 아래 공간에 기본으로 생성된 Sub 쪼개기_열너비() / End Sub 코드는 지우고 챗GPT가 알려준 코드를 붙여넣으세요. 제공된 예제 파일과 같은 폴더 안에 넣어둔 코드 원본인 **쪼개기_열너비(코드).txt**를 복사해 붙여넣으면 됩니다.

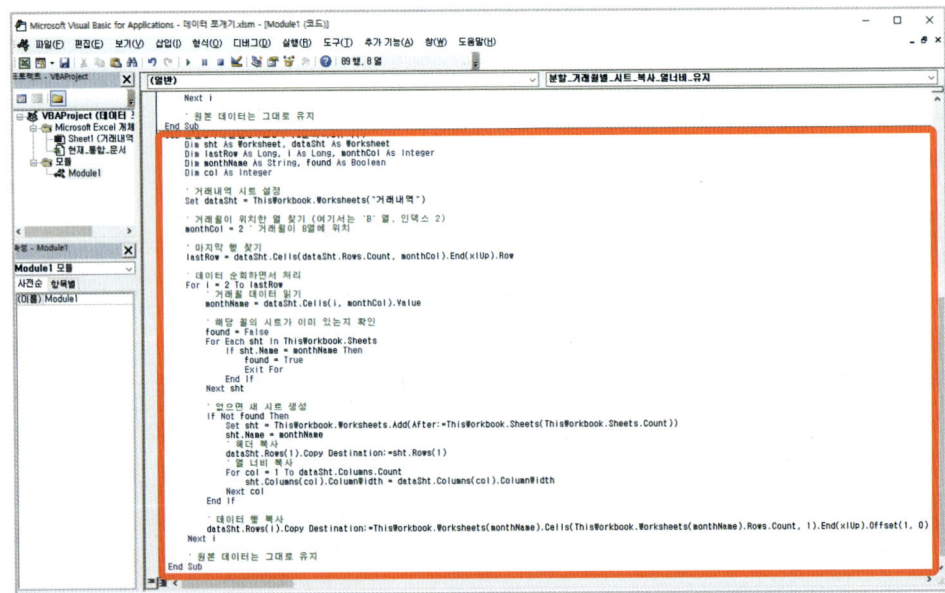

11 VBA 코드 편집기 창에서 [최소화 -] 버튼을 클릭해 창을 잠깐 내립니다. 상단 [보기] 탭에서 [매크로]를 다시 클릭합니다. [매크로] 창이 뜨면 [매크로 이름]이 챗GPT가 내어준 이름(분할_거래월별_시트_복사_열너비_유지)으로 변경돼 있는 것을 확인할 수 있습니다. 해당 매크로를 선택한 후 [실행]을 클릭해 매크로를 실행시켜봅니다.

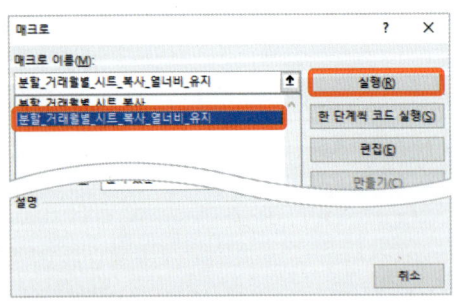

12 [2024.01]~[2024.06] 시트의 데이터가 원본 데이터의 열 너비와 동일하게 쪼개진 것을 확인할 수 있습니다.

	A	B	C	D	E	F	G	H	I	J
1	거래일자	거래월	거래번호	상품코드	상품명	대분류	중분류	판매가	판매수량	판매금액
2	2024.01.02	2024.01	A1514364	GONG-A-637725	공스전자 스탠바이유 27ART10AKPL	TV가전	LED TV	968,190	3	6,777,330
3	2024.01.03	2024.01	A1516263	GONG-C-095668	공스전자 포리케어 듀얼 WU900AS	주방가전	냉온정수기	1,017,000	8	6,102,000
4	2024.01.04	2024.01	A1515782	GONG-C-782737	공스전자 오브제컬렉션 포리케어 상하좌우 WD505ACB	주방가전	냉온정수기	1,020,180	16	5,100,900
5	2024.01.04	2024.01	A1513672	GONG-A-840831	공스전자 울트라HD 55UR642S0NC	TV가전	LED TV	743,880	7	1,487,760
6	2024.01.05	2024.01	A1516346	GONG-C-008791	공스전자 비오스 스팀 DUB22WA	주방가전	식기세척기	989,880	30	4,949,400
7	2024.01.05	2024.01	A1512493	GONG-B-627320	공스전자 포리케어360˚ 알파 AS351NNFA	생활가전	공기청정기	1,319,950	22	1,319,950
8	2024.01.06	2024.01	A1514431	GONG-D-191326	공스전자 오브제컬렉션 워시타워 W20GE	세탁기	드럼세탁기+건조기	3,106,560	8	24,852,480
9	2024.01.06	2024.01	A1513399	GONG-B-354583	공스전자 오브제컬렉션 코드제로 ThinQ A9S AO9571	생활가전	핸디/스틱청소기	1,058,370	5	10,583,700
10	2024.01.07	2024.01	A1515129	GONG-C-866098	공스전자 비오스 F874SS11E	주방가전	냉장고	1,637,170	25	13,097,360
11	2024.01.07	2024.01	A1516110	GONG-E-340094	공스전자 프라임 인텐시브 멀티케어 BLP1	미용가전	피부미용기	638,130	4	1,276,260
12	2024.01.08	2024.01	A1513470	GONG-C-068746	공스전자 오브제컬렉션 ML32EW1	주방가전	전기오븐	666,240	5	7,328,640
13	2024.01.08	2024.01	A1517085	GONG-A-562595	공스전자 올레드 OLED65C1QNB	TV가전	OLED TV	2,361,710	27	14,170,260
14	2024.01.10	2024.01	A1515631	GONG-C-931049	공스전자 오브제컬렉션 DUBJ2EA	주방가전	식기세척기	1,328,930	11	15,947,160
15	2024.01.12	2024.01	A1514633	GONG-C-963563	공스전자 MW22CD9	주방가전	전자레인지	139,950	14	1,119,600
16	2024.01.14	2024.01	A1515357	GONG-C-812511	공스전자 비오스 김치톡톡 K331W141 (2022년형)	주방가전	김치냉장고_스탠드형	1,211,050	7	4,844,000
17	2024.01.17	2024.01	A1517006	GONG-A-637725	공스전자 스탠바이유 27ART10AKPL	TV가전	LED TV	968,190	18	15,491,040
18	2024.01.17	2024.01	A1512824	GONG-B-274729	공스전자 휘슨 DQ200PBBC	생활가전	제습기	442,270	1	1,326,810
19	2024.01.19	2024.01	A1515139	GONG-B-274729	공스전자 휘슨 DQ200PBBC	생활가전	제습기	442,270	11	3,538,160
20	2024.01.20	2024.01	A1514212	GONG-C-963563	공스전자 MW22CD9	주방가전	전자레인지	139,950	16	1,259,550

거래내역 | 2024.01 | 2024.02 | 2024.03 | 2024.04 | 2024.05 | 2024.06 | +

 공여사 TIP

> 만약 작업 중인 컴퓨터에서 이번 매크로를 실행했을 때 로딩 시간이 오래 걸린다면 챗GPT에게 "내가 보기엔 간단한 작업인데 로딩 시간이 오래 걸려, 코드를 보완해줘"라고 추궁해보세요. 좀 더 쓸만한 코드를 내어줄 거예요.

이렇게 하나의 시트에 정리된 데이터를 내가 원하는 기준에 따라 여러 시트로 쪼개봤습니다. 어떤가요? 정말 편하지 않나요? 챗GPT를 등에 업으면 매크로로 해결할 수 있는 단순 반복 수작업 노가다가 새삼 반가워질 수도 있겠습니다.

인사팀 인사기록카드 양식 일괄 채우기

NO PAIN, YES GAIN! 이번에는 컬럼명 아래로 데이터가 쌓이는 일반적인 엑셀 데이터가 아닌 인사팀의 인사기록카드처럼 요란하게 만들어진 엑셀 문서 양식을 채우는 단순 반복 수작업 노가다를 챗GPT로 해결해볼게요. Raw데이터가 든 시트에서 값을 불러와 인사기록카드를 자동으로 채우고, 심지어는 이미지 파일로 된 직원들의 증명사진까지 매크로로 불러올 거예요. 두 눈 크게 뜨고 따라와주세요.

챗GPT와 무작정 풀어보기

사번만 넣으면 인사기록카드가 채워지는 매크로 짜기

예제 파일: PA02/CH03/04_인사기록카드 일괄 채우기.xlsm

 01 예제 파일을 열면 [직원명부] 시트에 직원들의 정보가 Raw데이터로 정리돼 있습니다.

	A	B	C	D	E	F	G	H	I	J	
1	사번	이름	사진	입사일자	근무기간	주민등록번호	생년월일	연락처	이메일	근무부서	직
2	20047	하다현	D:\프로필사진\20047_하다현.jpg	2018-11-07	6년	800105-1xxxxxx	1980-01-05	010-6535-xxxx	20047@gongtest.com	인사부	부
3	20004	이준서	D:\프로필사진\20004_이준서.jpg	2014-01-17	10년	800328-7xxxxxx	1980-03-28	010-1797-xxxx	20004@gongtest.com	경영지원부	사
4	20022	이하은	D:\프로필사진\20022_이하은.jpg	2015-09-28	9년	800616-3xxxxxx	1980-06-16	010-3045-xxxx	20022@gongtest.com	경영지원부	차
5	20096	이예지	D:\프로필사진\20096_이예지.jpg	2023-01-22	1년	800626-6xxxxxx	1980-06-26	010-3660-xxxx	20096@gongtest.com	인사부	
6	20088	백지우	D:\프로필사진\20088_백지우.jpg	2022-07-10	2년	800903-4xxxxxx	1980-09-03	010-5133-xxxx	20088@gongtest.com	마케팅부	과
7	20049	서시우	D:\프로필사진\20049_서시우.jpg	2019-02-13	5년	810427-3xxxxxx	1981-04-27	010-1948-xxxx	20049@gongtest.com	인사부	
8	20036					810615-1xxxxxx	1981-06-15	010-8331-xxxx	20036@gongtest.com	인사부	대
							1981-10-28	010-4014-xxxx	20082@gongtest.com	마케팅부	사
	20086	정서준	D:\프로필사진\20086_정서준.jpg	2022-06-10				010-6903-xxxx	20029@gongtest.com		
13	20039	박현서	D:\프로필사진\20039_박현서.jpg	2022-04-27	2년	820116-9xxxxxx	1982-2				차
14	20042	이수민	D:\프로필사진\20042_이수민.jpg	2017-08-21	7년	820724-7xxxxxx	1982-07-24	010-7079-xxxx	20042@gongtest.com	인사부	대
15	20081	박태율	D:\프로필사진\20081_박태율.jpg	2018-04-02	6년	821002-8xxxxxx	1982-10-02	010-7839-xxxx	20081@gongtest.com	인사부	대
16	20062	김서연	D:\프로필사진\20062_김서연.jpg	2021-09-24	3년	830114-3xxxxxx	1983-01-14	010-3093-xxxx	20062@gongtest.com	기획부	대
17	20018	서지안	D:\프로필사진\20018_서지안.jpg	2020-03-11	4년	830515-6xxxxxx	1983-05-15	010-7590-xxxx	20018@gongtest.com	기획부	차
18	20065	최도현	D:\프로필사진\20065_최도현.jpg	2015-06-02	9년	831121-2xxxxxx	1983-11-21	010-7825-xxxx	20065@gongtest.com	인사부	대
19	20056	이유진	D:\프로필사진\20056_이유진.jpg	2020-06-03	4년	840323-7xxxxxx	1984-03-23	010-5469-xxxx	20056@gongtest.com	개발부	대
20	20015	서하린	D:\프로필사진\20015_서하린.jpg	2019-08-25	5년	840625-7xxxxxx	1984-06-25	010-7939-xxxx	20015@gongtest.com	마케팅부	과

 공여사 TIP

이번 매크로에서는 폴더 안에 있는 사진 파일도 불러와서 입력해볼 거예요. C열을 보면 알 수 있듯 프로필사진이 D 드라이브 경로에 있는 것으로 가정해두었으니, 제공된 예제 파일과 같은 폴더 안에 넣어둔 '프로필사진' 폴더를 D 드라이브에 위치시키고 실습을 진행해보세요.

02 [인사기록카드] 시트를 클릭해보니 다음과 같은 양식이 있네요. 사번만 입력하면 [직원명부] 시트의 Raw데이터 내용이 [인사기록카드]에 자동으로 채워지는 매크로를 짜보겠습니다.

	A	B	C	D
1	인사기록카드			
2	사진		사번	
3			입사일자	
4			근무부서	
5			직급	
6			근무기간	
7			최종학력	
8	이름		자격증	
9	주민등록번호		경력사항	
10	생년월일		기본급	
11	연락처		기타수당	
12	이메일		상여금	
13	주소		지급계	
14				

[직원명부] [**인사기록카드**] [인사기록카드 비포애프터 샘플] +

03 이번에는 작업이 복잡하니 비포애프터 샘플도 제시해보겠습니다. [직원명부] 시트 2행의 '하다현'의 정보를 [인사기록카드] 시트에 수작업으로 넣으면 되는데요. [인사기록카드 비포애프터 샘플] 시트를 클릭해보면 제가 미리 수작업으로 해당하는 값을 넣어두었습니다.

	A	B	C	D
1	인사기록카드			
2	사진		사번	20047
3			입사일자	2018-11-07
4			근무부서	인사부
5			직급	부장
6			근무기간	6년
7			최종학력	oo대학교 졸업
8	이름	하다현	자격증	컴퓨터활용능력 2급
9	주민등록번호	800105-1xxxxxx	경력사항	3년
10	생년월일	1980-01-05	기본급	4838만원
11	연락처	010-6535-xxxx	기타수당	824만원
12	이메일	0047@gongtest.cor	상여금	181만원
13	주소	울시 강남구 xx동 x	지급계	5843만원
14				

[직원명부] [인사기록카드] [**인사기록카드 비포애프터 샘플**] +

04 준비가 다 됐으니 챗GPT에게 매크로 코드를 요청해보겠습니다.

> **프롬프트**
>
> | 사번 | 이름 | 사진 | 입사일자 | 근무기간 | 주민등록번호 | 생년월일 | 연락처 | |
> | 이메일 | 근무부서 | 직급 | 주소 | 최종학력 | 자격증 | 경력사항 | 기본급 | 기타수당 |
> | 상여금 | 지급계 | | | | | | | |
> | 20047 | 하다현 | D:₩프로필사진₩20047_하다현.jpg | | | 2018-11-07 | 6년 | 800105-1xxxxxx | |
> | 1980-01-05 | 010-6535-xxxx | | 20047@gongtest.com | | 인사부 | 부장 | 서울시 강남구 xx동 xxx | |
> | oo대학교 졸업 | | 컴퓨터활용능력2급 | | 3년 | 4838만원 | 824만원 | 181만원 | 5843만원 |
> | 20004 | 이준서 | D:₩프로필사진₩20004_이준서.jpg | | | 2014-01-17 | 10년 | 800328-7xxxxxx | |
> | 1980-03-28 | 010-1797-xxxx | | 20004@gongtest.com | | 경영지원부 | 사원 | 서울시 영등포구 xx동 xxx | |
> | oo고등학교 졸업 | | 없음 | | 1년 | 3243만원 | 313만원 | 326만원 | 3882만원 |
>
> (생략)
>
> | 20042 | 이수민 | D:₩프로필사진₩20042_이수민.jpg | | | 2018-04-02 | 6년 | | |
> | 1982-07-24 | 010-7079-xxxx | | 20042@gongtest.com | | 인사부 | 대리 | | |
> | oo대학원 졸업 | | 없음 | | 10년 | 3624만원 | 127만원 | 490만원 | |
> | 20081 | 박태윤 | D:₩프로필사진₩20081_박태윤.jpg | | | 2021-09-24 | 3년 | | |
> | 1982-10-02 | 010-7839-xxxx | | 20081@gongtest.com | | 인사부 | 차장 | | |
> | oo대학교 졸업 | | 전산회계1급 | | 1년 | 4397만원 | 452만원 | 273만원 | 5122만원 |
>
> [직원명부] 시트의 [A1:S15] 범위를 복사-붙여넣기 해서 대상 데이터를 제공해요.
>
> 엑셀에 [직원명부] 시트의 A1셀부터 위와 같은 데이터가 아래로 쭉 쌓여 있어. 전체 직원 데이터라 더 많은 데이터가 들어 있고, 나는 이 데이터로부터 [인사기록카드] 시트로 값을 불러갈 건데, 사번 값을 입력하면 그 사번에 대한 직원 정보를 첫 번째 행의 컬럼명에 맞춰서 불러오는 엑셀 VBA 매크로 코드를 짜줘.
>
> 인사기록카드
>
> | | | 사번 | 20047 |
> | | | 입사일자 | 2018-11-07 |
> | | | 근무부서 | 인사부 |
> | 사진 | | 직급 | 부장 |
> | | | 근무기간 | 6년 |
> | | | 최종학력 | oo대학교 졸업 |
> | 이름 | 하다현 | 자격증 | 컴퓨터활용능력2급 |
> | 주민등록번호 | 800105-1xxxxxx | 경력사항 | 3년 |
> | 생년월일 | 1980-01-05 | 기본급 | 4838만원 |
> | 연락처 | 010-6535-xxxx | 기타수당 | 824만원 |
> | 이메일 | 20047@gongtest.com | 상여금 | 181만원 |
> | 주소 | 서울시 강남구 xx동 xxx | 지급계 | 5843만원 |
>
> [인사기록카드 비포애프터 샘플] 시트의 [A1:D13] 범위를 복사-붙여넣기 해서 비포애프터 샘플 데이터를 제공해요.
>
> [인사기록카드] 시트에는 이런 데이터가 A1셀부터 들어 있고, A열과 C열에 들어 있는 컬럼명을 참고해서 바로 우측의 B열과 D열에 해당하는 값을 불러올 거야. 근데 사진은 경로로 되어 있으니까 그 경로에 해당하는 사진을 불러서 넣어줬으면 해.

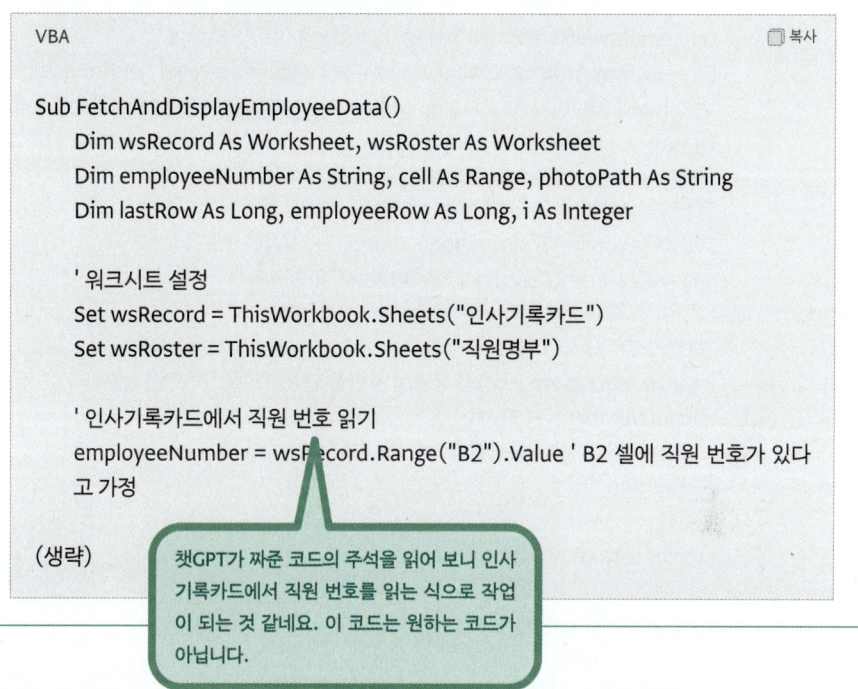

이 코드는 "직원명부" 시트에서 사번(직원 번호)을 기준으로 직원 데이터를 가져와 "인사기록카드" 시트에 표시하는 역할을 합니다. 이 매크로는 "인사기록카드"의 컬럼명과 "직원명부"의 데이터를 매칭시켜 해당 값을 입력하며, 직원의 사진도 표시합니다:

```VBA
Sub FetchAndDisplayEmployeeData()
    Dim wsRecord As Worksheet, wsRoster As Worksheet
    Dim employeeNumber As String, cell As Range, photoPath As String
    Dim lastRow As Long, employeeRow As Long, i As Integer
    
    ' 워크시트 설정
    Set wsRecord = ThisWorkbook.Sheets("인사기록카드")
    Set wsRoster = ThisWorkbook.Sheets("직원명부")
    
    ' 인사기록카드에서 직원 번호 읽기
    employeeNumber = wsRecord.Range("B2").Value ' B2 셀에 직원 번호가 있다고 가정
    
(생략)
```

> 챗GPT가 짜준 코드의 주석을 읽어 보니 인사기록카드에서 직원 번호를 읽는 식으로 작업이 되는 것 같네요. 이 코드는 원하는 코드가 아닙니다.

05 사번 값을 입력하는 창이 별도로 떴을 때 사번을 넣어주면 해당하는 값들을 불러오는 식으로 멋있게 구현하고 싶은데, 챗GPT에게 의도가 충분히 전달되지 않은 것 같아요. 코드를 수정해달라고 요청해보겠습니다.

> **프롬프트**
>
> 사번을 입력창에 별도로 넣어주면 그 사번에 대해서 불러오도록 하고 싶어. 수정해줘.

 사번을 입력받아 해당 직원의 정보를 표시하는 VBA 매크로 코드를 아래와 같이 수정했습니다. 이제 사용자가 직접 사번을 입력할 수 있는 입력창이 나타나고, 해당 사번에 맞는 직원의 정보를 "인사기록카드" 시트에 표시합니다:

VBA 복사

```vba
Sub FetchAndDisplayEmployeeData()
    Dim wsRecord As Worksheet, wsRoster As Worksheet
    Dim employeeNumber As String, inputNumber As String
    Dim lastRow As Long, employeeRow As Long, i As Integer, j As Integer
    Dim headerRange As Range, cell As Range, photoPath As String, pic As Picture

    ' 워크시트 설정
    Set wsRecord = ThisWorkbook.Sheets("인사기록카드")
    Set wsRoster = ThisWorkbook.Sheets("직원명부")

    ' 사용자로부터 사번 입력 받기
    inputNumber = InputBox("직원의 사번을 입력하세요.", "사번 입력")
    If inputNumber = "" Then
        MsgBox "사번이 입력되지 않았습니다.", vbExclamation
        Exit Sub
    End If
    employeeNumber = inputNumber

    ' 직원명부에서 직원 행 찾기
    With wsRoster
        lastRow = .Cells(.Rows.Count, 1).End(xlUp).Row
        For i = 1 To lastRow
            If .Cells(i, 1).Value = employeeNumber Then
                employeeRow = i
                Exit For
            End If
        Next i
    End With

    ' 직원 번호를 찾았다면
    If employeeRow > 0 Then
```

```vb
        ' 컬럼명에 맞게 데이터 가져오기 및 표시
        Set headerRange = wsRecord.Range("A8:A18, C2:C13")   ' 인사기록카드
에 데이터를 입력할 범위
        For Each cell In headerRange
            j = GetColumnByHeader(wsRoster, cell.Value)
            If j > 0 Then
                cell.Offset(0, 1).Value = wsRoster.Cells(employeeRow, j).Value
            End If
        Next cell
        
        ' 사진 표시
        photoPath = wsRoster.Cells(employeeRow, GetColumnByHeader(wsRoster, "사진")).Value
        With wsRecord.Pictures.Insert(photoPath)
            .ShapeRange.LockAspectRatio = msoTrue
            .Width = 100   ' 필요에 따라 크기 조정
            .Top = wsRecord.Range("B1").Top
            .Left = wsRecord.Range("A1").Left
        End With
    Else
        MsgBox "해당 사번의 직원을 찾을 수 없습니다.", vbCritical
    End If
End Sub

Function GetColumnByHeader(ws As Worksheet, header As String) As Integer
    Dim cell As Range
    For Each cell In ws.Rows(1).Cells ' 헤더가 첫 번째 행에 있다고 가정
        If cell.Value = header Then
            GetColumnByHeader = cell.Column
            Exit Function
        End If
    Next cell
    GetColumnByHeader = 0 ' 헤더를 찾지 못한 경우
End Function
```

06 제대로 된 코드가 나온 것 같으니 엑셀 파일에서 실행해보겠습니다. [인사기록카드] 시트를 클릭하고 엑셀 화면 상단의 [보기] 탭에서 [매크로]를 클릭합니다. [매크로] 창이 뜨면 [매크로 이름]을 아무렇게나(**일괄채우기**) 적고 [만들기]를 클릭합니다.

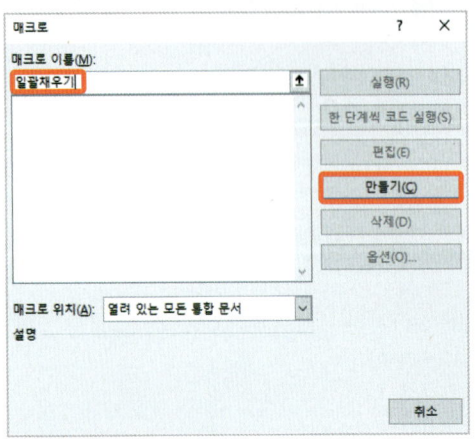

07 코드를 입력할 수 있는 VBA 코드 편집기 창이 뜨면 챗GPT가 알려준 코드를 붙여넣습니다.

 공여사 TIP

코드를 입력할 수 있는 창에 기본으로 생성된 Sub 일괄채우기() / End Sub 코드는 지우고 챗GPT가 알려준 코드를 붙여넣으세요. 제공된 예제 파일과 같은 폴더 안에 넣어둔 코드 원본인 **일괄채우기(코드).txt**를 복사해 붙여넣으면 됩니다.

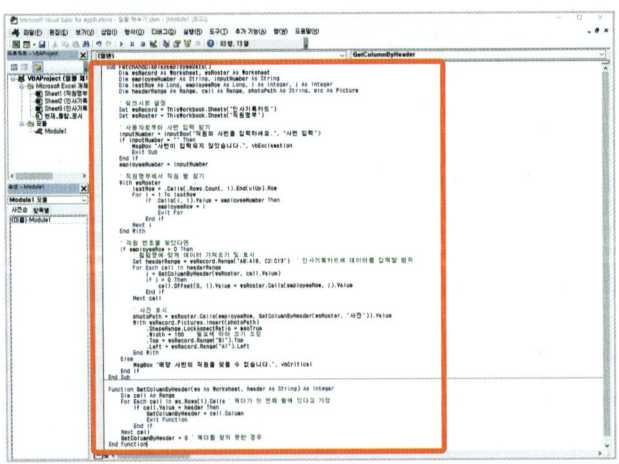

08 VBA 코드 편집기 창에서 [최소화 -] 버튼을 클릭해 창을 잠깐 내립니다. 엑셀 화면 상단 [보기] 탭에서 [매크로]를 다시 클릭합니다. [매크로] 창이 뜨면 [매크로 이름]이 챗GPT가 내어준 이름(FetchAndDisplayEmployeeData)으로 변경돼 있는 것을 확인할 수 있습니다. 해당 매크로를 선택한 후 [실행]을 클릭해 매크로를 실행시켜봅니다. 그랬더니 정말로 사번을 입력할 수 있는 [사번 입력] 창이 뜹니다! 신기하죠? 샘플로 사번 20048을 입력한 다음 [확인]을 클릭해 제대로 데이터가 불러와지는지 확인해보겠습니다.

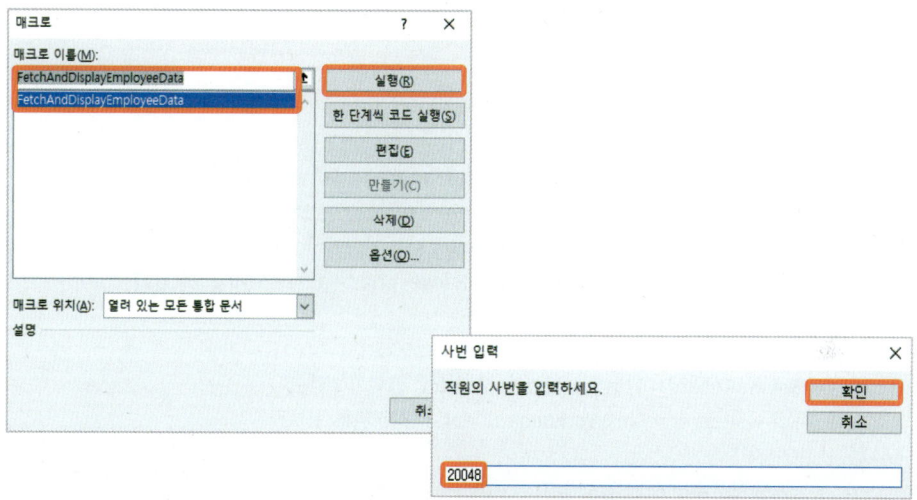

09 신기하게도 정말 값이 모두 채워졌는데요. [직원명부] 시트로 가서 20048 사번에 해당하는 데이터를 보니 실제로 일치한다는 것을 알 수 있습니다. 그런데 딱 하나 문제가 있습니다. 사진 위치가 잘못 들어갔고, 크기도 조금 크게 들어갔네요.

	A	B	C	D
1				
2			사번	20048
3			입사일자	2019-01-01
4			근무부서	인사부
5			직급	사원
6			근무기간	5년
7			최종학력	oo대학교 졸업
8	이름	박도윤	자격증	없음
9	주민등록번호	920216-5xxxxxx	경력사항	1년
10	생년월일	1992-02-16	기본급	4418만원
11	연락처	010-1823-xxxx	기타수당	386만원
12	이메일	0048@gongtest.com	상여금	347만원
13	주소	울시 강남구 xx동 x	지급계	5151만원

10 챗GPT에게 코드를 바꿔달라고 해보겠습니다.

> **프롬프트**
>
> 다 잘 들어갔고, 사진만 위치를 수정해줘. A1셀이 아니라 B2셀에 넣어야 해. 그리고 사진의 가로 폭은 3.2cm로 조정해줘.

 사진을 "인사기록카드" 시트의 B2 셀에 위치하도록 하고, 가로 폭을 3.2cm로 조정하는 VBA 코드 수정을 아래와 같이 제공합니다:

```VBA
Sub FetchAndDisplayEmployeeData()
    Dim wsRecord As Worksheet, wsRoster As Worksheet
    Dim employeeNumber As String, inputNumber As String
    Dim lastRow As Long, employeeRow As Long, i As Integer, j As Integer
    Dim headerRange As Range, cell As Range, photoPath As String, pic As Picture
    
    ' 워크시트 설정
    Set wsRecord = ThisWorkbook.Sheets("인사기록카드")
    Set wsRoster = ThisWorkbook.Sheets("직원명부")
    
    ' 사용자로부터 사번 입력 받기
    inputNumber = InputBox("직원의 사번을 입력하세요.", "사번 입력")
    If inputNumber = "" Then
        MsgBox "사번이 입력되지 않았습니다.", vbExclamation
        Exit Sub
    End If
    employeeNumber = inputNumber
    
    ' 직원명부에서 직원 행 찾기
    With wsRoster
        lastRow = .Cells(.Rows.Count, 1).End(xlUp).Row
        For i = 1 To lastRow
            If .Cells(i, 1).Value = employeeNumber Then
                employeeRow = i
                Exit For
            End If
        Next i
    End With
```

```
    ' 직원 번호를 찾았다면
    If employeeRow > 0 Then
        ' 컬럼명에 맞게 데이터 가져오기 및 표시
        Set headerRange = wsRecord.Range("A8:A18, C2:C13")   ' 인사기록카드
    에 데이터를 입력할 범위
        For Each cell In headerRange
            j = GetColumnByHeader(wsRoster, cell.Value)
            If j > 0 Then
                cell.Offset(0, 1).Value = wsRoster.Cells(employeeRow, j).Value
            End If
        Next cell

        ' 사진 표시
        photoPath = wsRoster.Cells(employeeRow, GetColumnByHeader(wsRoster,
    "사진")).Value
        Set pic = wsRecord.Pictures.Insert(photoPath)
        With pic
            .ShapeRange.LockAspectRatio = msoTrue
            .Width = Application.CentimetersToPoints(3.2)   ' 가로 폭을 3.2cm로 조정
            .Top = wsRecord.Range("B2").Top
            .Left = wsRecord.Range("B2").Left
        End With
    Else
        MsgBox "해당 사번의 직원을 찾을 수 없습니다.", vbCritical
    End If
End Sub

Function GetColumnByHeader(ws As Worksheet, header As String) As Integer
    Dim cell As Range
    For Each cell In ws.Rows(1).Cells   ' 헤더가 첫 번째 행에 있다고 가정
        If cell.Value = header Then
            GetColumnByHeader = cell.Column
            Exit Function
        End If
    Next cell
    GetColumnByHeader = 0   ' 헤더를 찾지 못한 경우
End Function
```

11 챗GPT가 수정해준 코드를 엑셀 파일에서 실행해보겠습니다. 테스트해보기 위해 [인사기록카드]에 매크로로 불러온 이미지와 값은 모두 삭제해줄게요.

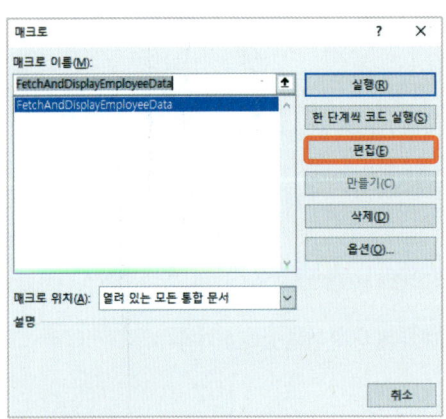

12 엑셀 화면 상단의 [보기] 탭에서 [매크로]를 클릭합니다. [매크로] 창이 뜨면 기존에 만들어둔 매크로가 선택된 상태 그대로에서 [편집]을 클릭합니다.

13 VBA 코드 편집기 창이 뜨면 챗GPT가 수정해준 코드를 붙여넣습니다.

 공여사 TIP

기존에 입력돼 있던 코드는 모두 지우고 수정된 코드를 붙여넣으세요. 제공된 예제 파일과 같은 폴더 안에 넣어둔 코드 원본인 **일괄채우기_사진수정(코드).txt**를 복사해 붙여넣으면 됩니다.

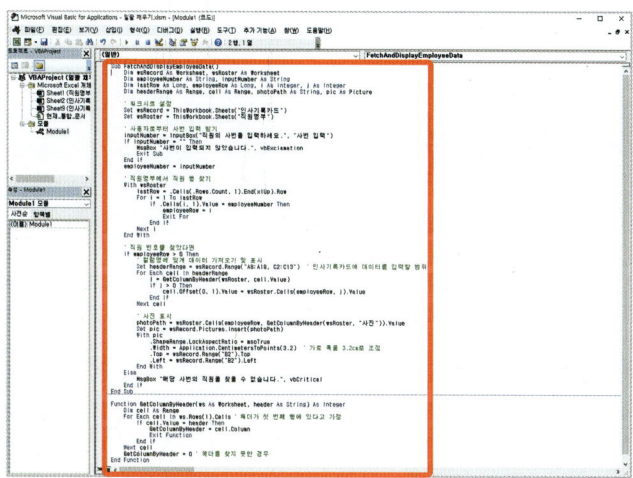

14 VBA 코드 편집기 창에서 [최소화 ▬] 버튼을 클릭해 창을 잠깐 내립니다. 엑셀 화면 상단 [보기] 탭에서 [매크로]를 다시 클릭합니다. [매크로] 창이 뜨면 [실행]을 클릭해 매크로를 실행시켜봅니다.

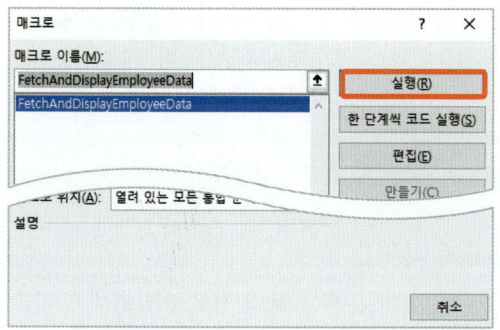

15 [사번 입력] 창이 뜨면 다시 한번 사번 20048을 입력한 다음 [확인]을 클릭해 제대로 데이터가 불러와지는지 확인해보겠습니다.

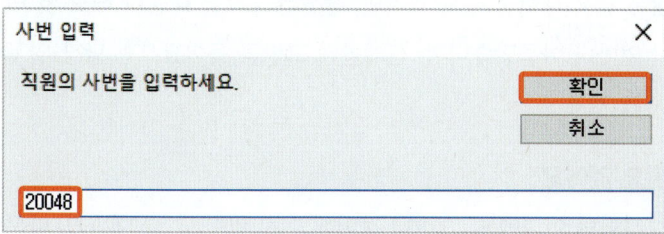

16 사진 크기와 위치까지 잘 조정된 것을 확인할 수 있습니다.

	A	B	C	D
1	인사기록카드			
2	사진		사번	20048
3			입사일자	2019-01-01
4			근무부서	인사부
5			직급	사원
6			근무기간	5년
7			최종학력	oo대학교 졸업
8	이름	박도윤	자격증	없음
9	주민등록번호	920216-5xxxxxx	경력사항	1년
10	생년월일	1992-02-16	기본급	4418만원
11	연락처	010-1823-xxxx	기타수당	386만원
12	이메일	0048@gongtest.com	상여금	347만원
13	주소	울시 강남구 xx동 x	지급계	5151만원

> **공여사 TIP**
>
> 다시 한번 매크로를 실행시키고 [사번 입력] 창이 뜨면 20001을 입력해보세요. 그러면 윤지안 사원에 대한 정보가 불러와집니다.
> 그런데 사실 지금 챗GPT가 짜준 코드는 실행시켜서 새로 사번을 입력할 때마다 기존에 있던 이미지가 지워지지 않은 채로 새로운 이미지가 계속 쌓이는 형식으로 작동하고 있어요. 당장은 크게 문제 될 게 없지만, 이미지가 쌓이는 것보다는 다른 셀들에 텍스트 값들이 새로 갱신되며 불러와지듯 이미지도 기존 값이 삭제되고 불러와지는 게 좋겠죠. 이런 경우에도 챗GPT에게 코드 수정을 요청할 수 있겠죠?

챗GPT에게 재차 질문하는 것을 귀찮아하지 마세요

이렇게 긴긴 과정을 거쳐 문제를 해결해봤습니다. 이번 문제는 폴더 경로를 알려주고 이미지 파일도 불러와야 하는 등 복합적인 문제였어요. 문제를 해결하는 과정에서 챗GPT가 코드를 잘못 짜주는 바람에 재질문도 해야 했죠.

물론 챗GPT가 한 번에 괜찮은 답을 내어줄 수도 있지만, 잘못된 코드를 내준다 해도 몇 번이고 다시 물어보면 되니 이 얼마나 아름답습니까. 선배한테 그만큼 물어봤으면 당장 일못러로 찍히고 디립다 욕이나 먹었겠죠.

챗GPT 앞에선 창피해할 필요 없어요

챗GPT는 거의 사람 같지만, 사람이 아니에요. 그러니 창피해할 것 없이 답 줄 때까지, 나쁜 사람 되어도 좋으니 마음에 들 때까지 반복해서 질문하세요. 특히 단순 반복 수작업 노가다는 매일, 매주, 매월 반복되는 성격의 일이 많아 맨 처음에만 한 번 제대로 짜두면 그다음부터는 이 엑셀 파일 열어서 사번만 입력해주면 몇 초 만에 인사기록카드 냅다 채워지니까 업무 효율이 획기적으로 오를 겁니다.

그러니 한두 번 틀린 답에 챗GPT에게 실망하지 말고, 참을성을 갖고 집요하게 질문하세요. 챗GPT와 잘 소통할수록 업무 능률도 오릅니다.

05 생산팀 KPI 실적 구간에 따라 신호등 칠하기

NO PAIN, YES GAIN! 앞서 특정 텍스트에 빨간색을 칠하는 단순 반복 수작업을 매크로로 해결했던 걸 기억하나요? 이번에는 글자가 아닌 셀 배경색을 칠해보려고 해요. KPI 등급에 맞게 셀 배경색을 빨간색, 주황색, 초록색과 같은 신호등 색깔로 칠하는 문제를 챗GPT와 함께 해결해볼게요.

챗GPT와 무작정 풀어보기

KPI 등급에 따라 신호등 색 칠하는 매크로 짜기

예제 파일 : PA02/CH03/05_신호등 칠하기.xlsm

01 예제 파일을 열면 발주내역이 정리된 데이터가 있습니다. E열의 '출고리드타임'이 15일보다 짧거나 같으면 초록색으로, 16일~20일은 주황색으로, 21일 이상은 빨간색으로 칠하는 단순 반복 수작업 노가다를 챗GPT를 통해 매크로로 만들어볼게요.

 **공여사 TIP**

실무에서는 이렇게 실적을 뽑아놓고 색깔을 칠해 성과가 안 좋은 팀을 시각적으로 표시하는 일이 많아요. 흔히 '나래비'를 세운다고 하죠. 우리 팀에 빨간불이 들어와 있으면 팀장님이 불려가거나, 내가 불려가거나 하겠죠. 슬프지만 직장인 현실 고충이에요.

	A	B	C	D	E
1	발주번호	생산팀명	발주일	출고일	출고리드타임
2	PO2024_029774	생산1팀	2024-04-15	2024-05-01	13
3	PO2024_029773	생산1팀	2024-04-15	2024-05-01	13
4	PO2024_029766	생산2팀	2024-04-15	2024-05-02	14
5	PO2024_029780	생산1팀	2024-04-16	2024-05-03	14
6	PO2024_029785	생산1팀	2024-04-16	2024-05-04	14

02 챗GPT에게 VBA 매크로 코드를 요청해보겠습니다.

프롬프트

발주번호	생산팀명	발주일	출고일	출고리드타임
PO2024_029774	생산1팀	2024-04-15	2024-05-01	13
PO2024_029773	생산1팀	2024-04-15	2024-05-01	13
		(생략)		
PO2024_029810	생산2팀	2024-04-19	2024-05-06	12
PO2024_029770	생산2팀	2024-04-15	2024-05-06	16

[발주내역] 시트의 [A1:E15] 범위를 복사-붙여넣기 해서 대상 데이터를 제공해요.

엑셀의 발주내역 시트에 위와 같은 데이터가 A1셀부터 들어 있어. 이 중 가장 오른쪽의 리드타임 값에 따라서 리드타임이 15 이하일 때는 그 데이터 행의 배경색을 녹색으로 칠하고, 16부터 20 사이일 때는 주황색으로 칠하고, 20보다 클 때는 빨간색으로 칠하는 엑셀 VBA 매크로 코드를 짜줘.

아래는 엑셀에서 사용할 수 있는 VBA 매크로 코드입니다. 이 코드는 '출고리드타임' 값에 따라 해당 행의 배경색을 칠하는 역할을 합니다. 리드타임이 15 이하일 때는 녹색, 16에서 20 사이일 때는 주황색, 20보다 클 때는 빨간색으로 설정됩니다.

```VBA
Sub ColorRowsBasedOnLeadTime()
    Dim ws As Worksheet
    Set ws = ThisWorkbook.Sheets("발주내역") ' 데이터가 있는 시트 이름
    Dim lastRow As Long
    lastRow = ws.Cells(ws.Rows.Count, "A").End(xlUp).Row ' A열에서 마지막 데이터가 있는 행 찾기
    
    Dim i As Long
    For i = 2 To lastRow ' 2행부터 마지막 행까지 반복
        Dim leadTime As Integer
        leadTime = ws.Cells(i, "E").Value ' 출고리드타임은 E열에 있음
        
        ' 리드타임 값에 따라 배경색 설정, F열 이후는 칠하지 않음
        If leadTime <= 15 Then
            ws.Range(ws.Cells(i, 1), ws.Cells(i, 5)).Interior.Color = RGB(0, 255, 0)
```

```
        ' 리드타임 15 이하이면 녹색
    ElseIf leadTime >= 16 And leadTime <= 20 Then
        ws.Range(ws.Cells(i, 1), ws.Cells(i, 5)).Interior.Color = RGB(255,
        165, 0) ' 리드타임 16~20이면 주황색
    ElseIf leadTime > 20 Then
        ws.Range(ws.Cells(i, 1), ws.Cells(i, 5)).Interior.Color = RGB(255, 0,
        0) ' 리드타임 20 초과이면 빨간색
    Else
        ws.Range(ws.Cells(i, 1), ws.Cells(i, 5)).Interior.Color = xlNone ' 조
        건에 맞지 않을 경우 색상 제거
    End If
Next i
End Sub
```

03 챗GPT가 알려준 코드를 엑셀 파일에서 실행해보겠습니다. 엑셀 화면 상단의 [보기] 탭에서 [매크로]를 클릭합니다. [매크로] 창이 뜨면 [매크로 이름]을 아무렇게나 (**신호등칠하기**) 적고 [만들기]를 클릭합니다.

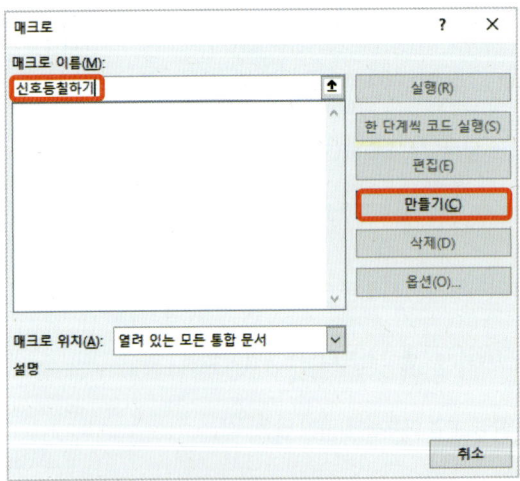

04 코드를 입력할 수 있는 VBA 코드 편집기 창이 뜨면 챗GPT가 알려준 코드를 붙여넣습니다.

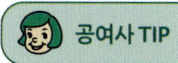 **공여사 TIP**

코드를 입력할 수 있는 창에 기본으로 생성된 Sub 신호등칠하기() / End Sub 코드는 지우고 챗GPT가 알려준 코드를 붙여넣으세요. 제공된 예제 파일과 같은 폴더 안에 넣어둔 코드 원본인 **신호등칠하기(코드).txt**를 복사해 붙여넣으면 됩니다.

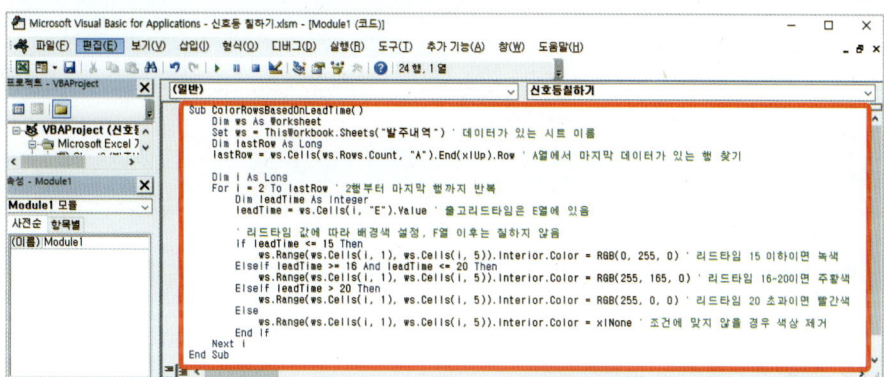

05 VBA 코드 편집기 창에서 [최소화] 버튼을 클릭해 창을 잠깐 내립니다. 엑셀 화면 상단 [보기] 탭에서 [매크로]를 다시 클릭합니다. [매크로] 창이 뜨면 [매크로 이름]이 챗GPT가 내어준 이름(ColorRowsBasedOnLeadTime)으로 변경된 것을 확인할 수 있습니다. 해당 매크로를 선택한 후 [실행]을 클릭해 매크로를 실행시켜봅니다.

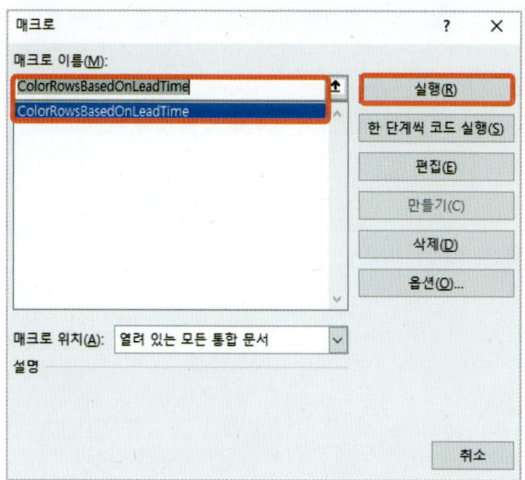

06 정해준 기준에 따라 해당하는 행에 신호등 색깔이 칠해진 것을 확인할 수 있습니다.

	A	B	C	D	E
1	발주번호	생산팀명	발주일	출고일	출고리드타임
2	PO2024_029774	생산1팀	2024-04-15	2024-05-01	13
3	PO2024_029773	생산1팀	2024-04-15	2024-05-01	13
4	PO2024_029766	생산2팀	2024-04-15	2024-05-02	14
5	PO2024_029		2024-04-16	2024-05-03	14
				2024-05-04	
	PO2024_029770	생산2팀	202		
16	PO2024_029767	생산3팀	2024-04-15	2024-0	16
17	PO2024_029771	생산2팀	2024-04-15	2024-05-06	16
18	PO2024_029783	생산1팀	2024-04-16	2024-05-07	16
19	PO2024_029798	생산1팀	2024-04-18	2024-05-08	15
20	PO2024_029768	생산3팀	2024-04-15	2024-05-08	18

> **공여사 TIP**
> 만약 챗GPT가 데이터가 들어 있지 않은 F열 오른쪽으로도 쭉 색을 칠해버린다면, E열까지만 색을 칠하는 코드로 수정해달라고 요청해보세요.

> **궁금하실까봐 준비했어요!**
>
> **단축키와 도형 버튼 클릭으로 매크로를 실행하는 방법**
>
> 여기까지 책을 읽고 학습했다면 이제 이 정도 매크로 작업은 시시하게 느껴질 거예요. 아쉬울 수 있으니 매크로와 관련된 부가 기능을 한번 알아보겠습니다. 챗GPT의 도움을 얻어 짠 매크로를 실행하는 것이 다소 번거롭게 느껴지지 않았나요? 그렇다면 단축키를 지정해서 매크로를 실행해볼 수 있습니다.
>
> 01 +을 눌러 [매크로] 창을 엽니다. 내가 만든 매크로가 선택돼 있는 것을 확인하고 [옵션]을 클릭합니다.
>
>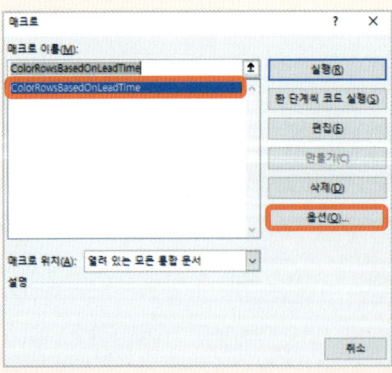

02 [매크로 옵션] 창이 뜨면 [바로 가기 키]를 설정해줍니다. 'Ctrl' 키와 함께 누를 키를 지정하면 되는데 여기에 q를 입력하고 [확인]을 클릭합니다. 매크로 단축키를 설정할 때는 평소 응용 프로그램에서 잘 안 쓰는 단축키를 쓰는 게 좋아요. Ctrl + C 처럼 늘 쓰는 것으로 설정하면 곤란하겠죠?

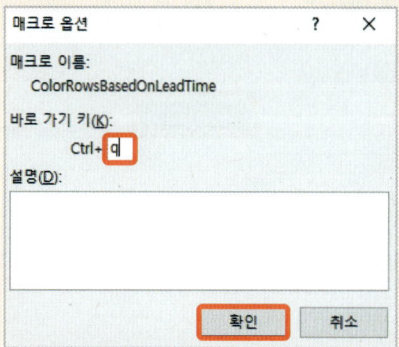

03 열려져 있던 [매크로] 창도 닫아주고, 엑셀 화면에서 이제 Ctrl + q 를 누르면 해당 매크로가 실행됩니다.

이 파일에 매크로가 들어 있는지 모르는 사람도 직관적으로 알기 쉽게 도형 버튼을 클릭해 매크로를 실행시키는 방법도 있는데요. 어떻게 하는 건지 알아볼게요.

01 상단의 [삽입] 탭에서 [도형]을 클릭하면 여러 가지 도형이 나옵니다. 어떤 도형이든 좋습니다. 이번에는 [사각형: 둥근 모서리]를 선택해보겠습니다.

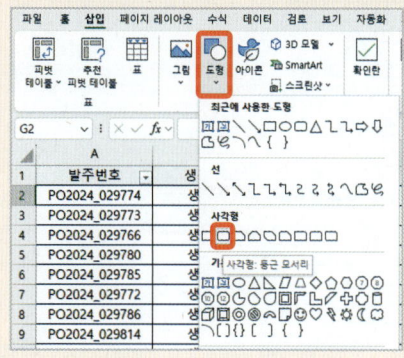

02 마우스 커서가 십자 모양 ┽ 이 되면 적당한 지점에 드래그하여 도형을 삽입해줍니다.

03 상단의 [도형 스타일]에서 원하는 스타일로 바꿔봅니다. 여기서는 깔끔하게 [색 윤곽선 - 녹색, 강조6]으로 바꿔보겠습니다.

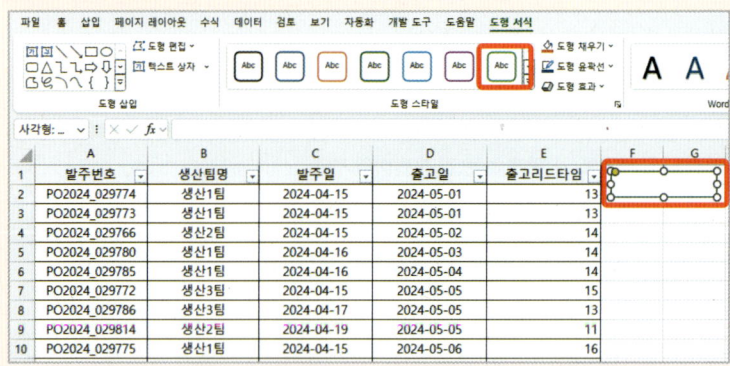

04 도형이 클릭된 상태에서 **신호등칠하기**라고 적어줍니다.

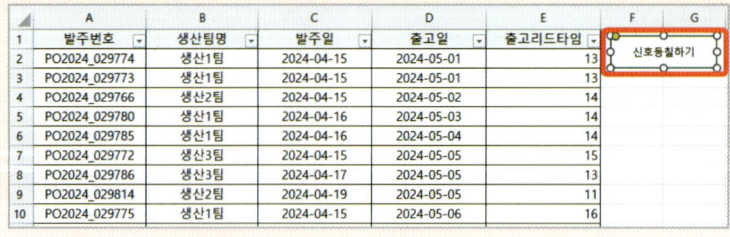

05 도형을 마우스 오른쪽 버튼으로 클릭하면 나오는 항목에서 [매크로 지정]을 클릭합니다. 그런 다음 [매크로 지정] 창이 뜨면 만들어둔 매크로를 선택하고 [확인]을 클릭합니다.

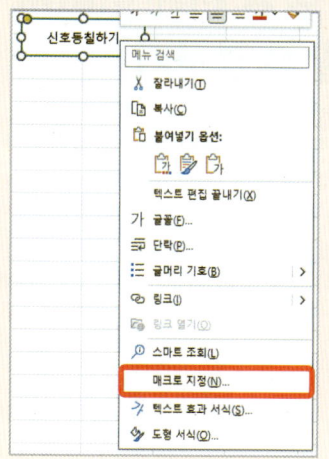
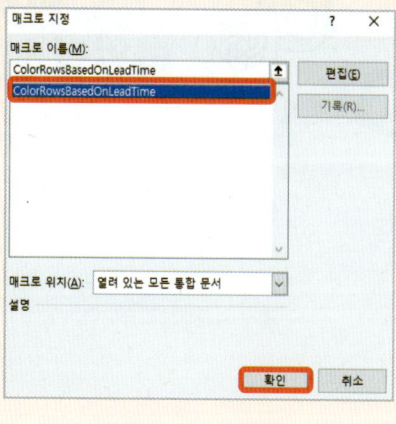

06 이제 도형으로 만들어준 [신호등칠하기] 버튼을 클릭하면 해당 매크로가 자동으로 실행됩니다.

이렇게 매크로 실행을 도형 버튼으로 만들어두면 누가 보더라도 '이 버튼을 누르면 신호등이 칠해 지겠네?'라고 알 수 있겠죠. 나 혼자 쓰는 파일이라면 단축키를 지정해 간단히 실행시키면 되겠지만, 다른 사람과 파일을 공유하게 될 때는 이런 도형으로 표시해주는 센스를 기억해주세요.

지금까지 신호등칠하기 문제를 해결해봤어요. 사실 이 작업은 엑셀의 [조건부 서식]을 통해서도 해결할 수 있는데요. 만약 [조건부 서식]을 활용해 신호등 칠하기를 하고 싶다면 챗GPT에게 질문해 활용법을 익혀보세요. 다시 한번 강조하지만 챗GPT를 잘 쓰는 사람일수록 업무 효율이 오르고 직장에서 사랑받을 거예요.

06 [총무팀] 비용 증빙 서류 이미지 파일명 일괄 수정하기

NO PAIN, YES GAIN! 이번에는 직장인들이 정말 자주 겪는 문제 중 하나를 알아볼 거예요. 파일명을 내가 원하는 양식으로 일괄 수정하는 작업인데요. 이번에도 내 손으로 하나하나 바꿀 필요 없이 챗GPT로 매크로를 짜서 빠르게 해결해보겠습니다.

챗GPT와 무작정 풀어보기 ▶▶

폴더 안의 파일명까지 바꿔주는 엑셀 매크로 짜기

예제 파일 : PA02/CH03/06_파일명 일괄 수정하기.xlsm

01 D 드라이브에 아래와 같은 '전표처리용' 폴더가 있습니다. 폴더 안에는 전표 이미지 파일이 들어가 있다고 가정해볼게요. 파일명이 '부서명'-'이름'-'날짜' 순서로 정리돼 있네요.

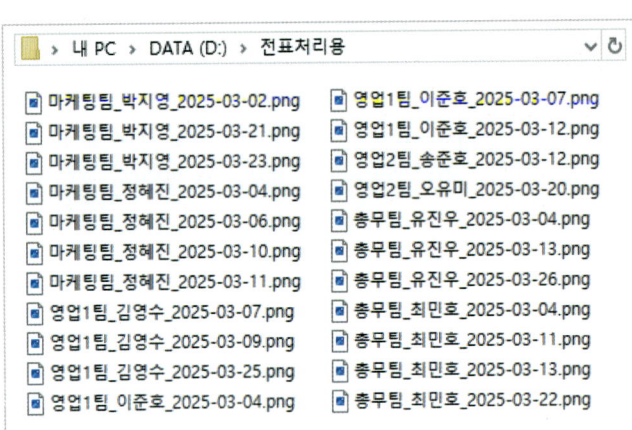

 **공여사 TIP**

이번 매크로에서는 폴더 안에 있는 이미지 파일명을 수정해볼 거예요. 책에서는 '전표처리용' 폴더가 D 드라이브 경로에 있는 것으로 가정해두었으니, 제공된 예제 파일과 같은 폴더 안에 넣어둔 '전표처리용' 폴더를 D 드라이브에 위치시키고 실습을 진행해보세요.

02 그런데 이 파일명 양식이 회사 시스템에서 인식할 수 없는 양식이라, '이름'-'부서명'-'날짜' 순서로 파일명을 바꿔야 한다고 관련 부서에서 연락이 왔네요.

03 사실 지금은 파일 개수가 그리 많지 않아 눈 딱 감고 일일이 수정하면 금방이긴 해요. 하지만 만약 수백 개의 파일이 있다면? 정말 싫겠죠? 그러니 우리는 똑똑하게 챗GPT 찬스를 써서 이 단순 반복 수작업 노가다를 뽀개봅시다.

>  **공여사 TIP**
>
> 이번 실습은 윈도우를 기준으로 진행돼요. 만약 Mac을 쓴다면 프롬프트를 적절히 변형하여 실습해보세요.

04 예제 파일을 열면 아래와 같은 표가 있는데요. 먼저 챗GPT에게 D 드라이브 경로에 들어 있는 파일들의 파일명을 쭉 뽑아서 [A2] 셀부터 정리해달라고 요청해볼게요.

	A	B
1	원본 파일명	수정 파일명
2		
3		
4		
5		
6		
7		
8		
9		
10		
11		
12		
13		
14		
15		
16		
17		
18		
19		
20		
21		
22		
23		
24		

05 챗GPT에게 매크로 코드를 요청해보겠습니다.

> **프롬프트**
>
> D:₩전표처리용
>
> 엑셀에 [파일명 수정]이라는 시트에 위 경로에 들어 있는 파일명을 A2셀부터 그 아래로 쭉 리스트업해서 보여주려고 해. 이렇게 작동하는 VBA 매크로 코드를 짜줘.

 엑셀 VBA 매크로를 사용하여 특정 폴더(D:₩전표처리용) 내의 모든 이름을 엑셀 시트('파일명 수정')의 A2셀부터 리스트업하는 코드를 작성하겠습니다. 다음은 이 작업을 수행하는 VBA 코드입니다.

```vba
Sub ListFiles()
    Dim ws As Worksheet
    Dim folderPath As String
    Dim filename As String
    Dim i As Integer
    
    ' 사용할 시트 설정, "파일명 수정" 시트가 없으면 생성
    On Error Resume Next
    Set ws = ThisWorkbook.Sheets("파일명 수정")
    If ws Is Nothing Then
        Set ws = ThisWorkbook.Sheets.Add(After:=ThisWorkbook.Sheets(ThisWorkbook.Sheets.Count))
        ws.Name = "파일명 수정"
    End If
    On Error GoTo 0
    
    ' 폴더 경로 설정
    folderPath = "D:₩전표처리용₩"
    
    ' 폴더 내의 첫 번째 파일 찾기
    filename = Dir(folderPath)
    
    ' A열 초기화
    ws.Columns(1).Clear
```

```
    ' A2셀부터 시작
    i = 2

    ' 폴더 내 모든 파일 리스트업
    Do While filename <> ""
        ws.Cells(i, 1).Value = filename
        i = i + 1
        filename = Dir()   ' 다음 파일
    Loop

    ' 열 너비 자동 조정
    ws.Columns(1).AutoFit

    MsgBox "파일 목록이 생성되었습니다.", vbInformation
End Sub
```

06 챗GPT가 알려준 코드를 엑셀 파일에서 실행해보겠습니다. 엑셀 화면 상단의 [보기] 탭에서 [매크로]를 클릭합니다. [매크로] 창이 뜨면 [매크로 이름]을 아무렇게나(**파일명불러오기**) 적고 [만들기]를 클릭합니다.

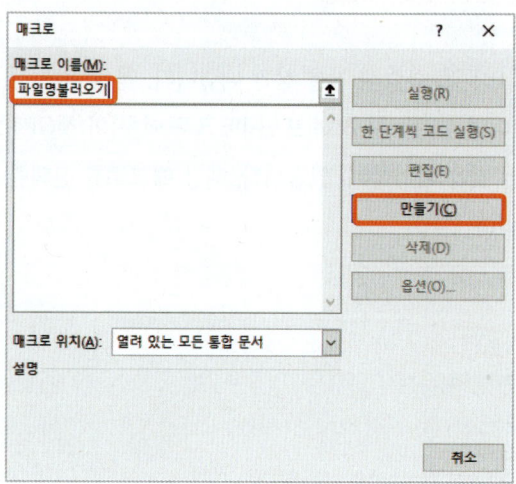

07 코드를 입력할 수 있는 VBA 코드 편집기 창이 뜨면 챗GPT가 알려준 코드를 붙여넣습니다.

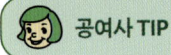 공여사 TIP

코드를 입력할 수 있는 창에 기본으로 생성된 Sub 파일명불러오기() / End Sub 코드는 지우고 챗GPT가 알려준 코드를 붙여넣으세요. 제공된 예제 파일과 같은 폴더 안에 넣어둔 코드 원본인 **파일명불러오기(코드).txt**를 복사해 붙여넣으면 됩니다.

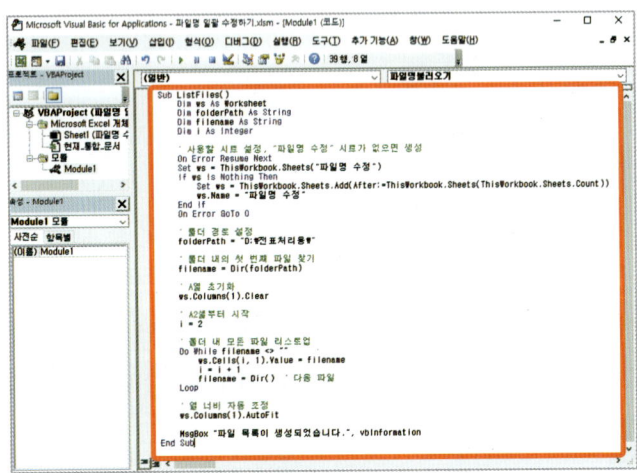

08 VBA 코드 편집기 창에서 [최소화 ―] 버튼을 클릭해 창을 잠깐 내립니다. 엑셀 화면 상단 [보기] 탭에서 [매크로]를 다시 클릭합니다. [매크로] 창이 뜨면 [매크로 이름]이 챗GPT가 내어준 이름(ListFiles)으로 변경돼 있는 것을 확인할 수 있습니다. 해당 매크로를 선택한 후 [실행]을 클릭해 매크로를 실행시켜봅니다.

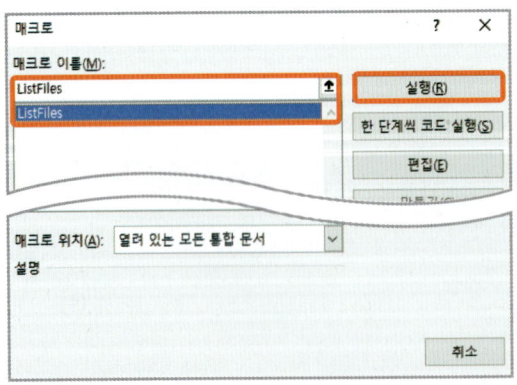

09 결과를 확인해봅니다. [A1] 셀의 컬럼명이 지워졌네요. 챗GPT에게 코드를 수정해달라고 요청할 수도 있겠지만 지금 작업에서는 문제 될 게 없어서 그냥 둘게요.

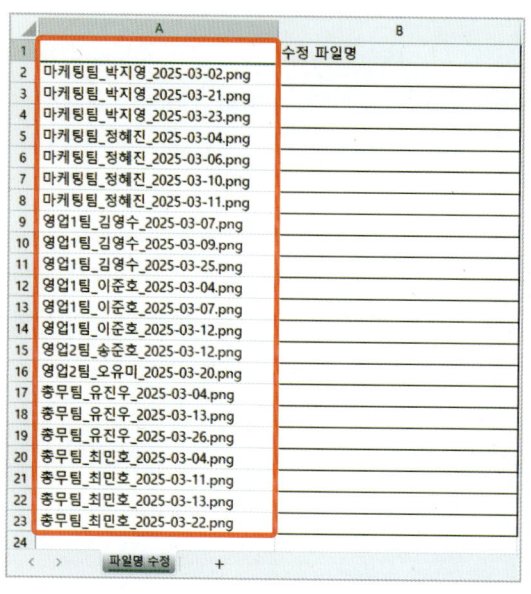

10 이번에는 B열의 '수정 파일명'을 정리해보겠습니다. 파일명의 순서를 바꾸는 작업이니 매크로가 아닌 수식으로도 충분히 해결할 수 있겠죠? 챗GPT에게 요청해보겠습니다.

> **프롬프트**
>
> 마케팅팀_박지영_2025-03-02.png
> 마케팅팀_박지영_2025-03-21.png
>   (생략)
> 총무팀_최민호_2025-03-13.png
> 총무팀_최민호_2025-03-22.png
>
> 엑셀에 A2셀부터 위와 같은 데이터가 들어 있다. 부서명_이름_날짜.png로 되어 있는데 네이밍 규칙을 이름_부서명_날짜.png로 바꾸는 엑셀 수식을 짜줘. (이건 VBA로 해결할 문제가 아니야)
>
> [A2:A23] 범위를 복사-붙여넣기 해서 대상 데이터를 제공해요.

> 🤖 엑셀에서 주어진 파일명을 '부서명_이름_날짜.png'에서 '이름_부서명_날짜.png' 형식으로 바꾸기 위한 수식을 사용할 수 있습니다. 아래의 수식을 사용하면 A2셀부터 시작하는 데이터의 네이밍 규칙을 변경할 수 있습니다.

엑셀 수식

```
excel
=MID(A2, FIND("_", A2) + 1, FIND("_", A2, FIND("_", A2) + 1) - FIND("_",
A2) - 1) & "_" & LEFT(A2, FIND("_", A2) - 1) & "_" & MID(A2, FIND("_", A2,
FIND("_", A2) + 1) + 1, LEN(A2))
```

11 챗GPT가 알려준 수식이 제대로 작동하는지 확인해보기 위해 [B2] 셀에 챗GPT가 알려준 아래 수식을 입력하고 Enter 를 누릅니다. 결과가 제대로 나온 것을 확인하고 [B2] 셀의 채우기 핸들➕을 더블클릭해 수식을 마저 채워줍니다.

=MID(A2, FIND("_", A2) + 1, FIND("_", A2, FIND("_", A2) + 1) - FIND("_", A2) - 1) & "_" & LEFT(A2, FIND("_", A2) - 1) & "_" & MID(A2, FIND("_", A2, FIND("_", A2) + 1) + 1, LEN(A2))

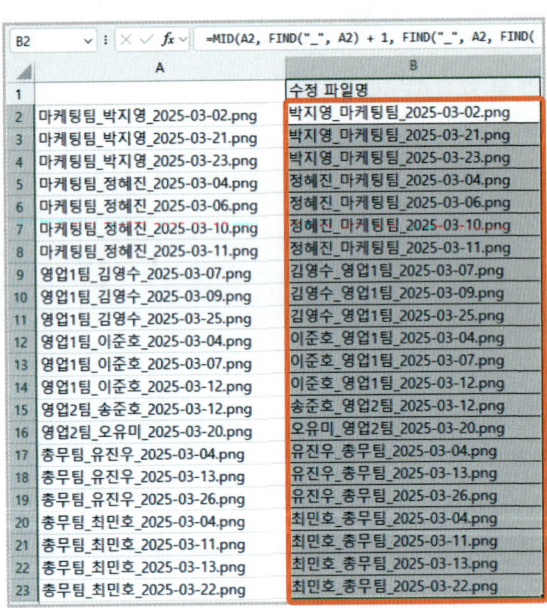

12 불필요한 1행은 마우스 오른쪽 버튼을 클릭한 후 [삭제]를 클릭해 지워줄게요.

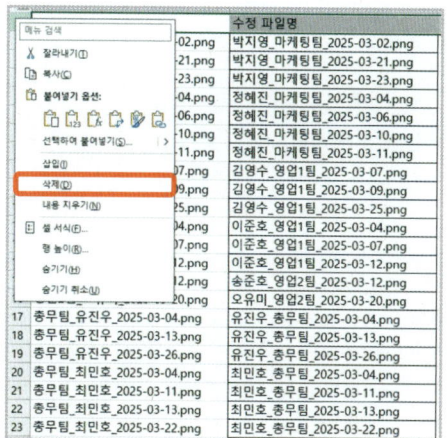

13 이 상태에서 한 번 더 챗GPT에게 매크로 코드를 요청해보겠습니다.

> **프롬프트**
>
> 엑셀에 [파일명 수정] 시트에 A열에는 수정 전 파일명이 들어 있고, B열에는 수정 후 파일명이 들어 있어. 둘 다 png라는 확장자를 포함하고 있고, 데이터는 A1셀~B1셀부터 시작해.
>
> D:\전표처리용
>
> 이 폴더에 들어 있는 파일명을 A열에서 B열로 수정하는 VBA 코드를 짜줘.

엑셀 VBA를 사용하여 특정 폴더(D:\전표처리용) 내의 파일명을 '파일명 수정' 시트의 A열에 있는 기존 파일명에서 B열에 있는 새 파일명으로 변경하는 코드를 작성하겠습니다.

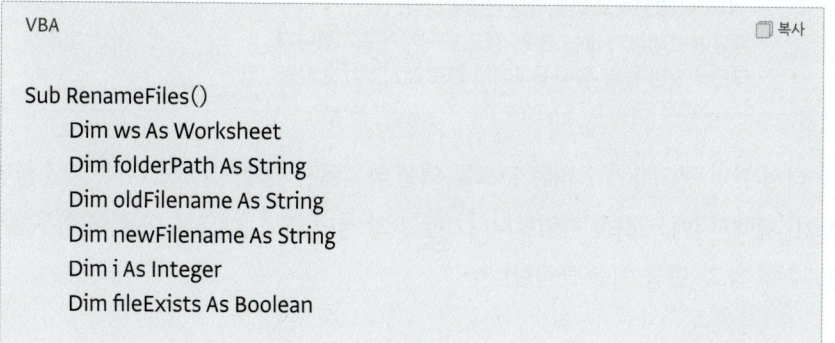

```
' 파일명 수정 시트 설정
Set ws = ThisWorkbook.Sheets("파일명 수정")
folderPath = "D:\전표처리용\"

i = 2 ' 헤더가 A1과 B1에 있으므로 데이터는 A2부터 시작

' 파일 이름 변경
Do While ws.Cells(i, 1).Value <> ""
    oldFilename = ws.Cells(i, 1).Value
    newFilename = ws.Cells(i, 2).Value
    fileExists = Len(Dir(folderPath & oldFilename)) > 0
    
    If fileExists Then
        Name folderPath & oldFilename As folderPath & newFilename
    Else
        MsgBox "파일 " & oldFilename & "을(를) 찾을 수 없습니다.", vbExclamation
    End If
    
    i = i + 1
Loop

MsgBox "파일 이름 변경 작업이 완료되었습니다.", vbInformation
End Sub
```

코드 설명
· 이 스크립트는 '파일명 수정' 시트에서 시작하여, A열에 있는 기존 파일명을 B열의 새 파일명으로 변경합니다.
· 'Dir' 함수를 사용하여 파일의 존재 여부를 확인합니다.
· 'Name' 명령어로 파일명을 변경합니다.
· 파일이 존재하지 않는 경우, 경고 메시지가 표시됩니다.
· 모든 파일명 변경 후 사용자에게 완료 메시지가 표시됩니다.

14 다시 한번 챗GPT가 알려준 코드를 엑셀 파일에서 실행해보겠습니다. 엑셀 화면 상단의 [보기] 탭에서 [매크로]를 클릭합니다. [매크로] 창이 뜨면 [매크로 이름]을 아무렇게나(**파일명바꾸기**) 적고 [만들기]를 클릭합니다.

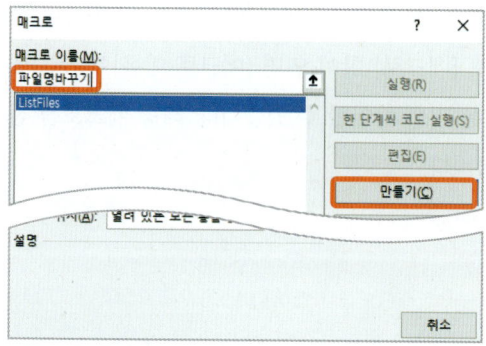

15 코드를 입력할 수 있는 VBA 코드 편집기 창이 뜨면 챗GPT가 알려준 코드를 붙여넣습니다.

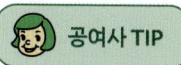 공여사 TIP

코드를 입력할 수 있는 창에 기본으로 생성된 Sub 파일명바꾸기() / End Sub 코드는 지우고 챗GPT가 알려준 코드를 붙여넣으세요. 제공된 예제 파일과 같은 폴더 안에 넣어둔 코드 원본인 **파일명바꾸기(코드).txt**를 복사해 붙여넣으면 됩니다.

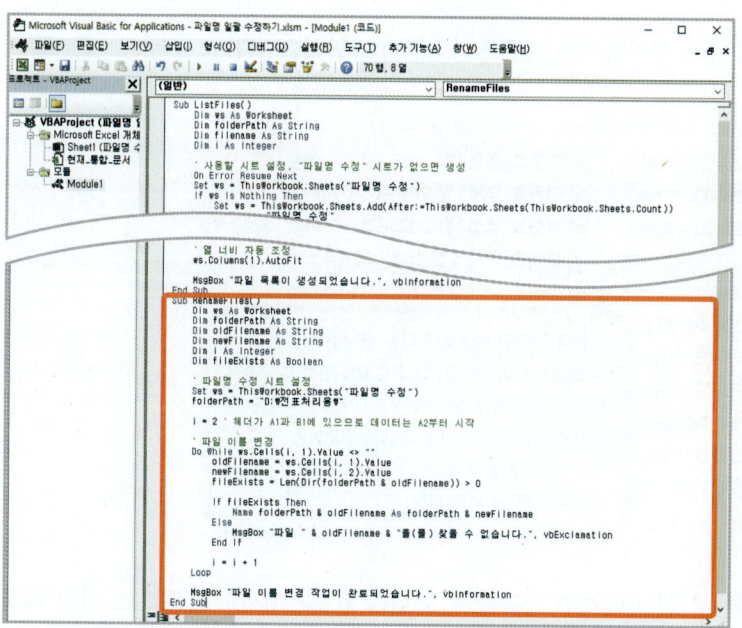

16 VBA 코드 편집기 창에서 [최소화 -] 버튼을 클릭해 창을 잠깐 내립니다. 엑셀 화면 상단 [보기] 탭에서 [매크로]를 다시 클릭합니다. [매크로] 창이 뜨면 [매크로 이름]이 챗GPT가 내어준 이름(RenameFiles)으로 변경돼 있는 것을 확인할 수 있습니다. 해당 매크로를 선택한 후 [실행]을 클릭해 매크로를 실행시켜봅니다.

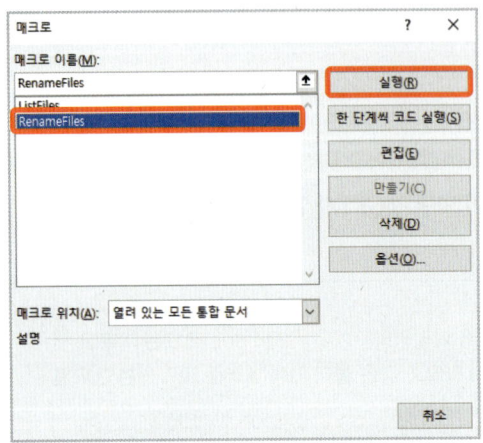

17 결과를 확인해봅니다. 신기하게도 정말로 파일명이 바뀌었습니다.

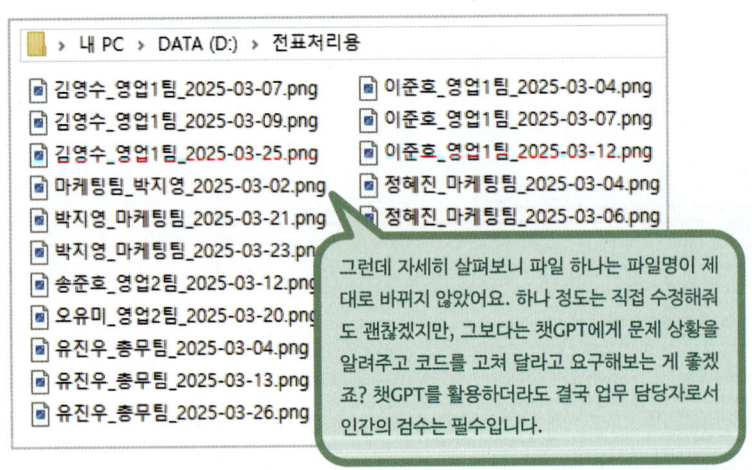

> 그런데 자세히 살펴보니 파일 하나는 파일명이 제대로 바뀌지 않았어요. 하나 정도는 직접 수정해줘도 괜찮겠지만, 그보다는 챗GPT에게 문제 상황을 알려주고 코드를 고쳐 달라고 요구해보는 게 좋겠죠? 챗GPT를 활용하더라도 결국 업무 담당자로서 인간의 검수는 필수입니다.

이렇듯 엑셀 매크로는 엑셀 안에서만 작동할 뿐 아니라 윈도우에서도 작동해요. 가령 엑셀과 전혀 상관없어 보이는 폴더 안의 파일명을 수정하는 것과 같은 작업들이죠. 더 어려운 것까지 알 것 없이 이 정도만 알아둬도 실무에서 요긴하게 쓸 수 있기 때문에 챗GPT로 엑셀을 학습하신 우리 공회장님들 사이에서 '제 엑셀 매크로 짜는 팁'은 아주 난리가 났어요.

만약 챗GPT가 없었다면 저는 아마 구글로 한참 검색해도 못 찾아서, 결국 도스 창에서 파일명을 일괄로 변경하는 명령어를 찾아 어렵게 어렵게 고쳤을 거예요. 번거롭고 머리 아픈 일이죠. 그런데 이제 챗GPT가 있기 때문에 이런 작업이 전혀 두렵지 않습니다. 여러분도 책에서 살펴본 사례를 넘어서 실무를 하다 어떤 문제를 마주쳤을 때 챗GPT를 활용해보는 습관을 들여보세요. 단언컨대, 업무 효율이 올라갈 수밖에 없을 겁니다.

매크로, 이제는 남의 나라 이야기 같지 않죠?

이상으로 이번 CHAPTER를 마치려고 합니다. 어렵게 느껴지고 범접할 수 없게 느껴졌던 매크로와 많이 친해졌으리라 생각해요. 이번 CHAPTER에서도 봤듯이 챗GPT가 한 번에 내가 원하는 답을 내어주지 않을 때도 많아요. 하지만 적어도 이 책에서 배운 엑셀에 특화된 챗GPT 프롬프트 입력 스킬을 잘 활용한다면, 매크로를 짤 때도 좀 더 짧은 질문 횟수로 원하는 답변을 얻어낼 수 있을 거예요.

이제 마지막 CHAPTER로 넘어가보겠습니다. 대망의 마지막 CHAPTER에서는 우리가 실무에서 데이터 분석을 할 때 챗GPT의 도움을 받는 방법을 간단히 살펴볼게요. 조금만 더 힘내서 가봅시다!

BONUS

CHAPTER 04

시간은 없고 데이터는 더럽게 많을 때
-GPTs로 데이터 분석하기

01 처음 보는 Raw데이터에서 인사이트 뽑기

NO PAIN, YES GAIN! 이번 BONUS CHAPTER에서는 방대한 양의 Raw 데이터가 있을 때 그 데이터를 분석해서 인사이트를 얻는 방법을 알아볼게요. 물론 챗GPT를 통해서요. 챗GPT를 활용해 데이터 분석을 하는 방법까지 알아보고 이 책을 마쳐보겠습니다.

이 책을 시작할 때 실무에서 설명력을 가져야지만 상대를 설득할 수 있고, 상사에게 신임받을 수 있으며, 나아가 일잘러로 통할 수 있다고 말했습니다. 기억하고 계시죠? 챗GPT를 방대한 양의 Raw데이터 분석에 활용하면 우리가 엑셀만으로는 얻기 어려운 인사이트를 얻어볼 수 있어요.

'Data Analyst'라는 GPTs로 데이터 분석하기

챗GPT 메인 화면에 접속한 다음 화면 좌측 상단에 보면 [GPT 탐색]이라는 메뉴가 있습니다. [GPT 탐색]을 클릭해볼게요.

[GPT 탐색]을 클릭하면 GPT 스토어 화면이 나오는데요. 검색창에 **Data Analyst**를 입력하면 나오는 [Data Analyst] GPTs를 선택합니다.

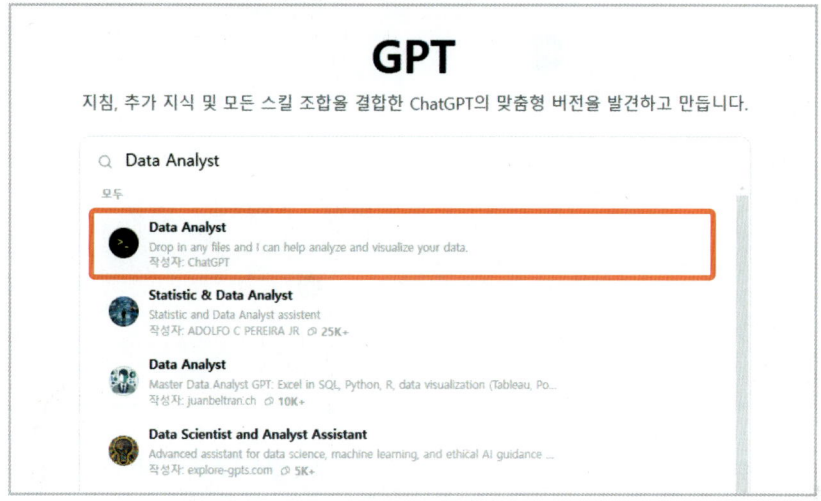

이후 Data Analyst 창이 뜨면 [채팅 시작]을 클릭합니다.

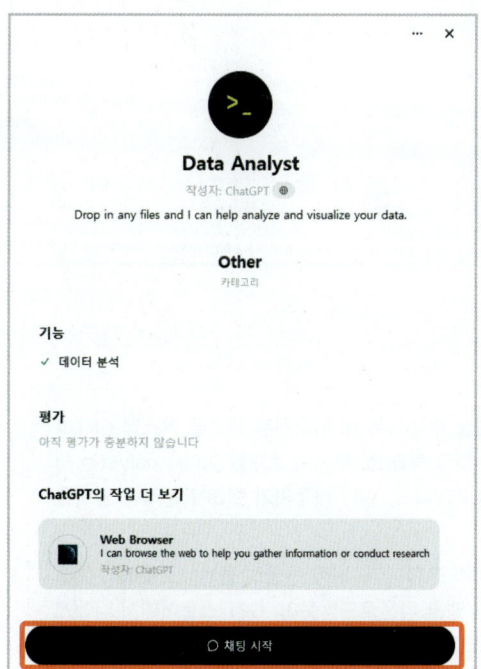

그러면 Data Analyst라는 GPTs와 채팅을 주고받을 수 있습니다.

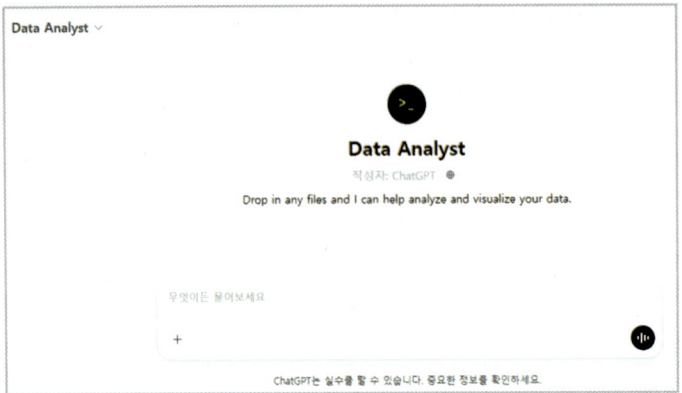

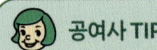 공여사 TIP

좌측 상단의 [Data Analyst ⌄]를 클릭하고 [사이드바에 유지]를 선택하면 좌측 사이드바에 [Data Analyst]가 고정되어 필요할 때 언제든 불러올 수 있어요.

 궁금하실까봐 준비했어요!

GPTs? GPT 스토어? 무슨 말일까요!

글쓰기, 리서치, 코딩, 그림 그리기 등 특정 역할을 수행하는 데 최적화된 챗봇을 커스텀 GPT라고 하는데, 이러한 커스텀 GPT를 통칭해서 GPTs라고 불러요. 책에서 소개한 Data Analyst는 챗GPT를 만든 오픈AI에서 직접 개발해 제공하는 GPTs이고, 일반 사용자가 챗GPT의 작동 방식을 조정하여 커스텀한 GPTs도 많아요.

이런 GPTs를 검색할 수 있는 공간을 GPT 스토어라고 합니다. 마치 구글의 플레이스토어나 애플의 앱스토어에서 원하는 검색어로 나에게 필요한 앱을 다운로드받듯이, GPT 스토어에서 나에게 필요한 GPTs를 검색해 사용할 수 있어요. GPT 스토어에 다양한 GPTs가 있으므로, 꼭 엑셀 업무가 아니라 다른 업무를 할 때도 특정 목적에 특화된 GPTs를 활용해보세요.

이번 CHAPTER는 Data Analyst라는 GPTs를 활용해 데이터 분석을 해볼게요. Data Analyst는 대용량 파일을 빠르고 효율적으로 처리할 수 있으며, 비슷한 데이터끼리 묶고, 회귀 분석을 하고, 이상치를 발견하는 등과 같은 고급 분석 기능을 지원하기 때문에 데이터 분석에서만큼은 챗GPT에게 물어보는 것보다 Data Analyst에게 물어보는 게 더 고차원의 답을 얻을 수 있어요.

뿐만 아니라 고급 시각화 도구까지 제공하기 때문에 우리가 직접 엑셀에 차트를 그리지 않아도 데이터 상황에 맞는 차트까지 웹상에서 바로 얻을 수 있다는 장점이 있습니다.

 궁금하실까봐 준비했어요!

데이터 분석을 위해 실무 파일을 첨부할 때 꼭 유의할 점 : 보안!

챗GPT에게 데이터 분석을 요청할 때는 데이터가 정리된 엑셀 파일을 첨부해줘야 하는데요. 보안상 문제가 될 수 있기 때문에 주의해야 합니다. 챗GPT는 설정에 따라 사용자의 입력값을 학습하지 않는다고 하지만, 보안에 있어서 만큼은 항상 보수적으로 접근해야 하죠. 무엇보다 재직 중인 회사의 AI 관련 규정을 먼저 살펴보고 규정을 지키는 게 가장 우선입니다.

사내 규정에 딱히 제한이 없고, 데이터도 공개된 자료라면 챗GPT에게 첨부해볼 수 있을 거예요. 그러나 보안 이슈가 없는 데이터라 해도 그대로 첨부하기엔 찜찜할 수 있겠죠? 이럴 때 설정하면 좋은 두 가지 팁을 알려드릴게요.

먼저, [모두를 위한 모델 개선] 설정을 끄는 방법입니다.

01 챗GPT 우측 상단의 프로필 이미지를 클릭하면 나타나는 목록에서 [설정]을 클릭합니다.

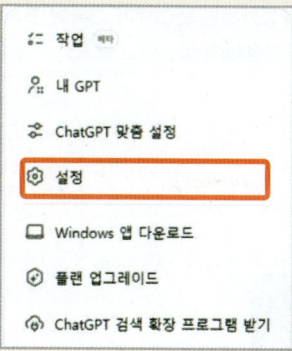

02 [설정] 창이 뜨면 [데이터 제어]를 선택하고 [모두를 위한 모델 개선]을 클릭합니다.

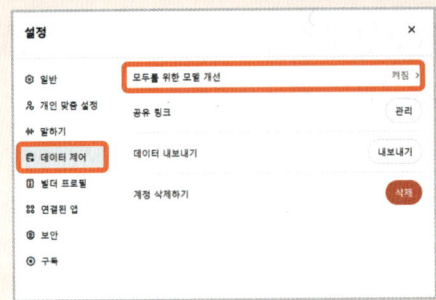

03 [모델 개선] 창이 뜨면 [모두를 위한 모델 개선]의 버튼을 비활성화하고 [완료]를 클릭합니다. 이렇게 하면 내가 제시한 자료를 챗GPT가 학습하지 않는다고 되어 있어요. 챗GPT뿐만 아니라 GPTs를 쓸 때도 마찬가지입니다.

다른 방법으로는 [임시 채팅]을 활성화하는 방법이 있습니다. 이 방법은 챗GPT와 대화할 때 설정할 수 있는 방법이에요. 방법은 간단합니다. 챗GPT 화면 우측 상단의 프로필 이미지 옆에 있는 [임시]를 클릭해 [임시 채팅]을 활성화합니다. [임시 채팅]을 활성화하면 챗GPT가 기록에 표시하지 않고, 메모리를 사용 또는 생성하거나 모델을 훈련하는 데도 사용하지 않는다고 해요.

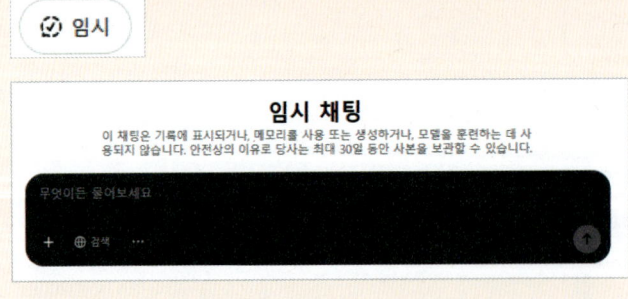

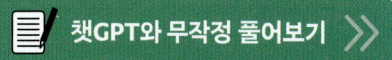 **Data Analyst와 데이터 분석해보기**

> 챗GPT와 무작정 풀어보기

예제 파일 : PA02/CH04/01_발주내역(데이터 분석용).xlsx

01 예제 파일을 열면 우리가 PART 01에서 작업했던 발주내역 데이터가 있습니다. 이 데이터를 처음 본다고 가정하고 챗GPT에게 데이터 분석을 요청했을 때 어떤 결과들을 얻을 수 있는지 살펴볼게요.

02 챗GPT로 가서 Data Analyst에게 데이터 분석을 요청해보겠습니다.

> **프롬프트**
>
> 발주내역(데이터 분석용).xlsx
> 스프레드시트
>
> 프롬프트 입력 창의 [파일 첨부 +] 버튼을 클릭해 파일을 첨부할 수 있어요.
>
> 나는 생산팀 직원이야. 그런데 영업팀에서 자기네 발주 건이 맨날 출고가 늦다고 VoE가 들어왔어. 생산본부장님께서 오늘 중으로 이 데이터를 분석해서 가져오라는데, 내가 이 업무를 전담하는 담당자가 아니라 잘 모르겠어. 어떻게 분석해야 할까? 데이터를 분석해줘.

 데이터를 살펴보니, 발주번호, 발주부서, 본부명, 발주명, 자재코드, 자재명, 발주수량, 발주일자, 출고일자, 발주년월, 리드타임, 생산라인 등의 컬럼이 포함되어 있습니다. 여기서 리드타임(발주일자부터 출고일까지 걸리는 시간)을 중심으로 분석하면 어떤 발주가 지연되고 있는지 파악할 수 있을 것입니다.

다음과 같은 분석을 진행하겠습니다:

1. 각 부서별 평균 리드타임 분석
2. 특정 부서 또는 발주가 지연되고 있는 경우를 파악
3. 발주 및 출고 트렌드 분석

> 이를 위해 필요한 분석을 진행하겠습니다. [>_]
>
> 다음과 같은 분석 결과를 얻었습니다:
>
> 1. 부서별 평균 리드타임: 각 부서별 평균 리드타임을 확인하여 어떤 부서가 평균적으로 발주 처리 시간이 긴지를 파악했습니다.
> 2. 지연된 발주 내역: 리드타임이 10일 이상인 지연된 발주 건들을 파악했습니다.
> 3. 월별 평균 리드타임: 월별 평균 리드타임을 확인하여 시간에 따라 발주 처리 속도의 변화를 분석했습니다.
>
> 이 정보를 바탕으로 추가적인 분석이 필요하시거나, 특정한 시각화가 필요하시면 말씀해주세요. [>_]

이 버튼을 누르면 어떻게 분석을 진행해서 어떤 분석 결과가 나왔는지 확인해볼 수 있어요.

03 그럴듯하게 데이터를 분석했는데요. 실제로 PART 01에서 피벗 테이블로 작업을 할 때 월별 리드타임을 구했었죠. 우리가 피벗 테이블로 작업할 때는 자재코드별로, 영업부서별로 어떤 차이를 보이는지도 확인했었는데 Data Analyst의 답변에 그 내용은 없네요. 추가로 요청해보겠습니다.

프롬프트

추가로 자재별, 영업조직별 리드타임이 어떻게 되는지 다각적으로 분석해줘.

 자재별 및 영입조직별 리드타임 분식 꼘과는 다음과 깉습니다:

1. **자재별 평균 리드타임**: 각 자재별로 평균 리드타임을 계산하여 어떤 자재의 리드타임이 긴지 파악했습니다.
2. **영업조직별 평균 리드타임**: 각 영업조직별로 평균 리드타임을 계산하여 어떤 영업조직의 발주가 지연되고 있는지 확인했습니다.

이 분석 결과를 바탕으로 특정 자재나 영업조직에 대한 추가적인 조사가 필요하다면, 더 상세한 분석을 진행할 수 있습니다. 추가로 필요한 분석이 있거나 다른 정보가 필요하시면 알려주세요. [>_]

04 자재별 영업조직별 리드타임 분석 결과가 이렇다고 하는데, 분석 결과를 말로 정리하고 시각화까지 해달라고 요청해보겠습니다.

> **프롬프트**
>
> 분석 결과를 말로 정리해주고, 시각화해서 표현해줘.

 분석 결과 요약

1. 부서별 평균 리드타임:
   - 국내영업1팀 : 평균 리드타임 7.76일
   - 국내영업2팀 : 평균 리드타임 8.12일
   - 해외영업1팀 : 평균 리드타임 6.58일
   - 해외영업2팀 : 평균 리드타임 7.75일

2. 지연된 발주 내역:
   - 리드타임이 10일 이상인 지연된 발주 내역을 파악함으로써 어떤 발주가 지연되고 있는지 확인함.

3. 월별 평균 리드타임:
   - 월별로 리드타임을 분석하여 2004년 초부터 월별 평균 리드타임이 어떻게 변화했는지 확인함.

4. 자재별 평균 리드타임:
   - 자재별로 평균 리드타임을 계산하여 어떤 자재의 리드타임이 긴지 파악함.

5. 영업조직별 평균 리드타임:
   - 각 영업조직별 평균 리드타임을 계산하여 어떤 영업조직의 발주가 지연되고 있는지 확인함.

시각화
다음은 각 분석 결과에 대한 시각화입니다.

1. 부서별 평균 리드타임
2. 월별 평균 리드타임
3. 자재별 평균 리드타임
4. 영업조직별 평균 리드타임

(생략)

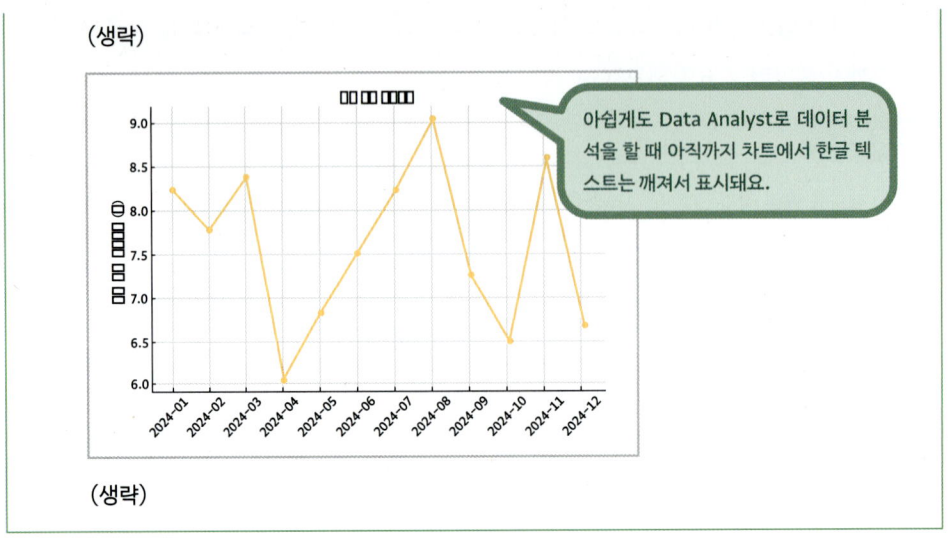

아쉽게도 Data Analyst로 데이터 분석을 할 때 아직까지 차트에서 한글 텍스트는 깨져서 표시돼요.

(생략)

05 차트의 한글이 깨졌으니 Data Analyst에게 추가로 요청해볼게요.

프롬프트

그래프에 한글이 깨지고 있어. 그래프에 표시될 값은 영문으로 번역해서 표시해줘.

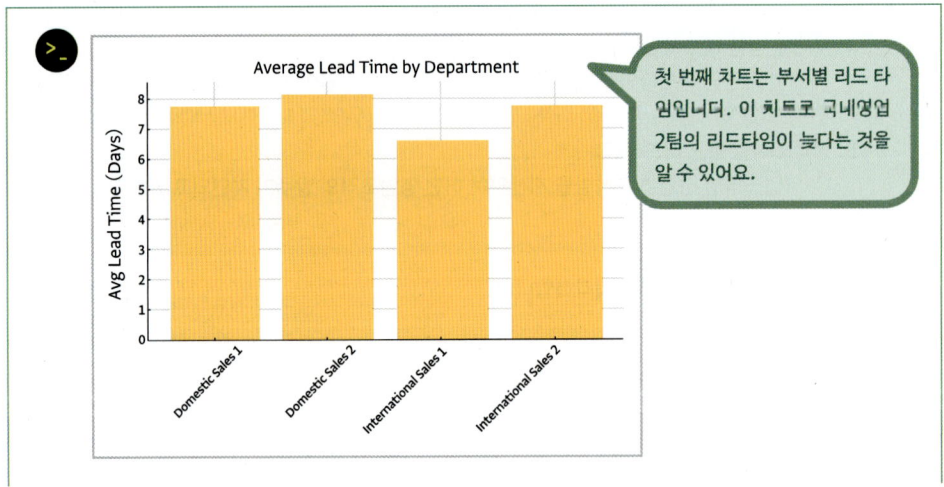

첫 번째 차트는 부서별 리드 타임입니다. 이 치트로 국내영업 2팀의 리드타임이 늦다는 것을 알 수 있어요.

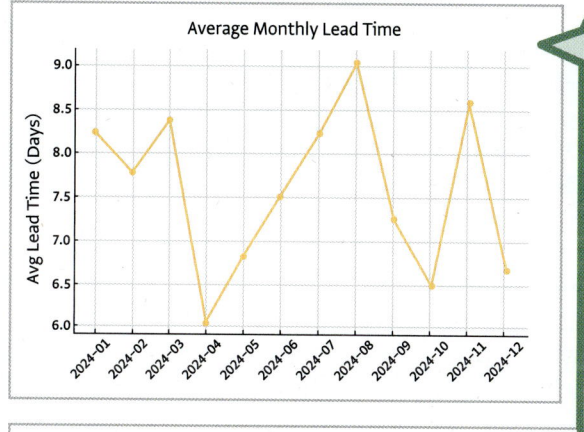

월별 평균 리드타임입니다. 4월은 굉장히 짧은데 7~8월이 되면서 굉장히 길어졌어요. 이러면 '여름휴가 시즌이 겹쳐서 그런 걸까?'라고 생각해볼 수 있을 겁니다. 11월에도 한 번 튀었죠. 이런 경우는 대체로 특정 건이 너무 지연돼 해당 건이 평균에 영향을 미쳐 그런 경우가 많은데, Data Analyst에게 더 정밀한 분석을 요청할 수도 있을 거예요.

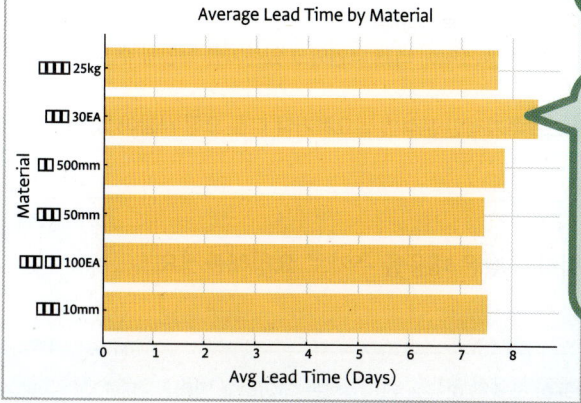

자재별 리드타임입니다. 두 번째 자재의 리드타임이 가장 길다는 것을 파악할 수 있는데, 세로축의 자재명은 또 깨져 있네요. 다시 영어로 번역해달라고 요청해 확인해볼 수 있겠습니다.

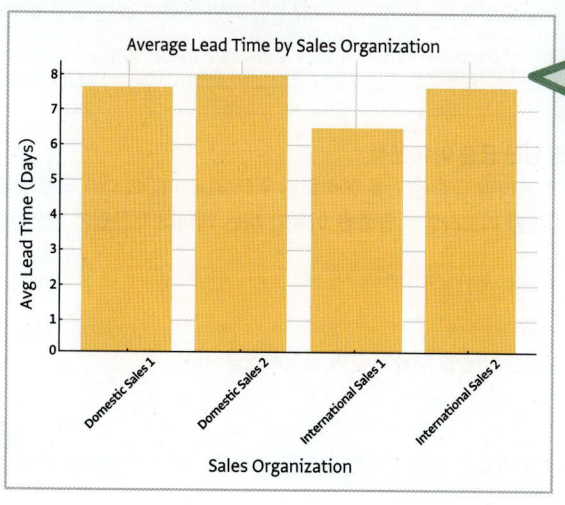

이 차트는 각 영업 조직의 평균 리드타임을 보여주고 있네요.

시각화 설명
1. **Average Lead Time by Department:**
   - Domestic Sales 2 부서가 가장 긴 리드타임을 보이고 있습니다.

2. **Average Monthly Lead Time:**
   - 월별 평균 리드타임을 보여줍니다.
   - 시간에 따른 리드타임의 변화를 확인할 수 있습니다.

3. **Average Lead Time by Material:**
   - 각 자재의 평균 리드타임을 보여줍니다.
   - 특정 자재의 리드타임이 더 긴지를 파악할 수 있습니다.

4. **Average Lead Time by Sales Organization:**
   - 각 영업조직의 평균 리드타임을 보여줍니다.
   - 특정 영업조직의 발주가 다른 조직에 비해 지연되고 있는지를 확인할 수 있습니다.

이 시각화 결과를 바탕으로 추가적인 분석이 필요하거나 다른 요청 사항이 있으면 알려주세요.
[>_]

06 답변을 참고해서 더 분석하고 싶은 내용을 추가로 요청해볼게요.

> 프롬프트
>
> 1. 7~8월, 11월 리드타임 평균이 급증한 이유는 뭐야? 튀는 데이터가 있어?
> 2. 내가 각 영업팀과 사업부장님을 잎혀놓고 보고를 해야 하는데, 어떤 시유를 대면 좋을까? 보고에서 할 말을 정리해서 알려줘.

 1. 7~8월, 11월 리드타임 평균 급증 이유 분석
먼저, 7월, 8월, 11월의 리드타임 급증 원인을 분석하기 위해 해당 기간의 데이터를 자세히 살펴보겠습니다. 특정 기간 동안 리드타임이 급증한 이유가 튀는 데이터 때문인지 확인해보겠습니다.

2. 보고 내용 정리
영업팀과 사업부장님께 보고할 내용을 다음과 같이 정리하겠습니다.

보고서:
- 목적: 각 영업팀과 사업부에 발주 처리의 지연 원인을 분석하고 개선 방안을 논의하기 위함.

보고서 개요:
1. 현황 파악:
   - 부서별 평균 리드타임 분석 결과 공유
   - 월별 리드타임 변화 추이 설명
   - 자재별 및 영업조직별 리드타임 현황 설명

2. 특정 기간 리드타임 급증 원인 분석:
   - 7월, 8월, 11월 리드타임 평균 급증에 대한 원인 분석 결과 공유
   - 튀는 데이터나 특정 이벤트 여부 설명

3. 지연 원인 및 개선 방안:
   - 특정 부서나 자재에서의 지연 원인 설명
   - 시스템적 문제나 외부 요인(공급업체 문제, 주문 급증 등) 설명
   - 개선을 위한 제안 사항 논의(프로세스 개선, 인력 보강 등)

4. 향후 계획:
   - 단기 및 장기적인 개선 계획 제안
   - 각 부서와 협력하여 효율적인 발주 처리 방안 마련

이제 먼저 7월, 8월, 11월의 데이터를 분석해보겠습니다.

1. 7~8월, 11월 리드타임 평균 급증 이유 분석 ············ ❶
특정 기간의 데이터를 분석한 결과, 다음과 같은 리드타임 평균을 확인했습니다.
   - 7월: 평균 리드타임 8.24일
   - 8월: 평균 리드타임 9.07일
   - 11월: 평균 리드타임 8.58일

이 기간 동안 특정 발주나 자재에서 리드타임이 급증한 사례가 있는지, 혹은 특정 이벤트가 영향을 미쳤는지 살펴볼 필요가 있습니다.

보고 내용 정리
보고서 개요:
   - 목적: 각 영업팀과 사업부에 발주 처리의 지연 원인을 분석하고 개선 방안을 논의하기 위함.

주요 내용:
1. **현황 파악:** ············ ❷
   - **부서별 평균 리드타임:** 국내영업2팀의 평균 리드타임이 가장 길고, 해외영업1팀이 가장 짧은 리드타임을 보임
   - **월별 평균 리드타임 변화 추이:** 전반적으로 안정적인 리드타임을 유지하고 있으나, 7월, 8월, 11월에 리드타임이 급증한 것을 확인

- **자재별 및 영업조직별 리드타임:** 특정 자재의 리드타임이 평균보다 길게 나타나는 경향을 확인함

2. **특정 기간 리드타임 급증 원인 분석:** ③
   - **7월, 8월, 11월:** 해당 기간 동안 특정 자재 또는 특정 부서의 발주가 집중되어 리드타임이 길어짐
   - **튀는 데이터 여부:** 몇몇 대규모 발주가 리드타임을 증가시킨 것으로 보임
   - **특정 이벤트:** 휴가철 및 연말 물량 증가 등의 외부 요인도 영향을 미친 것으로 보임 ④

3. **지연 원인 및 개선 방안:**
   - **지연 원인:** 특정 부서의 인력 부족, 자재 공급 문제, 시스템상의 병목 현상 등
   - **개선 방안:**
     - **프로세스 개선:** 발주 및 출고 프로세스를 간소화하고 자동화 시스템 도입
     - **인력 보강:** 특정 부서에 인력 보강 및 추가 교육 실시
     - **자재 관리:** 자재 공급 업체와의 협력 강화 및 재고 관리 시스템 개선

4. **향후 계획:**
   - **단기 계획:** 지연 발생 원인을 빠르게 해결하기 위해 임시 인력 투입 및 시스템 개선
   - **장기 계획:** 지속적인 프로세스 개선을 통해 리드타임 단축 및 효율성 향상
   - **협력 방안:** 각 부서와 협력하여 개선 방안을 실현하고, 주기적인 모니터링을 통해 지속적인 개선 작업 진행

이 보고 내용을 기반으로 회의를 진행하며, 각 팀의 피드백을 받아 향후 계획을 구체화할 수 있을 것입니다. 추가로 필요한 사항이 있으면 알려주세요. [>_]

07 Data Analyst가 거의 보고서를 작성해줬습니다. 한번 살펴보면요.

❶ 먼저 리드타임이 길었던 월의 데이터를 확인해줬습니다. 7월, 8월, 11월에 평균 리드타임이 각각 며칠이었는데, 이 기간 동안 특정 발주 건이나 자재 건의 리드타임이 급증한 사례가 있는지 살펴보고 특정 이벤트가 있는지까지도 살펴볼 필요가 있다고 하네요.

❷ 월별 리드타임 추이에서 7, 8, 11월에 리드타임이 급증했다라는 걸 확인했고, 자재별 영업조직별 리드타임을 봤을 때 특정 자재의 리드타임이 평균보다 길게 나타나는 경향을 확인했다고 합니다.

❸ 특정 기간에 리드타임이 증가했던 원인은 해당 기간 동안 특정 자재나 부서의 발주가 집중돼서 리드타임이 길어졌다고 하는데, 실제로 그 데이터가 어떤 데이터인지 확인해볼 수

있을 것 같네요.

❹ 특정 이벤트는 Data Analyst가 전 세계의 데이터를 학습했기 때문에 보통 이렇다라는 통계 정보를 알고 있어서 마음대로 답을 해준 것 같아요. 우리가 내어준 데이터에는 이런 데이터가 들어 있지는 않거든요. 하지만 내가 이 업무를 처음 맡는 담당자라면 충분히 고려할 만한 사항이라는 걸 느낄 거예요. 물론 곧이곧대로 믿고 이대로 보고하면 안 되고, 반드시 사실 관계를 확인해야겠지만요.

Data Analyst의 답변을 초안으로 삼자

실제 업무에서는 Data Analyst의 답변이 정말 맞는 말인지 검증하고, 맞다면 그에 따른 해결 방안을 더욱 정교하게 다듬어갈 수 있을 거예요. Data Analyst의 답변을 초안으로 삼아 데이터 분석을 해나가는 것이죠.

특히 신입 사원이거나 아직 담당 업무가 손에 익지 않아 데이터를 어떻게 분석해야 할지 모르는 단계에서는 0에서 시작하는 것보다 Data Analyst의 도움을 받는 게 더 빠르고 효율적인 방식이죠.

챗GPT를 데이터 분석에 활용할 때는 보수적으로 접근하세요!

지금까지 살펴본 것처럼 Data Analyst가 그럴 듯하게 데이터를 분석해주긴 했습니다. 그러나 Data Analyst는 기본적으로 '파이썬'을 활용해 데이터를 분석해주기 때문에 답변 내용을 그대로 우리 상사에게 제시하기에는 무리가 있어요. 나 스스로 그 답변이 맞는지 100% 확신할 수 없기 때문이죠.

따라서 Data Analyst의 답변은 참고만 하고 다시 엑셀 파일로 돌아가 실제로 데이터가 그런지 확인해보는 과정이 꼭 필요합니다. PART 02의 앞선 CHAPTER들에서 챗GPT를 적극적으로 활용해 문제 상황을 해결했던 것과 다르게 데이터 분석에 있어서는 챗GPT를 보수적으로 대하는 것이 데이터 분석 전문가가 아닌 일반적인 직장인들에게 안전한 선택이라는 말을 전할게요.

또, Data Analyst는 아직 한글 텍스트 분석에 한계가 있다는 단점도 있어요. 예를 들어 한글로 적힌 여러 고객 후기를 모아놓은 데이터를 바탕으로 데이터 분석을 하는 경우에는 분석이 제대로 되지 않을 수 있습니다.

마지막으로 우리가 엑셀 데이터를 분석하기 위해 엑셀 파일을 프롬프트에 첨부해주게 되는데 그 파일이 너무 대용량일 때 Data Analyst가 전체 데이터를 보지 않고 일부 데이터만 가지고 결과를 내어주는 등의 문제가 발생할 수도 있습니다. 따라서 기술적인 문제가 해소되기 전까지 챗GPT로 데이터 분석을 할 때는 평범한 직장인으로서 실무에서 참고용으로만 사용하기를 권장합니다.

02 데이터 분석으로 법인카드 오사용 건 찾고 경비 처리 가이드 만들기

NO PAIN, YES GAIN! 이대로 끝내기는 아쉬우니까 데이터 분석 사례를 추가로 하나 더 살펴볼게요. 총무팀에서 다룰 만한 문제인데요. 우리가 실무에서 자주 겪을 법한 상황으로 마지막 문제를 준비했으니 이번 문제도 챗GPT로 잘 해결해보자고요.

챗GPT와 무작정 풀어보기

'키워드' 중심으로 데이터 분석하기
예제 파일 : PA02/CH04/02_법인카드 사용 내역.xlsx

01 예제 파일을 열면 법인카드 사용 내역이 정리돼 있습니다. 직원들이 내역을 정리할 때 '비용계정'을 잘못 적는 실수를 정말 많이 하는데요. 이 때문에 총무팀 담당자는 법인카드 전표 처리 오사용 건을 일일이 눈으로 확인하고 체크하는 상황이라고 가정해볼게요. 오사용 패턴을 찾아 이를 기준으로 경비 처리 가이드를 만들고, 직원들에게 공지까지 하려는 상황입니다.

02 우선 엑셀 파일의 데이터를 살펴보겠습니다. '결제금액', '업종구분', '비용계정', '세부내역' 등이 들어 있네요.

	A	B	C	D	E	F	G
1	날짜	팀명	이름	결제금액	업종구분	비용계정	세부내역
2	2025-01-02	구매팀	백서현	149,700	카페/음식점	접대비	고객사 미팅
3	2025-01-02	마케팅팀	박은우	133,600	카페/음식점	접대비	고객사 미팅
4	2025-01-02	인사팀	조하준	118,700	철도/항공	여비교통비(출장)	서울-부산 기차
5	2025-01-02	영업팀	김세윤	112,100	카페/음식점	조직활성화비	팀 회식
6	2025-01-02	개발팀	정준호	75,300	카페/음식점	조직활성화비	고객사 미팅
7	2025-01-02	마케팅팀	박은우	73,700	숙박업	여비교통비(출장)	광주 출장 숙박비
8	2025-01-02	마케팅팀	김지윤	56,200	철도/항공	여비교통비(출장)	서울-부산 기차
9	2025-01-02	마케팅팀	이예린	49,600	택시	시내교통비	용산-인천 택시
10	2025-01-02	영업팀	박다은	47,900	카페/음식점	조직활성화비	팀 회식

03 '세부내역'에서 잘못된 부분을 빨간색으로 표시해볼게요. 우선 6행을 보니, '고객사 미팅'을 '조직활성화비'로 등록해뒀네요. '접대비'로 써야 하는데 말이죠. 15행에 '주유비'를 '조직활성화비'로 등록한 것도 틀렸네요. '차량유지비'로 등록해야겠죠. 340행까지 데이터가 입력돼 있는데, 나머지 행도 살펴보면 대체로 잘 입력돼 있지만 잘못 입력된 데이터들이 몇몇 존재합니다.

	A	B	C	D	E	F	G
1	날짜	팀명	이름	결제금액	업종구분	비용계정	세부내역
2	2025-01-02	구매팀	백서현	149,700	카페/음식점	접대비	고객사 미팅
3	2025-01-02	마케팅팀	박은우	133,600	카페/음식점	접대비	고객사 미팅
4	2025-01-02	인사팀	조하준	118,700	철도/항공	여비교통비(출장)	서울-부산 기차
5	2025-01-02	영업팀	김세윤	112,100	카페/음식점	조직활성화비	팀 회식
6	2025-01-02	개발팀	정준호	75,300	카페/음식점	**조직활성화비**	**고객사 미팅**
7	2025-01-02	마케팅팀	박은우	73,700	숙박업	여비교통비(출장)	광주 출장 숙박비
8	2025-01-02	마케팅팀	김지윤	56,200	철도/항공	여비교통비(출장)	서울-부산 기차
9	2025-01-02	마케팅팀	이예린	49,600	택시	시내교통비	용산-인천 택시
10	2025-01-02	영업팀	박다은	47,900	카페/음식점	조직활성화비	팀 회식
11	2025-01-02	영업팀	이지호	46,000	주유소	차량유지비	주유비
12	2025-01-02	총무팀	조수현	44,500	택시	시내교통비	마곡-용산 택시
13	2025-01-02	영업팀	박다은	41,000	주유소	차량유지비	주유비
14	2025-01-02	인사팀	윤서연	39,000	주유소	차량유지비	주유비
15	2025-01-02	개발팀	최민서	30,000	주유소	**조직활성화비**	**주유비**

04 앞서 언급한 Data Analyst의 한계로, A:G열에 입력된 데이터만 가지고 Data Analyst에게 데이터 분석 요청을 하더라도 제대로 결과를 얻기가 어려워요. 특히 아직까지는 한글 데이터에 취약하기 때문에 이번 문제에서는 세부내역에서 메인 키워드를 찾아 따로 정리해두고 분석을 맡겨볼게요. 제가 예제 파일의 H열에 '중심키워드'를 미리 정리해뒀답니다.

	A	B	C	D	E	F	G	H
1	날짜	팀명	이름	결제금액	업종구분	비용계정	세부내역	**중심키워드**
2	2025-01-02	구매팀	백서현	149,700	카페/음식점	접대비	고객사 미팅	고객사
3	2025-01-02	마케팅팀	박은우	133,600	카페/음식점	접대비	고객사 미팅	고객사
4	2025-01-02	인사팀	조하준	118,700	철도/항공	여비교통비(출장)	서울-부산 기차	기차
5	2025-01-02	영업팀	김세윤	112,100	카페/음식점	조직활성화비	팀 회식	팀
6	2025-01-02	개발팀	정준호	75,300	카페/음식점	조직활성화비	고객사 미팅	고객사
7	2025-01-02	마케팅팀	박은우	73,700	숙박업	여비교통비(출장)	광주 출장 숙박비	숙박비
8	2025-01-02	마케팅팀	김지윤	56,200	철도/항공	여비교통비(출장)	서울-부산 기차	기차
9	2025-01-02	마케팅팀	이예린	49,600	택시	시내교통비	용산-인천 택시	택시
10	2025-01-02	영업팀	박다은	47,900	카페/음식점	조직활성화비	팀 회식	팀

 공여사 TIP

1행에 Ctrl + Shift + L 을 눌러 필터를 걸고, '세부내역'의 항목을 하나하나 선택해 중심키워드를 뽑아줬어요(예를 들어 세부내역 중 '고객사 미팅'만 필터해 중심키워드에 '고객사'를 일괄 입력).

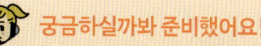 궁금하실까봐 준비했어요!

데이터 분석, 실제로 대기업에서는 이렇게까지 해요

이어지는 도식화는 데이터를 분석할 때 방대한 Raw데이터에서 핵심을 추려가는 과정을 정리한 거예요. 실제로 제가 대기업 재직 시절에 데이터 분석 작업을 할 때 활용했던 개념인데, 이 개념을 알고 있으면 실무에서 데이터를 다룰 때 도움이 될 거예요.

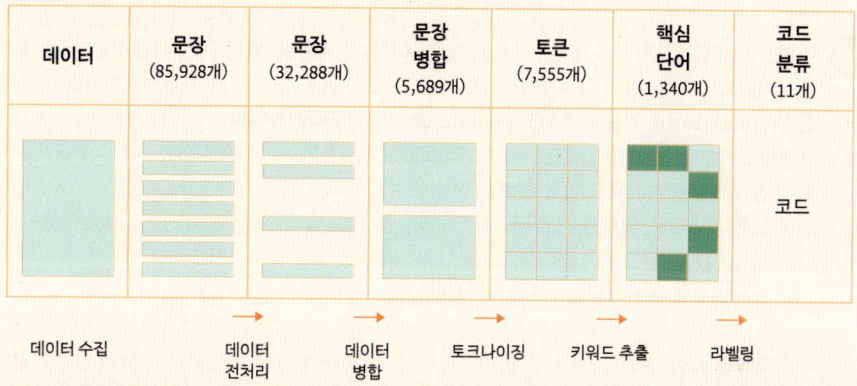

위 도식을 우리가 예제 파일로 보고 있는 데이터에 적용한다고 생각해볼게요. 예제 파일의 '세부내역'은 문장으로 돼 있다고 볼 수 있겠죠. 이 내용들을 데이터 전처리를 통해서 멀쩡한 문장들만 남기고, 그 문장을 다시 여러 단어로 쪼개고, 그중에 조사 같은 건 또 날리고 키워드만 남겨줍니다. 예를 들어 '세부내역'의 '용산-인천 택시'는 '택시'가 중요한 것이니, 나머지는 모두 날리고 '택시'만 남기는 것이죠.

'택시'일 때는 '시내교통비'로 '비용계정'을 등록해야 한다는 것은 사람이 뇌로 판단하는 건데, Data Analyst가 Raw데이터를 제대로 분석하게 하려면, 불필요한 단어는 날리고 '중심키워드'만 남겨주는 게 효율적일 거예요. 왜냐면 '세부내역'은 무분별하게 입력돼 있기 때문에 Data Analyst가 정신을 못 차릴 수 있거든요. 하지만 '중심키워드'를 지정해주면 '서울', '용산', '인천' 같은 불필요한 단어들은 버리고, 더 큰 덩어리인 '택시'에 집중해서 데이터 분석을 할 수 있으므로 Data Analyst가 좀 더 '오사용 건 분류'라는 문제에 집중하기 쉬워지겠죠.

05 '중심키워드'까지 정리한 데이터를 가지고 챗GPT로 가서 Data Analyst에게 데이터 분석을 요청해볼게요.

> 나는 총무팀 직원이야. 직원들이 법인카드 사용내역에 대한 전표처리 시 대부분 계정과목을 잘 입력하는데 일부 항목에서 규정이 헷갈려서 잘못 선택할 때가 가끔 있더라고.
> 그래서 내가 비고란을 기준으로 계정과목 선택 시 가장 기반이 되는 중심키워드를 적어놨어. 계정과목별로 어떤 중심 키워드가 어떤 빈도로 나타나는지 알려주고, 그 빈도를 기반으로 오사용 건으로 추정되는 케이스를 정의해줘.

 파일을 확인한 결과, 주요 컬럼은 날짜, 팀명, 이름, 결제금액, 업종구분, 비용계정, 세부내역, 중심키워드입니다. 이제 각 계정과목별 중심키워드가 어떤 빈도로 나타나는지 분석하고, 빈도를 기반으로 오사용 건으로 추정되는 케이스를 정의해드리겠습니다.

1. 계정과목별 중심키워드 빈도 분석
2. 빈도를 기반으로 오사용 건 추정

먼저 계정과목별 중심키워드 빈도를 분석해보겠습니다. [>_]

계정과목별 중심키워드의 빈도를 확인했습니다. 이제 이 빈도를 기반으로 오사용 건으로 추정되는 케이스를 정의해보겠습니다. 오사용 건을 정의하는 기준은 다음과 같이 설정하겠습니다.

- 특정 계정과목에서 매우 드물게 나타나는 키워드는 오사용 건일 가능성이 높습니다.
- 예를 들어, '시내교통비'에서 '기차' 키워드가 1번만 나타난다면 이는 오사용 건일 수 있습니다.

이 기준을 바탕으로 오사용 건으로 추정되는 케이스를 찾아보겠습니다. [>_]

오사용 건으로 추정되는 케이스를 확인했습니다. 이 데이터는 규정을 더 명확하게 이해하고, 직원들에게 올바른 계정과목 선택을 안내하는 데 도움이 될 것입니다. 추가적으로 필요하신 분석이나 다른 요청 사항이 있으시면 알려주세요. [>_]

06 Data Analyst의 답변 중 [>_]를 클릭하면 결과를 볼 수 있는데요. 번거로우니 화면에 바로 보여달라고 요청해보겠습니다.

프롬프트

오사용 건 리스트를 표로 채팅창에 제공해줘.

여기 오사용 건으로 추정되는 케이스를 표로 정리한 내용입니다:

날짜	팀명	이름	결제금액	업종구분	비용계정	세부내역	중심키워드	빈도
2025-01-02	개발팀	정준호	75,300	카페/음식점	조직활성화비	고객사 미팅	고객사	2
2025-01-12	인사팀	임지민	50,600	카페/음식점	조직활성화비	고객사 미팅	고객사	2
2025-01-02	개발팀	최민서	30,000	주유소	조직활성화비	주유비	주유	3
2025-01-07	구매팀	남도현	32,000	주유소	조직활성화비	주유비	주유	3
2025-01-17	생산팀	최민재	55,800	주유소	조직활성화비	주유비	주유	3
2025-01-03	생산팀	정윤서	61,800	철도/항공	시내교통비	서울-김해 항공권	항공권	1
2025-01-06	구매팀	백서현	97,700	카페/음식점	접대비	팀 회식	팀	2
2025-01-18	인사팀	조하준	37,800	카페/음식점	접대비	팀 회식	팀	2
2025-01-13	구매팀	백서현	27,700	철도/항공	시내교통비	서울-부산 기차	기차	1
2025-01-18	생산팀	강시은	80,000	택시	조직활성화비	마곡-용산 택시	택시	2
2025-01-30	영업팀	박다은	49,200	택시	조직활성화비	서울-인천 택시	택시	2

이 데이터를 통해 계정과목 선택 시 참고할 수 있습니다. 추가적으로 필요한 정보가 있으면 말씀해주세요.

07 Data Analyst가 정리한 결과를 보니 '고객사 미팅은 접대비여야 하는데 조직활성화비로 잘못 썼군' 등 오사용 건을 확인할 수 있네요. Data Analyst에게 중심키워드를 정해줬더니 데이터 안에서 일반적인 패턴과 다른 케이스를 쉽게 찾아줬어요.

08 나아가 Data Analyst에게 직원들에게 공지할 오사용 가이드까지 정리해달라고 요청해보겠습니다. 귀찮으니까요! 물론 챗GPT가 준 걸 그대로 사용할 수는 없겠지만, 바빠 죽겠는데 초안이라도 뽑아보자는 마음으로 접근해보자고요.

> **프롬프트**
>
> 정리해준 오사용 패턴 데이터를 기반으로 직원들이 비용계정 과목 선택 시 가장 많이 실수하는 케이스들을 정리해줘. 경비처리 가이드로 내릴 거야. 간단히 정리해줘.

 다음은 직원들이 비용계정과목 선택 시 가장 많이 실수하는 케이스들을 기반으로 한 경비처리 가이드입니다.

경비처리 가이드: 비용계정과목 선택 시 주의사항

1. 조직활성화비
- 고객사 미팅: 조직활성화비가 아닌 접대비로 처리해야 합니다.
- 주유비: 조직활성화비가 아닌 차량유지비로 처리해야 합니다.

2. 시내교통비
- 기차: 시내교통비가 아닌 **여비교통비(출장)**로 처리해야 합니다.
- 항공권: 시내교통비가 아닌 **여비교통비(출장)**로 처리해야 합니다.

3. 접대비:
- 팀 회식: 접대비가 아닌 조직활성화비로 처리해야 합니다.

4. 여비교통비(출장)
- 숙박비: 여비교통비(출장)가 아닌 숙박비로 별도 처리해 합니다.

5. 택시비
- 장거리 이동(예: 마곡-봉산, 봉산-인천): 시내교통비로 처리하는 경우가 많습니다. 출장 시 발생한 택시비는 **여비교통비(출장)**로 처리해야 합니다.

예시 오사용 패턴
- 고객사 미팅을 조직활성화비로 처리한 경우 (정확한 계정: 접대비)
- 팀 회식을 접대비로 처리한 경우 (정확한 계정: 조직활성화비)
- 주유비를 조직활성화비로 처리한 경우 (정확한 계정: 차량유지비)
- 서울-부산 기차를 시내교통비로 처리한 경우 (정확한 계정: 여비교통비(출장))
- 서울-김해 항공권을 시내교통비로 처리한 경우 (정확한 계정: 여비교통비(출장))

참고
- 각 비용계정과목의 정의와 사용 예시는 회사의 재무규정 및 지침서를 참고해주세요.
- 위의 사례들은 빈도수가 높은 오사용 패턴을 기반으로 작성되었으므로, 다른 세부내역도 비슷한 규칙을 적용할 수 있습니다.

> 이 가이드를 통해 직원들이 비용계정과목 선택 시 더 정확하게 선택할 수 있도록 안내해주세요. 추가적으로 필요한 사항이나 수정할 부분이 있으면 말씀해주세요. [>_]

09 참고해서 직원들에게 가이드할 수 있게 Data Analyst가 경비처리 가이드를 정리해줬네요. 잘 정리해준 것 같아 보이지만, 자세히 보면 몇몇 문제가 있습니다. 가령 '4. 여비교통비(출장)'의 경우 '숙박비'로 공지 내용을 잘못 정리해줬네요. Data Analyst가 한국어인 '교통비'라는 말에 대한 이해가 부족해서 이런 결과가 나온 것 같아요. Data Analyst가 정리해준 내용에 팩트체크를 해서 공지를 완성해야겠습니다.

챗GPT를 데이터 분석에 활용할 때는 '팩트체크'를 잊지마세요!

이렇게 마지막 문제까지 해결해봤습니다. 아직 한글 데이터 분석에는 한계가 있기 때문에 '중심키워드'라는 개념을 임의로 만들어서 텍스트 데이터 분석을 해봤어요. 물론 그 와중에 틀린 답도 많이 보였죠.

내 업무의 오너십은 나에게 있다

여기서 우리가 얻을 수 있는 인사이트는 무엇일까요? 바로 실무 담당자로서 이 데이터에 대한 오너십을 갖고 있지 않으면, AI가 이렇게 답을 내어줬을 때 잘못 판단할 수 있다는 거예요. 그러니 챗GPT에 마냥 의존하지 말고, 특히나 데이터 분석에 있어서만큼은 챗GPT의 답변은 어디까지나 참고용이라고 생각하길 바랄게요.

우리가 대용량의 Raw데이터를 다 살펴보기엔 시간이 너무 많이 드니까 챗GPT를 활용해 빠르게 개략적인 인사이트를 얻고, 필요한 문서나 보고서 등의 초안을 작성할 때 쓰되, 실무에서 내가 가진 도메인 지식을 활용해 결과물의 감도를 높여야 한다는 점을 꼭 기억해주세요.

이제 당당한 일잘러로 거듭나봅시다!

이로써 엑셀에 챗GPT를 활용하는 방법까지 모두 배웠습니다. PART 01과 마찬가지로 다음 페이지로 넘어가면 PART 02의 주요 내용을 핵심만 담아 딱 정리해뒀어요. 마지막으로 읽어보며 PART 02의 내용까지 정리하고, 당당한 일잘러가 되어봅시다!

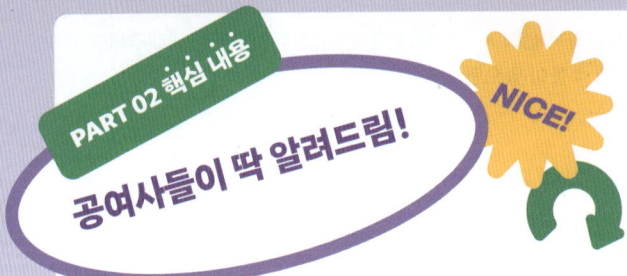

엑셀의 추가 스킬을 장착하는 방법을 다시 알려주세요.

간단한 상황들은 평소 우리말 사용 습관 그대로 챗GPT에게 질문해서 해결할 수 있어요. 엑셀 에러를 해결하거나, 일잘러의 엑셀 스킬을 훔치고 싶을 때 챗GPT를 활용할 수 있습니다. 나아가 잘 안 쓰는 함수나 신규 함수도 챗GPT에게 물어서 빠르게 익혀볼 수 있어요. 특히 함수나 기능을 연습할 수 있는 예제 파일까지 챗GPT에게 받아볼 수 있죠. 나아가 챗GPT와 함께 차트 그리는 방법까지 익힐 수 있어요.

엑셀에 특화된 프롬프트 스킬 3가지를 다시 알려주세요.

챗GPT에게 질문할 때 엑셀 문제 해결에 특화된 화법으로 질문을 하면 더 좋은 답을 받을 수 있어요. 엑셀에 특화된 프롬프트 스킬 3가지는 '1. 기준점', '2. 대상 데이터', '3. 비포애프터 샘플'입니다. 이 프롬프트 스킬은 특히 복잡한 수식이나 매크로를 짤 때 매우 유용하게 활용할 수 있으니 꼭 기억해주세요.

챗GPT로 매크로를 짜면 좋은 점을 다시 알려주세요.

엑셀로 업무를 하다 보면 수식으로는 해결이 안 되는 단순 반복 수작업들이 있어요. 이럴 때 챗GPT로 매크로를 짜면 업무 효율을 크게 높일 수 있죠. 챗GPT 이전에는 매크로/VBA를 배우는 게 어려워 '차라리 그냥 내가 손으로 하고 말지'라고 했었지만, 이제 챗GPT에게 질문만 잘 하면 앞으로 쭉 내 업무에 주구장창 쓸 수 있는 매크로를 짤 수 있어요.

매크로는 엑셀 고수들만 한다는 생각은 버리고 마음 편히 챗GPT에게 질문해 내 업무 상황에 딱 맞는 매크로를 받아내세요. 단순 반복 노가다에 허비하는 시간을 아껴서 꼭 나여야만 하는 일, 부가가치가 높은 일에 내 시간을 쓸 수 있습니다.

 챗GPT로 데이터 분석을 하는 방법과 주의 사항을 다시 알려주세요.

챗GPT에는 특정 목적에 특화된 커스텀 GPT들이 있어요. 이를 GPTs라고 하는데, 데이터 분석을 할 때는 Data Analyst라는 GPTs를 활용하면 좋아요. 다만, Data Analyst는 파이썬을 활용해 데이터 분석을 하므로 보통의 직장인들은 답변이 맞는지 100% 검증하기 어렵고, 아직은 한글 텍스트 분석에 한계가 있는 등의 문제가 있어요. 따라서 실무에 적극적으로 활용하기보다는 보고서 작성 등 작업 초기 단계에서 대략적인 인사이트를 얻고 초안을 작성하는 데 쓰는 걸 추천해요.

엑셀 무적이 되는 과정을
완수한 여러분,
정말 수고하셨습니다

여기까지 책을 다 읽은 여러분 정말 수고하셨습니다. **PART 01 인간의 영역**과 **PART 02 챗GPT 의 영역**으로 나눈 과정을 통해서 여러분은 직장인 엑셀의 세계로 입문하는 동시에 챗GPT 라는 AI까지 터득해볼 수 있었을 텐데요. 최소한의 시간을 들여 실무에서 엑셀 무적이 되는 방법을 저 공여사와 함께 배워봤습니다. 아래는 프롤로그에서 이 책을 읽으면 여러분 이 어떻게 변할지 미리 알아본 내용인데요. 다시 한번 살펴볼게요.

 Before
- 엑셀을 어떻게 시작할지 막막하다.
- 챗GPT 들어는 봤지만 나랑 동떨어진 이야기다.
- AI를 모르면 도태될까 봐 불안하다.

 After
- AI가 받쳐주니 엑셀이 만만하다!
- 챗GPT로 할 수 있는 일들이 너무 많다!
- AI 시대 선두 주자가 된 것 같다!

이 책을 잘 학습하면 AI가 받쳐주니 엑셀이 만만하고, 챗GPT로 할 수 있는 일들이 생각 보다 너무 많다는 걸 깨닫고, 마치 내가 AI 시대 선두 주자가 된 것 같은 느낌을 받게 될 거라고 책의 시작에서 말했습니다. 정말로 그렇게 되었나요?

'선두 주자까지는 아닌데…' 하는 겸손한 마음이 든다면 그러지 않아도 됩니다. 이 책을 다 읽은 수준이라면 여러분은 선두 주자가 맞아요. 적어도 직장인에게 떼려야 뗄 수 없는 실무 엑셀이라는 영역에서 AI를 어디까지 활용할 수 있는지 그 가능성을 명확하게 인식하게 된 것이니까요. 자신감을 가지고, 챗GPT를 등에 업고 일하는 곳에서 '더' 일잘러로 인정받길 진심으로 바랍니다.

AI 시대, 반드시 '기획자'가 되세요

이 책을 마무리하며 여러분께 꼭 말씀드리고 싶은 게 있습니다. AI 시대에 내가 AI로 인해 대체될 것이라는 걱정은 하지 않아도 된다는 건데요. 오히려 AI를 잘 쓰는 사람이 나를 대체하게 될 것이기 때문에 우리도 AI를 잘 쓰는 사람이 되는 게 점점 더 중요해질 거예요.

그런데 여기서 AI를 잘 쓰는 사람이란 어떤 사람을 의미하는 걸까요? 결국 '기획자'가 되어야 한다는 이야기입니다. 제가 생각하는 기획자는 일이 '되게 하는' 사람이에요. 방법이 중요한 게 아니라, 전문성이 중요한 게 아니라, 문제를 해결하는 능력이 중요하다는 뜻이죠. 그런데 이 문제 해결에 집중하지 않고 챗GPT가 틀린 답을 내어줬을 때 "얘 쓸모없는 애야. 실무에서 절대 쓰지 마라" 소리나 한다면 답답한 양반인 거죠.

챗GPT의 특성을 제대로 이해하고 있다면 챗GPT가 잘못된 답을 잠깐 준다고 해도 침착하게, 재질문을 통해 얼마든지 괜찮은 답을 새로 받아볼 수 있어요. 이런 사실을 부정하는 순간 옛날 방식에 계속 머무르게 된다는 사실을 기억하세요. AI 시대에 여러분은 도구를 부정하는 사람 말고, 꼭 챗GPT라는 어마어마한 도구를 활용해 결국 문제를 해결하는 사람이 되기를 바랄게요.

정리하자면, AI 시대 기획자의 자세는, '도구의 특성을 이해하여 질문을 잘하고 틀린 답을 받더라도 끝까지 질문해서 집요하게 답을 찾아내는 사람'일 거예요. 부디 여러분이 이런 의미의 기획자가 되길 바라면서 이 책을 마치겠습니다. 어깨 펴고 당당한 여러분의 직장 생활을 저 공여사가 항상 응원할게요. 감사합니다.

찾아보기

한글

값 입력	35
날짜/시간값의 연산	54
날짜/시간을 다루는 함수들	97
날짜의 의미	51
데이터 분석	346
데이터 분석 유의점(보안)	349
데이터 유효성 검사	188
매크로/VBA	284
매크로 실행 방법	328
사칙 연산	36
상대 참조	38, 67
시간의 의미	53
셀	29
셀 병합	30
셀 병합 해제	33
셀 서식	42
수식 입력	36
숫자를 다루는 함수들	76
스파크라인	196
이름 상자	29
엑셀 파일 형식 변경	286
연산자	36
자동 서식	46
절대 참조	58, 67
차트 그리기	215
챗GPT	172
체크박스	192
콤보형 차트	223
텍스트 나누기	259
텍스트를 다루는 함수들	90
표시 형식	49, 54
프롬프트 스킬	231
피벗 테이블	124
피벗 테이블 보고서 영역	126
혼합 참조	63, 67

영어

COUNTIF 함수	110
Data Analyst	346
FILTER 함수	211
GPTs	348
GPT 스토어	348
HLOOKUP 함수	109
IF 함수	100
INDIRECT 함수	275
MOD 함수	200
NETWORKDAYS 함수	263
RANDBETWEEN 함수	204
RANK 함수	76
SUMIF 함수	114
SUMIFS 함수	121
SUMPRODUCT 함수	24
VLOOKUP 함수	105
XLOOKUP 함수	208

기호

#######	182
#DIV/0!	179
#N/A	185
#REF!	181